中国法律资源阅读检索系统

北大法宝文粹

法学研究与应用（8）

PKULAW Digest

Legal Studies and Application (8)

北大法律信息网◎组织编写

图书在版编目(CIP)数据

北大法宝文粹. 8，法学研究与应用/北大法律信息网组织编写. —北京：北京大学出版社，2021.10
ISBN 978-7-301-32501-8

Ⅰ.①北… Ⅱ.①北… Ⅲ.①法律—中国—文集 Ⅳ.①D920.4-53

中国版本图书馆 CIP 数据核字(2021)第 181436 号

书　　　名	北大法宝文粹：法学研究与应用（8） BEIDA FABAO WENCUI：FAXUE YANJIU YU YINGYONG（BA）
著作责任者	北大法律信息网　组织编写
责 任 编 辑	陆建华　张文桢
标 准 书 号	ISBN 978-7-301-32501-8
出 版 发 行	北京大学出版社
地　　　址	北京市海淀区成府路 205 号　100871
网　　　址	http://www.pup.cn　http://www.yandayuanzhao.com
电 子 信 箱	yandayuanzhao@163.com
新 浪 微 博	@北京大学出版社　@北大出版社燕大元照法律图书
电　　　话	邮购部 010-62752015　发行部 010-62750672　编辑部 010-62117788
印 刷 者	三河市博文印刷有限公司
经 销 者	新华书店
	720 毫米×1020 毫米　16 开本　28.5 印张　537 千字 2021 年 10 月第 1 版　2021 年 10 月第 1 次印刷
定　　　价	78.00 元

未经许可，不得以任何方式复制或抄袭本书之部分或全部内容。
版权所有，侵权必究
举报电话: 010-62752024　电子信箱: fd@pup.pku.edu.cn
图书如有印装质量问题，请与出版部联系，电话: 010-62756370

北大法律信息网编辑委员会

委　员
（按拼音排序）

陈端洪　陈兴良　龚刃韧
巩献田　姜明安　强世功
梁根林　刘凯湘　刘剑文
莫纪宏　潘剑锋　钱明星
饶戈平　邵景春　孙长永
汪建成　汪　劲　王　磊
王锡锌　吴庆宝　湛中乐
张　平　张　骐　张守文
郑胜利　周旺生　朱苏力

北大法律信息网编辑部

主　　编：郭　叶
副 主 编：刘馨宇　孙　妹
编　　辑：曹　伟　张文硕　吴晓婧　董　倩
　　　　　杨　岩　郁雯倩　富　敬

编 写 说 明

近年来,随着互联网技术以及移动通信技术的广泛应用,移动互联网正在塑造全新的社会生活形态。据中国互联网络信息中心(CNNIC)测算,截至2020年12月,我国网民规模达9.89亿,互联网普及率为70.4%。随着互联网的全面普及,"互联网+人工智能"正在渗透并影响各行各业的发展,法律行业亦不例外。

"北大法律信息网文粹"系列图书创办于2013年10月,定位为网络原创法学文章的集结地,将网络法学文章纸质化,已出版《责任高于热爱:北大法律信息网文粹(2003—2013)》《专业源于热爱:北大法律信息网文粹(2013—2014)》《信念超越热爱:北大法律信息网文粹(2014—2015)》《互联网+法律实务的思考:北大法律信息网文粹(2015—2016)》《互联网+法律大数据应用:北大法律信息网文粹(2016—2017)》《人工智能+法律实务的思考:北大法律信息网文粹(2017—2018)》和《大数据+法律实务的思考:北大法律信息网文粹(2018—2019)》7本图书。系列图书出版后受到法律实务界及学术界的广泛关注,故计划更名为《北大法宝文粹:法学研究与应用》,持续出版。《北大法宝文粹:法学研究与应用(8)》以"大数据分析""民法典""互联网+人工智能"为特色栏目。希望"大数据分析"栏目的8篇大数据分析报告可以为您带来更多的启示和思考。"民法典"栏目5篇文章分别围绕民法典相关问题从不同维度进行了分析。"互联网+人工智能"栏目的2篇文章涉及AI智慧法院建设以及定向推送行为的法律规制等相关内容,对法律行业的发展有巨大推动作用,同时也带来了诸多实务问题。"焦点法谈"与"实务探讨"栏目分别对各种焦点法律问题以及相关法律实务问题进行了研究,欢迎品读。

随着互联网新媒体的迅速发展,为更加及时快速地传播法律信息和学术前沿动态,北大法律信息网2014年开通了微信公众号(pkulawinfo),主要推送内容包括重大立法与案例盘点、最新立法解读、热点案例评析、实务系列文章、学术前沿成果、期刊最新要目、学术会议资讯等内容,欢迎关注并提出宝贵建议。同时我们热忱欢迎广大实务界及学术界人士加入北大法律信息网的作者队伍中来,我们愿与您一同打造更多精品原创内容,通过网络平台、新媒体平台及纸刊平台多渠道推广,让更多业内人士听到您的声音。

《北大法宝文粹:法学研究与应用》将持续出版。希望广大优秀作者和忠实读者一如既往地支持,我们将努力把"文粹"打造成业内一流的网络法学文章出版物。若有不足之处,还请专业人士及广大法律爱好者为我们提供宝贵意见,以便我们及时改进和完善,在此深表感谢!

需要感谢的人很多,感谢多年来一直支持北大法律信息网的众多优秀作者,感谢北京大学出版社蒋浩副总编的大力推动,感谢陆建华主任和张文桢编辑的细致工作,也感谢所有为本书出版工作默默付出的工作人员的努力与执着。

根据法不溯及既往原则,《民法典》2021年1月1日实施之前发生的案例适用原来的单行法,不适用《民法典》。对于所引用法规在本书出版时已失效或已被修改的情况,本书酌情加注说明,以便读者进一步深入研究。对于既有民事法律与《民法典》的"旧新条文对照",欢迎读者登录北大法宝·法律法规库查阅《民法典》"分编对照"获取更多详细内容,正文中不再专门注明。

欢迎登录"北大法律信息网"及"北大法宝"数据库查看更多精彩内容!

北大法律信息网
2021年7月

目　录

- 大数据分析

    行贿罪量刑规范化研究
    　　——以191份判决书为样本的分析　［张兆松　赵　越］　3
    大数据时代个人信息使用自主法益刑法保护的边界　［刘双阳］　26
    最高人民法院指导性案例司法应用年度比较分析报告
    　　——以2011—2019年应用案例为研究对象
    　　［北大法宝指导案例研究组］　47
    《最高人民法院公报》历年发布的民商事案例统计分析报告（1985—2019）
    　　［北大法宝司法案例研究组］　72
    2019年度最高人民法院公司纠纷案件大数据报告　［陈召利　周　伟］　85
    法学期刊引证分析报告
    　　——基于"北大法宝—法学期刊库"引证研究
    　　［北大法宝法学期刊研究组］　125
    2019年度最高人民法院涉房地产纠纷案件大数据分析报告
    　　［周朝阳　章璐琼　周天语］　149
    23家法学核心期刊2019年度学术盘点分析
    　　——以北大法宝法学期刊库为例　［北大法宝法学期刊研究组］　180

- 民法典

    《民法典》立法分析报告　［北大法宝法律法规研究组］　221
    法学核心期刊"民法典"学术盘点分析
    　　——以"北大法宝"法学期刊库为例　［北大法宝法学期刊研究组］　236

债权人善意之债的立法考量和司法判断
　　——完善民法典婚姻家庭编夫妻债务立法建议　［王礼仁］　261

《民法典（2020年）》疏议
　　——条义疏奏以闻　［唐文金］　275

让与担保的法典化困境及出路　［董国彦］　287

- 互联网+人工智能

论个人信息的权利边界
　　——以微博热搜中的个人信息问题为着眼点　［肖　飒　崔　咪］　305

突破四大瓶颈：AI智慧法院建设的完善路径　［陈芸莹］　316

- 焦点法谈

疫情防控与法律信息检索　［曹　明］　331

试论没收财产刑中的"物"
　　——历史视野下初步勾勒　［蒋志如］　344

论新时代公共法律服务体系建设的理论基础　［杨　凯　张怡净］　354

论公司存续前提下股东出资加速到期制度的构建　［郭梦瑶］　372

- 实务探讨

虚开增值税专用发票犯罪之目的研究　［李　睿］　385

国际投资仲裁法律适用中的共同法原则探析　［张　建　丁忆柔］　398

从一则案例看劳动合同解除和终止的异同　［王从烈］　408

论烟叶种植收购合同的违约与合同解除
　　——以烟农违约改种为例　［董　磊］　421

《北大法宝文粹：法学研究与应用》稿约　435

北大法宝引证码说明　439

Contents

- Big Data Analysis

    A Study on Standardization of Sentencing for Bribery Crimes
    ——Analysis with 191 Judgments as Samples
    〔Zhang Zhaosong and Zhao Yue〕 3

    Boundary for Criminal Protection of Self-determined Legal Interests regarding the Use of Personal Information in an Era of Big Data
    〔Liu Shuangyang〕 26

    Annual Comparative Analysis Report on the Application in Judicial Proceedings of Supreme People's Court Guiding Cases
    ——Taking Cases Applied from 2011 to 2019 as Research Object
    〔Case Research Team of Pkulaw.com〕 47

    Statistical Analysis Report on the Civil and Commercial Cases Published in the Gazette of the Supreme People's Court (1985–2019)
    〔Case Research Team of Pkulaw.com〕 72

    Big Data Report on Company-related Dispute Cases Issued by the Supreme People's Court in 2019
    〔Chen Zhaoli and ZhouWei〕 85

    Analysis Report on Citation of Law Journals
    ——Citation Research Based on the Law Journal Database of Pkulaw.com
    〔Law Journals Research Team of Pkulaw.com〕 125

    Big Data Analysis Report on Real Estate Dispute Cases Issued by the Supreme People's Court in 2019

[Zhou Chaoyang, Zhang Luqiong and Zhou Tianyu] 149

Statistical Analysis of Academic Articles Published on 23 Core Law Journals in 2019
——Taking the Law Journal Database of Pkulaw.com as an Example
[Law Journals Research Team of Pkulaw.com] 180

- Civil Code

    Analysis Report on the Legislation of Civil Code
    [Law & Regulations Research Team of Pkulaw.com] 221

    Statistical Analysis of "Civil Code" Academic Articles Published on Core Law Journals
    ——Taking the Law Journal Database of Pkulaw.com as an Example
    [Law Journals Research Team of Pkulaw.com] 236

    Legislative Considerations and Judicial Judgments on Obligations with Bona Fide Creditors
    ——Recommendations for Improving the Marital Debt Legislation in the Book "Marriage and Family" of the Civil Code   [Wang Liren] 261

    Comments on the Civil Code (2020)
    ——Elucidating its Terms and Conditions for the Public   [Tang Wenjin] 275

    Challenges and Solutions for the Codification of Transfer Guarantee
    [Dong Guoyan] 287

- Internet+AI

    Boundary for Rights to Personal Information Protection
    ——Focus on the Personal Information Issues in Trending Topics of Sina Weibo
    [Xiao Sa and Cui Mi] 305

    Strive to Accomplish Four Great Breakthroughs: A Path to Perfecting Smart Courts Powered by AI   [Chen Yunying] 316

- Legal Issues in Focus

    Epidemic Prevention & Control and Legal Information Retrieval
    [Cao Ming] 331

On the "Things" in the Criminal Penalty of Confiscation of Property
——A Tentative Study from a Historical Perspective [Jiang Zhiru]   344

On the Theoretic Basis of Establishing a Public Legal Service System in a New Era
[Yang Kai and Zhang Yijing]   354

On Establishing a System for Accelerated Maturity of Shareholders' Responsibility for Capital Contribution during the Existence of Company
[Guo Mengyao]   372

- Issues in Practice

Study on the Purposes behind Crimes of Issuing False Value Added Tax Invoice
[Li Rui]   385

A Probe into the *Jus commune* Principles in the Application of Law in International Investment Arbitration   [Zhang Jian and Ding Yirou]   398

Similarities and Differences between Rescission and Termination of Labor Contracts
——From One Single Case   [Wang Conglie]   408

On the Breach and Rescission of Contracts for Tabacco Planting and Purchase
——Taking Default of Tabacco Growers for Change of Planting as an Example
[Dong Lei]   421

Contribution to Pkulaw Digest: Legal Study and Application   435

Explanation of CLI Codes   439

大数据分析

行贿罪量刑规范化研究

——以 191 份判决书为样本的分析*

张兆松** 赵 越***

摘要：实证研究表明：行贿数额与主刑、附加刑的适用相关性强，行贿次数及其他情节对行贿罪量刑影响小。《中华人民共和国刑法修正案（九）》实施后，行贿罪中罚金刑的适用得到应有的重视，但存在着总体上量刑偏轻、量刑不平衡、缓刑适用率较高、罚金数额偏小、资格刑缺失等问题。鉴于此，建议调整行贿罪定罪量刑数额标准，实现行贿、受贿同等惩处；扩大从重处罚范围，提升"情节"在定罪量刑中的法律地位；严格从宽处罚幅度，保证罪刑均衡；进一步完善财产刑；增设资格刑；出台量刑指南，发布指导案例，强化量刑说理，规范法官自由裁量权，以实现行贿罪量刑的规范化。

关键词： 行贿罪 量刑 规范化 实证分析

一、问题的提出

改革开放以来，在贿赂犯罪治理中，我国一直存在"重受贿轻行贿"现象。最高人民法院、最高人民检察院（以下简称"两高"）在 1999 年 3 月 4 日发布的《关于在办理受贿犯罪大要案的同时要严肃查处严重行贿犯罪分子的通知》中要求"在继续严

收稿日期：2020-05-20

* 本文系国家社科基金项目"贪污贿赂犯罪量刑规范化研究"（批准号：16BFX078）的阶段性研究成果。

** 张兆松，浙江工业大学法学院教授。

*** 赵越，浙江工业大学法学院 2017 级硕士研究生。

肃惩处受贿犯罪分子的同时,对严重行贿犯罪分子,必须依法严肃惩处,坚决打击"。最高人民检察院(以下简称"最高检")先后于2000年12月21日和2010年5月7日印发《关于进一步加大对严重行贿犯罪打击力度的通知》和《关于进一步加大查办严重行贿犯罪力度的通知》。然而司法实践中"重受贿轻行贿"的现状一直没有得到改观。一些性质严重、情节恶劣的行贿犯罪分子没有受到法律追究。如2009年至2012年广东茂名官场窝案,"涉嫌行贿买官人员159人,其中降职8人,免职63人,调整岗位71人,提前退休1人,诫勉谈话16人,无一人因行贿被追究刑事责任"[1]。广大民众对此反映十分强烈,并直接影响腐败犯罪治理效果。

中国共产党第十八次全国代表大会(以下简称"十八大")召开后,"重受贿轻行贿"的腐败治理模式受到更为广泛的质疑和批评,加大对行贿罪的打击力度成为共识并得到中央的肯定。2012年中共中央纪律检查委员会(以下简称"中纪委")在十八大报告上指出,"严肃查办商业贿赂案件,完善并严格执行惩处行贿行为的相关规定"。两高于2012年12月26日出台了《关于办理行贿刑事案件具体应用法律若干问题的解释》(以下简称《行贿解释》)。中共中央2013年12月25日印发的《建立健全惩治和预防腐败体系2013—2017年工作规划》强调"加大对行贿行为的惩处力度"。2015年3月12日周强院长在第十二届全国人大第三次会议上所作的工作报告中指出:"在严厉打击受贿犯罪的同时,进一步加大对行贿犯罪的惩治力度,减少腐败犯罪。"[2]2015年4月,最高检召开会议,要求各级检察机关要"深刻认识行贿犯罪的严重危害性,切实防止和纠正'重受贿轻行贿'的司法观念,采取积极有效措施,进一步加大依法打击行贿犯罪力度,减少行贿犯罪存量,有效控制行贿犯罪增量,坚定不移推进党风廉政建设和反腐败斗争"[3]。

为了贯彻中央精神,2015年8月29日第十二届全国人大常委会第十六次会议通过的《中华人民共和国刑法修正案(九)》(以下简称《刑九》)对贪贿犯罪进行了全面修正,其中重要内容之一是"加大对行贿犯罪的处罚力度"[4]。《刑九》对行贿罪作出两个方面的重要修改:第一,增设财产刑,完善行贿犯罪的刑罚结构。《刑九》对所有行贿犯罪不仅增设罚金刑,而且强调要"并处罚金"。罚金刑的增设,有利于增加犯罪成本,使贿人丧失经济利益,犯罪者在可能暂时获利与经济代价之间进

---

[1] 刘江、蔡国兆、毛一竹:《广东茂名159人贪腐窝案:官位有价如商圈》,载《当代社科视野》2014年第33期。

[2] 周强:《最高人民法院工作报告》,载《人民日报》2015年3月21日,第2版。

[3] 王治国、戴佳:《最高检召开党组会研究部署进一步依法从严惩治行贿犯罪工作》,载《检察日报》2015年4月29日,第1版。

[4] 参见李适时:《关于〈中华人民共和国刑法修正案(九)(草案)〉的说明——2014年10月27日在第十二届全国人民代表大会常务委员会第十一次会议上》,载《全国人民代表大会常务委员会公报》2015年第5期。

行权衡,有助于强化一般预防的作用。第二,严格行贿犯罪从宽处罚幅度。原《刑法》第 390 条第 2 款规定:"行贿人在被追诉前主动交待行贿行为的,可以减轻处罚或者免除处罚。"该特别从宽处罚条款的存在,导致对行贿行为处罚的自由裁量空间过大,是大量行贿犯罪没有被追究刑事责任和免除处罚的主因,因而该条款备受质疑和批评。[1]《刑九》将第 390 条第 2 款修改为:"行贿人在被追诉前主动交待行贿行为的,可以从轻或者减轻处罚。其中,犯罪较轻的,对侦破重大案件起关键作用的,或者有重大立功表现的,可以减轻或者免除处罚。"根据这一规定,只有行贿人在犯罪较轻且对侦破重大案件起关键作用,或者有重大立功表现的情况下,才予以减免刑罚。

为了检验这一转型后刑事政策的实现效应以及《刑九》对行贿犯罪立法作出重要修改后的实施效果,本文试对《刑九》实施后《刑法》第 389 条、第 390 条规定的行贿罪的量刑情况进行实证研究,以期发现行贿罪量刑中存在的问题,在此基础上进一步提出完善建议,以期更有力地打击行贿犯罪。

二、样本选择及实证研究方法

(一)样本选择

笔者在中国裁判文书网,以"行贿罪"和"判决书"为关键词进行搜索,选择时间跨度为 2018 年 12 月 18 日至 2019 年 8 月 18 日,搜索出生效判决书共 607 份。为使实证分析客观科学,更具针对性,突出重点,特剔除对非国家工作人员行贿罪、单位行贿罪等行贿犯罪及不适用《刑九》的行贿罪案例。通过筛选后共有 191 位被告人涉嫌《刑法》第 389 条、第 390 条规定的行贿罪。本文以这些行贿罪案例作为研究对象。

(二)实证研究方法

1. 设定变量

(1)因变量的设定

《刑九》修正后的《刑法》第 390 条第 1 款规定:"对犯行贿罪的,处五年以下有期徒刑或者拘役,并处罚金;因行贿谋取不正当利益,情节严重的,或者使国家利益遭受重大损失的,处五年以上十年以下有期徒刑,并处罚金;情节特别严重的,或者使国家利益遭受特别重大损失的,处十年以上有期徒刑或者无期徒刑,并处罚金或者没收财产。"相比原规定,《刑九》在原有的主刑基础上都增加了附加刑"并处罚

---

[1] 参见王新友:《对行贿犯罪还要宽容多久》,载《检察日报》2012 年 8 月 8 日,第 5 版;刘仁文、黄云波:《建议取消行贿犯罪特别自首制度》,载《检察日报》2014 年 4 月 30 日,第 3 版。

金"。为评价量刑活动的科学性,将主刑(无期徒刑、有期徒刑、拘役)与附加刑(罚金、没收财产)作为因变量。[1] 同时结合样本总体量刑情况,将缓刑设为因变量。

关于涉及拘役和有期徒刑定量的问题,《刑法》第44条规定:"拘役的刑期,从判决执行之日起计算;判决执行以前先行羁押的,羁押一日折抵刑期一日。"第47条规定:"有期徒刑的刑期,从判决执行之日起计算;判决执行以前先行羁押的,羁押一日折抵刑期一日。"为统计需要,将有期徒刑和拘役等额转换。刑期以月为单位,如有期徒刑1年=12个月;罚金以万为单位。

(2)自变量的设定

结合《刑九》及最高人民法院、最高人民检察院《关于办理贪污贿赂刑事案件适用法律若干问题的解释》(以下简称《贪污贿赂解释》),对总体样本进行分析后,提取了5个自变量:行贿数额、行贿次数、自首、立功、坦白。为了进行数据的量化分析,对以上变量进行赋值(见表1)。

表1 各自变量赋值情况[2]

序号	自变量	赋值情况	
1	行贿数额	实际行贿的金额[3]	
2	行贿次数	实际行贿的次数[4]	
3	自首	自首=1	非自首=0
4	立功	立功=1	非立功=0
5	坦白	坦白=1	非坦白=0

2. 分析手段

本文将191份判决书按照以上变量进行整理,运用Excel2013进行数据录入,运用SPSS17.0统计分析软件进行数据分析。[5] 运用SPSS可以计算出两个变量间的相关程度。[6] 相关性分析是指对两个或多个具备相关性的变量元素进行分析,从

---

[1] 因样本案件中附加刑无一案例被判"没收财产",在后续统计中不作赋值分析。
[2] 对变量的赋值遵循的规律为:有该情节的赋值为1,没有该情节的赋值为0。
[3] 部分案件涉及行贿物品、外币但判决书中未作折算,统计中按该物的均价及当日的汇率折算成人民币(保留两位小数,单位:万元)。
[4] 部分案件判决中认定多次行贿,未明确具体次数,按10次赋值。
[5] SPSS(Statistical Product and Service Solutions),是用于统计学分析运算、数据挖掘、预测分析和决策支持任务的"统计产品与服务解决方案"软件。
[6] SPSS中,显著性用于说明自变量和因变量之间是否具有相关性,当显著性的数值小于0.05时,说明二者之间具有相关性,反之则不具有相关性。相关系数P(Pearson)表示相关性程度,相关系数的绝对值越大,相关性越强,相关系数越接近于1或-1,相关程度越强,相关系数越接近于0,相关程度越低。相关系数0.8—1.0为极强相关;0.6—0.8为强相关;0.4—0.6为中等程度相关;0.2—0.4为极弱相关或无相关。

而衡量两个变量之间的相关密切程度。运用 Origin Pro 绘图软件完成部分图表。综合运用描述性分析、方差分析、相关性分析等统计分析方法,对主刑刑期、罚金数额和自首、立功、坦白的认定及缓刑的适用等变量进行统计、分析,得出有关行贿罪量刑的相关结论。

SPSS 中可以生成的描述性统计量有均差、方差、标准差等。对 191 份样本赋值后的数值输入 SPSS 后,得到以下结果。

表2 各变量的描述性分析[1]结果

变量	N[2]	极小值	极大值	均值	标准差
金额	191	1.05	1236.00	61.1045	133.24448
主刑	191	.00	132.00	18.5654	18.52693
缓刑	191	.00	60.00	11.2723	14.95464
罚金	191	.00	200.00	14.9335	22.09151
行贿次数	191	1.00	178.00	6.0419	13.47740
自首	191	.00	1.00	.4607	.49977
立功	191	.00	1.00	.0890	.28550
坦白	191	.00	1.00	.4764	.50076
有效的 N (列表状态)	191				

三、行贿罪量刑影响因素考察

(一)行贿罪主刑影响因素

1. 行贿数额与主刑量刑相关性强

不同的行贿数额往往意味着不同程度的社会危害性。如表3所示,通过对两组数据的相关性分析,行贿数额与主刑量刑幅度存在正相关,且相关性显著(P=0;F=0.843>0.8)。即总体上,行贿数额越大,主刑量刑越重。

---

[1] 描述性分析是指对样本进行基础性描述,主要用于描述变量的基本特征。
[2] N 是指进行统计的样本数量。极小值是指统计样本中的最小值,极大值反之。均值是指样本变量所有值的平均值。标准差是指离均差平方的算数平均数的平方根,反映样本之间的离散程度。

表3　行贿金额与主刑量刑相关性表

		金额	主刑
金额	Pearson 相关性	1	.843**
	显著性(双侧)		.000
	N	191	191
主刑	Pearson 相关性	.843**	1
	显著性(双侧)	.000	
	N	191	191

*. 在0.01水平(双侧)上显著相关。

2. 行贿次数与主刑量刑相关性极弱

行贿次数在一定程度上体现了犯罪的主观恶性和人身危险性。我国刑法及立法或司法解释将"多次"作为降低入罪或提高量刑幅度的重要标准。例如"多次抢劫"(抢劫罪)、"多次盗窃"(盗窃罪)、"多次抢夺"(抢夺罪)、"多次随意殴打他人"(寻衅滋事罪)、"一年内曾因敲诈勒索受过行政处罚、又敲诈勒索的"(敲诈勒索罪)、"二年内曾因诽谤受过行政处罚,又诽谤他人的"(诽谤罪)、"多次以捏造的事实提起民事诉讼的"(虚假诉讼罪)等。《贪污贿赂解释》也规定行贿罪的定罪数额标准是3万元以上,但"向三人以上行贿的",行贿数额在1万元以上不满3万元的,也要以行贿罪追究刑事责任。如表4,通过相关性分析,行贿次数对主刑量刑不存在显著的相关性($F=0.172<0.2$,$P=0.018$),行贿次数对主刑量刑的影响小。钱文杰博士经过相关研究也支持笔者的这一结论。[1]

表4　行贿次数与主刑量刑相关性表

		行贿次数	主刑
行贿次数	Pearson 相关性	1	.172*
	显著性(双侧)		.018
	平方与叉积的和	34511.665	8146.476
	协方差	181.640	42.876
	N	191	191

---

[1] 参见钱文杰:《行贿罪量刑的实证检验与反思》,载苏力主编:《法律和社会科学》(第17卷第2辑),法律出版社2019年版。

		行贿次数	主刑
主刑	Pearson 相关性	.172*	1
	显著性(双侧)	.018	
	平方与叉积的和	8146.476	65216.932
	协方差	42.876	343.247
	N	191	191

*. 在 0.05 水平(双侧)上显著相关。

3. 其他情节对主刑量刑影响小

行贿数额不是主刑量刑的唯一影响因素。根据《贪污贿赂解释》第 7 条的规定,除"向三人以上行贿的"以外,具有以下情节之一的,也应当"从重"处罚:将违法所得用于行贿的;通过行贿谋取职务提拔、调整的;向负有食品、药品、安全生产、环境保护等监督管理职责的国家工作人员行贿,实施非法活动的;向司法工作人员行贿,影响司法公正的;造成经济损失数额在 50 万元以上不满 100 万元的。有的学者认为,"司法解释所明确列举的职务调整、司法工作和民生项目等加重处罚的行贿事由,基本能够付诸实践"[1]。笔者的研究无法支持这一结论,这些"从重"情节基本没有对量刑产生影响。如被告人吴某某接受赵某的委托,向时任某县人民检察院党组副书记、副检察长的王某请托从轻处理,并在事后送给王某 6 万元现金。吴某某因认罪态度好,最终被判处有期徒刑 10 个月,缓刑 1 年,并处罚金 10 万元。[2] 被告人王某某系襄阳市某交易中心聘用制工作人员,同事侯某系某交易中心见证部聘用人员。2016 年 12 月至 2017 年 1 月期间,被告人王某某为了利用侯某在招标项目活动中负责管理和见证职责的职务便利,继而为 xx 有限公司等公司中标提供帮助,先后向侯某行贿现金人民币 5 万元。法院以"被告人王某某归案后认罪态度较好,对行贿犯罪,可以酌情从轻处罚",遂判处王某某有期徒刑 9 个月,并处罚金人民币 10 万元。[3] 两案罪后情节相似,后者行贿数额更小,但刑罚更重,前案并没有将向司法工作人员行贿作为加重刑罚的情节。此外,《贪污贿赂解释》对"情节严重""使国家利益遭受重大损失""情节特别严重""使国家利益遭受特别重大损失"作了特别的规定。收集的样本案例中有涉及骗取国家征收款、国家家电下乡补贴、拆迁

---

[1] 钱文杰:《行贿罪量刑的实证检验与反思》,载苏力主编:《法律和社会科学》(第 17 卷第 2 辑),法律出版社 2019 年版。

[2] 参见吴某某行贿案,山东省邹平市人民法院(2018)鲁 1626 刑初 267 号刑事判决书。

[3] 参见王某某行贿、受贿案,襄阳市樊城区人民法院(2018)鄂 0606 刑初 383 号刑事判决书。

补偿款等各种资金和补助款,或造成巨额的砂石资源费损失等情形,这些都是需要考虑的重要因素,但几乎都没有在量刑中加以考虑。

(二)行贿罪附加刑影响因素

1. 行贿数额与罚金量刑相关性强

如表5所示,行贿数额与罚金之间具有显著的正相关性($F=0.742, P=0$),即行贿数额越大,罚金数额越大,其符合《贪污贿赂解释》所规定的"应当在十万元以上犯罪数额二倍以下判处罚金"要求,体现了罚金在量刑上的科学性。

表5 行贿数额与罚金量刑相关性表

		行贿数额	罚金
行贿数额	Pearson 相关性	1	.742**
	显著性(双侧)		.000
	N	191	191
罚金	Pearson 相关性	.742**	1
	显著性(双侧)	.000	
	N	191	191

*. 在0.01水平(双侧)上显著相关。

2. 罚金与主刑量刑相关性强

从表6可看到罚金量刑与主刑量刑间存在显著的相关性($F=0.737>0.6, P=0$),即主刑量刑越长罚金数额越高,体现了罚金作为附加刑与主刑的一致性。

表6 罚金与主刑量刑相关性表

		罚金	主刑
罚金	Pearson 相关性	1	.737**
	显著性(双侧)		.000
	N	191	191
主刑	Pearson 相关性	.737**	1
	显著性(双侧)	.000	
	N	191	191

*. 在0.01水平(双侧)上显著相关。

3. 行贿次数与罚金量刑相关性极弱

表7 行贿次数与罚金量刑相关性表

		行贿次数	罚金
行贿次数	Pearson 相关性	1	.187**
	显著性(双侧)		.010
	N	191	191
罚金	Pearson 相关性	.187**	1
	显著性(双侧)	.010	
	N	191	191
*. 在0.01水平(双侧)上显著相关。			

如表7所示,行贿次数与罚金不存在显著的相关性(F=0.187<0.2,P=0.010)。从图1可以看出,行贿次数在10次以内,罚金数额在25万元以内的案例最为密集,行贿次数在10次以上,罚金数额在10万元上下浮动。从收集的样本可知,多次行贿的一般是在医疗器械采购及药品销售过程中收受回扣、在经营中不当竞争给予"劳务费"、约定"分红"等情况,虽然每次行贿金额不大,但行贿次数较多。

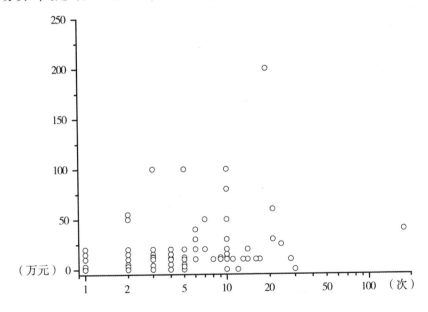

图1 行贿次数与罚金刑分布状况图

四、《刑九》对行贿罪修改后取得的积极效果

《刑九》对行贿罪刑罚适用作出重大修改后,实践中取得了一定的效果,主要表现在:

1. 罚金刑的适用得到应有的重视

《刑九》在原有主刑基础上,对行贿罪均增加了"并处罚金"的规定,罚金刑的适用得到了重视。在191个样本案例的量刑中,除了33个案件(其中17个是免刑)量刑时没有适用罚金刑以外[1],其他158个案件都适用了罚金刑,罚金数额均值为18.05万元。

2. 免刑、缓刑得到了一定的控制

据统计,"2009年至2013年人民法院判决生效的案件,行贿犯罪案件中宣告无罪的8人,无罪率为0.06%;适用缓刑和免予刑事处罚的共9261人,缓刑、免刑适用率为75%;判处5年以上重刑的共379人,重刑率为3%"[2]。如镇江市自"2013年以来,从被法院作出判决的41名行贿人情况看,量刑情况均较轻,其中被判处实刑的仅1人,有25人被宣告缓刑,还有15人被单处罚金或者免予刑事处罚"[3]。有学者通过中国裁判文书网和北大法宝数据平台随机搜取的被判行贿罪的264名被告人中,"免予刑事处罚的51人,占19.3%""被处以拘役并且宣告缓刑的9人,占3.4%""被处以有期徒刑并且宣告缓刑的163人,占61.7%"。[4] 而在笔者分析的191个样本中,适用免刑17件,适用缓刑92件,两者合计占57.1%,这表明《刑九》实施之后,特别是自2018年以来,行贿罪的免刑、缓刑的比例有所下降。

五、行贿罪量刑存在的主要问题

1. 量刑总体偏轻,"量刑扎堆"现象严重

有学者曾在2013年根据北大法宝上犯有行贿罪的148名被告人处刑情况加以分析,发现"定罪免刑、拘役缓刑、拘役、有期徒刑缓刑、5年以下有期徒刑等为整个

---

[1] 虽然《刑九》规定行贿罪要"并处罚金",但是由于同时规定了免除处罚情节,对行贿案件没有判处罚金并不违法。

[2] 李少平:《行贿犯罪执法困局及其对策》,载《中国法学》2015年第1期。

[3] 周绪平、张立立:《采取有效措施遏制行贿犯罪"四多四化"》,载《检察日报》2015年9月20日,第3版。

[4] 崔仕绣:《实证分析视阈下的行贿罪刑罚结构与量刑特征》,载《湖北警官学院学报》2019年第3期。

行贿罪量刑结果的主要部分,其数量为117名,占79%"[1]。而根据《刑九》实施后笔者所分析的191份判决书,量刑最高的为132个月,除免予刑罚外,量刑最低只有3个月,量刑均值为18.53个月,众数[2]为12个月,中位数[3]为12个月。选择在法定刑中线30个月以下进行量刑的案件有155个,占总样本的81.15%,而且"量刑扎堆"现象突出。判处行贿罪的第一档法定刑,即判处5年以下有期徒刑或者拘役(0—60个月)的有186个案件,占比达97.38%,其中判处3年以下有期徒刑或者拘役的占93.72%,这意味着行贿罪轻刑化现象仍然严重。只有4个案件的量刑处于第二档(60—120个月),仅1个案件的量刑处于第三档(120—288个月)。[4] 从表8可以看出,行贿罪的量刑总体偏低,实然的量刑中位数12个月低于应然的法定刑中线30个月,其差值达18个月。在行贿案件的量刑中,绝大部分法官都选择在法定刑中线以下量刑,表明执法人员对行贿罪轻惩的态度。这也说明《刑九》对行贿罪的修改,并未实质性地解决行贿罪量刑偏轻的问题。

表8 第一档(0-60个月)刑期频率分布[5]

刑期	案例数	占比	累计占比
0	17	8.90%	8.90%
6	24	12.57%	25.65%
8	9	4.71%	31.41%
10	9	4.71%	38.74%
12	31	16.23%	55.50%
18	13	6.81%	66.49%
24	19	9.95%	77.49%
30	7	3.66%	81.15%
36	24	12.57%	93.72%

[1] 董桂文:《行贿罪量刑规制的实证分析》,载《法学》2013年第1期。
[2] 统计学名词,在统计分布上具有明显集中趋势点的数值,代表数据的一般水平。
[3] 统计学名词,代表一个样本、种群或概率分布中的一个数值,其可将数值集合划分为相等的上下两部分。
[4] 《刑九》对行贿罪量刑规定了三档刑期:5年以下有期徒刑或者拘役;5年以上10年以下有期徒刑;10年以上有期徒刑或者无期徒刑。为方便统计,根据最高人民法院《关于办理减刑、假释案件具体应用法律的规定》第8条的规定,被判处无期徒刑的罪犯在刑罚执行期间,符合减刑条件的,执行2年以上,可以减刑。减刑幅度为:确有悔改表现或者有立功表现的,可以减为22年有期徒刑,无期徒刑=2年+22年=24年*12=288个月。
[5] 为简化表格,删去部分出现频率较少的量刑。

2. 个案之间差异大,量刑不平衡的问题比较突出

如图 2 所示,主刑量刑主要分布在均线 18.5 个月以下,将纵坐标作为基准,当主刑量刑期限相同时,行贿金额差异大。相反,仅看行贿金额这一变量时,主刑量刑存在参差不齐的情况。同时通过对收集的案例进行对比可以发现,类似案件在司法实践中判决差异明显。如河南省某法院审理的张某某行贿案,被告人张某某为请求某领导解决自己女儿的工作问题,分两次向该领导行贿共计 25 万元。法院审理认为,被告人张某某构成行贿罪,鉴于被告人具有自首情节,犯罪情节较轻,免予刑事处罚。[1] 而在江苏省某法院审理的任某行贿案中,被告人任某在承接某工程、结算工程款等方面谋取不正当利益,多次向某领导行贿,合计 25 万元。法院最终审理认为,被告人任某构成行贿罪,鉴于在追诉前主动交代行贿事实,且有退赃情节,酌情从轻处罚,最终判处有期徒刑 10 个月,缓刑 1 年,并处罚金 10 万元。在这两个案件中,被告人的行贿数额相同,且都在追诉前主动交代行贿行为,前者是人事管理领域,是《贪污贿赂解释》明确规定要从重处罚的情节,而后者是一般的经济领域,但最终判决前者免予刑事处罚,后者被判处有期徒刑 10 个月,缓刑 1 年。这种类似案件判决结果差异大的现象并非个案,也是个案量刑差异大的主要表现。

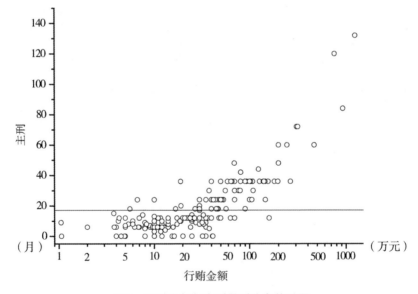

图 2 行贿金额与主刑量刑分布状况图

3. 缓刑适用率较高,缓刑考验期较短

虽然适用免刑、缓刑的比例有所下降,但是与普通刑事案件相比仍然过高。在

---

[1] 参见张某某行贿案,河南省西华县人民法院(2018)豫 1622 刑初 674 号刑事判决书。

191 个样本中,适用缓刑的案件共计 92 件,占 48.17%。即便判处缓刑,考验期也偏短。缓刑考验期的均值为 11.27 个月,众数为 12 个月,占适用缓刑案件的 35.87%。最低缓刑考验期为 6 个月,最高缓刑考验期为 60 个月。从表 9 可以看出,缓刑考验期总体较短,判处 24 个月以内的案件占 72.83%。

表 9　缓刑考验期频率分布

缓刑考验期	案件数	占比	累计占比
6	3	3.26%	3.26%
10	1	1.09%	4.35%
12	33	35.87%	40.22%
18	7	7.61%	48.91%
24	22	23.91%	72.83%
36	12	13.04%	86.96%
48	10	10.87%	97.83%
60	2	2.17%	100%

4. 罚金数额偏小,个别量刑畸轻

《贪污贿赂解释》第 19 条第 2 款规定:"对刑法规定并处罚金的其他贪污贿赂犯罪,应当在十万元以上犯罪数额二倍以下判处罚金。"在 191 个样本案件量刑中,罚金数额均值只有 14.93 万元,除没有判处罚金的案件外,最低罚金数额为 1 万元,最高罚金数额为 200 万元,有 94 个案件量刑选择了 10 万元的罚金数额,罚金数额在 20 万元以下的案件占样本的 87.97%。如浙江省某法院判处的彭某某行贿案中,被告人彭某某为了承接拆迁工程业务,多次向街道党工委委员、建设指挥部副指挥行贿,共计 19.13 万元。最终彭某某犯行贿罪,被判处有期徒刑 10 个月,缓刑 1 年,并处罚金 20 万元。[1] 而辽宁省某法院审理的刘某某行贿案中,被告人刘某某为在工程承揽、工程款结算等方面获得竞争优势,谋取不正当利益,向国有公司及特定关系人行贿三次,行贿数额达 139 万余元。最终刘某某被判处有期徒刑 3 年,缓刑 5 年,仅被判处罚金 20 万元。[2]

5. 资格刑缺失

资格刑剥夺或停止了犯罪分子一定的资格或权利,可以从根本上消除行贿人的再犯能力。对行贿者运用资格刑是对其强有力的惩戒方式。根据我国《刑法》第 56 条和第 57

---

[1] 参见彭某某行贿案,浙江省临海市人民法院(2018)浙 1082 刑初 1188 号刑事判决书。
[2] 参见刘某某行贿案,辽宁省庄河市人民法院(2018)辽 0283 刑初 577 号刑事判决书。

条规定,对行贿犯罪只有剥夺政治权利,而且仅限于被判处无期徒刑的行贿犯罪人,但四十年来我国没有一例行贿案件的被告人被判处无期徒刑。在本文收集的191个案件中,最高刑期仅为11年,这意味着行贿犯罪人中没有被剥夺政治权利的。《刑法》第37条之一规定了从业禁止制度的内容,"因利用职业便利实施犯罪,或者实施违背职业要求的特定义务的犯罪被判处刑罚的,人民法院可以根据犯罪情况和预防再犯罪的需要,禁止其自刑罚执行完毕之日或者假释之日起从事相关职业,期限为三年至五年"。这是我国首次将从业禁止制度引入刑法。按理说,对行贿罪的犯罪人可以适用从业禁止规定,但遗憾的是,191个案件中的被告人无一人被适用从业禁止规定。

六、行贿罪量刑问题的原因

1. 定罪量刑数额标准过高

从立法角度看,行贿罪与贪污罪、受贿罪不同,《刑法》第390条并没有规定数额与明确情节。如果严格按照文义解释,行贿罪是行为犯。但这样解释显然不具有合理性和科学性。所以,司法解释明确规定了行贿罪的数额标准。最高检1986年3月24日通过的《人民检察院直接受理的经济检察案件立案标准的规定(试行)》规定"行贿金额在人民币二千元以上"的应予立案。最高检1999年8月6日通过的《人民检察院直接受理立案侦查案件立案标准的规定(试行)》修改为"行贿数额在1万元以上的"应予立案。《行贿解释》将行贿罪数额标准提高到1万元,"情节严重"标准提高到20万元。《刑九》实施后,《贪污贿赂解释》将行贿罪定罪起点数额提高到3万元,将"情节严重""情节特别严重"的数额标准提高到100万元和500万元。由于行贿罪定罪量刑数额标准大幅度提高,导致适用第二档(5—10年有期徒刑)和第三档(10年以上有期徒刑或无期徒刑)法定刑的案件大幅度减少。由于绝大多数案件只能适用5年以下有期徒刑,加之《刑法》第390条第2款的存在,致使大量案件只能适用3年以下轻刑。

2. 特别从宽制度为行贿罪宽大处理提供了方便

长期以来,行贿罪量刑偏轻,为此,《刑九》对行贿罪特别从宽制度作了限制。在行贿人犯罪情节较轻时,一般如实供述都只可能获得从轻或者减轻处罚,如果其能够同时满足对侦破重大案件起关键作用或有重大立功表现的条件,才能减轻或免除处罚。而对比受贿罪,在同样都是犯罪较轻的情况下,要想免除刑罚,行贿人需要满足比受贿人更加严格的条件。但从实践看,立法的这种限制作用并不明显。"在行贿罪案件中半数以上的案件都具有被追诉前主动交代的情形,在量刑中对于刑事责任承担形式是判处刑罚还是免予刑罚处罚,是否采取缓期执行方式,都体现出该条款在行贿罪实务处理中的重要地位以及适用的必要性"[1]。笔者的研究支持这一结论。在191个案件中,有179个案件适用了这个规定。《刑九》降低了受贿罪的法定刑,但却没有相应降低行贿罪的法定刑,导致行贿罪的前两档法定刑高于受贿罪。按这种立法规定,对行贿罪的处罚应当高于受贿罪,可是实践中并没有出现这种现象,主要原因是特别从宽处罚情节的原则性、宽泛性及行贿罪定罪量刑标准的提高完全抵消了立法效果。何况按照张明楷教授的意见,即便在行贿罪的法定刑高于受贿罪的条件下,"由于行贿罪基本犯的不法与责任不可能重于受贿罪的基本犯……对行贿罪的基本犯只能科处3年以下有期徒刑,而不应在3年以上5年以下裁量刑罚"[2]。所以,绝大多数案件判处的法定刑基本上集中在3年以下。

3. 对条文理解有误,适用法律不当

根据《刑法》第72条的规定,宣告缓刑应具备"犯罪情节较轻""有悔罪表现""没有再犯罪的危险""宣告缓刑对所居住社区没有重大不良影响"四个条件。认定被告人适用缓刑,应当以其犯罪情节和悔罪表现为根本条件。针对行贿罪应重点考察行贿数额、行贿对象、行贿动机以及所造成的危害结果等罪前情节,同时充分考虑行为人是否真诚悔罪、再次犯罪可能性等,以决定是否适用缓刑。如被告人蒋某某为谋取不正当利益,于2012年10月至2014年1月间,在中元房地产公司承建工程项目过程中,为得到原西双版纳州委常委、景洪市市委书记马某1的帮助和支持,在马某1知晓其子马某2未实际参与景洪市沧江之都项目装修工程和绿化工程施工的情况下,向马某1及马某2贿送人民币共计102.472万元。法院判决,鉴于被告人蒋某某具有自首情节,在被追诉前主动交待行贿行为,积极协助检察机关追缴马某1受贿赃款,依法对其减轻处罚。被告人蒋某某犯行贿罪,判处有期徒刑3年,缓刑4年,并处罚金人民币100万元(已缴纳)[3]。《刑法》第390条规定"因行贿谋取不正当利益,情节严重的,或者使国家利益遭受重大损失的,处五年以上十年以下有期徒刑,并处罚金";《贪污贿赂解释》规定,行贿数额在100万元以上的,属于"情节严重"。本案行贿数额在100万元以上,已不属于"情节较轻"的范围,虽然具备一些从宽处罚情节,但是对被告人判处有期徒刑3年已是减轻处罚了,不应当再认定其"情节较轻"而适用缓刑。又如罚金的适用。在研究对象中共有33个案件没有适用罚金,除17个案件被告人被免刑外,还有16个案件没有适用罚金。之所以会出现这种情况,也与对《刑九》溯及力理解不当有关。在这些案件中,有三个案件涉及检察机关对适用罚金的抗诉案,在这三个案件中,行贿行为均发生在《刑九》实施之前,其

---

[1] 叶小琴、吕大亮:《论〈刑法〉第三百九十条第二款的法律地位——兼评〈刑法修正案(九)〉对该款的修改》,载《河南警察学院学报》2016年第2期。
[2] 张明楷:《行贿罪的量刑》,载《现代法学》2018年第3期。
[3] 参见蒋某某行贿案,云南省宁洱哈尼族彝族自治县人民法院(2018)云0821刑初107号刑事判决书。

中两件是因一审法院适用《刑九》后没有对被告人判处罚金(经审理,二审法院支持抗诉一件,驳回抗诉一件),一件是因一审法院适用《刑九》实施前的刑法而对被告人判处罚金(二审法院支持抗诉)。这表明在罚金刑的适用上检察院和法院有争议。《刑九》对《刑法》第390条进行修改后,行贿罪的基础法定刑没有改变,增加了罚金刑。由于《贪污贿赂解释》大幅度提高了行贿罪的定罪量刑数额标准,按照"从旧兼从轻"原则,对主刑应按《刑九》的规定定罪量刑,但是否可以并处罚金刑?对此,审判实践中存在争议:一种观点认为,应按修正后的法条对被告人定罪量刑,即处5年以下有期徒刑或者拘役,并处罚金。另一种观点认为,本案犯罪行为实施在《刑九》之前,不应当被判处罚金。笔者同意如下观点:"从法定刑的性质来看,在同时规定有主刑和附加刑的情况下,二者是一个有机整体。适用某一法律条文,必须做到完整适用,而不能割裂开来。如果主刑用新法,附加刑用旧法,新法旧法同时适用,则违背了从旧兼从轻原则,造成了法律适用上的混乱。"[1]《刑九》的规定在整体上轻于原规定,应当选择《刑九》规定的法定刑作为量刑依据。既适用《刑九》的规定,又不判处罚金,不符合《刑法》第12条规定的"适用本法"的要求。

4. 从宽处罚情节被滥用,从重情节形同虚设

长期以来,在贪贿犯罪中,自首、立功等从宽处罚情节被滥用。鉴于此,两高于2009年3月12日发布了《关于办理职务犯罪案件认定自首、立功等量刑情节若干问题的意见》,于2012年8月8日又出台《关于办理职务犯罪案件严格适用缓刑、免予刑事处罚若干问题的意见》。《刑九》实施后,《贪污贿赂解释》第14条对特别从宽处罚情节中的"犯罪较轻""重大案件"和"对侦破重大案件起关键作用"作出了具体解释。但在司法实践中,对行贿犯罪自首、立功的认定及从轻、减轻、免除处罚的适用仍存在扩大化问题。在191个样本案件中,判决书中认定自首的有88个,占样本总数的46.07%,另外认定立功的有18个,认定坦白的有97个,认罪悔罪、认罪态度好的有106个,退赃的有54个。自首、坦白、认罪、退赃是行贿犯罪的量刑常见情形,加之行贿罪又有特别从宽处罚规定,在认定从宽处罚情节时,实践中经常出现重复评价问题。如吴某某行贿案,法院审理查明,"1997年间,被告人吴某某结识时任天津市计划委员会副秘书长兼对外经济贸易处处长的刘某某(另案处理),后刘某某又先后担任天津市统计局副局长、天津市发展计划委员会副主任、天津市发展和改革委员会副主任、天津市人民政府副秘书长等职务。1998年至2012年间,被告人吴某某在没有营业执照的情况下,通过刘某某的帮助,谋取竞争优势,借用其他有资质的建筑施工公司的名义承揽工程项目,获取不正当利益……2000年至2016年期

---

[1] 臧德胜:《周爱武、周晓贪污案——贪污特定款物的司法认定以及新旧法选择适用时罚金刑的判处》,载《刑事审判参考》(第106集),法律出版社2017年版,第25页。

间,被告人吴某某……为感谢刘某某在承揽工程过程中为其提供的帮助,分多次给予刘某某……共计 108.26 万元"。法院认为,被告人吴某某的行为已构成行贿罪,且系情节严重。但鉴于被告人吴某某在被追诉前,主动交待自己行贿的犯罪事实,依法予以减轻处罚。被告人吴某某到案后,如实供述自己的犯罪事实,系坦白,依法予以从轻处罚。遂以行贿罪判处被告人吴某某有期徒刑 3 年,缓刑 3 年。[1] 以上特别从宽处罚条款与坦白情节交织适用,是重复评价的体现,并导致量刑偏轻。

与此形成对照的是:从重情节形同虚设。研究对象中只有 9 个案件适用从重处罚,占比仅为 4.71%。即使少数案件有从重处罚情节,也因为同时存在从宽处罚情节,从重的作用无法得到体现。如 2010 年至 2017 年 2 月,被告人杜某某在未取得采砂许可证的情况下擅自在长江河道镇江段非法开采江砂,在此过程中,为逃避查处先后多次向镇江市水政监察支队担任砂管科副科长、法制科科长等职务的孙某、镇江市公安局水上分局治安大队副大队长刘某、镇江市公安局水上分局大港水上派出所教导员、所长杨某(均另案处理)等人行贿人民币计 535 000 元。法院认定,"被告人杜某某为谋取不正当利益,给予国家工作人员以财物,情节严重,其行为已构成行贿罪。公诉机关指控被告人杜某某犯行贿罪,罪名成立。被告人杜某某在被追诉前主动交待行贿行为,可以减轻处罚……被告人杜某某犯行贿罪,判处有期徒刑二年,缓刑二年,并处罚金人民币二十万元"[2]。本案至少有三个从重处罚情节(向 3 人以上行贿、向负有监督管理职责的国家工作人员行贿、造成经济损失数额在 50 万元以上),仅因为被告人在被追诉前主动交待行贿行为,就减轻处罚且判处缓刑,从重处罚情节没有发挥任何作用。

5. 量刑指导规范欠缺

自 2010 年 10 月 1 日起全国法院试行量刑规范化改革。2013 年 12 月 23 日最高法颁布《关于常见犯罪的量刑指导意见》,自 2014 年 1 月 1 日起全国法院对 15 个罪名全面实施量刑规范化工作。2017 年最高法实施修订后的《关于常见犯罪的量刑指导意见》,并在全国进行第二批试点法院对危险驾驶等 8 个罪名进行量刑规范改革。上述文件均不含有贪贿犯罪案件的量刑规范化内容。由于缺乏统一的量刑参照标准,法官自由裁量权难以得到有效控制。我国从 2010 年年底开始逐步建立和完善具有中国特色的案例指导制度。最高法在 2010 年 11 月 26 日颁布《关于案例指导工作的规定》,标志着我国案例指导制度的正式建立。最高法在 2015 年 5 月 13 日又出台《〈关于案例指导工作的规定〉实施细则》。2018 年 10 月 26 日修订的《人

---

[1] 参见吴某某行贿案,天津市河西区人民法院(2018)津 0103 刑初 110 号刑事判决书。
[2] 杜某某行贿案,江苏省镇江市京口区人民法院(2018)苏 1102 刑初 215 号刑事判决书。

民法院组织法》首次从法律层面确立了案例指导制度。截至 2018 年 12 月 31 日,最高法发布 20 批共计 106 例指导性案例,其中刑事指导性案例有 22 例,在各类指导性案例中排名第二。但是在这些刑事案例中,涉及贪贿犯罪的案例仅有 2 个,而且仅涉及定罪问题没有涉及量刑,更没有涉及行贿罪的指导案例。此外,从本文所研究的 191 份判决书可以看到,大量行贿罪案件的判决书没有量刑分析和说理,特别是适用缓刑的案件,判处依据存在"一笔带过"的情况。

七、行贿罪量刑规范化之建言

十八大以来,我国逐步调整惩治贿赂犯罪刑事政策,对"重受贿轻行贿"现象进行纠正。但那种认为"'受贿罪从重、行贿罪从轻'的习惯性思维正渐被抛弃,表现为行贿犯罪内部加重的转向调整"的结论[1],还为时尚早,过于乐观了。2017 年 10 月 18 日,中共十九大《决胜全面建成小康社会夺取新时代中国特色社会主义伟大胜利——在中国共产党第十九次全国代表大会上的报告》(以下简称《报告》)强调反腐败"要坚持无禁区、全覆盖、零容忍,坚持重遏制、强高压、长震慑,坚持受贿行贿一起查,坚决防止党内形成利益集团"。这表明"受贿行贿一起查""惩办行贿与惩办受贿并重"的刑事政策已得到了中央的充分肯定。从上述实证分析看,这一刑事政策仍没有得到充分实现,对行贿犯罪惩治不严、量刑偏轻,量刑失衡的问题仍然存在。鉴于此,笔者提出以下建议。

(一)调整行贿罪定罪量刑数额标准,实现行贿、受贿同等惩处

我国本来就存在贿赂犯罪定罪量刑标准过高的问题,《刑九》旨在"按照党的十八届三中全会对加强反腐败工作,完善惩治腐败法律规定的要求,加大惩处腐败犯罪力度"[2]。但《贪污贿赂解释》却大幅度提高贪贿犯罪定罪量刑数额标准,这背离了立法宗旨,是完全错误的司法解释。[3]《贪污贿赂解释》同时将行贿罪定罪量刑数额标准由 2012 年《行贿解释》规定的 1 万元、20 万元和 100 万元,大幅度提高到 3 万元、100 万元和 500 万元。即便是如此高的定罪量刑数额标准,还有学者认为标准太低了,理由是,"'因行贿谋取不正当利益,情节严重的',显然不能被解释为'行贿情节严重的'⋯⋯这一解释同样将法定的因行贿谋取不正当利益,情节特别严

---

[1] 钱文杰:《行贿罪量刑的实证检验与反思》,载苏力主编:《法律和社会科学》(第 17 卷第 2 辑),法律出版社 2019 年版。

[2] 李适时:《关于〈中华人民共和国刑法修正案(九)(草案)〉的说明——2014 年 10 月 27 日在第十二届全国人民代表大会常务委员会第十一次会议上》,载《全国人民代表大会常务委员会公报》2015 年第 5 期。

[3] 参见张兆松:《贪贿犯罪定罪量刑数额标准质疑》,载《理论月刊》2017 年第 7 期。

重的条件,扩大到行贿情节特别严重的情形,因而难言妥当"[1]。笔者认为,行贿罪定罪量刑数额标准过高,是导致行贿罪量刑偏轻的主要原因,建议恢复2012年《行贿解释》关于数额标准的规定。同时,参照受贿罪的法定刑对行贿罪加以修改,即将行贿罪的三档法定刑修改为:3年以下有期徒刑,3年以上10年以下有期徒刑,10年以上有期徒刑或无期徒刑,从而大体上形成行贿受贿同等惩处的刑罚设置格局。此外,这一法定刑的调整不但使行贿罪、受贿罪的法定刑更加协调,而且有利于控制行贿罪缓刑的适用。因为《刑法修正案(八)》对《刑法》第63条减轻处罚限制在法定刑的下一个量刑幅度内,情节特别严重的行贿行为,即使有法定减轻处罚情节也不存在被适用缓刑的可能。

(二)扩大从重处罚范围,提升"情节"在定罪量刑中的法律地位

为了弥补从重情节的立法缺失,两高《行贿解释》和《贪污贿赂解释》都列举了若干应当从重处罚的情节。如《贪污贿赂解释》第7条第2款规定:"行贿数额在一万元以上不满三万元,具有下列情形之一的,应当依照刑法第三百九十条的规定以行贿罪追究刑事责任:(一)向三人以上行贿的;(二)将违法所得用于行贿的;(三)通过行贿谋取职务提拔、调整的;(四)向负有食品、药品、安全生产、环境保护等监督管理职责的国家工作人员行贿,实施非法活动的;(五)向司法工作人员行贿,影响司法公正的;(六)造成经济损失数额在五十万元以上不满一百万元的。"然而将上述六种情形作为降低入罪数额标准或提高法定刑幅度的情节是有瑕疵的。比如"向三人以上行贿的",因为"司法解释文本用的是'三人'而非'三人次'或'三次',因此文本上就已经排除了针对同一个人三次以上行贿的情况"[2]。如向司法工作人员行贿的,还要求具备"影响司法公正的",才构成"从重"情节。除第(一)、(三)项外,其他四种情形还存在证明难的问题。《刑九》已将贪污罪、受贿罪的定罪量刑标准由原来单一的"数额"模式修改为"数额或者情节"模式,大大提升了"情节"在定罪处罚中的作用。《贪污贿赂解释》虽然注意到了相关"情节"在行贿罪中的作用,但是由于从重处罚情节设置不合理,导致这些从重处罚情节难以在实践中被适用。笔者建议,将《贪污贿赂解释》第7条第2款的从重处罚情节修改为:①多次行贿的。②向3人以上行贿的。③将违法所得用于行贿的。④通过行贿谋取职务任用、提拔、调整的。⑤向负有食品、药品、安全生产、环境保护等监督管理职责的国家工作人员行贿的。⑥向国家机关工作人员行贿的。[3] ⑦向司法工作人员

---

[1] 张明楷:《行贿罪的量刑》,载《现代法学》2018年第3期。
[2] 李勇:《行受贿犯罪中"特殊情节"的实质解释》,载《东南法学》2018年第2辑。
[3] 美国量刑委员会《量刑指南》规定:"如果贿赂是为了影响获选的官员的或影响享有高层次决策权或敏感职位的官员的,增加8个犯罪等级。"

行贿的。[1] ⑧拒不退赃,无悔罪表现的。⑨曾因行贿受过行政或刑事处分的。⑩造成经济损失数额在20万元以上不满50万元的。

(三)严格从宽处罚幅度,保证罪刑均衡

1. 废除《刑法》第390条第2款规定

有的学者认为,"虽然立法上确立了行贿罪的特别自首制度,并且在司法实践中的适用率也相对较高,但自首在行贿案件定罪量刑中的实际效用却并不明显,特别是自首制度并未减少行贿人的行贿成本和风险"[2]。有的甚至认为,《刑九》对特殊从宽处罚条款的修改并不妥当,要求恢复原有的特殊处罚规定。[3] 上述结论和观点都不能成立。特别从宽制度是对行贿犯罪的特别规定,只有行贿犯罪的被告人能享受这一"特权",这表明现行立法对行贿犯罪网开一面。事实上,这一规定与刑法总则关于自首、立功、坦白的规定并无矛盾,刑法特别规定之后,似乎要求司法人员要特别注意贪贿犯罪的从宽处罚情节,这对司法实践影响很大,这一规定已成为行贿犯罪量刑轻刑化的重要因素之一,应当尽快废除。

2. 合理限制减刑、免刑和缓刑情节的适用

从实践看,凡是有自首、立功或坦白情节的,基本上适用减轻或免除处罚,适用从轻处罚的比例低,法官大都不对具体的自首、立功或坦白情节加以区分。而且在许多案件中,自首、坦白、退赃和认罪认罚存在竞合情形,如果分别独立评价,属于重复评价范围,应当禁止。行贿案件适用减轻处罚后,又判处缓刑,原则上也属于量刑不当。最高法于2010年2月8日印发的《关于贯彻宽严相济刑事政策的若干意见》规定,"要严格掌握职务犯罪法定减轻处罚情节的认定标准与减轻处罚的幅度,严格控制依法减轻处罚后判处三年以下有期徒刑适用缓刑的范围,切实规范职务犯罪缓刑、免予刑事处罚的适用"。江苏省高级人民法院2012年12月28日《关于审理职务犯罪案件适用缓刑、免予刑事处罚若干问题的纪要》规定,"贪污、受贿5万元以上不满10万元,根据法定减轻处罚情节减轻后,适用缓刑的",应经审判委员会讨论并书面报送上一级法院审核。上述规定对行贿罪的量刑具有重要的参考价值。

(四)进一步完善财产刑

1. 实行倍比罚金制

提高对行贿者经济制裁力度,以降低其经济收益,是增加行贿制裁威慑力的重要

---

[1] 如《德国刑法典》第333条(行贿)第1项规定:"对公务员或从事特别公务的人员或联邦国防军士兵将来职务上的行为,为其本人或第三人提供、允诺或给予利益的,处3年以下自由刑或罚金。"第2项规定:"对法官或仲裁人现在或将来的裁判行为提供、允诺或给予利益的,处5年以下自由刑或罚金。"

[2] 钱文杰:《行贿罪量刑的实证检验与反思》,载《法律和社会科学》2018年第2辑。

[3] 参见叶小琴、吕大亮:《论〈刑法〉第三百九十条第二款的法律地位——兼评〈刑法修正案(九)〉对该款的修改》,载《河南警察学院学报》2016年第2期。

途径。《刑九》对行贿罪增设无限额罚金刑,罚金刑的适用率大幅度提高。目前存在的主要问题是罚金数额不平衡,数额偏小,制裁力度明显不足。虽然《贪污贿赂解释》第19条第2款规定"对刑法规定并处罚金的其他贪污贿赂犯罪,应当在十万元以上犯罪数额二倍以下判处罚金",但是实践中未得到严格执行,建议立法改用倍比罚金制。倍比罚金制,又称按比例罚金刑,是指刑法规定以某个与犯罪有关的数额为基础,然后以其一定的倍数或几分之一来确定罚金数额的制度,即按照一定数额的倍数或者分数确定的罚金。[1] 行贿罪采用倍比罚金制"既便于审判人员裁量,又不至于受经济情况变化的影响而使刑法规定脱离生活实际,有利于罚金刑的切实执行"[2]。

2. 废除没收财产刑

根据《刑法》第390条的规定,只有行贿"情节特别严重的,或者使国家利益遭受特别重大损失的,处十年以上有期徒刑或者无期徒刑",才能"并处罚金或者没收财产"。2012年之前曾有个别行贿案件被告人被判处无期徒刑,并处没收财产。[3] 之后笔者未曾收集到被告人被判处无期徒刑的行贿案件,对判处10年以上有期徒刑的被告人,也可以选择适用罚金刑。笔者分析的191个样本中无一例判处没收财产,没收财产刑已形同虚设。罚金刑与没收财产刑的本质和适用对象是相同的,用罚金替代没收财产,丝毫不影响财产刑的执行。

(五) 增设资格刑

资格刑,是剥夺或停止犯罪分子一定的资格或权利的刑罚总称。资格刑可以通过限制、剥夺犯罪人的特定就业权等方式,剥夺或限制犯罪人再犯的能力。但在我国行贿罪的刑罚中现有的剥夺政治权利完全虚设,根本没有发挥应有的刑罚功能。《刑九》关于从业禁止适用的对象是因利用职业便利实施的犯罪,但因没有明确规定涉及的犯罪和对应的相关职业,在行贿罪中难以得到适用。由此可见,在行贿罪中增设资格刑刻不容缓。2006年以来,全国检察机关以立案侦查并经人民法院生效判决、裁定认定的行贿罪、单位行贿罪等有关贿赂犯罪信息为基础,建立起行贿犯罪档案库,并向社会开放查询(行贿黑名单制度)。有关行业主管部门和业主单位根据查询结果,往往对有行贿记录的单位和个人作出限制准入、取消投标资格、降低信誉分或资质等级、中止业务关系等处置。这一举措对防控贿赂犯罪发挥了震慑作用,但行贿黑名单制度不是一种刑罚制度,建议将其上升为行贿罪的资格刑。

(六) 出台量刑指南,发布量刑指导案例,强化量刑说理

1. 出台量刑指南

量刑指南在国外已经有较长的发展历史,形成了相对成熟的模式。量刑指南具有提

---

[1] 参见高铭暄、赵秉志主编:《刑罚比较研究》,北京大学出版社2008年版,第320页。
[2] 刘仁文主编:《贪污贿赂犯罪的刑法规制》,社会科学文献出版社2015年版,第142页。
[3] 参见董桂文:《行贿罪量刑规制的实证分析》,载《法学》2013年第1期。

高量刑一致性、实现罪行均衡、促进司法透明和公正等优点。量刑指南所倡导的公平、公正、均衡、统一且有效的量刑机制无疑与我国的刑事政策在观念上高度契合。针对当前行贿罪量刑存在的不平衡现象,建议两高尽快出台行贿罪量刑指南,以统一量刑标准。

2. 发布量刑指导案例

2010年最高人民法院颁布的《关于案例指导工作的规定》确立了指导案例的法律地位,对法官的说理和裁判具有极其重要的参考作用,也是判案的依据之一。案例指导制度能够弥补现行刑事法律规范存在的缺陷,以真实的案例来展示抽象的规则在具体运用中的表现方式。从2021年3月3日起,最高人民法院迄今已发布27批156个指导案例,但没有与行贿罪有关的指导案例,行贿罪量刑实践中存在的诸多问题,法官无法从指导案例中找到指引。通过发布指导性案例,可以对司法实践中存在争议的问题进行指导,有利于实现量刑的规范和均衡。

3. 强化量刑说理

法院裁判的正当性来源于裁判理由的正当性。一个案件的处理结果是否公平、公正,是否获得当事人和民众的接受和认可,裁判文书说理尤显重要。最高法2018年6月1日《关于加强和规范裁判文书释法说理的指导意见》指出,"社会关注度较高、影响较大的案件",应当强化释法说理。裁判文书的释法说理,应公开透明,以"人民看得见的方式",体现对司法权力运作的有效监督和制约,防止司法腐败。为了体现量刑公正,生效判决书应当全面展示判决依据、详细载明分析过程和完整体现量刑结果。对于犯行贿罪判处免刑或缓刑的案件,必须重点说明其依据,以此增强判决书的说服力和公信力。

八、结语

中华人民共和国成立七十多年来,特别是改革开放四十多年来,在反腐败斗争中,如何设计科学的行贿、受贿犯罪刑事政策,几经变化,十八大之后才逐渐确立"受贿行贿一起查""行贿受贿并重惩治"的治理模式。但对这种治理模式,学界的认识仍不统一,要求放宽对行贿罪的处罚也不乏其人[1],甚至出现要求取消行贿罪的呼声。[2]《刑九》基于从严惩治行贿罪的立法思路,对行贿罪的处罚作出了一定的修改。但从实践看,从严惩治的力度非常有限,长期以来所形成的行贿罪量刑偏轻、从轻处罚情节适用过度而从重处罚情节适用不足、量刑不平衡、"重受贿轻行贿"等问

---

[1] 参见何荣功:《"行贿与受贿并重惩罚"的法治逻辑悖论》,载《法学》2015年第10期;陈金林:《通过部分放弃刑罚权的贿赂犯罪防控——对〈刑法修正案(九)〉第45条的反思》,载《法治研究》2017年第1期;张明楷:《行贿罪的量刑》,载《现代法学》2018年第3期。

[2] 参见姜涛:《废除行贿罪之思考》,载《法商研究》2015年第3期。

题仍然比较严重。如何实现党的十九大报告所强调的反腐败"要坚持无禁区、全覆盖、零容忍,坚持重遏制、强高压、长震慑,坚持受贿行贿一起查"任重而道远,反行贿犯罪仍然在路上。

【责任编辑:吴晓婧】

大数据时代个人信息使用自主法益刑法保护的边界*

刘双阳**

摘要：我国《刑法》第253条之一侵犯公民个人信息罪规定的行为类型仅限于非法获取、出售、提供个人信息代表的转移行为，未将非法使用个人信息行为纳入刑法规制范围，显示了将个人信息自主片面地理解为转移自主、忽视使用自主的法益认识缺陷，因而非法使用个人信息现象频发并成为突出问题，刑法规范却无力应对。随着网络发展到大数据深度挖掘应用阶段，个人信息的使用价值日益凸显，使用自主相较转移自主具有更核心的法益地位，个人信息法益刑法保护的重点也应从转移自主转向使用自主。在确定非法使用个人信息行为的入罪要件时应遵循谦抑性原则，通过构建许可使用、匿名使用、合理使用等多元化的个人信息合法使用方式，合理限定非法使用个人信息行为刑事规制的范围，平衡信息主体的使用自主利益与信息控制者的正当使用利益，实现保护个人信息法益与促进信息资源有效利用的有机统一。

关键词：大数据　个人信息　非法使用　使用自主　刑法保护

随着奠定信息社会基石的云计算、物联网、区块链、人工智能等新兴网络信息技术的发展，当今世界已经进入以数字化、信息化和智能化为主要特征的大数据时

收稿日期：2020-01-13

＊ 本文是国家社科基金一般项目"网络智能时代个人信息泛在泄露与刑法有效保护研究"（项目批准号：19BFX076）的阶段性成果；受中国政法大学网络法学研究院2019年度网络法治理论研究项目课题、东南大学人权研究院重点课题（项目批准号：2021SEUHR05）的资助。

＊＊ 刘双阳，东南大学法学院博士研究生，人民法院司法大数据研究基地研究人员。

代,数据革命方兴未艾。[1] 无论是现实世界还是网络空间,人们的所思所想、一言一行、一举一动都被以电子数据的形式记录和储存起来,来自系统、网络、传感器或智能设备等不同渠道的数据正以指数级增长。易言之,数字化生存已成为人类在信息社会最基本的生存方式。数据是信息的载体,信息是有背景的数据。[2] 海量数据资源中包含着大量重要的信息,其中能够单独或者与其他信息结合识别特定自然人身份或者反映特定自然人活动情况的信息被称为个人信息。[3] 进入信息深度挖掘应用的大数据时代,通过大规模处理个人信息,可以准确分析并勾勒出特定自然人在社会交往中体现出来的以数据为基础的公共形象,如身份特征、健康状况、经济能力、兴趣喜好等,即创建"数字化人格"(computer person)[4],以此作为高效分析社会需求、辅助社会决策的基础工具。因此个人信息的使用价值日益凸显,被誉为具有高度应用价值和商业价值的"数据黄金"[5]。

一、问题的提出:个人信息使用自主刑法保护阙如

数字化生存背景下,以信息交换与分享为主要特征的互联网已深深嵌入当下社会生活的方方面面,人们在享受网络带来的便捷生活的同时,不得不将大量个人信息作为交换来获得相应的产品和服务,因而网络系统中收集、传输和存储着大量个人信息。个人信息是社会交往和社会治理的必要工具,也是发展数据经济的基础资源[6],越来越多的社会主体投入巨资收集和挖掘个人信息。然而,移动互联网时代的信息传播呈现出精准推送、即时扩散、分散难控等风险特征,网络信息流转的迅捷性和不可控性放大了个人信息遭受非法侵害的可能性,使得个人信息面临前所未有的失控和泄露风险。例如,APP强制授权、过度索权、超范围收集个人信息等现象大量存在,违法违规使用个人信息问题突出。[7] 近年来,在个人信息巨大应用利益的驱使下,侵犯公民个人信息的现象呈现高发态势,通过"侵犯公民个人信息""刑事案件""一审程序"三个关键词在中国裁判文书网上进行检索发现,2016—2018年侵犯公民个人信息的刑事案件分别为538件、1514件、2209件,案件数量成倍增长,给

---

[1] 参见高富平:《个人信息保护:从个人控制到社会控制》,载《法学研究》2018年第3期。
[2] 参见涂子沛:《数据之巅:大数据革命,历史、现实与未来》,中信出版社2014年版,第276页。
[3] 我国立法和美国立法文本主要采用个人信息(personal information)之表述,而欧盟立法文本通常采用"个人数据"(personal data)的表述,两者内涵基本一致。
[4] 参见齐爱民:《拯救信息社会中的人格》,北京大学出版社2009年版,第31页。
[5] 参见[英]维克托·迈尔-舍恩伯格、肯尼思·库克耶:《大数据时代:生活、工作与思维的大变革》,盛杨燕、周涛译,浙江人民出版社2013年版,第57页。
[6] 参见高富平:《个人信息使用的合法性基础——数据上利益分析视角》,载《比较法研究》2019年第2期。
[7] 参见韩丹东、罗聪冉:《守住大数据应用法律底线》,载《法制日报》2019年5月15日,第4版。

保护公民的人身和财产安全带来严峻挑战。保障个人信息安全是保证信息社会平稳运行、数据经济可持续发展的前提。在利用个人信息改进社会治理、发展大数据产业的同时，必须将保护个人信息安全放在优先位置。从法律层面规范个人信息收集和使用行为、厘清个人信息保护与开发利用之间的关系，使信息主体[1]与信息控制者的利益平衡映射在大数据时代的法律规则中。[2]

为回应社会民众对个人信息安全的热切关注并且为了使保护个人信息产生竿见影的效果，在具体民法、行政法规范尚未制定、无力应对复杂形势的情况下，我国率先采取严厉的刑罚手段制裁侵犯公民个人信息行为，对个人信息加以倾斜性保护。2009年《刑法修正案（七）》首次将侵犯公民个人信息行为纳入刑法的规制范围，有针对性地设置出售、非法提供公民个人信息罪以及非法获取公民个人信息罪两个专属罪名。为进一步强化保护力度，2015年《刑法修正案（九）》将两罪整合为侵犯公民个人信息罪，以非法获取、出售、提供公民个人信息作为客观构成要件中的具体行为类型，取消主体身份限制和履职条件限制并升格法定刑。2017年最高人民法院、最高人民检察院（以下简称"两高"）专门出台《关于办理侵犯公民个人信息刑事案件适用法律若干问题的解释》（以下简称《侵犯个人信息司法解释》），进一步明确和细化了侵犯公民个人信息罪的入罪标准，并完善相关规定。此外，《网络安全法》《民法典》《消费者权益保护法》《电信和互联网用户个人信息保护规定》等相关法律法规的颁布和修订也对侵犯公民个人信息罪中"违反国家有关规定""非法"等罪状概念的认定提供了更加明确的标准，使得个人信息保护规范的体系性得到强化。

从网络数据的流动链条和生命周期来看，获取、出售、提供都属于个人信息的转移方式，而转移个人信息的最终目的在于利用，如何保证信息控制者遵循合法、正当、必要的原则来使用个人信息就显得尤为重要。伴随着数据交易"黑色产业链"的形成，现实中非法使用个人信息的现象越来越多，具体包括两类：一是未经信息主体授权而使用个人信息，即无权使用个人信息，如未经用户同意或用户明确拒绝后，私自调用用户个人信息；二是虽经授权但超越约定的目的、方式和范围使用个人信息，即滥用个人信息，特别是在概括授权的情况下极易引起个人信息的滥用，如利用合法收集的个人信息分析、预测用户的经济能力和消费习惯，以歧视性定价差别对待不同消费者。大量个人信息尤其是身份属性较强的敏感信息经筛选、聚合后的精

---

[1] 信息主体（Date Subject）是欧盟个人数据保护法提出的概念，指个人信息指向的特定自然人。我国台湾地区个人信息保护规章中采用"当事人"的表述。

[2] 参见江波、张亚男：《大数据语境下的个人信息合理使用原则》，载《交大法学》2018年第3期。

准非法利用,对公民的人身和财产安全产生极大威胁。[1] 我国民法和行政法规范中均有不得非法收集、使用、出售、提供公民个人信息的规定[2],将个人信息的使用行为作为一种独立的行为类型与获取、出售、提供行为并列规定。[3] 然而,刑法中的侵犯公民个人信息罪却遗漏了非法使用公民个人信息行为,未将其纳入构成要件的行为类型,使得刑法保护个人信息法益不周延,并导致其他部门法不协调。出现这一疏漏的主要原因是立法者对侵害公民个人信息犯罪所保护的法益——个人信息自主的理解不够全面,将保护个人信息自主等同于保护个人信息转移自主,以防范非法转移个人信息为入罪逻辑,忽视了对个人信息使用自主的保护。

目前,信息控制者使用个人信息通常是为了挖掘商机或辅助决策,而非以犯罪为目的。在防范和处理诸如以商业营销类骚扰电话泛滥成灾、违规使用用户信息进行不正当竞争、电商平台利用大数据"杀熟"等事件为代表的非法使用个人信息问题上,刑法现有规定对其束手无策,除非信息控制者利用个人信息实施犯罪行为,如绑架、盗窃、诈骗等,才可能受到刑事处罚。这表明随着信息社会纵深发展,个人信息的广泛应用导致侵害公民个人信息犯罪出现新情况,侵犯公民个人信息罪的相关规定已无法满足数字化生存和大数据环境下保护个人信息法益的现实需要。因此,大数据时代个人信息的深度挖掘应用带来的侵害风险要求刑法保护个人信息法益应从转移环节延伸至使用环节[4],在遵循刑法谦抑性原则的前提下,借助利益衡量探讨在必要的限度内保护个人信息使用自主,同时尊重信息控制者使用个人信息的正当利益,合理确定非法使用个人信息行为入罪的边界,进一步完善我国侵害公民个人信息犯罪规范体系。

二、复合法益语境下个人信息使用利益的识别

网络智能时代个人信息呈现泛泄露的特征,由非法使用个人信息引发的社会问题层出不穷,在刑法层面明确规范个人信息使用行为、加强对个人信息法益的保护成为社会共识。刑法的谦抑性要求刑法只在必要性意义上制裁最危险、对法益容易

---

[1] 参见高楚南:《刑法视野下公民个人信息法益重析及范围扩充》,载《中国刑事法杂志》2019 年第 2 期。

[2] 《民法典》第 111 条规定,"不得非法收集、使用、加工、传输他人个人信息,不得非法买卖、提供或者公开他人个人信息。"《网络安全法》第 41 条第 2 款规定,"网络运营者不得收集与其提供的服务无关的个人信息,不得违反法律、行政法规的规定和双方的约定收集、使用个人信息"。第 42 条第 1 款规定,"未经被收集者同意,不得向他人提供个人信息"。

[3] 参见洪乾贺、刘仁文:《"非法使用公民个人信息"也宜入罪》,载《检察日报》2019 年 1 月 31 日,第 3 版。

[4] 参见陈俊秀:《大数据时代个人信息"合理使用"制度研究——以 2011—2017 年公布的 773 份刑事判决书为研究样本》,载《大连理工大学学报(社会科学版)》2019 年第 2 期。

造成最严重侵害的行为,因此厘清个人信息的法益属性与权利边界是刑法审慎介入保护个人信息使用自主的先决条件。

(一)个人信息的法益属性辨析

关于个人信息的法益属性,因对个人信息的内容范围和应用价值理解不同,学者们的观点存在诸多差异。当前学界主要有以人格权说、财产权说为代表的个人法益论,以及以公共产品说为代表的超个人法益论,但都存在一定的片面性,未能全面阐释个人信息的法益属性。

1. 人格权说

人格权说通常认为个人信息法益是公民的人格尊严与个人自由所代表的一般人格权[1],而后又从中分离形成独立的人格权类型如个人信息自决权、信息隐私权。德国学者从人格尊严出发,将个人数据根植于基本权利保护体系,进而提出全新的"个人信息自决权"概念,即人们有权自由决定外界可在多大程度上获知自己的思想及行动。[2] 1983年德国宪法法院在著名的"人口普查案"的判决书中指出:"现代数据处理环境中,根据《基本法》所规定的人格尊严权和人格自由发展权,公民个人数据不能被无限制地收集、存储、使用与转让。"[3]此案标志着个人信息自决权被正式确立,并被欧盟的个人数据立法所吸纳。美国则以个人自由为基础,扩张解释隐私,将个人信息融入隐私权保护体系。1890年,美国学者沃伦(Warren)和布兰代斯(Brandeis)在《论隐私权》一文中将隐私界定为"独处的权利"(right to be let alone)。随着计算机和网络在美国的率先发明与普及,侵犯公民个人信息的行为日益增多,1967年艾伦·威斯汀(Alan Westin)在《隐私与自由》一书中将隐私权重新定义为"个人、群体或机构自主决定在何时以何种方式在多大程度上将有关自身的信息披露给他人的权利"[4]。换言之,隐私就是个人对自身信息的控制。"信息隐私权"(Information privacy)概念由此诞生,个人信息被纳入隐私的范畴,美国隐私法不再局限于保护传统意义上的隐私权,而是涵盖了隐私以外的个人信息权利。[5]大陆法系普遍认为,隐私与个人信息呈现交叉关系而非种属关系,具有私密性质的个人信息可能属于隐私,而个人信息若被主动公开或交换共享就不再属于隐私。[6]主要原因在于,隐私强调私密性,隐私权保护制度侧重于防范私生活秘密不被泄露

---

[1] 参见高富平、王文祥:《出售或提供公民个人信息入罪的边界——以侵犯公民个人信息罪所保护的法益为视角》,载《政治与法律》2017年第2期。

[2] 参见敬力嘉:《大数据环境下侵犯公民个人信息罪法益的应然转向》,载《法学评论》2018年第2期。

[3] Volkszählungsur teil. BVerfGE65,1.

[4] Alan Westin, *Privacy and Freedom*, New York: Atheneum, 1967, p.7.

[5] 美国法上的隐私权内容几乎包括了所有个人权利,与我国对隐私的共识性理解有所差异。

[6] 参见张新宝:《从隐私到个人信息:利益再衡量的理论与制度安排》,载《中国法学》2015年第3期。

或私生活安宁不被骚扰[1],即一种不被知悉、获取、公开的消极防御型权利,而个人信息并不以私密性为特征,其具有区别于隐私的可公开分享的独立特性[2],包含主动利用的积极权能,个人信息保护制度从个人信息的可识别性入手,倾向于控制个人信息收集、使用、转让等环节的风险,以保证个人信息安全。

2. 财产权说

财产权说主张个人信息具备无形性、稀缺性、价值性、可控性、转移可能性等特征,符合财产权理论描述的财产性利益的基本特征。[3] 运用个人信息创建的"数字化人格"中蕴含着指向特定自然人的身份标识、生理特征、行为偏好、社交习惯、行踪轨迹、财产状况、信用能力等信息。借助这些信息记录形成的精准"个人画像"可以帮助商家准确分析和预测客户的消费心理、行为规律以及市场需求,推荐、订制个性化的产品和服务,这种投其所好的精准营销手段催生了大规模收集和使用个人信息的商业需求。随着数据挖掘处理以及人工智能技术的进步,通过机器深度学习、智能分析、精准匹配,可以在海量碎片化的数据之间寻找关联性并串联在一起,聚合形成完整的信息链条,揭示出个人的敏感信息,使得个人信息的利用价值被进一步放大,成为社会财富的新"富矿"。大数据产业蓬勃发展背景下数据交易兴起,大量个人信息资源经过加工处理后形成高附加值的数据产品进入市场流通、交换获利,个人信息潜在的经济价值被进一步激活和发掘,被称为企业的"信息资产"。以网络数据为载体的个人信息可以无限复制,具有区别于一般有体财物的非独占排他性,但在个人信息广泛应用于充满竞争的商业领域后,商业经营的逐利性促使商人采取技术或管理措施防止个人信息资源被他人获取,个人信息因巨大的商业价值而成为稀缺资源。因此个人信息具有财产属性的观点得到越来越多的认同。也有学者从财产权关系的角度阐述信息财产是继物、智力成果之后第三种民事法律关系的客体,信息财产权作为一种新型财产权,与物权、知识产权共同构成信息社会的三大财产权形态。[4] 信息财产权以所有权原理为基础,强调信息主体对其个人信息的财产价值享有支配权,包含占有、使用、收益和处分四项权能。[5]

3. 公共产品说

公共产品理论指出个人信息具有可公开分享性和非独占排他性,一个人对信息

---

[1] 参见王利明:《论个人信息权的法律保护——以个人信息权与隐私权的界分为中心》,载《现代法学》2013年第4期。

[2] 参见杨立新:《个人信息:法益抑或民事权利——对〈民法总则〉第111条规定的"个人信息"之解读》,载《法学论坛》2018年第1期。

[3] 参见陆小华:《信息财产权:民法视角中的新财富保护模式》,法律出版社2009年版,第145页。

[4] 参见齐爱民:《捍卫信息社会中的财产:信息财产法原理》,北京大学出版社2009年版,第75页。

[5] 参见刘德良:《个人信息的财产权保护》,载《法学研究》2007年第3期。

的使用并不影响其他人同时使用该信息,无数人可以共享处于公共领域的信息资源,个人信息的共享性、流通性使其天然具有社会公共属性,并非一种有固定边界的私人权利[1],因此应将个人信息纳入公共产品的范畴。个人信息是社会交往和社会运行的必要工具或媒介[2],个人信息的工具价值决定了个人信息的社会公共性。从个人的角度来说,为顺利开展社交活动向某个群体推介、展示自己或者享受社会提供的产品和服务,个人需要提供、披露自身信息以便能够标识其为社会中的某个人,并将行为结果归属于本人;从社会的角度出发,社会需要收集和使用个人提供的信息来识别、记录、描述以及判断某个特定的人,形成对个人的认识并提供有针对性的产品和服务。个人信息能够指向或描述某个特定的人,在个人与信息之间建立联系,但是纯粹与特定个人有关联不足以使个人对该信息享有独占的排他性利益,因为大量个人信息并不具有唯一性,这些信息还可以用来标识、记录、描述其他人。例如,姓名是标识自然人最常见的信息符号,但有许多重名重姓的人,都享有姓名权[3],并不能排除他人使用相同的姓名。

个人信息的应用价值中蕴含着社会公共利益。在大数据时代,个人信息资源被视为支撑市场经济创新发展的原动力,伴随着个人信息的商业化利用,催生出精准营销、私人定制、线上线下融合等新型商业样态,个性化服务、智能化制造已成为商业竞争中的独特优势和核心竞争力。[4] 市场主体在追求商业利益的同时客观上为消费者提供了更高质量的产品和服务以及更舒适、便捷的消费体验感,并对推动国民经济结构转型升级、增强综合国力产生积极作用。此外,个人信息越来越成为公共机构进行社会管理和服务的基础资源,被广泛应用于智库研究、政府决策、行政管理、公共服务配套、犯罪预防等诸多领域,从而提高行政决策的科学化水平、社会管理的效率以及公共服务的质量,实现国家综合治理能力的大幅提升。显而易见,个人信息属于超个人法益,并非专属于特定个人,而是社会或国家所享有的公共资源。[5]《民法典》将个人信息纳入其保护范围,却未将其界定为独立的民事权利类型,也正是考虑到个人信息的社会公共属性。

以上各种学说反映了当前学界对个人信息法益属性的不同理解,个人信息的某一侧面特征诠释其法益内涵往往有失偏颇。随着个人信息内容的多元化以及应用

---

[1] 参见丁晓东:《个人信息私法保护的困境与出路》,载《法学研究》2018 年第 6 期。

[2] 参见高富平:《论个人信息保护的目的——以个人信息保护法益区分为核心》,载《法商研究》2019 年第 1 期。

[3] 所谓"姓名权"包括两层含义:一是独立命名的自由,不受他人干涉;二是使用自己姓名的权利,禁止他人冒用、盗用。

[4] 参见梁泽宇:《个人信息保护中的目的限制原则的解释与适用》,载《比较法研究》2018 年第 5 期。

[5] 参见靳宁:《大数据背景下个人信息刑罚治理的合理边界——以侵犯公民个人信息罪的法益属性为例》,载《黑龙江社会科学》2018 年第 3 期。

领域的拓展,其承载的法益内涵必然走向复合化,人身属性、财产属性和社会公共属性共同构成个人信息的法律内核,这是由个人信息的不同种类以及作为特殊资源的使用价值所决定的。[1] 一方面,个人信息来源于特定自然人,因而不可能脱离个人法益属性;另一方面,个人信息经大规模聚集后广泛应用于商业经济、社会管理、教育科研等领域,为经济发展以及社会治理提供决策参考,因而无法回避社会法益属性。

(二) 个人信息承载的使用利益识别

网络空间个人信息法益识别包括两层含义,一是个人信息所承载的利益是否上升为法益;二是个人信息利益体现的是何种法益。[2] 个人信息本身所承载的使用利益根植于个人信息所具有的私人属性与公共属性,保护个人信息法益离不开对个人信息相关权利主体利益的明晰和权利边界的划定。具体而言,在信息交互日益频繁的时代背景下,信息主体并不一定直接占有和控制其个人信息,信息主体和信息控制者的分离已然成为常态。个人信息承载着两方的使用利益:一是信息主体的使用自主利益,源自其与个人信息的天然联系,由个人信息的可识别性所决定;二是信息控制者的正当使用利益,其一定程度上代表的是社会利益,因为身处信息社会的任何组织或个人都有使用个人信息的需求,都可能成为信息控制者。保障信息主体与信息控制者的使用利益均衡是保护个人信息法益的应有之义,同时有利于推动大数据产业的健康可持续发展。

1. 信息主体的使用自主利益

个人信息是指任何能够直接或者间接识别特定自然人身份特征或个人属性的信息。识别通常所依赖的是个人特有的或者能够标识个人特征的信息,如姓名、身份证号码、通信地址、联系方式、位置数据等,而识别的目的是将特定主体与社会中的其他人区别开来。个人信息是个人的延伸,既是个人标识自己的工具,也是他人辨识特定自然人的手段。由于个人信息与人格尊严和自由关系密切,传统个人控制论强调个人信息的私人属性,通过将基本权利中的个人自治拓展至个人信息领域,从而推导出独立的个人信息自决权,即赋予个人独立自主决定如何处理其个人信息的权利。人作为独立的个体,只能是目的而不能是工具[3],凡是与个人人格形成、发展有关的事项都应当由本人自主决定。个人信息是人格的征表,只能自主决定而不能被他人决定,否则将损害自然人独享的人格尊严。随着计算机和网络技术的普及应用,个体在社会交往中提供的个人信息被自动记录、留存以及分析应用,如

---

[1] 参见高楚南:《刑法视野下公民个人信息法益重析及范围扩充》,载《中国刑事法杂志》2019年第2期。

[2] 参见欧阳本祺:《网络空间的法益识别与刑法保护》,载《检察日报》2018年2月14日,第3版。

[3] 参见〔德〕康德:《实践理性批判》,韩水法译,商务印书馆2015年版,第95页。

果信息主体并不知情甚至违背其意愿,那么人(主体)就被当作客体对待,这是对人的尊严和自由的侵犯。个人有权拒绝仅基于数据自动化处理,而不考虑信息主体本人意愿作出的结果的约束是个人信息立法普遍遵行的规则,保护个人信息自主是为了防止个人信息"被处理"[1],以实现对个人自治等基本权利的保护。

由基本权利演化而来的个人信息自决权将个人信息处理纳入纯粹个人事务的范畴,认为自然人对其个人信息享有自主控制和自主决定的权利,包括对个人信息的转移自主和使用自主,超越了单纯防范非法转移个人信息的隐私权保护逻辑,以应对信息技术广泛应用所带来的个人信息失控局面以及个人信息使用权频频遭受侵害的问题。个人信息相对于隐私的独立特性使得个人信息自决权的内涵也与隐私权产生明显差异。隐私权强调个人信息的私密性,是一种保护个人私密事项的防御性权利,主要是防范个人私密信息未经许可被权限外的主体知悉,造成隐私泄露。所以隐私权是一种防范个人信息被不当转移的消极权能。然而,网络时代个人信息由于公开分享和交换使用的特性,具有自主分享使用的积极权能,与隐私权形成鲜明对比。个人信息自主既包含对个人信息分享或传播等转移范围的自主限定,还包括对个人信息运用方式、程度的自主权利,强调信息主体对个人信息按照自己的意志进行自主控制。因此,个人信息自决权以全面自主权能为核心,自然就超越了隐私权单纯的转移自主权能,同时随着大数据时代个人信息使用价值的凸显,对个人信息应用的自主控制越来越成为个人信息权益保护的核心。欧盟个人数据立法的变化也体现了这一点。[2]

2. 信息控制者的正当使用利益

传统个人控制论建立在20世纪七八十年代计算机信息网络发展的初期阶段,即Web1.0时代,计算机和互联网尚未普及,网民以及网络平台数量较少,个人向特定主体提供少量单一的个人信息即可获得相应的产品和服务,个人信息尚未被大规模收集和使用,信息主体对个人信息的披露和用途具有一定的控制力。进入依托网络平台实现人与人双向交换分享信息的Web2.0时代,互联网社交活动日益频繁,网络空间留存了大量可识别个人特征的信息,这些个人信息大部分并非由个人主动提供,而是由无处不在的网络系统、传感器实时记录、动态分析后关联到特定个人,同时能够识别个人特征的信息类型也日趋多样化,个人信息的收集和使用环境发生了根本性变化。到了万物互联、智能匹配、个性化定制的Web3.0时代,信息的

---

[1] 参见宋亚辉:《个人信息的私法保护模式研究——〈民法总则〉第111条的解释论》,载《比较法研究》2019年第2期。

[2] 欧盟1995年制定的《个人数据保护指令》第1条第1款规定:"成员国应当依据本指令保护自然人的基本权利和自由,特别是有关个人数据处理中的隐私权。"2018年实施的《一般数据保护条例》第1条第2款规定:"本条例旨在保护自然人的基本权利和自由,尤其是个人数据保护的权利。"显然,最新立法以"个人数据保护的权利"替代了"个人数据处理中的隐私权"。

实时交互性和快速流动性使得信息主体与信息控制者分离成为常态,对于海量多样的个人信息,信息收集者往往无法事先作出准确判断并告知被收集者特定的使用目的及方式。大数据、云计算、人工智能等先进技术的运用显著增强了信息控制者对个人信息的采集、分析和应用能力,个人在网络空间的任何"蛛丝马迹"都无所遁形,信息主体对个人信息陷入失控的境地,个人控制论赖以存在的社会基础被摧毁。因而个人信息保护理论开始从个人本位向社会本位转变,社会控制论应运而生,强调个人信息蕴含的利益应由全社会共享。

网络时代数字化生存越来越依赖信息的全面交换和分享,基于个人控制论的个人信息私权化与信息社会个人信息社会化利用之间的冲突加剧。大数据时代的深度挖掘与自动处理技术提升了对个人信息的分析应用能力,个人信息被广泛用于创新市场营销、改进产品和服务、防范网络风险、完善公共治理、深化学术研究等正当途径,创造出更大的经济价值与社会效用[1],保护个人信息自主的同时促进个人信息流通利用的观点得到广泛认同。个人信息本身只是可以识别某个人的事实或记录,本质上不具有排他性或者排除他人使用的成本很高,并不当然由个人拥有或控制,其不仅直接关涉信息主体的人身和财产权益,而且也关系他人利益以及社会利益。[2] 社会控制论认为,个人信息与个人的关联性不足以使其成为私人控制的客体,就个人信息的超个人法益属性而言[3],个人信息是一种处于公共领域的社会资源,应由社会共同决定如何使用。虽然个人信息自决权赋予信息主体自主决定如何使用个人信息的权利,但是个人信息兼具的社会公共性要求个人信息自主不能等同于物权、人格权等支配权,防止个人信息自主宽泛化和绝对化。如欧盟《一般数据保护条例》承认个体对个人数据收集、使用、流通的控制权,但并不认可个人享有绝对的排他性支配权,必须遵循比例原则,考虑个人数据在社会中的作用,并与其他权利保持平衡。概言之,个人信息不仅涉及信息主体的自主使用利益,同时还承载着商业经营者、公共机构等信息控制者的正当使用利益,应当在此基础上进行利益衡量,制定符合各方利益的个人信息使用规则。

三、个人信息的合法使用方式及正当性基础

大数据时代,个人信息承载着信息主体与信息控制者的双重使用利益,保护个

---

[1] 参见温昱:《个人数据权利体系论纲——兼论〈芝麻服务协议〉的权利空白》,载《甘肃政法学院学报》2019年第2期。

[2] 参见曲新久:《论侵犯公民个人信息犯罪的超个人法益属性》,载《人民检察》2015年第11期。

[3] 参见于冲:《侵犯公民个人信息罪中"公民个人信息"的法益属性与入罪边界》,载《政治与法律》2018年第4期。

人信息法益不等于禁止个人信息的流通利用。我国台湾地区"个人资料保护法"将保护个人信息法益与促进个人信息合法使用作为"立法"的双重目的。托马斯·汉尼斯指出:"如有可能,规制个人可识别信息的潜在滥用行为并给予救济,而不是规制其收集和正当的使用行为。"[1]通过构建既保护个人信息自主,又促进个人信息合法使用的规则体系,有效防范大数据产业对个人信息高需求给公民人身和财产安全带来的潜在风险。

(一)许可使用:知情同意机制

传统个人信息保护制度以许可使用为原则,以用户知情同意作为使用个人信息的合法性授权。从哲学的角度来看,人作为自由意志的存在总是要将自身的意志固定,人有权把他的意志体现在任何物体中。[2] 知情同意原则体现的是尊重信息主体的自由意志,由信息控制者向信息主体详细告知收集目的、个人信息用途等情况,使信息主体知情,并取得信息主体的同意。在个人信息处理的实践中贯彻信息主体的意图是意思自治原则在个人信息保护领域的具体运用。目前关于个人信息保护的国际公约以及国内外法律规范均明确要求使用个人信息应征得信息主体的同意。例如,经济合作与发展组织(OECD)制定的《关于隐私保护与个人数据跨界流通的指导方针》中的使用限制原则规定"不得在第9条所明确说明的目的之外,对个人数据进行披露、使其可以被获取或以其他方式利用。以下情形除外:(a)取得数据主体之同意……"欧盟《一般数据保护条例》第6条明确将数据主体同意作为数据处理[3]的合法性之一。我国《关于加强网络信息保护的决定》第2条以及《网络安全法》第41条都明确要求网络服务提供者收集、使用个人信息须经被收集者同意。实践中,网络服务提供者为了赋予个人信息使用行为以正当性,规避个人信息使用可能带来的风险或者减轻、免除己方的责任,在提供网络服务时,通常会向用户展示服务协议、法律声明及隐私权政策,阐明收集和使用个人信息的目的、范围和方式,并以用户的明示同意授权作为其获得相应产品和服务的必要条件。知情同意机制下,信息主体有权衡量披露个人信息的利弊,并决定是否同意他人收集和使用其个人信息,只有取得信息主体的许可才能将个人信息使用行为合法化。

以信息主体之同意作为个人信息使用正当性基础的理论依据主要是建立在用户自治基础上的个人信息自决权理论。个人信息自决权赋予信息主体对个人信息享有自主控制和自主决定的权利,为了保障信息主体能够自由支配、控制其个人信

---

[1] Thomas Hemnes, *The Ownership and Exploitation of Personal Identity in the New Media Age*, 12 J. Marshall Rev. Intell. Prop. L. 1, 35ff (Fall, 2012).

[2] 参见[德]黑格尔:《法哲学原理》,范扬等译,商务印书馆2013年版,第52页。

[3] 欧盟数据保护法律规范中以"数据处理"(Date Processing)泛指对个人数据进行的收集、存储、加工、使用、传输、删除、销毁等一切操作行为。

息,并排除他人的不法侵害,故而要求信息控制者收集和使用个人信息应征得信息主体的同意。设立知情同意机制的另一理论依据是信息不对称理论。市场经济中信息在不同经济个体之间呈现不均匀分布,信息控制者借助大数据算法和人工智能技术对海量个人信息具有强大的控制力,并从中挖掘出大量有价值的信息,而信息主体对个人信息收集和使用的具体情况却知之甚少,在信息交易市场中处于弱势地位,与信息控制者的议价能力对比悬殊,出现信息不对称的问题。信息主体因掌握的信息量有限无法作出符合自身最大利益的决定而陷入决策困境[1],同时难以有效监督信息控制者对个人信息的具体使用情况。解决信息不对称难题的核心是充分保障信息主体的知情权[2],而提高信息使用的透明度是保障信息主体知情权的有效方式,因此要求信息控制者事先将收集和使用个人信息的目的、方式及范围等事项告知信息主体,并得到信息主体明示或默示的许可。[3] 此外,信息控制者也应将个人信息在使用过程中的变动情况及时告知信息主体,使得信息主体能够充分了解个人信息的流向和用途,并根据自身的可接受程度作出反应。

然而,知情同意的绝对化使得企业和用户都陷入无所适从的尴尬境地,发挥的作用越来越有限,甚至成为发展大数据产业的逻辑障碍。首先,冗长、晦涩的隐私政策文件致使用户根本无暇阅读或者不感兴趣,网络信息技术的复杂性也使得很多用户即便阅读也无法完全理解其中潜藏的隐私风险,密集的授权同意被企业和用户均认为是一种负担,导致使用个人信息的成本高昂。[4] 用户在阅读隐私政策文件后只能选择全盘接受或不接受,如果拒绝授权,将无法使用相关产品或服务,造成知情同意流于形式,而非信息主体内心真实意思的表达。其次,大数据时代个人信息二次利用、多环节流转的特点使得事先明确告知使用目的、方式及范围几乎是不可能的。大数据分析之前根本没有"目的",因为海量数据分析的结果往往难以预测,大数据分析追求的是相关性而非因果性。知情同意框架下要求事先明确告知个人信息的使用目的、方式及范围有些强人所难,一定程度上束缚了大数据产业获取足够多的分析素材来提高预测的精准度。概言之,大数据时代隐私协议的海量化、个人信息处理的复杂性以及僵化的用户有效同意标准导致知情同意机制日趋失效。

(二) 匿名使用:去标识化处理

为克服以用户知情同意为架构核心的个人信息许可使用方式的局限性,可以从技术角度另辟蹊径,借助数据脱敏(Data Masking)去除个体可识别性探索个人信息

---

[1] 参见吴泓:《信赖理念下的个人信息使用与保护》,载《华东政法大学学报》2018年第1期。
[2] 参见任龙龙:《论同意不是个人信息处理的正当性基础》,载《华东政法大学学报》2018年第1期。
[3] 参见李媛:《大数据时代个人信息保护研究》,华中科技大学出版社2019年版,第65页。
[4] 参见林洹民:《个人信息保护中知情同意原则的困境与出路》,载《北京航空航天大学学报(社会科学版)》2018年第3期。

使用的新方式——匿名使用,通过个人信息去标识化调和个人信息保护与使用之间的矛盾。与个人特征不可分离的可识别性是个人信息区别于其他信息的核心特征[1],数据脱敏技术运用加密算法、替换算法或生成算法将个人信息中标识个体特征的识别符(Identifier)隐藏、替换或删除,即去除个人信息的可识别性且不能恢复,将个人信息转化为匿名信息,一定程度上能够切断个人信息与特定自然人之间的联系。脱敏后的个人信息会与其他额外数据分别存储,凭借技术和管理措施确保在不使用额外数据的情况下,去标识化的个人信息无法指向一个被识别或可识别的自然人。去标识化处理的目的在于将个人信息中的人格属性剥离,而保留其经济、社会价值。[2]

信息主体基于与个人信息之间的人格关联性而享有个人信息自决权,个人信息经匿名化处理后可识别性不复存在,该类信息数据就被排除在个人信息保护规范的适用范围之外。即个人信息保护规则不适用于经数据脱敏处理后不再具有特定自然人身份特征或个人属性且无法恢复的匿名信息。欧盟《一般数据保护条例》第4条界定了个人数据匿名化的定义以及鉴于第26条明确指出匿名数据不适用个人数据保护规则。2015年日本通过《个人信息保护法》修正案,规定了以匿名方式使用个人信息的企业的义务:①匿名化的个人信息不能识别特定个人且无法复原;②企业必须对个人信息匿名的方法采取保密措施;③匿名后的个人信息不得与其他信息进行对照,以识别特定个人;④向第三方提供时,必须提前公布匿名信息包含的项目和提供方法,并告知第三方此为匿名信息。[3] 我国《网络安全法》也将个人信息匿名化载入立法,在第42条确立了使用个人信息征得信息主体同意的例外情形——"经过处理无法识别特定个人且不能复原",即不可逆的匿名使用规则。信息控制者使用匿名化处理过的信息数据进行深度学习或者模型算法训练,可以降低交易成本和个人信息泄露的风险。

从数据脱敏技术以及大数据产业发展趋势来看,个人信息匿名化是一个相对概念,在可获得的数据源越来越广泛、数据算法越来越强大的情况下,匿名化的个人信息存在可重新识别(Re-identification)出特定自然人身份的可能性。哈佛大学的一项研究发现,将一个人的年龄、性别、住址和邮编等数据匿名化处理后与公开的数据库进行交叉对比,仍有87%的概率识别出其身份。大数据时代,各类数据被永久

---

[1] 参见欧盟《一般数据保护条例》第4条第1款对"个人数据"的定义:"与已识别或者可识别的自然人相关的任何数据。"我国《网络安全法》第76条第5款规定:"个人信息,是指以电子或者其他方式记录的能够单独或者与其他信息结合识别自然人个人身份的各种信息,包括但不限于自然人的姓名、出生日期、身份证件号码、个人生物识别信息、住址、电话号码等。"

[2] 参见韩旭至:《大数据时代下匿名信息的法律规制》,载《大连理工大学学报(社会科学版)》2018年第4期。

[3] 参见杨合庆:《中华人民共和国网络安全法释义》,中国民主法制出版社2017年版,第106页。

保存于网络系统,对某部分个人信息去标识化处理后,当信息控制者获得来源于其他渠道的数据时,大量数据汇聚在一起,利用数据挖掘技术将各类信息片段相互交叉、重组与关联,可以重新识别出个人的敏感信息。[1] 去标识化的个人信息若通过使用其他信息可确认自然人身份特征或个人属性,仍被认为是可识别的个人信息。大数据海量性、多样性特征带来的多源数据融合与交叉验证分析使得个人信息匿名化遭遇瓶颈。因此,在使用匿名信息的过程中应当考虑重新识别的风险,加强个案风险评估与管理。英国信息专员办公室(Information Commissioner's Office,ICO)要求信息控制者应当对匿名数据后续利用的隐私及信息安全风险进行评估,如果风险过高,应对数据利用进行一定的限制。[2] 我国国家市场监督管理总局、国家标准化管理委员会发布的《信息安全技术 个人信息去标识化指南(GB/T 37964-2019)》规定,对个人信息进行匿名化处理应当经过确定目标、识别标识、处理标识、验证批准、监控审查五个步骤,要求对数据集去标识化后进行验证,在验证过程中需对去标识化的数据进行重新标识风险评估,计算出实际风险,与预期可接受风险阈值进行比较,并持续监控去标识化效果。

(三)合理使用:合法利益豁免

大数据时代,遵循事前授权原则的静态知情同意机制不足以应对日益严峻的个人信息安全风险,且限制了大数据产业的发展,将风险管控从收集阶段转向使用阶段成为个人信息保护的新路径。[3] 特定情形下允许信息控制者无需经信息主体同意即可在适当限度内使用个人信息的方式被称为"合理使用",与动态风险管控的新理念相契合。满足个人信息保护规范预设的合理使用条件时,不构成侵犯他人的信息权利。合理使用强调个人信息使用行为的合理性,包含三个要素:一是属于法律规定的特殊情形;二是不影响个人信息安全;三是不损害信息主体的合法权益,个人信息合理使用的灵活性可在一定程度上缓解知情同意规则的僵化。个人信息合理使用的内涵借鉴了著作权法上对他人作品的合理使用制度,即在保护著作权人的正当权利之外,保障特定主体和社会公众对作品的使用需求如学习欣赏、教学科研、执行公务等。这一制度设计典型地体现了著作权法通过平衡作者、传播者以及使用者之间的利益,实现保护著作权人利益与促进文化知识传播的双重价值目标。[4] 在个人信息保护领域,知情同意框架下个人信息的绝对保护严重束缚了技术创新以及数据的挖掘与利用,大数据时代的个人信息保护制度不宜局限于绝对的"个人本位",而应与"社会本位"相协调。个人信息的合理使用制度处于保护与限制个人信

---

[1] 参见李媛:《大数据时代个人信息保护研究》,华中科技大学出版社2019年版,第70页。
[2] 参见王融:《大数据时代:数据保护与流动规则》,人民邮电出版社2017年版,第228页。
[3] 参见范为:《大数据时代个人信息保护的路径重构》,载《环球法律评论》2016年第5期。
[4] 参见冯晓青:《著作权合理使用制度之正当性研究》,载《现代法学》2009年第4期。

息权利的平衡点,通过适度限制信息主体的权利促进个人信息的流通利用,调节信息主体与信息控制者之间的利益均衡,进而推动信息技术创新以及大数据产业的发展进步,最终实现保护个人信息与增进社会公共福祉的双重目的。信息主体的使用自主权利之所以应受到适度的限制,主要源自个人信息天然的公共产品属性以及附着的社会公共利益,为了社会公共福祉,个人让渡部分权利被视为个人应承担的社会义务。简言之,个人信息的合理使用制度重新划定了个人信息使用利益的边界。

信息控制者对个人信息享有的合法利益是其在满足一定条件下合理使用个人信息的正当性基础。[1] 1995年欧盟《个人数据保护指令》中引入个人信息处理无需征得数据主体同意的合法利益豁免机制。2018年实施的《一般数据保护条例》继承并完善了这一制度,在第6条规定:"有下列情况之一,数据处理视为合法:……(e)处理是为了执行公共利益领域的任务或行使控制者既定的公务职权之必要;(f)处理是控制者或第三方为了追求合法利益之必要,但此利益与数据主体的利益或基本权利自由相冲突的除外,尤其是数据主体为儿童的情形。"合法利益判断并不限于公共利益,也包括信息控制者的正当使用利益。评估信息控制者对个人信息的使用是否合理是个人信息合理使用制度的核心,而引入为合理使用提供正当性基础的合法利益豁免机制应首先考虑合法利益的认定标准。可以参考借鉴美国隐私保护法中的"合理预期"概念[2],其以社会一般公众对于涉案信息是否持有合理的隐私期待来界定隐私的保护范围。"合理预期"理论是从1967年卡茨诉美利坚合众国(Katz v. United States)一案发展而来,美国联邦最高法院认为,封闭的公共电话亭犹如个人的住宅,公民对使用公共电话的通话内容享有合理的隐私期待,政府窃听公民使用公共电话的通话内容,侵犯了公民的隐私权。大法官哈伦(Harlan)提出,判断当事人的隐私期待是否合理应分为两步:第一步,判断当事人对信息是否有主观的隐私期待;第二步,分析当事人的隐私期待是否被社会公众所认可。其后,在此基础上,美国《消费者隐私权利法案》(Consumer Bill of Privacy Rights))引入在不同场景(context)中具体考量"合理预期"。该法案第103条(b)款规定:"当机构处理行为在相应场景中合理时,无需经过用户同意或满足其他要件而自动获得合法性授权。"换言之,即使没有信息主体的明确许可,只要信息控制者的相关使用行为符合信息主体在此情形下的主观心理预期,且这种期待客观上被社会一般公众认为是合理的,那么信息控制者的使用利益就是正当的。大数据时代信息控制者借助复杂的算法可能以信息主体意想不到的方式重新使用个人信息,合法利益的认定必须审慎考虑并尊重信息主体的合理预期,避免造成不合理的个人信息泄露风险。此外,合

---

[1] 参见王叶刚:《个人信息收集、利用行为合法性的判断——以〈民法总则〉第111条为中心》,载《甘肃社会科学》2018年第1期。

[2] 参见王利明:《数据共享与个人信息保护》,载《现代法学》2019年第1期。

法利益豁免并非不受任何限制,个人信息的某一应用行为即使通过"合理预期"规则被认定为属于合法利益,信息控制者还必须进行一个平衡测试,证明个人信息使用的合法利益高于信息主体的个人利益[1],即优越利益才能够适用合法利益豁免。应当在法律规范中明确列举个人信息的合理使用事由,将合法利益豁免的情形以法律形式固定下来。

四、非法使用个人信息行为刑事规制的边界

随着信息社会纵深发展,个人信息与隐私、财产等相似或交叉概念存在显著不同,其具有超越隐私的非私密性特征、超越财产的非排他独占特点,具备专门规制的基础条件。大数据时代,深度挖掘信息效用、重构信息使用价值成为个人信息领域最新的发展趋势。在个人信息使用价值凸显的背景下,对个人信息权能关注的重点必然从转移转向使用,规范个人信息使用行为,管控个人信息规模化利用带来的法益侵害风险成为网络刑法的重要任务。

(一)非法使用个人信息行为刑事规制的必要性

个人信息使用价值日益凸显使得个人信息使用自主成为个人信息权能的核心,个人信息使用自主是个人信息转移自主的目标和落脚点,对个人信息使用价值的追逐成为当前非法转移个人信息行为高发的深层诱因。因此如果不从根本意义上运用刑法规范个人信息的使用行为,单纯打击制裁非法转移个人信息行为只能是治标之策。然而,刑法作为最后规范保障手段,对某一行为入罪必须严格遵循必要性论证原则。[2] 就刑法谦抑性而言,并非有规范保护价值的法益必须通过专门施加刑事责任的方式进行刑事规制。刑法作为最后必要性手段,只有当具有规范保护必要性的法益在其他规范如民法、行政法规范严重缺失或难以发挥作用,特定法益面临严重侵害风险时刑法才能够介入,通过对侵害法益行为入罪的形式进行刑事规制。因此,虽然个人信息使用自主是法律应当保护的重要法益,但是在对非法使用个人信息行为入罪之前,必须要进行规范必要性的论证,即论证个人信息使用自主面临严重的现实侵害,而现有的民法、行政法等其他规范手段无法提供有效保护,为避免刑法过度扩张[3],则提出了以刑事制裁代替民事、行政规制破坏法秩序统一性的问题。

当前民法、行政法等规范对个人信息使用自主有一定的保护措施,但是其保护

---

[1] 参见谢琳:《大数据时代个人信息使用的合法利益豁免》,载《政法论坛》2019年第1期。
[2] 参见张明楷:《刑法学》(上),法律出版社2016年版,第58页。
[3] 参见蔡军:《侵犯个人信息犯罪立法的理性分析——兼论对该罪立法的反思与展望》,载《现代法学》2010年第4期。

不仅过于原则而且缺乏具体适用性,难以起到防范非法使用个人信息行为、保护个人信息使用自主的作用。无论是民法规范还是行政法规范,都缺乏对非法使用个人信息行为的有针对性的责任规定,对非法使用个人信息行为缺乏有效制约,难以遏制非法使用个人信息现象蔓延的态势。一方面,在行政法层面,最直接相关的是《网络安全法》中有关保护信息主体个人信息使用自主的规定:一是第41条要求网络运营者公开个人信息使用规则,明确使用的目的、方式和范围,并经信息主体同意;二是第43条规定了信息主体对非法使用个人信息的救济措施,即有权向未遵守法律、行政法规规定或双方约定的使用规则的网络运营者主张删除其个人信息。这两项规定无疑可以对保护个人信息使用自主起到一定的积极作用,但是该规范在防范非法使用侵害方面存在义务设定漏洞:《网络安全法》在第42条规定网络运营者保护个人信息的具体义务时,只规定了不得泄露、篡改、毁损以及非法提供的义务,没有规定不得非法使用个人信息的义务,即网络运营者不得违反法律、行政法规规定或双方约定的目的、方式和范围使用个人信息。即便依据第41条确定的责任也仅仅是公开收集、使用规则和明确目的、方式和范围等前置责任,而非违法使用个人信息应承担的行政责任。另一方面,在民事领域,《民法典》第111条明确规定个人信息受法律保护,要求不得非法使用个人信息。这一规定毫无疑问对保护个人信息自主使用非常重要,确立了个人信息独立的民事法律地位以及信息控制者不得非法使用个人信息的民事义务。但是这一规定过于笼统,缺乏具体适用规则,仅仅依靠"不得非法使用他人个人信息"的原则性表述难以有效追究非法使用者的相关责任。在《民法典》规定了保护个人信息条款之后,个人信息领域的民事责任争议依旧持续不断,重要原因就在于法律规定过于抽象[1],导致在司法实践中可操作性不强。

综上可见,目前在民法和行政法规范两大领域,对个人信息使用自主的保护存在规范供给明显不足的问题,难以有效防范非法使用个人信息行为,这也是现实中非法使用个人信息事件频发的重要原因。在当前个人信息保护法律规范"重规制非法转移、轻防范非法使用"的背景下,非法获取、出售、提供个人信息等非法转移问题已通过民事、行政和刑事规范多管齐下得到有效遏制,而作为非法转移最终目的的非法使用个人信息问题却被严重忽视,违反法律、行政法规规定或双方约定的目的、方式和范围使用个人信息的现象有普遍化趋势[2],个人信息使用自主的保护形势异常严峻,已经到了即便通过修改行政法规范、补充民法规范也无法有效遏制非法使用个人信息现象蔓延的程度,必须运用最严厉的刑法手段介入对个人信息使用自

---

[1] 参见戴昕:《数据隐私问题的维度扩展与议题转换:法律经济学视角》,载《交大法学》2019年第1期。

[2] 参见〔美〕特伦斯·克雷格,玛丽·E.卢德洛芙:《大数据与隐私:利益博弈者、监管者和利益相关者》,赵亮、武青译,东北大学出版社2016年版,第117页。

主的保护。

(二)合理确定非法使用个人信息行为的入罪要件

刑法仅通过入罪施加刑事责任的方式规制最为严重的法益侵害行为。"刑罚之界限应该是内缩的,而不是外张的;而刑罚是国家为达其保护法益和维持法秩序的任务时的最后手段。能够不使用刑法,而以其他手段亦能达到维持社会共同生活秩序及保护社会与个人法益之目的时,则务必放弃刑罚手段。"[1]作为刑事规制的关键步骤,将个人信息使用自主纳入刑法的保护范围并对相应的非法使用个人信息行为进行入罪规制,必须进一步遵循谦抑性原则,明确非法使用个人信息行为入罪的具体要件,防止不当扩张犯罪圈,损害刑法作为最后手段的职能定位。

1. 危害行为:未经许可使用且情节严重

从周延保护个人信息法益出发,应将个人信息使用自主作为个人信息法益的重点保护内容,相应的就应将非法使用个人信息行为纳入侵犯公民个人信息罪的行为类型,而不宜另外设立单独的罪名,否则将割裂个人信息法益的完整内涵。因此在确定非法使用公民个人信息行为入罪边界时,基本原则是与侵犯公民个人信息罪已有的入罪标准保持一致,并参考现有的侵犯公民个人信息罪对非法转移型侵害行为的界定来确定非法使用个人信息行为的具体内涵。侵犯公民个人信息罪具备典型的法定犯属性[2],法定犯最终的刑事可罚性取决于行政法规范的规定。现有的侵犯公民个人信息罪明确规定以"违反国家有关规定"作为客观构成要件要素之一,将违反国家法律、行政法规和规章作为非法转移行为入罪的前置条件,因此非法使用个人信息行为在入罪时也应遵循这一标准,与非法转移型侵害行为保持相同的非法性前提。具体而言,《网络安全法》第41条以及全国人大常委会《关于加强网络信息保护的决定》第2条均明确要求信息控制者使用个人信息前应征得信息主体的同意以及不得违反法律、行政法规规定或双方约定的目的、方式和范围使用个人信息,因此未经信息主体许可使用个人信息违反了国家有关规定,构成非法使用个人信息行为。

某一行为成立法定犯要求既违反行政法规范,同时又违反行政刑法规范中的特别要件,即"情节严重",这一构成要件起到界分违法行为与犯罪行为的重要功能。《侵犯个人信息司法解释》第5条对非法获取、出售或者提供个人信息"情节严重"的情形给予相对明确的列举式规定,对个人信息实行分类、分级保护。个人信息被区分为敏感信息、重要信息和普通信息,对不同类型和等级的个人信息设定差异化

---

[1] 林山田:《刑法学》,台北商务印书馆2001年版,第128页。
[2] 参见刘艳红:《"法益性的欠缺"与法定犯的出罪——以行政要素的双重限缩解释为路径》,载《比较法研究》2019年第1期。

的入罪数量门槛[1],除对象数量标准之外,还设置了其他类型化的定量标准,如信息用途、违法所得数额、主体身份、再犯记录等[2],这些标准也可以为判定非法使用个人信息"情节严重"提供参考。[3] 但是非法使用行为相较于现有侵犯公民个人信息罪规制的非法转移行为在行为属性上有独特之处,非法使用行为主要以行为恶劣程度来区分与一般不当使用行为的界限,在解释"情节严重"时应加入行为性质标准,选择特定的类型化行为如欺诈使用、允许第三方参与使用、改变目的或方式使用等,基本涵盖影响侵犯个人信息严重程度的情节因素,来划定使用个人信息的权利边界。

2. 行为对象:非匿名化的个人信息

《网络安全法》第76条第(五)项在定义"个人信息"时,明确以可识别性作为个人信息的本质特征,反之,利用数据脱敏技术匿名化处理去除可识别性的个人信息因不能关联到特定自然人且无法恢复,因而不再纳入个人信息的范畴,也不适用个人信息保护规则,即不属于侵犯个人信息犯罪的行为对象,无需经信息主体同意,就可以合法使用,那么此时的未经许可使用行为就不能再作为非法使用个人信息行为受到刑法制裁。因此非法使用个人信息行为入罪时应将使用匿名信息的行为排除在外。

当然,"匿名"的程度是相对的概念,即不存在绝对匿名的信息。大数据时代网络空间中数据体量呈指数型增长,数据集合的规模达到以 $ZB(10^{21})$ 为单位计数。由于日新月异的信息技术,在数据总量足够巨大的前提下,任何的信息片段都可能通过与外部信息关联比对后重新识别出特定个人。因此基于平衡个人信息保护与正当使用利益的考量,应确定合理的匿名信息判断标准。对此,欧盟《一般数据保护条例》鉴于第26条规定:"为判断自然人身份是否可识别,需要考虑所有可能使用的手段,例如控制者或其他人直接或间接地确认自然人身份。为判断所使用的手段是否可能用于识别自然人,需要考虑所有客观因素,包括确认身份需要花费的金钱和时间,同时考虑现有处理技术以及科技的发展。"即"所有合理可能性标准",要求对信息控制者和任何其他人而言均不具有识别的合理可能性的信息方为匿名信息。换句话说,存在两种匿名信息类型,一种为完全不能揭示原始识别信息的匿名信息;另一种为需要不合理的努力方能实现识别的匿名信息。[4] 美国《健康保险流通与责

---

[1] 参见李静然、王肃之:《侵犯公民个人信息罪的情节要素与数量标准研究》,载《法律适用》2019年第9期。

[2] 参见刘宪权、房慧颖:《侵犯公民个人信息罪定罪量刑标准再析》,载《华东政法大学学报》2017年第6期。

[3] 参见石聚航:《侵犯公民个人信息罪"情节严重"的法理重述》,载《法学研究》2018年第2期。

[4] 参见韩旭至:《个人信息的法律界定及类型化研究》,法律出版社2018年版,第233页。

任法案》(HIPPA)规定了健康信息的匿名判断标准,第164.514条第b款第1项规定:"经专家判断认为信息不具识别性则不属于法案规制的可识别健康信息。"被称为"专家标准"。同时,该款第2项规定:"删除18种识别符的健康信息不是可识别健康信息。"被称为"安全港标准"。我国应在《网络安全法》或者侵犯个人信息犯罪的司法解释中对匿名信息作出明确界定,欧美国家关于匿名信息的判断标准可资借鉴。

3. 违法阻却事由:符合合理使用的规定

违法阻却事由是对违法性的否定,但以符合构成要件该当性为逻辑前提,从而在客观上限定了成立犯罪的范围。[1] 从认为刑法的机能之一在于法益保护的结果无价值论看来,不违反法益保护目的是违法阻却的一般原理,而优越利益保护原则是其第一下位原理。具体而言,当某一行为该当于构成要件时,便发生了法益遭受侵害这一有害于社会的结果,但在某些情况下,同一行为同时也具有保全其他法益这一社会有用性,在保全法益优于侵害法益之时,从社会功利主义的观点来看,就可将该行为整体上正当化。[2] 信息控制者未经信息主体许可使用个人信息且情节严重,这一行为因符合构成要件该当性推定具有违法性,但如果使用行为符合信息主体在此情形下的主观心理预期,且这种期待客观上被社会一般公众认为是合理的,那么信息控制者对个人信息的使用就是正当的合法利益,并通过"平衡测试"证明信息控制者的合法使用利益高于信息主体的个人利益时,该使用行为就构成合理使用,通过合法利益豁免阻却行为的违法性。这与著作权法上将合理使用通常归入侵权抗辩事由在思路上是一脉相承的。

个人信息合理使用制度从信息控制者享有的正当使用利益出发,强调特定情形下信息控制者可以不经信息主体许可而使用个人信息,但不得侵犯信息主体享有的其他权利。《信息安全技术 个人信息安全规范》(GB/T 35273-2020)第5、6条明确规定了信息控制者使用个人信息不必须征得信息主体授权同意的情形,包括与国家安全、国防安全直接相关的;与公共安全、公共卫生、重大公共利益直接相关的;与犯罪侦查、起诉、审判和判决执行等直接相关的;出于维护信息主体或其他个人的生命、财产等重大合法权益但又很难得到本人同意的;已合法公开披露的信息;根据信息主体要求签订和履行合同所必需的;用于维护所提供的产品或服务的安全稳定运行所必需的;新闻单位开展合法的新闻报道所必需的;学术研究机构基于公共利益开展统计或学术研究所必要的,等等。《民法典》第1036条则将"合理处理该自然人自行公开的或者其他已经合法公开的信息""为维护公共利益或者该自然人合法权

---

[1] 参见陈兴良:《教义刑法学》,中国人民大学出版社2014年版,第370页。
[2] 参见[日]西田典之:《日本刑法总论》,王昭武、刘明祥译,法律出版社2013年版,第102页。

益,合理实施的其他行为"纳入侵犯个人信息权益的免责事由。不难发现,我国现有的合理使用制度设计侧重于以公共利益限制个人信息权利,未来应将信息控制者利用个人信息追求正当且必要的商业利益也纳入合理使用的范畴,但行踪轨迹、通信内容、征信信息、财产信息以及未成年人信息等敏感信息除外。

五、结语

寻找社会利益与个人自由之间的平衡点是刑法学永恒的追求[1],个人信息刑法保护规范承载着保护个人信息法益与促进信息资源有效利用的双重价值使命。网络时代发展到大数据深度挖掘应用阶段,个人信息自主的内涵更加丰富,不仅包括以获取、出售、提供为代表的信息转移自主,还包括信息使用自主。大数据时代个人信息的使用价值凸显,使用自主相较转移自主具有更核心的法益地位,个人信息法益保护的重点从转移自主转向使用自主是时代的必然要求。然而当下侵犯公民个人信息罪只保护个人信息的转移自主,却没有涉及个人信息使用自主,由此产生了刑法规范漏洞,无力应对非法使用个人信息行为愈演愈烈的现实问题。因此应在遵循刑法谦抑性原则的前提下对非法使用个人信息行为进行刑事规制,合理确定非法使用个人信息行为的入罪要件,即厘清个人信息法益在刑法上的保护限度,平衡信息主体的使用自主利益与信息控制者的正当使用利益,实现保护个人信息法益与促进信息资源有效利用的有机统一,推动大数据产业的发展。

【责任编辑:张文硕】

---

[1] 参见欧阳本祺:《论网络时代刑法解释的限度》,载《中国法学》2017年第3期。

最高人民法院指导性案例司法
应用年度比较分析报告
——以 2011—2019 年应用案例为研究对象[*]

北大法宝指导案例研究组[**]

摘要：截至 2019 年 12 月 31 日，最高人民法院已发布 24 批共计 139 例指导性案例。本文采用年度比较分析的方式，针对最高院发布的 139 例指导性案例，以"北大法宝—司法案例库"中的裁判文书作为数据样本，使用大数据分析方法，从不同角度对指导性案例的发布情况和司法应用情况进行比较研究。对比以往报告，本次新增审理法院、援引类型以及应用结果的具象化分析，更为直接地反映出 2011—2019 年指导性案例的发布情况和年度应用变化情况，归纳和总结出指导性案例发布以来在司法实践中的应用现状、规律及特点。

关键词：案例指导制度　指导性案例　司法应用　年度比较

2010 年最高人民法院《关于案例指导工作的规定》的颁布标志着中国特色案例

收稿日期：2020-08-05

[*] 本文对指导性案例发布情况的研究范围为最高人民法院发布的第 1—24 批指导性案例，发布案例数据和应用案例数据截止时间均为 2019 年 12 月 31 日。2011—2019 年指导性案例应用案例年度比较分析是以"北大法宝—司法案例库"中的裁判文书作为数据样本，将 5104 例累计应用案例按照应用年份(审结年份)进行分类统计，通过年度比较分析各年度应用现状与规律。

[**] 北大法宝指导案例研究组成员：孙妹、訾永娟、张文硕、郭美娜。孙妹，北大法律信息网(北大法宝)编辑部副主任；訾永娟，北大法宝案例中心副主任；张文硕，北大法宝编辑；郭美娜，北大法宝编辑。研究指导：郭叶，北大法律信息网(北大法宝)副总编。

指导制度由此形成。[1] 2014年党的十八届四中全会通过中共中央《关于全面推进依法治国若干重大问题的决定》，提出要"加强和规范司法解释和案例指导，统一法律适用标准"。之后，最高人民法院出台了《〈最高人民法院关于案例指导工作的规定〉实施细则》等一系列有关案例指导制度的规范性文件[2]，《人民法院组织法》也有与指导性案例有关的规定。截至2019年12月31日，最高人民法院已发布24批139例指导性案例，已被应用于司法实践的指导性案例共有91例，应用案例累计5104例。[3] 与2018年(73.58%)同期年度比较分析数据相比，2019年指导性案例应用率达到65.47%，下降8.11%。[4] 本文采用年度比较分析的方式，以"北大法宝—司法案例库"9000余万份裁判文书作为数据样本，在详细介绍指导性案例发布情况的基础上，通过大数据分析，深入研究2011—2019年指导性案例应用现状，以期为我国案例指导制度的发展提供一定的参考。

一、指导性案例的发布情况

截至2019年12月31日，最高人民法院已发布24批139例指导性案例。其中2019年发布4批，共计33例，相比于2017年(15例)和2018年(14例)，发布数量明显增多。

(一) 2019年发布数量达到历年最高，以民事类和执行类指导性案例居多

自2011年以来，最高人民法院每年发布指导性案例1~4批不等。其中2019年发布的数量最多，为(4批)33例，以民事类和执行类指导性案例居多，分别有15例和10例。从历年分布情况来看，民事类指导性案例从2011年1例上升至2016年10例，2017年未发布，2019年有15例，比2018年(4例)上升了11例。执行类指导性案例2019年发布10例，2014年发布4例，2011年有1例，整体发布数量相对较少。行政类指导性案例在7个年份有发布，2014年和2016年每年5例，2012年、2013年、2017年和2018年每年均有2~3例，2019年最多，有6例。知识产权类指导性案例在2013—2019年每年均有发布，2015年和2017年相对较多，分别有6例和10

---

[1] 参见胡云腾：《中国特色的案例指导制度与指导性案例》，载最高人民法院案例指导工作办公室：《中国案例指导》(第一辑)，法律出版社2015年版，第341页。

[2] 参见最高人民法院《关于案例指导工作的规定》《〈最高人民法院关于案例指导工作的规定〉实施细则》、最高人民法院《关于印发〈人民法院民事裁判文书制作规范〉〈民事诉讼文书样式〉的通知》《人民法院组织法》(2018年修订)、最高人民法院《关于为深化两岸融合发展提供司法服务的若干措施》。

[3] 指导性案例应用案例累计5104例是以"北大法宝—司法案例库"中的裁判文书作为数据样本，统计分析2011—2019年累计应用最高人民法院指导性案例的裁判文书数量。

[4] 参见郭叶：《最高人民法院指导性案例司法应用年度比较分析报告——以2011—2018年应用案例为研究对象》，载《上海政法学院学报》2019年第6期。

例,2018 年和 2019 年呈明显下降趋势,各有 1 例。刑事类指导性案例 2018 年发布最多,有 7 例,2015 年和 2019 年未发布,其余年份均发布 1~5 例不等。国家赔偿类指导性案例在 2014 年有 3 例,2017 年和 2019 年各有 1 例。

表 1 指导性案例历年发布数量

发布年份	国家赔偿	执行类	知识产权	行政类	刑事类	民事类
2011 年		1			2	1
2012 年				2	2	4
2013 年			1	2	2	5
2014 年	3	4	2	5	3	5
2015 年			6			6
2016 年			1	5	5	10
2017 年	1		10	3	1	
2018 年			1	2	7	4
2019 年	1	10	1	6		15

(二)发布数量在 5 例以上的仅涉及 8 类案由,近两年指导性案例的发布呈现出专题化趋势

最高人民法院发布的指导性案例共涉及 88 种具体案由,其中发布 5 例以上的指导性案例涉及的案由有 8 类。涉及合同纠纷类案由的有 15 例,仍然位居第一。通过年度对比,仅 2017 年发布的指导性案例未涉及合同纠纷类,其余 8 年均发布 1~4 例不等的指导性案例。涉及执行类案由的指导性案例有 15 例,但是年份分布不均,2011 年仅有 1 例,2014 年有 4 例,2019 年发布的第 23 批 10 例指导性案例全部是执行类案由,其余年份均未发布。排名第三位的是侵权责任纠纷类案由,有 12 例,其中 2013—2016 年各发布 1 例,2019 年有 8 例,其余年份均未发布。排名第四位的是行政处罚案由,有 7 例,其中 2019 年数量最多,有 3 例。排名第五位的是专利权权属、侵权纠纷案由,有 6 例,其中 2017 年数量最多,有 3 例。国家赔偿、扰乱公共秩序罪、海事海商纠纷三类案由,分别有 5 例。其中,涉及国家赔偿案由的指导性案例,2014 年发布 3 例,2017 年和 2019 年各 1 例。涉及扰乱公共秩序罪的 5 例指导性案例为 2018 年第 20 批集中发布。涉及海事海商纠纷案由的指导性案例,2019 年发布 3 例,2014 年和 2015 年各 1 例。其他类型的案由在各年度有少量分布。

从 2018 年和 2019 年发布的指导性案例具体案由分布来看,指导性案例发布呈专题化趋势。2018 年发布的第 20 批 5 例指导性案例案由均为扰乱公共秩序罪,2019 年发布的第 21 批 6 例指导性案例首涉"一带一路"建设专题,2019 年发布的第

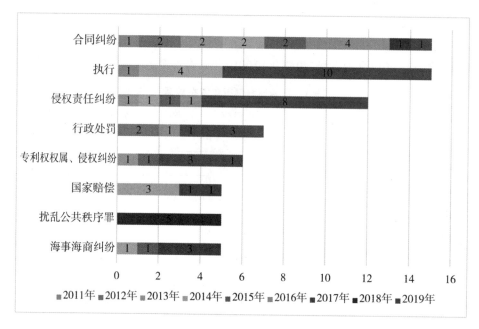

图 1　历年指导性案例案由分布情况

22 批 4 例指导性案例偏重涉外知识产权专题,2019 年发布的第 23 批 10 例指导性案例均是执行类案由,2019 年发布的第 24 批 13 例指导性案例中 8 例案由有关生态环境保护的侵权责任纠纷。

（三）2019 年吉林省、云南省首次入选最高人民法院指导性案例来源地

继 2018 年河北省、湖南省和陕西省首次成为指导性案例来源地后,2019 年吉林省、云南省首次成为指导性案例来源地,审理法院是吉林省白山市中级人民法院和云南省剑川县人民法院,由此来源地已覆盖最高人民法院及江苏省等 23 个省级行政区。截至 2019 年 12 月 31 日,指导性案例来源以最高人民法院最多,共计 46 例。除 2011 年外,2012—2019 年连续 8 年有来自最高人民法院的案例发布,其中 2019 年最多,有 20 例;2014 年和 2017 年次之,均有 7 例。位居第二位的是江苏省,除 2018 年无指导性案例入选外,其他 8 个年份均有 1~4 例入选。上海市排名第三位,除 2017 年无指导性案例入选外,其他 8 个年份均有 1~3 例入选。浙江省排名第四位,除 2011 年、2015 年、2019 年无入选的指导性案例外,其他 6 个年份均有 1~2 例入选。剩余 20 个省级行政区的指导性案例数量均在 8 例以下（含 8 例）,于各年份有零星分布。

表 2　指导性案例的来源地域

地域	2011年	2012年	2013年	2014年	2015年	2016年	2017年	2018年	2019年	总计
最高人民法院		1	1	7	4	5	7	1	20	46
江苏省	1	2	1	2	2	4	2		2	16
上海市	1	2	2	3	2	1		1	1	13
浙江省			1	2	2		2	2	1	10
山东省	1				2	1	1	1	2	8
北京市			1	2		2		1		6
重庆市						1		2	3	6
四川省	1	1		1		2			1	6
安徽省			1		1	1	1	1		5
天津市				3					1	4
江西省						2		1		3
河北省								1	1	2
陕西省								2		2
内蒙古自治区			1					1		2
吉林省									1	1
云南省									1	1
湖南省								1		1
福建省					1					1
广东省				1						1
甘肃省							1			1
贵州省							1			1
河南省				1						1
黑龙江省			1							1
湖北省					1					1

遴选出 4 例以上指导性案例的审理法院有 6 家,在 139 例指导性案例的具体来源法院中,最高人民法院最多,有 46 例。除此之外,遴选出 4 例以上指导性案例的

来源法院有 5 家。其中,来源于江苏省高级人民法院的指导性案例有 7 例,除 2014 年、2018 年无入选案例外,其余年份均有 1 例。安徽省高级人民法院有 5 例,2015—2018 年均有来自该法院的指导性案例发布,2013 年有 1 例。山东省高级人民法院、上海市第二中级人民法院、天津市高级人民法院均有 4 例。来源于山东省高级人民法院的指导性案例 2015 年有 2 例,2011 年和 2018 年各有 1 例。2011—2013 年有来自上海市第二中级人民法院的指导性案例,还有 1 例发布于 2016 年。2014 年有 3 例来自天津市高级人民法院的指导性案例,还有 1 例发布于 2019 年。

(四)由高级人民法院和中级人民法院审理的案例连续 9 年均有发布,2019 年发布的指导性案例中,最高人民法院审理的案例最多,达 60.61%

从指导性案例的审理法院看,由高级人民法院和中级人民法院审理的案例连续 9 年均有发布,审理法院中,最高人民法院审理的案例最多,有 46 例。最高人民法院审理的案例数量,2019 年明显上升,由 2018 年的 1 例上升为 2019 年的 20 例,占当年度发布总量的 60.61%。中级人民法院次之,为 36 例。中级人民法院审理的案例 2017 年发布 3 例,2018 年和 2019 年均为 7 例,较 2017 年呈明显增长趋势。高级人民法院审理的案例数量近四年比较平稳,基本维持在 3~4。基层人民法院审理的案例 2012—2019 年连续 8 年均有发布,2019 年有 3 例。专门人民法院审理的案例仅 2014 年发布 1 例,数量极少。

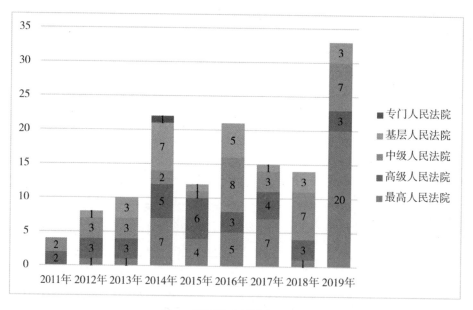

图 2 指导性案例的审理法院

（五）指导性案例所涉审理程序以二审居多且连续9年均有发布，2019年执行类案件数量最多，占当年发布总量的30.30%

指导性案例所涉及的审理程序以二审居多，2011—2019年连续9年均有涉及。2019年发布的33例指导性案例中，适用执行程序的案例数量最多，有10例，总占比约30.30%。2011年以来连续9年均有适用二审程序的案例，其中2011年最少，有3例；2016年最多，有12例；其余7个年份均保持在6~7例。适用一审程序的案例除2011年外，2012—2019年连续8年均有分布，其中2019年适用一审程序的案例最多，有8例。适用再审程序的案例从2015年至2018年比较平稳，在3~5例之间，2019年最多，有8例。适用执行程序的案例在2011年有1例，2014年有4例，2019年高达10例。适用国家赔偿程序的案例，2014年有3例，2017年和2019年各1例，其余年份未发布。适用其他（强制医疗）程序的案例仅在2016年有1例。

表3 指导性案例的审理程序

审理程序	2011年	2012年	2013年	2014年	2015年	2016年	2017年	2018年	2019年	总计
二审	3	6	6	7	7	12	6	7	6	60
一审		1	3	8	1	4	3	4	8	32
再审			1	1		4		5	3	8	26
执行	1			4					10	15
国家赔偿				3			1		1	5
其他						1				1

（六）2011—2019年均有涉及的文书类型是判决书和裁定书，2019年判决书高达20例，占当年发布总量的60.61%

2011—2019年均有涉及的文书类型是判决书和裁定书，其中判决书最多，有99例；裁定书次之，有34例。从年度比较分析来看，以判决书为文书类型的指导性案例在2019年达到历年最高的20例，占当年发布总量33例的60.61%。2011—2016年大体呈增长趋势，2016年有16例，2017年和2018年有所回落，分别有14例和10例。以裁定书为文书类型的指导性案例同样是2019年最多，有12例；除2019年外，2014年数量最多，有6例；其他年份均有1~4例。以决定书为文书类型的指导性案例在2014年、2016年、2019年，分别有3例、1例、1例。其他文书（执督复函）仅2011年有1例。

（七）裁判要点历年以实体指引为主，2019年程序指引数量明显增加，占当年发布总量的36.36%

最高人民法院发布的指导性案例裁判要点涉及实体指引问题的占84.17%，涉

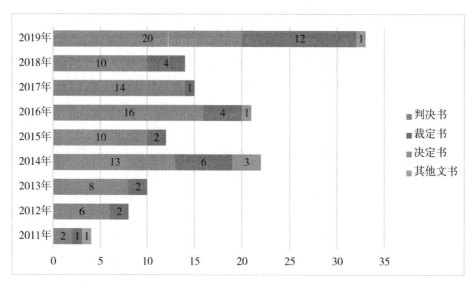

图3　指导性案例的文书类型

及程序指引问题的仅占15.83%。2019年发布的涉及程序指引问题的案件共计12例,占当年发布总量的36.36%,为历年发布数量最多的年份。从年度比较来看,涉及实体指引问题的案例在2011—2014年逐年增多,2014年有16例,2015年回落至11例,2016年达到20例,2017年和2018年均为14例,2019年增至21例。而涉及程序指引问题的案例较少,其中涉及民事程序指引问题的案例主要分布在2011年、2014年、2015年、2019年,分别为1例、4例、1例、11例。涉及行政程序指引问题的案例主要分布在2014年、2017年、2019年,分别为2例、1例、1例。涉及刑事程序指引问题的案例仅2016年有1例。

二、指导性案例的司法应用

截至2019年12月31日,最高人民法院共发布了24批139例指导性案例,已被应用于司法实践的指导性案例共有91例,尚未被应用的有48例。与2018年同期(78例)相比,被应用的指导性案例数量增加了13例。援引指导性案例的案例,即应用案例累计5104例,比2018年(3098例)[1]同期新增了2006例[2],增长

---

[1]　参见郭叶、孙妹:《最高人民法院指导性案例2018年度司法应用报告》,载《中国应用法学》2019年第3期。

[2]　2019年新增指导性案例应用案例2006例是以"北大法宝—司法案例库"入库时间为2019年1月1日至2019年12月31日的裁判文书作为数据样本,统计分析应用最高人民法院指导性案例的裁判文书数量。

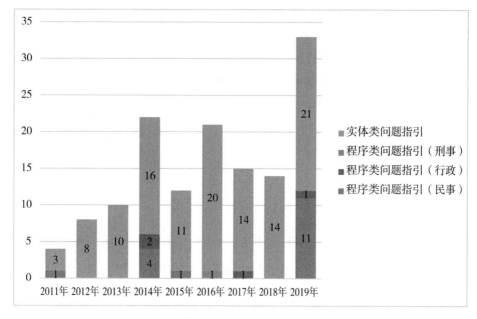

图 4　指导性案例的裁判要点指引

64.75%。从应用案例的应用年份比较分析来看,2018 年应用案例达到历年之最,有 1624 例,2019 年有 960 例,应用案例数量明显下降。

(一)指导性案例的整体应用情况

1. 应用案例数量 2011—2018 年逐年递增,2019 年比 2018 年下降 40.89%

截至 2019 年 12 月 31 日,在最高人民法院发布的 139 例指导性案例中,已经有 91 例被应用于 5104 例案例中。其中,2011—2013 年应用案例非常少,分别有 2 例、7 例和 18 例。2014 年和 2015 年应用案例出现明显增长,上升至 158 例和 260 例。2016 年和 2017 年应用案例开始大幅增长,上升至 641 例和 1434 例,2018 年达到历年之最,有 1624 例。2019 年应用案例 960 例,相比 2018 年应用案例数量下降 40.89%。

2. 截至 2019 年累计应用案例数量占累计发布案例数量的 65%,比 2018 年下降 9%

截至 2019 年 12 月 31 日,最高人民法院累计发布 139 例指导性案例,累计应用案例数量达到 91 例,总体占比 65.47%。虽然与 2018 年同期(73.58%)相比,下降了 8.11%,但是有 13 例[1]指导性案例首次实现应用,实现历史性突破。从发布批

---

[1] 13 例指导性案例为:指导案例 36 号、43 号、70 号、93 号、97 号、101 号、105 号、106 号、109 号、110 号、111 号、116 号、120 号。

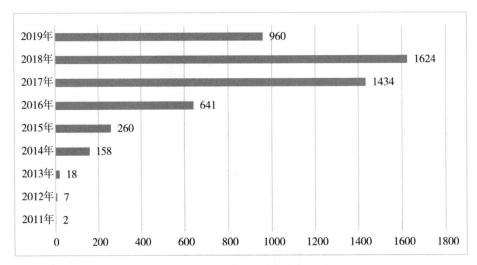

图 5 指导性案例应用案例年度对比

次来看,除新发布的第 24 批指导性案例尚未发现被应用外,其余 23 个批次均有被应用的指导性案例。其中有 10 个批次的指导性案例已全部被应用,分别为第 1—7 批、第 11—12 批以及第 14 批指导性案例。

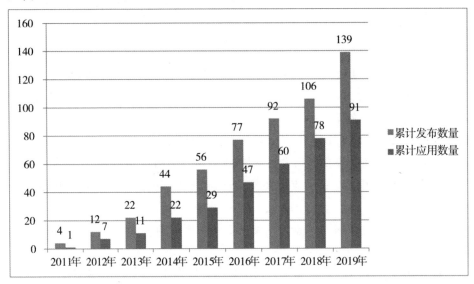

图 6 指导性案例累计发布情况与应用情况年度对比

3. 个案应用上,指导案例 24 号被应用次数最多,指导案例 15 号的累计应用次数首次超过指导案例 60 号

截至 2019 年 12 月 31 日,在最高人民法院发布的 139 例指导性案例中,有 91 例

被应用于司法实践,应用案例累计有 5104 例。在 2016—2019 年的应用案例中,存在同时引用 2 个或 3 个指导性案例的情况,比如,有法官同时引用了指导案例 19 号和 24 号以及指导案例 47 号和 15 号,还有上诉人同时引用指导案例 17 号、23 号和 60 号,以及原告作为证据提交时同时引用指导案例 41 号、76 号、91 号的情况。

从个案的年度应用情况来看,2014—2019 年度应用案例数量最多的是指导案例 24 号(机动车交通事故责任纠纷),依次为 68 例、92 例、139 例、248 例、279 例、207 例,分别占到当年度应用案例数量的 43.04%、35.38%、21.68%、17.29%、17.18%、21.56%。指导案例 15 号首次超过指导案例 60 号的累计应用次数,具体来看,2013—2019 年分别有 3 例、11 例、46 例、118 例、149 例、197 例、108 例,分别占到当年度应用案例数量的 16.67%、6.96%、17.69%、18.41%、10.39%、12.13%、11.25%。指导案例 60 号(工商行政处罚纠纷)于 2016 年 5 月 20 日发布,虽然发布时间较晚,但是应用较多,2016—2019 年分别有 100 例、389 例、104 例、24 例应用案例,分别占当年度应用案例数量的 15.60%、27.13%、6.40%、2.50%。

另外,根据 2019 年调研情况,指导案例 23 号、指导案例 72 号的应用案例数量也相对较多。指导案例 23 号(买卖合同纠纷)在 2017—2019 年分别有 119 例、205 例、63 例应用案例;指导案例 72 号(房屋买卖合同纠纷)发布较晚,为 2016 年 12 月 28 日发布,在 2017—2019 年分别有 101 例、273 例和 97 例应用案例。

4. 采用明示援引和隐性援引的应用案例较 2018 年均有所下降

从年度对比来看,2011 年最高人民法院指导性案例发布之初,法官对指导性案例的应用主要是采用评析援引[1]的方式。2012—2013 年出现少量法官采用明示援引[2]或隐性援引[3]的应用案例。2014—2017 年法官采用明示援引和隐性援引方式的应用案例呈现大幅增长的趋势,尤其 2017 年法官采用明示援引方式的应用案例有 501 例,采用隐性援引方式的应用案例达到 806 例。2018 年指导性案例应用案例数量明显增长,其中法官明示援引 639 例和法官隐性援引 858 例。2019 年指导性案例应用速度整体放缓,其中法官明示援引 383 例和法官隐性援引 572 例,相比于 2018 年分别下降 256 例和 286 例。另外非法官援引[4]共涉及 249 例,总体占比约

---

[1] 评析援引,是指在裁判文书正文中并未提及指导性案例,但是该案例后所附的专家点评、评析、补评及典型意义等中提到指导性案例。

[2] 法官明示援引,是指法官作出裁判时明确援引了指导性案例进行说理。主要包括法官主动援引和被动援引两种情形,前者是指法官主动援引指导性案例进行说理;后者是指法官被动援引指导性案例进行说理,即检察人员建议或诉讼参与人请求参照指导性案例时,法官在裁判理由中对此作出了回应。

[3] 法官隐性援引,是指在审判过程中,检察人员建议或诉讼参与人请求法官参照指导性案例进行裁判,法官对此在裁判理由部分未明确作出回应,但是其裁判结果与指导性案例的精神是一致的情况。

[4] 非法官援引,属于新增的援引类型,是指在审判过程中,诉讼参与人或检察人员请求或建议法官参照指导性案例进行裁判,法官基于案件本身情况未作出回应,且从裁判结果来看与指导性案例不具有相关性的情况。

4.88%,2019 年非法官援引方式的应用案例有 2 个,法官采用评析援引的应用案例有 3 例。

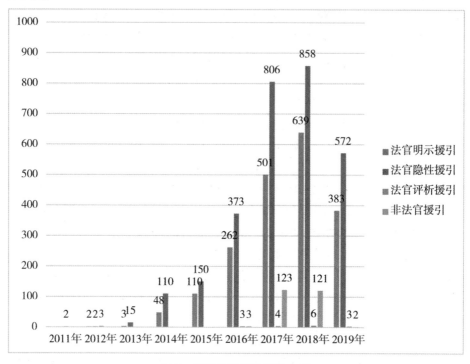

图 7　指导性案例的援引方式

(二)应用案例的案由分析

从对历年应用案例的案由统计来看,最高人民法院指导性案例被应用于 395 种案由。其中应用案例数量在 100 例以上的案由有 8 类。

机动车交通事故责任纠纷和买卖合同纠纷是排名前两位的案由,分别有 902 例和 755 例应用案例;其次是产品责任纠纷、案外人执行异议之诉、借款合同纠纷案由分别有 370 例、236 例、216 例应用案例;执行类、确认合同效力纠纷、网络购物合同纠纷案由分别有 200 例、122 例、115 例应用案例;从年度比较分析来看,以机动车交通事故责任纠纷为案由的应用案例主要分布在 2016—2019 年,分别为 122 例、208 例、240 例、178 例;以买卖合同纠纷为案由的应用案例在 2013—2019 年连续 7 年均有应用案例,分别为 3 例、17 例、36 例、129 例、310 例、169 例、91 例;产品责任纠纷、执行类、确认合同效力纠纷案由连续 6 年均有应用案例,其应用案例在 2019 年分别增长 29 例、46 例、24 例;案外人执行异议之诉案由在 2015—2019 年连续 5 年均有应用案例。

表 4 指导性案例的应用案由(100 例以上)

案由	2011 年	2012 年	2013 年	2014 年	2015 年	2016 年	2017 年	2018 年	2019 年	合计
机动车交通事故责任纠纷			1		65	88	122	208	240	178	902
买卖合同纠纷			3		17	36	129	310	169	91	755
产品责任纠纷					2	6	53	149	131	29	370
案外人执行异议之诉						1	14	57	113	51	236
借款合同纠纷					5	17	34	58	69	33	216
执行类纠纷					1	5	48	40	60	46	200
确认合同效力纠纷					1	1	3	21	72	24	122
网络购物合同纠纷							4	43	50	18	115

(三)指导性案例的应用主体分析

最高人民法院指导性案例的应用主体比较广泛,以上诉人和法官为主。其中上诉人应用次数最多且连续 8 年有应用指导性案例,共 1612 次。其中,2017—2019 年应用次数比较集中,分别为 437 次、561 次、339 次,总体占比 82.94%。法官是唯一历年都有应用指导性案例的主体,应用次数共计 1226 次,2016—2019 年法官的应用次数相对集中,分别为 190 次、306 次、387 次和 225 次,总体占比 90.38%。原告连续 8 年有应用指导性案例,2017 年应用次数最多,为 344 次,2018、2019 年连续下降,分别为 236 次、107 次。被上诉人、被告和再审申请人在 2013—2019 年连续 7 年有应用指导性案例。同时,上诉人、法官、被上诉人三类主体在 2018 年应用次数均达到顶峰,分别为 561 次、387 次、141 次,2019 年均有所下降,分别为 339 次、225 次、120 次。其他应用主体历年应用次数相对较少。2019 年调研新增抗诉机关及赔偿请求人两类应用主体,应用次数分别为 2 次和 1 次。

表 5 指导性案例的应用主体情况

应用主体	2011 年	2012 年	2013 年	2014 年	2015 年	2016 年	2017 年	2018 年	2019 年	总计
上诉人			1	7	54	71	142	437	561	339	1612
法官	2	4	1	38	73	190	306	387	225	1226
原告			1	3	23	55	160	344	236	107	929

(续表)

应用主体	2011年	2012年	2013年	2014年	2015年	2016年	2017年	2018年	2019年	总计
被上诉人			4	25	22	50	113	141	120	475
申请人			1	4	19	40	96	107	97	364
被告			1	12	19	38	100	78	33	281
案外人						14	12	16	4	46
被申请人		1			1	1	5	35	7	50
异议人						3	8		1	12
第三人						2	7	58	17	84
辩护人					1		3	1		5
公诉人			1				3			5
申诉人								1	3	4
被申诉人					1			2	5	8
其他						1			2	3

(四)指导性案例的应用地域分析

从应用地域来看,应用案例覆盖最高人民法院及除港澳台地区外的31个省级行政区,且以广东省、河南省、北京市、山东省、浙江省和江苏省为主。2019年各省均有应用案例,与2018年相比除北京市和海南省应用次数上升以外,其余省份的应用次数均下降。2011—2019年累计应用指导性案例的次数在100次以上的分别为广东省、河南省、北京市、山东省、浙江省、江苏省、四川省等19个省级行政区。其中,广东省和江苏省连续9年有应用案例;连续8年有应用案例的有浙江省、山东省和河南省。剩余14个省级行政区指导性案例的应用次数主要集中在2016—2019年。其余省级行政区指导性案例的累计应用次数均在100次以下。

应用案例数量在30例以上的审理法院有23家,包括最高人民法院、高级人民法院(4家)、中级人民法院(14家)、基层人民法院(4家),覆盖广东省、北京市、河南省等13个省级行政区,主要集中在2016—2019年。其中,广东省东莞市中级人民法院最多(123例),2018年有91例,其余年份应用数量较少。广东省深圳市中级人民法院和四川省成都市中级人民法院连续7年有应用案例。北京市第一中级人民法院和浙江省杭州市、山东省济南市、福建省福州市、河南省郑州市中级人民法院及四川省高级人民法院连续6年有应用案例。其中,最高人民法院2015—2018年应用案例数量逐步上升,分别有5例、8例、13例、18例,2019年下降到12例。河南省宁陵县人民法院(69例)应用案例排名第六位,仅2018年、2019年有应用案例,分别为

53 例、16 例。

表 6 指导性案例应用案例 30 例以上的审理法院分布

审理法院 （30 例以上）	2011 年	2012 年	2013 年	2014 年	2015 年	2016 年	2017 年	2018 年	2019 年	总计
广东省东莞市中级人民法院			1	1		2	17	91	11	123
广东省广州市中级人民法院		1	1			2	10	17	26	46	103
北京市第一中级人民法院				2	2	2	26	14	52	98
广东省深圳市中级人民法院				2	10	3	9	17	22	19	82
浙江省杭州市中级人民法院					5	5	8	15	30	7	70
河南省宁陵县人民法院								53	16	69
山东省济南市中级人民法院					1	4	13	9	20	17	64
福建省福州市中级人民法院				2	4	41	5	4	7	63
广东省高级人民法院	1					11	3	11	28	7	61
河南省郑州市中级人民法院					1	3	6	16	27	6	59
北京市第二中级人民法院					1		4	22	19	12	58
最高人民法院					1	5	8	13	18	12	57
北京市西城区人民法院							43	5	2	50
四川省高级人民法院					1	1	8	6	14	15	45
陕西省西安市中级人民法院						1	2	28	2	8	41
辽宁省沈阳市中级人民法院						6	5	7	17	5	40

(续表)

审理法院 (30例以上)	2011年	2012年	2013年	2014年	2015年	2016年	2017年	2018年	2019年	总计
四川省成都市中级人民法院			1	2	2	6	13	6	8	38
重庆市第五中级人民法院						6	23	4	3	36
浙江省高级人民法院			1		3	7	11	5	6	33
北京市大兴区(县)人民法院				2		8	15	5	3	33
湖北省孝感市中级人民法院							1	29	2	32
广东省深圳市罗湖区人民法院					1	1	4	22	2	30
山西省高级人民法院						1	3	15	11	30

(五)应用案例的审理法院分析

从应用案例的审理法院来看,以中级人民法院和基层人民法院为主,分别有2819例、1724例,总体占比约88.75%。各级人民法院的应用案例数量从2016—2018年涨幅明显,2019年均有所下降。中级人民法院在2012—2019年连续8年有应用案例,且从2014年起增长趋势明显,审理的应用案例主要集中在2016—2019年,分别有315例、712例、921例、629例。基层人民法院连续9年有应用案例,审理的应用案例在2017—2018年最多,分别有586例、501例;2019年降幅56.89%,仅有216例。高级人民法院审理的应用案例除2012年外其他各年份均有分布,2018年审理的应用案例最多,有154例;2019年(88例)有所下降。专门人民法院在2017—2018年审理的应用案例数量最多,各有30例,2019(15例)降幅50%。最高人民法院历年审理的应用案例数量较少,分布在2015—2019年。

表7 指导性案例应用案例的审理法院

审理法院	2011年	2012年	2013年	2014年	2015年	2016年	2017年	2018年	2019年	总计
中级人民法院		6	10	92	134	315	712	921	629	2819
基层人民法院	1	1	5	59	96	259	586	501	216	1724

(续表)

审理法院	2011年	2012年	2013年	2014年	2015年	2016年	2017年	2018年	2019年	总计
高级人民法院	1		3	5	24	51	93	154	88	419
专门人民法院				2	1	8	30	30	15	101
最高人民法院						5	8	13	18	12	56

(六)应用案例的审理程序分析

最高人民法院指导性案例的应用案例,以适用二审和一审程序的居多,分别有2688例、1766例,且从2011—2019年连续9年都有适用二审和一审程序的应用案例。各类审理程序的应用案例数量在2019年均有所减少。其中,适用二审程序的应用案例在2017—2019年较集中,分别有687例、891例、578例;2019年有所下降,2015年、2016年分别有129例和295例;其他年份应用较少。适用一审程序的应用案例主要集中在2017年、2018年,分别有600例、506例;其次是2016年和2019年,分别有261例、223例。相比于2018年,2019年下降了283例;2014年、2015年分别有61例、107例;其他年份均在5例以下。适用再审程序的应用案例从2014—2018年连续5年有所上涨,2018年最多,有129例;其次是2017年和2019年,分别有99例、79例;2014—2016年分别有3例、17例、37例;其余年份较少。适用执行程序的应用案例主要集中在2016—2019年,分别有48例、40例、60例、46例,少量浮动。适用国家赔偿程序的应用案例集中在2017—2019年,分别有5例、18例、23例。适用其他审理程序的应用案例较少。

表8 指导性案例应用案例的审理程序

审理程序	2011年	2012年	2013年	2014年	2015年	2016年	2017年	2018年	2019年	总计
二审	1	3	12	92	129	295	687	891	578	2688
一审	1	2	5	61	107	261	600	506	223	1766
再审		2	1	3	17	37	99	129	79	367
执行					1	5	48	40	60	46	200
国家赔偿							5	18	23	46
其他				1	2		3	20	11	37

(七)指导性案例的应用内容分析

2015年5月13日发布的《〈最高人民法院关于案例指导工作的规定〉实施细则》第9条规定:"各级人民法院正在审理的案件,在基本案情和法律适用方面,与最高人民法院发布的指导性案例相类似的,应当参照相关指导性案例的裁判要点作出裁判。"从司法实践的应用情况来看,应用内容以裁判要点和基本案情为主,还包括裁判理由、裁判结果、裁判思路、指导性案例相关法律规定以及仅将指导性案例作为证据提交的情况。

2011—2019年连续9年都有案例应用裁判要点和基本案情。其中,裁判要点应用从2011—2018年逐年递增,2019年有所下降。2011—2013年应用裁判要点的案例分别有1例、5例、12例;2014年、2015年上升至101例和164例;2016—2018年快速上升,分别为377例、665例、864例;2019年有530例,有所下降。裁判理由的应用案例数量仅次于裁判要点,从2014—2019年连续6年有应用。2014年和2015年数量较少,仅有8例和9例;2016—2019年快速上升,分别有63例、193例、280例、229例。基本案情连续9年有应用,主要集中在2016—2018年,分别有107例、211例和139例。2019年有47例,有所下降。

未明确应用内容的应用案例从2013—2017年逐年上升且增长较快,2013年仅2例,2014—2016年分别有6例、14例、78例,2017年、2018年分别上升至288例、256例;2019年有127例,有所下降。仅作为证据提交的应用案例分布在2015—2019年,其中2017年、2018年较多,分别有79例和83例,其余年份均在25例以下。应用指导性案例相关法律规定的案例分布在2016—2019年,其中2018年最多,有67例,其余年份较少。极少数应用案例仅提到指导性案例的裁判思路或裁判结果具有参照性。

表9 指导性案例应用案例的应用内容[1]

应用内容	2011年	2012年	2013年	2014年	2015年	2016年	2017年	2018年	2019年	总计
裁判要点	1	5	12	101	164	377	665	864	530	2719
裁判理由				8	9	63	193	280	229	782
未明确			2	6	14	78	288	256	127	771
基本案情	1	1	4	42	71	107	211	139	47	623
仅作为证据提交				0	3	16	79	83	24	205
指导性案例相关法律规定							1	13	67	35	116
裁判结果					1	1	1	3	4	10
裁判思路				1				2	1	4

---

[1] 应用内容中的未明确,是指在引用指导性案例时未明确说明其引用的具体内容,且根据裁判文书也不能判断其引用的内容。

(八)指导性案例的应用结果分析

1. 法官明示援引的历年应用情况

(1)法官主动援引参照的应用案例集中在2016—2019年

在5104例应用案例中,法官明示援引的有1948例。除2011年外,2012—2019年均有法官明示援引。法官主动援引(1205例)中,予以参照的有976例,参照率为81%。法官主动援引且予以参照的主要集中在2016—2019年,分别为126例、249例、307例、189例,其他年份较少;法官主动援引但未参照相对较少,分布在2015—2019年,每年均在20例以下。法官主动援引未说明[1]的有159例,在2014—2019年有少量分布,分别为2例、3例、46例、33例、58例、17例。在法官被动援引中,未参照的(552例)相对较多,2012—2019年均有分布,主要集中在2017—2019年,分别为146例、196例和122例。法官被动援引且予以参照的(191例)在2014—2019年有少量分布,分别为4例、11例、23例、53例、62例和38例。

表10 指导性案例的应用结果(明示援引)

援引类型	2011年	2012年	2013年	2014年	2015年	2016年	2017年	2018年	2019年	合计
法官主动援引,予以参照		1	1	36	67	126	249	307	189	976
法官被动援引,未参照		1	2	6	27	52	146	196	122	552
法官被动援引,予以参照				4	11	23	53	62	38	191
法官主动援引,未说明			0	0	2	3	46	33	58	17	159
法官主动援引,未参照			0	0	0	2	15	20	16	17	70

(2)法官明示援引20例以上的8家法院审理的应用案例分布在2015—2019年

从具体审理法院来看,法官明示援引的应用案例数量在20例以上的有8家法院,分布在2015—2019年,2011—2014年未发现应用案例。其中,河南省宁陵县人民法院最多,集中在2018—2019年,全部为法官被动援引,共计68例。福建省福州市中级人民法院以法官主动援引居多,主要分布在2016年,有41例。广东省广州

---

[1] 主动援引中的未说明,是指原审法官在审理该案件时援引了某一指导性案例,但是二审或再审法官在终审判决中并未对此进行回应和说明。

市中级人民法院以法官被动援引居多,主要分布在 2019 年,有 29 例。广东省深圳市中级人民法院在 2015—2019 年各年份均有法官主动援引的应用案例。北京市第一中级人民法院以法官被动援引居多,主要分布在 2017 年,有 19 例。最高人民法院在 2016—2019 年各年份均有少量法官主动援引和法官被动援引的应用案例。山东省济南市中级人民法院以法官主动援引居多,主要分布在 2016 年,有 13 例。安徽省滁州市中级人民法院以法官主动援引居多,主要分布在 2018 年,有 19 例。

表 11　法官明示援引的应用案例审理法院(20 例以上)

审理法院	援引类型	2015 年	2016 年	2017 年	2018 年	2019 年	合计	总计
河南省宁陵县人民法院	法官被动援引				52	16	68	68
福建省福州市中级人民法院	法官被动援引			1	1	2	4	50
	法官主动援引	2	41	1		2	46	
广东省广州市中级人民法院	法官被动援引			1		29	30	35
	法官主动援引				3	2	5	
广东省深圳市中级人民法院	法官被动援引		3	6	2		11	33
	法官主动援引	1	3	1	9	8	22	
北京市第一中级人民法院	法官被动援引			19	5	1	25	32
	法官主动援引			3	3	1	7	
最高人民法院（含巡回法庭）	法官被动援引		3	2	6	8	19	29
	法官主动援引		1	4	4	1	10	
山东省济南市中级人民法院	法官被动援引			1	3	3	7	24
	法官主动援引		13	1	1	2	17	
安徽省滁州市中级人民法院	法官被动援引			1			1	21
	法官主动援引			1	19		20	

2. 法官隐性援引的历年应用情况

(1)广东省和河南省连续 8 年有隐性援引案例

法官隐性援引指导性案例的应用案例达到 50 例以上的有 19 个省级行政区。广东省和河南省在 2012—2019 年连续 8 年有法官隐性援引的应用案例。应用地域中广东省最多,有 518 例,从历年应用来看,其中 2017—2018 年最集中,分别有 146 例和 201 例。浙江省、山东省、四川省、河北省、江苏省、湖南省在 2013—2019 年连续 7 年有法官隐性援引的应用案例。北京市、辽宁省、安徽省、福建省、湖北省、吉林省以及广西壮族自治区在 2014—2019 年连续 6 年有法官隐性援引的应用案例。另外,贵州省除 2011 年、2012 年和 2015 年外,其余 6 年均有少量法官隐性援引的应用案例。山西省和黑龙江省 2015—2019 年连续 5 年有法官隐性援引的应用案例。陕西省在 2014 年、2016—2019 年有少量法官隐性援引的应用案例。

表12 指导性案例的应用结果(隐性援引)

地域	2011年	2012年	2013年	2014年	2015年	2016年	2017年	2018年	2019年	总计
广东省		1	3	19	31	61	146	201	56	518
北京市				8	3	27	62	59	76	235
浙江省			2	13	11	41	57	49	44	217
河南省		1	2	10	6	24	66	68	34	211
山东省			1	7	15	15	36	56	47	177
辽宁省				2	10	17	31	38	32	130
四川省			1	3	9	36	36	20	23	128
河北省			1	5	3	12	29	45	30	125
江苏省			1	6	16	24	29	25	20	121
安徽省				6	4	9	35	23	27	104
福建省				5	5	5	19	45	18	97
山西省					1	5	21	25	25	77
湖南省			1	1	3	16	24	19	12	76
湖北省				1	3	8	20	17	20	69
吉林省				2	5	9	20	15	15	66
陕西省				3		2	32	10	16	63
广西壮族自治区				1	3	6	20	19	4	53
贵州省			1	1		8	22	13	5	50
黑龙江省					1	6	13	20	10	50

(2)广东省、北京市、浙江省、河南省等地中级人民法院隐性援引案例较多

从具体审理法院来看,法官隐性援引的应用案例数量在 20 例以上的有 23 家法院。其中,广东省东莞市中级人民法院最多,共 112 例,是目前唯一达到 100 例以上的审理法院,应用年份有 2014 年、2016—2019 年;其中 2018 年最为集中,有 88 例。排名第二位的广东省广州市中级人民法院有 66 例法官隐性援引的应用案例,除 2011 年和 2014 年外,其余 7 个年份均有少量法官隐性援引的应用案例,其中 2012 年、2013 年和 2015 年仅有 1~2 例,2016—2019 年分别有 10 例、16 例、22 例、14 例。

广东省深圳市中级人民法院和四川省成都市中级人民法院在2013—2019年连续7年有少量法官隐性援引的应用案例,每年数量在1~11例不等。北京市第一中级人民法院、浙江省杭州市中级人民法院、河南省郑州市中级人民法院、广东省惠州市中级人民法院在2014—2019年连续6年有少量法官隐性援引的应用案例。广东省高级人民法院、广东省深圳市罗湖区人民法院、四川省高级人民法院、最高人民法院、辽宁省沈阳市中级人民法院在2015—2019年连续5年有少量法官隐性援引的应用案例。

表13 法官隐性援引的应用案例审理法院(20例以上)

审理法院	2011年	2012年	2013年	2014年	2015年	2016年	2017年	2018年	2019年	总计
广东省东莞市中级人民法院				1		2	16	88	5	112
广东省广州市中级人民法院	1	1			2	10	16	22	14	66
北京市第一中级人民法院				2	2	2	4	5	50	65
浙江省杭州市中级人民法院				5	4	7	11	27	4	58
北京市第二中级人民法院				1		3	17	17	11	49
广东省深圳市中级人民法院			2	11	2	3	9	8	11	46
河南省郑州市中级人民法院				1	1	5	11	22	5	45
广东省高级人民法院					10	2	9	17	3	41
山东省济南市中级人民法院				1	4		5	15	12	37
陕西省西安市中级人民法院					1		22	2	8	33
广东省深圳市罗湖区人民法院					1	1	4	22	2	30
北京市大兴区(县)人民法院				2		8	15	4		29

(续表)

审理法院	2011年	2012年	2013年	2014年	2015年	2016年	2017年	2018年	2019年	总计
广东省惠州市中级人民法院					1	1	2	15	6	2	27
浙江省金华市婺城区人民法院							13	3	11	27
四川省高级人民法院						1	8	2	6	9	26
四川省成都市中级人民法院				1	2	2	4	9	1	6	25
最高人民法院						5	4	6	7	3	25
山西省高级人民法院							1	2	11	10	24
辽宁省葫芦岛市中级人民法院						1		1	1	20	23
湖南省长沙市中级人民法院					1		5	7	4	6	23
辽宁省沈阳市中级人民法院						5	4	5	7	1	22
浙江省绍兴市中级人民法院					1		2	6	2	10	21
重庆市第四中级人民法院							1		19		20

三、调研综述

经过持续性实证调研发现，最高人民法院指导性案例在司法实践中的应用数量在2011—2018年逐年增多，2019年首次出现下降。通过对指导性案例发布情况和司法应用情况的年度对比分析，得出如下结论。

（一）2019年指导性案例发布数量达到历年最高值，专题化趋势日益明显

最高人民法院每年发布指导性案例1~4批不等。2019年发布4批33例，数量达到历年最高值，其中以民事类和执行类指导性案例居多，分别有15例和10例。从各类指导性案例的历年发布情况来看，民事类指导性案例在2019年新增数量达

到历年最多,同时民事类指导性案例总量稳居第一。执行类指导性案例在 2019 年发布 10 例,年度新增数量仅次于民事类,累计 15 例,数量仍较少,仅多于国家赔偿类。行政类指导性案例在 2019 年新增 6 例,是历年中发布最多的,累计 25 例,位居第二位,仅次于民事类。知识产权类指导性案例和国家赔偿类指导性案例 2019 年新增较少,分别仅有 1 例。从 2018 年第 20 批计算机互联网犯罪到 2019 年新增的四批指导性案例分别涉及"一带一路"、涉外知识产权、执行类以及生态环境保护的侵权责任纠纷,指导性案例发布的专题化趋势日益明显。

(二)累计应用案例总量已超过 5000 例,2019 年指导性案例年应用率达到 65%

截至 2019 年 12 月 31 日,在已发布的 139 例指导性案例中,已经有 91 例被应用于 5104 例案例中。指导性案例年应用率已达到 65.47%,与 2018 年同期(73.58%)相比,下降了 9%。累计应用案例 5104 例与 2018 年同期(3098 例)相比,增长 64.75%,有 13 例指导性案例首次实现应用,实现历史性突破。指导性案例的应用案例数量在 2017—2018 年出现大幅增长,2019 年首次出现下降,比 2018 年下降 40.89%。从指导性案例所属的批次来看,除新发布的第 24 批尚未发现应用外,其余 23 个批次均有被应用的指导性案例。虽然截至 2019 年应用案例总量已超过 5000 例,但是相比于千万级的裁判文书总量来说应用数量仍十分有限,未来仍有较大的应用空间。

(三)应用案由中机动车交通事故责任纠纷和买卖合同纠纷排名前两位

最高人民法院发布的 91 例指导性案例被应用于 395 种案由,相比 2018 年同期已增加约 100 种,应用的范围正在不断扩大。司法实践中,指导性案例的应用十分灵活,既被应用于同类案由,也被应用于不同类的案由。其中应用案例数量在 100 例以上的案由有 8 类。机动车交通事故责任纠纷和买卖合同纠纷是排名前两位的案由,分别有 902 例和 755 例;从年度比较分析来看,以机动车交通事故责任纠纷为案由的应用案例主要分布在 2016—2019 年;买卖合同纠纷案由,在 2013—2019 年连续 7 年均有应用案例;产品责任纠纷、执行类、确认合同效力纠纷案由连续 6 年均有应用案例;案外人执行异议之诉案由在 2015—2019 年连续 5 年均有应用案例。

(四)2011—2019 年累计应用指导性案例的次数在 100 次以上的分别为粤、豫、京、鲁、浙、苏、川等 19 个省级行政区

指导性案例的应用地域从 2017 年起已全面覆盖除港澳台地区之外的 31 个省级行政区,且以粤、豫、京、鲁、浙、苏为主,但各地域的应用差异明显。2019 年各省均有应用案例。2011—2019 年累计应用指导性案例的次数在 100 次以上的分别为粤、豫、京、鲁、浙、苏、川等 19 个省级行政区。其中,广东省和江苏省连续 9 年有应用案例;连续 8 年有应用案例的有浙江省、山东省和河南省。应用案例数量在 30 例以上的审理法院有 23 家,包括最高人民法院、高级人民法院(4 家)、中级人民法院(14

家)、基层人民法院(4家),覆盖粤、豫、京等13个省级行政区,主要集中在2016—2019年。

(五)应用内容以裁判要点和基本案情为主,新增抗诉机关和赔偿请求人两类应用主体

指导性案例的应用内容以裁判要点和基本案情为主,2011—2019年连续9年都有案例应用裁判要点和基本案情。应用内容还包括裁判理由、裁判结果、裁判思路、指导性案例相关法律规定以及仅将指导性案例作为证据提交的情况。未明确应用内容的应用案例从2013—2017年逐年上升且增长较快,2018—2019年有所下降。

指导性案例的应用主体比较广泛,以上诉人和法官为主。2019年调研新增抗诉机关和赔偿请求人两类应用主体,数量分别为2例和1例。上诉人应用次数最多且在2012—2019年连续8年有应用指导性案例,其中八成以上集中在2017—2019年。法官是唯一历年都有应用指导性案例的主体,其中九成以上集中在2016—2019年。原告在2012—2019年连续8年有应用指导性案例,被上诉人、被告和再审申请人在2013—2019年连续7年有应用指导性案例。

(六)2019年指导性案例的整体应用速度放缓,法官明示援引20例以上的8家法院应用案例分布在2015—2019年

从历年比较分析来看,指导性案例的援引方式由最初2011年极少法官采取评析援引的方式到2012—2013年出现少量法官明示援引或隐性援引,2014—2018年法官采用明示援引和隐性援引方式的应用案例呈现逐年大幅增长,2019年指导性案例的整体应用速度放缓,法官明示援引和隐性援引的应用案例数量比2018年均有所下降。

截至2019年12月31日,在5104例应用案例中,法官明示援引的有1948例,总占比38.17%。除2011年外,2012—2019年均有法官明示援引。法官主动援引(1205例)中,予以参照的有976例,参照率为81%,主要集中在2016—2019年。法官被动援引中,未参照的(552例)相对较多,2012—2019年均有分布,主要集中在2017—2019年。法官明示援引的应用案例数量在20例以上的有8家法院,分布在2015—2019年。

从应用结果整体情况来看,法官隐性援引的应用案例最多,共计2886例,总占比56.54%。法官隐性援引指导性案例的应用案例达到50例以上的有19个省级行政区。广东省和河南省在2012—2019年连续8年有法官隐性援引的应用案例。浙、鲁、川、冀、苏、湘6个省级行政区在2013—2019年连续7年有法官隐性援引的应用案例。法官隐性援引的应用案例数量在20例以上的有23家法院,粤、京、浙、豫等地中级人民法院隐性援引的应用案例较多。

【责任编辑:郁雯倩】

《最高人民法院公报》历年发布的民商事案例统计分析报告(1985—2019)

北大法宝司法案例研究组*

摘要： 本报告利用"北大法宝"案例数据库的检索统计与分组筛选功能，以1985—2019年《最高人民法院公报》发布的民商事案例作为分析对象，从发布年份、发布数量、案由分布、双方当事人情况、法律适用、终审结果等多个维度进行统计分析和归纳总结，以期为相关法学领域的理论和实务研究提供参考。

关键词： 最高人民法院公报　民商事案例　数据统计分析

《最高人民法院公报》发布的案例是最高人民法院正式选编的适用法律和解释审理各案件的典型裁判范例，自1985年至2019年《最高人民法院公报》已发布278期，公报案例1324例，其中民商事案例700例，总体占比为52.87%。北大法宝司法案例研究组以《最高人民法院公报》发布的700例民商事案例作为分析样本，从数据的发布规律以及发布特点进行统计分析，以期为理论和实务界提供参考。

一、《最高人民法院公报》民商事案例的发布特点

(一)《最高人民法院公报》民商事案例发布规律

1.《最高人民法院公报》民商事案例每年均会发布，2014年发布数量最多，为59例

从1985年开始，最高人民法院每年都发布民商事案例，每年发布期数为12期。

收稿日期：2020-04-26

* 北大法宝司法案例研究组成员：訾永娟、李等霞、张文倩、史雪丽。訾永娟，北大法宝案例中心副主任；李等霞，北大法宝编辑；张文倩，北大法宝编辑；史雪丽，北大法宝编辑。

除 1993 年发布的民商事案例为 10 例外,1985 年至 1996 年每年发布的民商事案例数量均在 10 例以下。2006 年和 2014 年发布的民商事案例数量达到两次峰值,分别为 46 例和 59 例,在每次峰值后发布的民商事案例数量呈递减趋势,其中,2016—2019 年发布的民商事案例数量分别为 42 例、31 例、28 例、27 例。

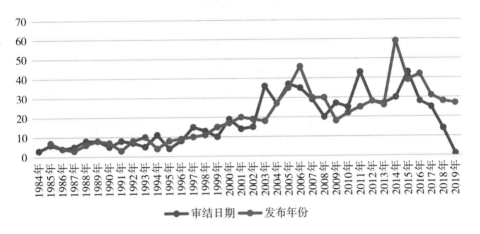

图 1 《最高人民法院公报》民商事案例整体发布情况

2.《最高人民法院公报》发布的民商事案例多为 2003 年以后审理的案件

在《最高人民法院公报》发布的 700 例民商事案例中,有 57 例无法确定审理年份,因此,统计审理年份的案例总量为 643 例。审理最早的案件可以追溯到 1984 年 7 月,最新审理的案件是 2019 年 9 月,1984 年至 2019 年每年均有涉及。审理日期主要集中在 2003 年以后,共计 475 例,总体占比为 73.87%。2015 年以后每年发布的民商事案例数量逐渐递减,其中,2019 年审理的案件仅有 1 例。

(二)《最高人民法院公报》民商事案例的发布特点

1. 涉及 9 类民商事案由,合同、无因管理、不当得利纠纷最多

在《最高人民法院公报》发布的 700 例民商事案例中,有 5 例案件案由有复选,因此,统计案由分布的案例总量为 705 例,共涉及合同、无因管理、不当得利纠纷,与公司、证券、保险、票据等有关的民事纠纷等 9 类案由。其中,合同、无因管理、不当得利纠纷案例数量最多,有 313 例,总体占比为 44.40%;其次是与公司、证券、保险、票据等有关的民事纠纷,有 112 例,占比为 15.89%;侵权责任纠纷、物权纠纷、人格权纠纷、海事海商纠纷、适用特殊程序案件案由、婚姻家庭、继承纠纷和劳动争议、人事争议纠纷案例数量均在 100 例以下,依次为 67 例、59 例、53 例、39 例、23 例、22 例、17 例,总体占比依次为 9.50%、8.37%、7.51%、5.53%、3.26%、3.12%、2.41%。

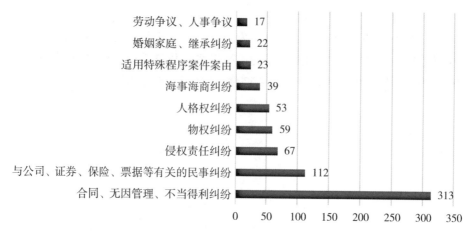

图2 《最高人民法院公报》发布的民商事案例案由分布

在涉及合同、无因管理、不当得利纠纷的313例案例中,合同纠纷案例数量最多,有297例,总体占比为94.89%。在297例合同纠纷案例中,借款合同纠纷数量最多,有56例;其次是其他合同纠纷和房屋买卖合同纠纷,分别有55例和33例。再次是买卖合同纠纷、服务合同纠纷、房地产开发经营合同纠纷、建设工程合同纠纷,均在20~30例之间,保证合同纠纷等四种其他类合同纠纷的民商事案例均在20例以下。

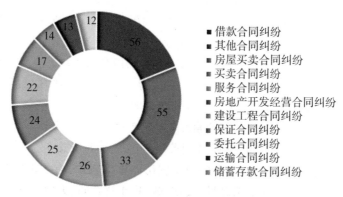

图3 合同纠纷案由分布

2. 最高人民法院审理案件最多,审理法院覆盖29个省级行政区

从审理法院来看,有10例案例无法明确审理法院,除最高人民法院外,审理法院覆盖全国29个省级行政区。最高人民法院审理的案件数量最多,共计283例,总体占比为41.01%;其次为江苏省、上海市、广东省和北京市的法院依次有117例、85例、31例和26例,总体占比分别为16.95%、12.31%、4.49%、3.76%;天津市、浙江省、福建省和四川省的法院审理的案件在 10~20 例之间；山东省、重庆市、陕西省等 21 个省级行政区的法院审理的案件数量均不足 10 例，其中，吉林省、江西省、内蒙古自治区、宁夏回族自治区均仅有 1 例。

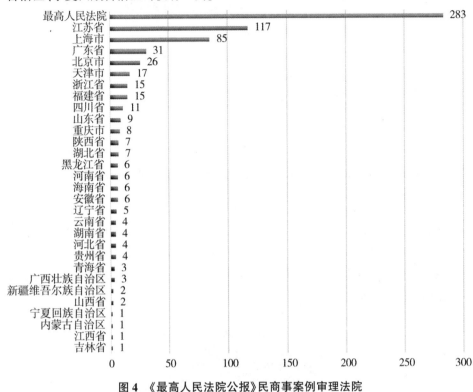

图 4 《最高人民法院公报》民商事案例审理法院

3. 除最高人民法院外，以上海市、江苏省、福建省、北京市、广东省中级人民法院审理为主

从审理法院层级来看，最高人民法院审理的案件数量最多，有 283 例，总体占比为 41.01%；其次是中级人民法院审理的案件有 217 例，总体占比为 31.45%。上海市第二中级人民法院、上海市第一中级人民法院为审理案件最多的中级人民法院，分别审理 28 例和 23 例；江苏省南京市中级人民法院审理 18 例，北京市第二中级人民法院、福建省厦门市中级人民法院均审理 8 例；江苏省无锡市中级人民法院、广东省广州市中级人民法院、江苏省徐州市中级人民法院分别审理 7 例、7 例、6 例。

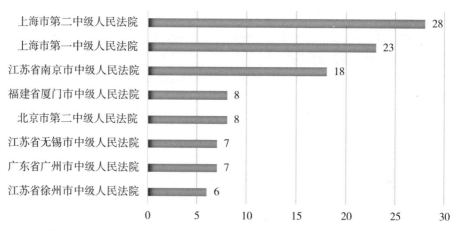

图 5　中级人民法院审理(5 例以上)的《最高人民法院公报》民商事案例

4. 审理程序中适用二审程序审理的案件达到六成以上

审理程序为二审的案件共有 435 例,总体占比为 62.14%;适用一审程序的案件有 137 例,总体占比为 19.57%;适用再审程序的案件有 116 例,总体占比 16.57%;适用破产程序的案件最少,有 3 例,总体占比为 0.43%;未明确审理程序的案件有 9 例,总体占比为 1.29%。

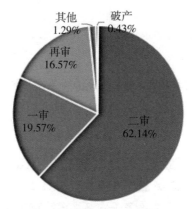

图 6　《最高人民法院公报》民商事案例审理程序

5. 文书类型以判决书为主

在《最高人民法院公报》已发布的民商事案例中文书类型以判决书为主,兼有裁定书、调解书及决定书。判决书有 576 例,总体占比为 82.28%;裁定书有 99 例,总体占比为 14.14%;调解书有 23 例,总体占比为 3.29%;决定书仅有 2 例,总体占比为 0.29%。

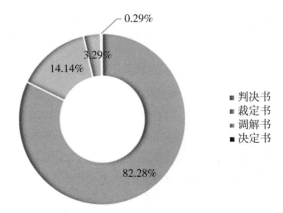

图7 《最高人民法院公报》民商事案例文书类型

6. 终审结果以二审维持原判的最多,二审全部改判的次之

在《最高人民法院公报》已发布的民商事案例中涉及二审和再审程序的案件共有549例。二审维持原判的案件最多,有225例,总体占比为40.98%;二审全部改判的案件次之,有98例,总体占比为17.85%;二审部分改判的案件有93例,总体占比为16.94%;再审全部改判的案件有48例,总体占比为8.74%;驳回再审申请的案件有32例,总体占比为5.83%。再审部分改判、再审维持原判等8种终审结果的案件均在20例以下。

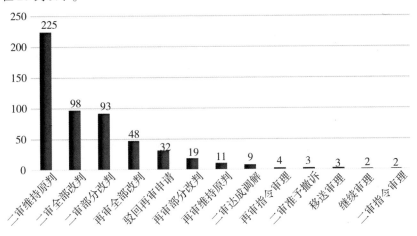

图8 《最高人民法院公报》民商事案例终审结果

7. 含涉外、涉港澳台因素的案例约为11%

涉外因素指一方当事人是外国人、外国企业,或者诉讼标的、法律关系含涉外因素。在700例《最高人民法院公报》民商事案例中,绝大部分案例的当事人不含涉外因素和涉港澳台因素,共计620例,总体占比达88.57%。在民商事案例中,含涉外因素的案例有51例,总体占比为7.29%;含涉港澳台因素的案例有24例,总体占比为3.43%;既含涉外因素又含涉港澳台因素的案例有5例,总体占比为7.14%。

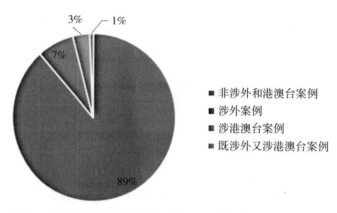

图9 《最高人民法院公报》民商事案例中涉外、涉港澳台案例

二、《最高人民法院公报》民商事案例中当事人情况与法律依据

(一)攻守方[1]当事人类型[2]

在700例《最高人民法院公报》民商事案例中,攻方为非自然人的有409例,总体占比为59%;攻方为自然人的案例有274例,总体占比为39.14%;攻方既有自然人又有非自然人的案例有17例,总体占比为2.43%。

在700例民商事案例中,有23例案例的双方当事人均为攻方当事人,因此,有守方当事人的民商事案例为677例。其中,守方为非自然人的案例有493例,总体占比为73.82%;守方为自然人的案例有146例,总体占比为21.57%;守方既有自然人又有非自然人的案例有38例,总体占比为5.61%。

(二)攻守方当事人聘请律师情况

在700例《最高人民法院公报》民商事案例中,无论是攻方还是守方,当事人没有聘请律师的案例数量均多于聘请律师的案例数量。在聘请律师的案例中,攻方聘请律师的比例略高于守方,攻方聘请律师的案例数量为342例、守方聘请律师的案例数量为287例,总体占比分别为48.86%、41%。

---

[1] 攻方,指原告、上诉人、再审申请人、申诉人;守方,指被告、被上诉人、再审被申请人、被申诉人。
[2] 当事人类型,指自然人与非自然人的判断。

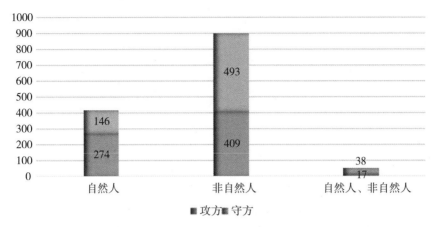

图 10 《最高人民法院公报》民商事案例的攻守方当事人类型

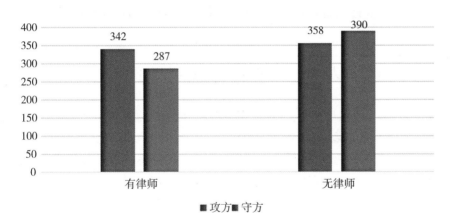

图 11 《最高人民法院公报》民商事案例的攻守方当事人聘请律师情况

(三)《最高人民法院公报》民商事案例的法律依据

本报告统计的法律依据指法官用于裁判的法律法规和司法解释。在《最高人民法院公报》发布的 700 例民商事案例中,引用了 199 部法律及司法解释。其中,引用次数最多的法律是《民事诉讼法》,达到 462 次;其次是《民法通则》《合同法》《担保法》引用次数分别为 166 次、148 次、36 次;最高人民法院《关于民事诉讼证据的若干规定》《公司法》《侵权责任法》《物权法》、最高人民法院《关于适用〈中华人民共和国民事诉讼法〉的解释》、最高人民法院《关于审理人身损害赔偿案件适用法律若干问题的解释》等 6 部法律、3 部司法解释引用频次在 21~30 次之间;其余 189 部法律法规和司法解释应用频次在 20 次以下。

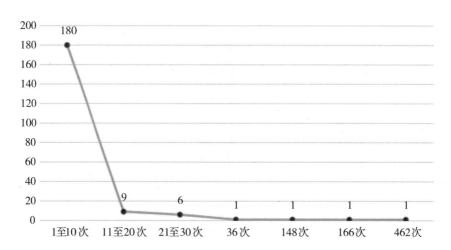

图 12 《最高人民法院公报》民商事案例法律依据引用情况

三、《最高人民法院公报》民商事改判案件的裁判观点

在 700 例《最高人民法院公报》民商事案件中,改判的案件有 258 例,其中二审全部改判的案件数量最多,有 98 例,总体占比为 37.98%;二审部分改判的案件数量次之,有 93 例,总体占比为 36.06%;再审全部改判的案件有 48 例,总体占比为 18.60%;再审部分改判的案件数量最少,有 19 例,总体占比为 7.36%。

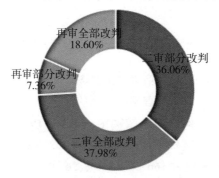

图 13 《最高人民法院公报》民商事案例改判情况

《最高人民法院公报》对发布的案例进行审判规则的总结和归纳形成裁判摘要。鉴于改判案件的法院裁判观点在实务中具有更高的参照意义,本报告选取二审、再审时改判的民商事案件从案由分布方面对法院的裁判观点进行了归纳整理。由于该 258 例案件案由分布广泛,涉及民商事各个领域,出于篇幅考虑,结合数据具体情

况,重点选取了借款合同纠纷、房屋买卖合同纠纷、建设工程合同纠纷 3 类案由 10 例案件的裁判观点供参考。

表 1 《最高人民法院公报》民商事二审、再审改判案例裁判摘要汇总(1985—2019)

案由	裁判摘要	法宝引证码
借款合同纠纷	一审胜诉或部分胜诉的当事人未提起上诉,且在二审中明确表示一审判决正确应予维持,在二审判决维持原判后,该当事人又申请再审的,因其缺乏再审利益,对其再审请求不应予以支持,否则将变相鼓励或放纵不守诚信的当事人滥用再审程序,导致对诉讼权利的滥用和对司法资源的浪费。	CLI. C. 10042011
	依据《公司法》第二十条第三款的规定,认定公司滥用法人人格和有限责任的法律责任,应综合多种因素作出判断。在实践中,公司设立的背景,公司的股东、控制人以及主要财务人员的情况,该公司的主要经营业务以及公司与其他公司之间的交易目的,公司的纳税情况以及具体债权人与公司签订合同时的背景情况和履行情况等因素,均应纳入考察范围。	CLI. C. 8962496
	债权人提起第三人撤销之诉,主张债务人与案外人通过另行提起的虚假诉讼获取调解书,并对债务人的财产采取保全措施且不实际执行,损害债权人的合法利益。经人民法院审理,认为债务人与案外人另行提起的民事诉讼属于虚假诉讼的,对于债权人的诉讼请求应当予以支持。	CLI. C. 11275988
房屋买卖合同纠纷	当事人约定的违约金超过损失的百分之三十的,一般可以认定为合同法第一百一十四条第二款规定的"过分高于造成的损失"的规定,当事人主张约定的违约金过高请求予以适当减少的,人民法院应当以实际损失为基础,兼顾合同的约定、履行情况、当事人的过错程度以及预期利益等综合因素,根据公平原则和诚实信用原则进行考量,作出认定。	CLI. C. 93799761
	责任限制型格式条款本质上是一种风险转移约定,根据诚实信用原则,在签约时,经营者除了需要对条款内容进行重点提示,还应当对免责范围内已经显露的重大风险进行如实告知,以保护相对人的信赖利益。经营者故意隐瞒重大风险,造成相对人在信息不对称的情况下达成免责合意,应当认定相对人的真实意思表示中不包括承担被隐瞒的重大风险,免责合意的范围仅限于签约后发生的不确定风险。在后续履约中,因恶意隐瞒重大风险最终导致违约情形发生,经营者主张适用免责条款排除自身违约责任的,人民法院不予支持。	CLI. C. 77866474

（续表）

案由	裁判摘要	法宝引证码
房屋买卖合同纠纷	当事人将特定主观目的作为合同条件或成交基础并明确约定，则该特定主观目的之客观化，属于《合同法》第九十四条第一款第四项的规制范围。如开发商交付的房屋与购房合同约定的方位布局相反，且无法调换，购房者可以合同目的不能实现解除合同。	CLI.C.9818157
	处理一房二卖情况下的合同履行问题，可从商品房买卖合同的缔约真实性、签约时间顺序、付款程度、合同备案情况、讼争不动产的占有事实、预登记情况等方面加以评判。	CLI.C.67642858
建设工程合同纠纷	《民事诉讼法》第二百零五条规定，当事人申请再审，应当在判决、裁定发生法律效力后六个月内提出；有本法第二百条第一项、第三项、第十二项、第十三项规定情形的，自知道或者应当知道之日起六个月内提出。本条是关于当事人申请再审期限的规定。法律之所以规定当事人申请再审期限，一方面是为了维护生效判决的既判力，避免经生效判决所确定的法律权利义务关系长期处于可能被提起再审的不安定状态，从而维护社会关系的稳定；另一方面是为了督促当事人及时行使申请再审的权利，避免影响对方当事人对生效判决稳定性的信赖利益。据此，当事人依据《民事诉讼法》第二百条第一项、第三项、第十二项、第十三项以外的其他事由申请再审，应当在判决、裁定发生法律效力后六个月内提出；而当事人在判决、裁定发生法律效力六个月后，依据《民事诉讼法》第二百条第一项、第三项、第十二项、第十三项规定申请再审的同时，一并提起其他再审事由的，人民法院不予审查。	CLI.C.71589711
	最高人民法院《关于审理建设工程施工合同纠纷案件适用法律若干问题的解释》第二十一条规定，当事人就同一建设工程另行订立的建设工程施工合同与经过备案的中标合同实质性内容不一致的，应当以备案的中标合同作为结算工程价款的依据，其适用前提应为备案的中标合同合法有效，无效的备案合同并非当然具有比其他无效合同更优先参照适用的效力。 在当事人存在多份施工合同且均无效的情况下，一般应参照符合当事人真实意思表示并实际履行的合同作为工程价款结算依据；在无法确定实际履行合同时，可以根据两份争议合同之间的差价，结合工程质量、当事人过错、诚实信用原则等予以合理分配。	CLI.C.10946336

(续表)

案由	裁判摘要	法宝引证码
建设工程合同纠纷	一、对以物抵债协议的效力、履行等问题的认定,应以尊重当事人的意思自治为基本原则。一般而言,除当事人有明确约定外,当事人于债务清偿期届满后签订的以物抵债协议,并不以债权人现实地受领抵债物,或取得抵债物所有权、使用权等财产权利,为成立或生效要件。只要双方当事人的意思表示真实,合同内容不违反法律、行政法规的强制性规定,合同即为有效。 二、当事人于债务清偿期届满后达成的以物抵债协议,可能构成债的更改,即成立新债务,同时消灭旧债务;亦可能属于新债清偿,即成立新债务,与旧债务并存。基于保护债权的理念,债的更改一般需有当事人明确消灭旧债的合意,否则,当事人于债务清偿期届满后达成的以物抵债协议,性质一般应为新债清偿。 三、在新债清偿情形下,旧债务于新债务履行之前不消灭,旧债务和新债务处于衔接并存的状态;在新债务合法有效并得以履行完毕后,因完成了债务清偿义务,旧债务才归于消灭。 四、在债权人与债务人达成以物抵债协议、新债务与旧债务并存时,确定债权是否得以实现,应以债务人是否按照约定全面履行自己义务为依据。若新债务届期不履行,致使以物抵债协议目的不能实现的,债权人有权请求债务人履行旧债务,且该请求权的行使,并不以以物抵债协议无效、被撤销或者被解除为前提。	CLI.C.8875157

四、报告综述

(一)《最高人民法院公报》每年均发布民商事案例,出现峰值之后的年份呈递减趋势

从1985年开始,《最高人民法院公报》每年都会发布民商事案例,2006年和2014年发布的民商事案例数量达到两次峰值,在每次峰值后发布的民商事案例数量呈递减趋势。

(二)案由分布以合同类纠纷案件居多

案由分布以合同、无因管理、不当得利纠纷案例数量最多,有313例,总体占比为44.40%,尤其是借款合同纠纷、其他合同纠纷、买卖合同纠纷、房屋买卖合同纠纷案例数量较多。

(三)从攻守方当事人来看,均以非自然人居多,且未聘请律师的案例比例高

攻守双方当事人中均以非自然人居多,其中攻方当事人非自然人占比近六成,有409例,总体占比为59%;守方当事人中非自然人占比超七成,有493例,总体占比为73%。在700例《最高人民法院公报》民商事案例中,无论是攻方还是守方当事人没有聘请律师的案例数量均多于聘请律师的案例数量。

(四)从终审结果来看,《最高人民法院公报》民商事案例改判率较高

在700例《最高人民法院公报》民商事案例中,涉及全部改判或者部分改判的案件有258例,其中二审改判的案件有191例,再审改判的案件有67例,改判率占比合计为36.85%,因此,从终审结果来看,《最高人民法院公报》公布的民商事案例体现出改判率较高的特点。

【责任编辑:张文硕】

2019年度最高人民法院公司纠纷案件大数据报告

陈召利* 周 伟**

摘要：法律的生命不在于逻辑，而在于经验。通过对2019年度最高人民法院作出的公司纠纷案件的裁判文书进行大数据分析，总结公司纠纷案件的基本特征、热点问题及裁判规则，及时掌握最新的司法裁判动向，对公司纠纷进行更加准确地预判，更好地预防与处理公司法领域相关法律风险，指导法律实践。

关键词：最高人民法院 公司纠纷 司法裁判 大数据报告 2019年度

一、引言

由于法律规则的滞后性、不完备性等固有局限，导致人们（包括法官、检察官、律师等法律专业人士）在面对纷繁复杂的现实法律问题时很难完全依赖法律规定直接通过"逻辑三段论"简单推理出一个唯一、确定的答案。

正如美国法学家奥利弗·温德尔·霍姆斯（Oliver Wendell Holmes, Jr.）所述："法律的生命不在于逻辑，而在于经验。""同等情况相同对待"是古老的法律格言，也是现代法治的基本原则。"同案同判"一直也是人民法院孜孜以求的目标。因此，及时了解人民法院对于同类案件的处理结果对于准确理解与适用法律至关重要。

为了追踪公司法领域的热点法律问题，及时掌握最新的司法裁判动向，以便对

收稿日期：2020-04-25
* 陈召利，江苏云崖律师事务所合伙人，二级律师。
** 周伟，江苏云崖律师事务所律师。

公司纠纷(即 2011 年修改的《民事案件案由规定》中案由"二十一、与公司有关的纠纷"项下的各类纠纷)进行更加准确地预判,更好地预防与处理公司法领域相关法律风险,笔者对 2019 年度最高人民法院作出的公司纠纷案件的裁判文书进行检索、分析,以期总结出司法裁判规律,指导法律实践。

二、大数据报告来源

(1)数据库:北大法宝司法案例库;
(2)数据范围:2019 年度最高人民法院作出的公司纠纷案件的裁判文书;
(3)采集时间:2020 年 4 月 12 日。

三、公司纠纷案件的基本特征

1. 案件数量

2019 年度共计公布了最高人民法院 443 篇公司纠纷案件裁判文书,2015—2019 年公司纠纷案件总量呈上升趋势,但与其他案由的案件数量相比,公司纠纷案件明显偏少。

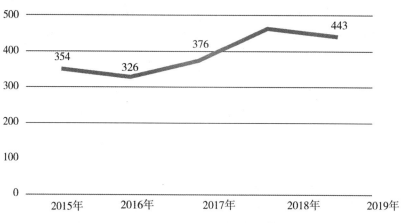

图 1　2015—2019 年最高法公司纠纷案件裁判文书统计

2. 案件案由

根据《民事案件案由规定》(2011 年修改)的规定,与公司有关的纠纷共有 25 个案由:242. 股东资格确认纠纷;243. 股东名册记载纠纷;244. 请求变更公司登记纠纷;245. 股东出资纠纷;246. 新增资本认购纠纷;247. 股东知情权纠纷;248. 请求公司收购股份纠纷;249. 股权转让纠纷;250. 公司决议纠纷[(1)公司决议效力确认纠纷(2)公司决议撤销纠纷];251.公司设立纠纷;252.公司证照返还纠纷;253.发起人责任纠纷;254.公司盈余分配纠纷;255.损害股东利益责任纠纷;256.损害公司利益责任纠纷;257.股东损害公司债权人利益责任纠纷;258.公司关联交易损害责任纠纷;259.公司合并纠纷;260.公司分立纠纷;261.公司减资纠纷;262.公司增资纠纷;263.公司解散纠纷;264.申请公司清算;265.清算责任纠纷;266.上市公司收购纠纷。据统计,2019年度与公司有关的纠纷主要涉及股权转让纠纷、损害公司利益责任纠纷、股东资格确认纠纷、股东出资纠纷、公司解散纠纷,其中股权转让纠纷有277件,占62.53%。这说明,与公司有关的纠纷主要集中在股权转让环节。

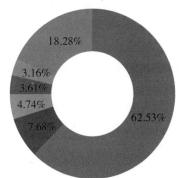

图2 公司纠纷案件案由统计

3. 行业分布

2019年度,与公司有关的纠纷行业分布主要集中在房地产业、租赁和商务服务业、批发和零售业、制造业。

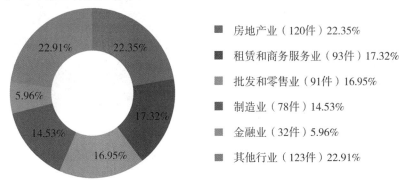

图3 公司纠纷案件行业分布统计

4. 审判程序

2019年度,最高人民法院裁判的公司纠纷再审(主要为申请再审程序)案件297件,二审案件141件,二者占比为98.87%。这说明,公司纠纷案件的审理程序级别较高,重大疑难复杂案件较多。

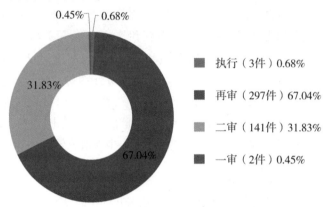

图4 公司纠纷案件审判程序统计

5. 裁判结果

2019年度,从最高人民法院作出的公司纠纷案件二审和再审裁判结果来看,维持原判的案件占大多数,发回重审、提审/指令再审、改判的案件占少数。因此,对于公司纠纷案件来说,应当将更多的精力放在一审程序甚至诉前准备环节,而不应过度依赖二审甚至再审程序实现翻盘。

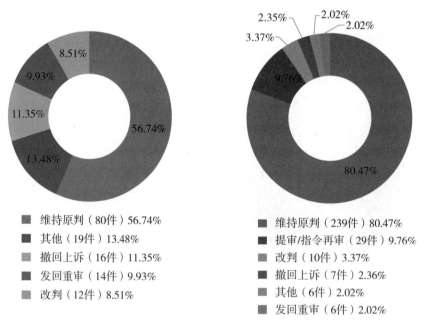

图5 公司纠纷案件裁判结果统计

四、公司纠纷案件的热点问题与裁判观点

(一)股权转让纠纷

1. 出资期限未届满的股东转让股权后,债权人是否有权要求原股东承担补充清偿责任?

【案例索引】曾雷与甘肃华慧能数字科技有限公司股权转让纠纷上诉案[最高人民法院(2019)最高法民终230号民事判决书]

【裁判摘要】本案中,甘肃华慧能公司原股东冯亮、冯大坤的认缴出资期限截至2025年12月31日。《公司法》第28条规定,"股东应当按期足额缴纳公司章程中规定的各自所认缴的出资额"。股东享有出资的"期限利益",公司债权人在与公司进行交易时有机会在审查公司股东出资时间等信用信息的基础上综合考察是否与公司进行交易,债权人决定交易即应受股东出资时间的约束。最高人民法院《关于适用〈中华人民共和国公司法〉若干问题的规定(三)》[以下简称《公司法司法解释(三)》]第13条第2款规定的"未履行或者未全面履行出资义务"应当理解为"未缴纳或者未足额缴纳出资",出资期限未届满的股东尚未完全缴纳其出资份额不应认定为"未履行或者未全面履行出资义务"。本案中,冯亮、冯大坤二人转让全部股权时,所认缴股权的出资期限尚未届满,不构成《公司法司法解释(三)》第13条第2款、第18条规定的"未履行或者未全面履行出资义务即转让股权"的情形,且曾雷并未举证证明其基于冯亮、冯大坤的意思表示或实际行为对上述股东的特定出资期限产生确认或信赖,又基于上述确认或信赖与甘肃华慧能数字科技有限公司产生债权债务关系。曾雷主张冯亮、冯大坤二人在未出资本息范围内对甘肃华慧能数字科技有限公司债务不能清偿的部分承担补充赔偿责任的实质是主张冯亮、冯大坤的出资加速到期,该上诉请求没有法律依据,本院不予支持。

【作者评析】原最高人民法院民二庭庭长杨临萍于2015年12月24日在《关于当前商事审判工作中的若干具体问题》一文中提出,"《公司法司法解释(三)》第十八条对虚假出资时补缴出资民事责任作出了规定。但目前尚无法律、司法解释对股东因出资期限未届满而未缴纳出资就转让股权时由谁承担出资责任进行明确规定。因为此时的未缴纳出资为合法而不是非法,所以不能当然适用上述司法解释的规定"。最高人民法院于2017年6月30日在绿能高科集团有限公司等诉安徽投资控股股份有限公司等企业借贷纠纷再审案[(2016)最高法民再301号]中认为,"安徽控股在出资义务尚未到期的情况下转让股权,不属于出资期限届满而不履行出资义务的情形,安徽控股不应再对公司承担出资责任"。

常州市中级人民法院于 2018 年 11 月 30 日在常州江天景观工程有限公司、利辛县福惠实业开发有限公司、张红英、李佳音、王素华、李瑞亮买卖合同纠纷一案[（2018）苏 04 民终 1804 号]中认为，"张红英、李佳音在出资认缴期限届满前已将其所持有的福惠公司的股权全部转让，并将股东的权利义务一并转让，故相应的出资义务应由股权受让人周朝华、王素华承担。在此情形下，江天公司仍要求张红英、李佳音对福惠公司的债务承担补充赔偿责任缺乏法律依据，不能成立"。江苏省高级人民法院民二庭对本案评析时提出："股东向公司及债权人承担瑕疵出资义务的前提是出资存在瑕疵，本案李某作为公司股东期间，并无瑕疵出资行为，不应承担瑕疵出资责任。"[1]

无锡市中级人民法院于 2018 年 8 月 16 日在中铁建业物流有限公司与中铁建业集团有限公司、江阴市远大燃料有限公司股东出资纠纷一案[（2018）苏 02 民终 1516 号]中认为，"无论是认缴制还是实缴制，公司财产均包含公司注册资本在内；认缴制下，公司股东虽然享有出资期限利益，但当公司财产不足以清偿债务时，认缴出资的股东应向公司履行出资义务；并且，该出资义务被触发后不因股权转让而消灭，否则将导致股东向偿债能力较差的受让人转让股权、逃避出资义务进而损害公司债权人的利益和交易安全。此时，公司或者债权人请求股东与受让人在未出资范围内承担连带责任的，应予支持"。本案属于无锡市中级人民法院于 2019 年 10 月 22 日发布的十起保障高质量发展民商事典型案例之一，无锡市中级人民法院在对本案评析时对本案的裁判观点作了适当修正，提出"本案的裁判确立了公司股东（发起人）的出资义务一旦被触发后不因股权转让而消灭的裁判规则，即有限责任公司发起人（股东）以认缴出资方式设立公司后，在未缴纳出资款且公司对外债务未能清偿的情况下，将自身股权转让给其他明显缺乏出资能力的主体，上述行为损害了公司及其债权人的合法利益，该公司进入破产程序后，破产管理人有权向发起人（股东）追收出资款。发起人以转让股权时其认缴出资期限尚未到期，且其名下股权已经转让为由主张免除自身责任的，人民法院不予支持。此案的审理有利于维护公司债权人的利益，促进市场交易安全和公平、透明、可预期的法治化营商环境的构建"。

总的来说，该问题争议较大，司法实践中做法不一。笔者倾向性认为，股东在出资期限届满前转让股权，相当于股东通过减资方式从目标公司退出，同时受让股东通过增资方式进入目标公司，因此转让股东的法律责任可比照我国公司法规定的减资股东应当承担的法律责任，即除非经目标公司的债权人同意，股东在出资期限届满前转让股权的，在该股权转让前目标公司的债权人依然有权要求转让股东在未出

---

[1] 最高人民法院民事审判第二庭编：《2018 年度江苏省高级人民法院发回、改判商事案件评查报告》，载《商事审判指导》（总第 47 辑），人民法院出版社 2019 年版。

资的范围内承担补偿赔偿责任。当然,我们期待我国法律早日对此作出统一规定,统一裁判思路。

2. 受让人主张从涉案股权转让款中扣减资产损失,是通过抗辩还是反诉方式行使?

【案例索引】谢坤基与中国石油天然气股份有限公司与谢坤基及新疆基钰投资有限公司、新疆基钰石油有限公司、中国石化销售有限公司西北分公司股权转让纠纷案[最高人民法院(2019)最高法民终 1339 号民事判决书]

【裁判摘要】

关于中石油天然气公司主张应当从涉案股权转让款中扣减资产损失的问题。一审中,中石油天然气公司并未就此提起反诉,二审中谢坤基不同意对该问题一并调解处理。中石油天然气公司可另行解决。

【作者评析】最高人民法院《关于审理买卖合同纠纷案件适用法律问题的解释》(法释〔2012〕8 号)第 44 条规定:"出卖人履行交付义务后诉请买受人支付价款,买受人以出卖人违约在先为由提出异议的,人民法院应当按照下列情况分别处理:(一)买受人拒绝支付违约金、拒绝赔偿损失或者主张出卖人应当采取减少价款等补救措施的,属于提出抗辩;(二)买受人主张出卖人应支付违约金、赔偿损失或者要求解除合同的,应当提起反诉。"

因此,诉讼当事人应当区分不同情形选择提出抗辩还是提起反诉,以免遭受不利的法律后果。

3. 目标公司在股权转让前债权债务范围如何确定?

【案例索引】杨万成、阮志刚股权转让纠纷再审审查与审判监督案[最高人民法院(2019)最高法民申 413 号民事裁定书]

【裁判摘要】

杨万成与阮志刚于 2012 年 6 月 12 日就光皓公司的股权转让达成协议,阮志刚将其享有的光皓公司 51% 的股权全部转让给杨万成,杨万成成为光皓公司唯一股东。双方于 2012 年 8 月 16 日就光皓公司的债权债务进行清理并形成《截至 2012 年 6 月 10 日阮志刚、杨万成所有债权明细表》(以下简称《债权明细表》)、《截至 2012 年 6 月 10 日阮志刚、杨万成所有债务明细表》(以下简称《债务明细表》),后双方又于 2013 年 1 月 15 日协议约定,双方共同承担 2012 年 6 月 13 日之前光皓公司遗留的债权债务。本案系因杨万成起诉要求阮志刚按协议约定承担债务而引起。

从杨万成与阮志刚 2012 年 6 月 12 日及 2013 年 1 月 15 日签订的两份协议以及《债权明细表》《债务明细表》的名称可以看出,杨万成与阮志刚对股权转让前光皓公司债权债务进行清理的目的在于明确股权转让节点时,二人作为光皓公司原股东共同享有和共同承担的光皓公司债权债务的范围。杨万成、阮志刚作为完全民事行为能力人，应当对自己的行为有完全的认知且知晓相应的法律后果，其在该明细表上签字，即表示认可其中所列债权债务，在无相反证据的情况下，应以此表作为确定双方应享有和承担的债权债务范围的依据。双方在确定债权债务时，未对债权债务涉及的合同履行情况进行标注，也未设置债权债务确认的限制性条件，即应当视为无论合同履行程度，均认可债权债务表中所列债权债务由双方共同享有和承担。因此，上述收回的三笔债权均包含在《债权明细表》中，即表示杨万成认可该债权作为股权转让前光皓公司债权由杨万成和阮志刚共同享有，不因合同履行时间在股权转让前或后而变化。二审判决认定该三笔债权属于股权转让前光皓公司的债权并无不当。

【作者评析】我们注意到，实践中不少股权转让合同在确定双方应享有和承担的债权债务范围均存在与本案相似的问题。本案告诉我们，在股权转让合同中涉及约定股权转让双方应享有和承担的目标公司的债权债务范围时，应当对债权债务涉及的合同履行情况进行标注，设置债权债务确认的限制性条件，否则可能因此遭受不利后果。

4. 股权转让人未如实披露目标公司的状况，受让人是否有权请求减少股权转让价款？

【案例索引】胡中仁、袁立明股权转让纠纷再审审查与审判监督案[最高人民法院(2019)最高法民申 1606 号民事裁定书]

【裁判摘要】

根据双方合同约定，双方实际系以股权转让的形式将包括涉案土地使用权在内的项目进行整体转让。因双方仅约定了容积率为 3.89 情形下的股权转让价格，并未就涉案项目在容积率 1.99 情形下的价格进行约定，故原审法院根据案涉项目土地评估价值及再审申请人在该土地上的投资，认定被申请人应向再审申请人支付的股权转让款为 6502679 元，并无不当。再审申请人关于注册资本范围外核减项目款、原判决显失公平的理由，并无事实与法律依据，不能成立。

因再审申请人违反了容积率为 3.89 以及项目资料和数据真实合法的约定，先行违约，导致被申请人只能以 1.99 容积率进行开发。在核减的股权转让款未确定的情况下，被申请人未支付剩余股权转让款不构成违约。故原判决认定被申请人无须承担迟延支付股权转让款的违约责任，并无不当。

5. 股权转让人未按照约定承担目标公司的债务，受让人是否有权请求转让人向目标公司赔偿损失？

【案例索引】鲁杰、许海云股权转让纠纷再审审查与审判监督案[最高人民法院(2019)最高法民申 507 号民事裁定书]

【裁判摘要】

本案中，王超群、夏强、李波、徐海涛(承接潘杰的权利义务)基于 2015 年 2 月 16

日与本案各再审申请人签订《股权转让协议书》所形成的债权债务关系，向再审申请人主张给付请求权，并申请追加与案件处理结果有直接利害关系的东成公司、杰诺公司为本案第三人，可以认定本案各方当事人之间形成了一种合同法律关系。本案尽管具有股东代表诉讼的某些特征，但在法律关系性质、请求权基础、诉讼标的等方面与股东代表诉讼均存在重大区别，再审申请人主张本案是股东代表诉讼，无事实和法律依据，不能成立。

鲁杰等人作为转让方是否应承担违约责任，取决于案涉《股权转让协议书》约定转让方的合同义务是否得到全面履行。本案中，《股权转让协议书》第3条第2项明确约定：2015年3月1日（含本日）前标的公司（东成公司、杰诺公司及连云港东成溶剂有限公司）全部债权债务（双方目前明确应由转让方承担的债务约4亿元至5亿元）由转让方享有和承担，此前标的公司的所有经济纠纷和经济损失等法律责任全部由转让方承担；第3项约定了债务履行的方式、期限、违约责任。但是，根据本案已经查明的事实，东成公司与中行赣榆支行之间的债务纠纷经连云港市赣榆区法院审理并执行，东成公司已经偿还中行赣榆支行贷款共计41532036.73元。而根据上述《股权转让协议书》的相关约定，东成公司在2015年3月1日之前的债务原本应由鲁杰等人承担，但鲁杰等人并未按照约定履行债务，也未按照《股权转让协议书》第3条第4项约定的借新贷还旧贷等方式延展债务，显然违反了《股权转让协议书》约定的合同义务，理应承担相应的违约责任，包括偿还东成公司债务41532036.73元及比照中国人民银行同期同类基准贷款利率的两倍承担利息。

至于鲁杰等人是否应当共同承担案涉东成公司债务的问题。根据上述《股权转让协议书》第3条第2项的约定，并结合该协议其他条款的意思及签约目的，协议并未将各转让方区别对待，鲁杰等人作为转让方应当是案涉债务的共同承担主体。《股权转让协议书》首部转让方部分注明的各方在标的公司的占股比例，仅表明转让标的的真实情况，并非等同于各转让方对本案债务的比例承担，鲁杰等人承担责任后可根据各自所占标的公司股权的比例内部协调解决。一、二审判决认定鲁杰等人的行为构成违约，作为转让方应当共同承担案涉东成公司的债务，并无不当。再审申请人认为并没有违约不应承担案涉债务的意见，无事实和法律依据，不能成立。

6. 股权转让人未按照约定承担目标公司的债务，是受让人还是目标公司有权主张权利？

【案例索引1】牟秀昌、韩建民损害公司利益责任纠纷再审审查与审判监督案[最高人民法院（2019）最高法民申4358号民事裁定书]

【裁判摘要】

从案涉3份《煤矿股权出让合同》的内容看，3份合同的标的系转让股权及所对应的大兴公司的全部资产，并同时约定大兴公司和东方龙公司在签约前的全部债权债务由该二公司的原股东共同承担,即该3份合同既涉及股权和资产转让法律关系,又涉及债务承担的相关法律关系。而股权和资产转让法律关系下的权利义务相对人系原股东与受让股东即牟秀昌之间,债务承担法律关系下的权利义务相对人系原股东与目标公司即大兴公司之间。双方当事人在本案诉讼中对该3份合同项下股权和资产转让法律关系并无争议,双方争议在于原股东与大兴公司之间的债务承担问题。在外部效力上,大兴公司对股权转让前的自身债务向债权人承担清偿责任;在内部效力上,原股东、受让股东和大兴公司三方在合同中所约定的前述债务承担的内容对原股东产生约束力。故在原股东未按合同约定向大兴公司履行清偿义务的情况下,有权向公司原股东提起追偿诉讼的主体应为大兴公司。

【案例索引2】涂军、雷小龙股权转让纠纷再审审查与审判监督案[最高人民法院(2019)最高法民申3057号民事裁定书]

【裁判摘要】

本案再审审查的重点为涂军、雷小龙是否具有诉讼主体资格。《民事诉讼法》第119条第(一)项规定,提起诉讼的原告必须是与本案有直接利害关系的公民、法人和其他组织。根据该规定,能够提起诉讼的原告应当与案件具有直接利害关系。对于直接利害关系的把握,应结合提起诉讼的原告是否具有实体法上的请求权规范基础进行综合认定。本案中,涂军、雷小龙认为胡全胜、唐雪琴的相关行为严重侵害了四川圣发建筑劳务有限公司的利益,进而导致涂军、雷小龙的利益受损,并据此作为原告提起本案诉讼。圣发劳务公司作为独立的公司法人,基于公司人格独立和股东有限责任的公司法原则,其具有独立于公司股东的自身利益。在公司利益受到损害的情况下,应以其自身名义或者在符合法定要件下其他与之具有直接利害关系的主体作为原告提起诉讼,并且该类诉讼所请求的利益应当归属于公司。涂军、雷小龙作为圣发劳务公司的股东,其股东权益虽然会因公司利益受损而遭受间接损失,但是与公司利益受损所提起的诉讼并不具有直接利害关系,且涂军、雷小龙提起的本案诉讼所主张的利益系归属其个人而非公司。另外,涂军、雷小龙起诉请求胡全胜、唐雪琴交还的公司开户许可证、税务发票准购证、税务登记证等资料,亦是与圣发劳务公司之间存在直接利害关系,并不直接影响涂军、雷小龙的自身利益,与涂军、雷小龙之间不存在直接利害关系。因此,原审法院确认涂军和雷小龙不属于本案适格的原告并无不当。

【作者评析】目标公司的资产债务情况不符合股权转让合同的约定,受让人还是目标公司主张权利,如何主张权利,在司法实践中做法不一。值得关注的是,最高人民法院于2016年10月25日在符瀚文等股权转让纠纷上诉案[(2016)最高法民终455号]中提出,就买卖合同而言,出卖人不仅负担交付标的物、转移所有权等基本义务,还应向买受人承担标的瑕疵担保义务,即若买卖标的上存有买受人不接受的瑕疵的,出卖人应当消除瑕疵以保证标的物的形式完整及法律上无障碍。这一担保义务不仅存在于有体物的买卖合同中,还存在于以权利为标的的买卖合同中。而该义务所对应的商事责任即瑕疵担保责任,对于本案所涉以股权为标的的转让合同亦应适用。因此,我们认为,当目标公司的资产负债情况与约定不符时,转让人应当向受让人承担瑕疵担保责任,主张权利的主体应当是受让人而非目标公司。随之而来的问题是,当目标公司的资产负债情况与约定不符时,转让人应当是向受让人直接承担赔偿责任,还是向目标公司承担赔偿责任?我们倾向性的意见为,设置违约责任的主要目的是恢复至合同正常履行时的法律状态,当目标公司的资产负债情况与约定不符时,应当由转让人向目标公司赔偿损失而非向受让人赔偿损失,才能恢复至合同正常履行时的法律状态。我国《合同法》第 65 条规定:"当事人约定由第三人向债权人履行债务的,第三人不履行债务或者履行债务不符合约定,债务人应当向债权人承担违约责任。"这为受让人请求转让人向目标公司赔偿损失提供了法律依据。

7. 目标公司在股权转让前的未分配利润,是归转让人还是受让人享有?

【案例索引】中泰证券股份有限公司、湖南富兴集团有限公司股权转让纠纷再审案[最高人民法院(2016)最高法民再 240 号民事判决书]

【裁判摘要】

根据《物权法》第 116 条第 2 款"法定孳息,当事人有约定的,按照约定取得;没有约定或者约定不明确的,按照交易习惯取得"的规定,该 800 万股股票项下的全部权益随着股权的转移,理当归属新的股权所有者即中泰证券。这既符合对价购买 800 万股股票全部权益的合同目的,亦符合股权交易规定和交易习惯。

只有本案双方当事人明确约定该协议生效前的兴长石化 2006 年度的红利及未分配利润归富兴公司所有,才能成为"涉案股票所有权转移之前的股息、红利以及其他衍生孳息则应由富兴公司享有"的特殊约定,而本案各方当事人并未对此作出特殊约定。

8. 股权受让人能否以转让人瑕疵出资为由拒付股权转让价款?

【案例索引】曾雷与甘肃华慧能数字科技有限公司股权转让纠纷上诉案[最高人民法院(2019)最高法民终 230 号民事判决书]

【裁判摘要】

现行《公司法》确立了认缴资本制,股东是否足额履行出资义务不是股东资格取得的前提条件,股权的取得具有相对独立性。股东出资不实或者抽逃资金等瑕疵出资情形不影响股权的设立和享有。

本案中,曾雷已依约将所持目标公司 70%的股权变更登记在甘肃华慧能数字科技有限公司名下,履行了股权转让的合同义务。甘肃华慧能数字科技有限公司通过股权受让业已取得目标公司股东资格,曾雷的瑕疵出资并未影响其股东权利的行使。此外,股权转让关系与瑕疵出资股东补缴出资义务分属不同法律关系。本案中,甘肃华慧能数字科技有限公司以股权转让之外的法律关系为由而拒付股权转让价款没有法律依据。对于甘肃华慧能数字科技有限公司因受让瑕疵出资股权而可能承担的相应责任,其可另寻法律途径解决。

9. 转让人擅自处分被冻结的股权,是否发生股权转让的效力?

【案例索引】明达意航企业集团有限公司、沈阳亿丰商业管理有限公司股权转让纠纷再审审查与审判监督案[最高人民法院(2019)最高法民申4353号民事裁定书]

【裁判摘要】

转让方未经人民法院许可处分已经查封[1]的股权,不发生股权转让的效力。原审法院基于上述事实,判决转让方返还股权转让款,并无不当。鉴于受让方受让股权后获得分红的金额折合年利率为5%左右,原审法院认定以股权分红款抵销股权转让款的利息,亦无不当。

【作者评析】需要注意的是,案涉股权转让协议是有效的。正如辽宁省高级人民法院(2018)辽民终648号民事判决所认定,《合同法》第32条规定:"当事人采用合同书形式订立合同的,自双方当事人签字或者盖章时合同成立。"第44条规定,"依法成立的合同,自成立时生效"。故股权转让协议自双方签订成立时生效。明达公司与亿丰公司签订的股权转让协议是当事人的真实意思表示,不违反法律法规强制性规定,应认定有效。根据最高人民法院《关于审理买卖合同纠纷案件适用法律问题的解释》(法释[2012]8号)第3条的规定:"当事人一方以出卖人在缔约时对标的物没有所有权或者处分权为由主张合同无效的,人民法院不予支持。出卖人因未取得所有权或者处分权致使标的物所有权不能转移,买受人要求出卖人承担违约责任或者要求解除合同并主张损害赔偿的,人民法院应予支持。"本案中,因明达公司在法院查封冻结期间签订的股权转让协议,违反了最高人民法院、国家工商总局《关于加强信息合作规范执行与协助执行的通知》的规定,其行为属无权处分,无权处分财产造成本案争议股权转让不能继续履行,其行为不能导致合同无效。一审法院根据最高人民法院、国家工商总局《关于加强信息合作规范执行与协助执行的通知》第12条"股权、其他投资权益被冻结的,未经人民法院许可,不得转让,不得设定质押或者其他权利负担"的规定认定股权转让协议无效不当,应予纠正。

10. 股权转让款转为借款后发生纠纷,是按照股权转让关系还是民间借贷关系审理?

【案例索引】王丽莉与青岛国际商品交易所有限公司股权转让纠纷再审审查与审判监督案[最高人民法院(2019)最高法民申4122号民事裁定书]

---

[1] 准确用语应为"冻结"。——编者注

【裁判摘要】

转让方与受让方签订《股权转让协议》，后双方签订《补充协议》，对于《补充协议》签订后的剩余股权转让款，双方虽在《补充协议》中约定作为受让方的借款，并对利息标准、结息时间等作出约定，但并不能据此认为双方的基础法律关系已由股权转让关系转为民间借贷关系。

根据最高人民法院《关于审理民间借贷案件适用法律若干问题的规定》（法释〔2015〕18号）第15条的规定："原告以借据、收据、欠条等债权凭证为依据提起民间借贷诉讼，被告依据基础法律关系提出抗辩或者反诉，并提供证据证明债权纠纷非民间借贷行为引起的，人民法院应当依据查明的案件事实，按照基础法律关系审理。当事人通过调解、和解或者清算达成的债权债务协议，不适用前款规定。"在受让方已经依据基础交易关系即股权转让关系对本案的法律关系性质进行抗辩，而《补充协议》也并非经调解、和解或者清算后达成的债权债务协议的情况下，二审判决将本案法律关系性质认定为股权转让纠纷，于法有据。

11. 非上市股份有限公司的股份转让如何交割？

【案例索引】益硕控股有限公司、中汇同创（北京）投资有限公司股权转让纠纷再审审查与审判监督案[最高人民法院（2019）最高法民申6719号民事裁定书]

【裁判摘要】

根据《公司登记管理条例》第9条、第34条的规定，股份有限公司因股份转让发生股东和章程变更，不属于依法必须申请变更登记的情形。现行法律法规亦未规定股份有限公司股份转让以登记为公示方式。

我国公司法及相关法律法规未对股份有限公司股份采取非股票形式时的转让方式作出禁止性或限制性规定。酒交所系非上市股份有限公司，其股份未采取纸质股票形式，而以股东名册作为证明股东身份及持股情况的凭证。基于该股份表现形式和酒交所公司章程规定，案涉股份转让通过由酒交所向益硕公司出具《出资证明书》并在股东名册记载股东身份及持股情况的方式完成，不违反法律规定，亦未损害国家、社会及其他主体的合法权益。益硕公司关于案涉股份转让方式违法应属无效的主张依据不足，不予支持。

12. 解除合同的条件成就后，解除权人继续履行合同的，是否视为其放弃解除权？

【案例索引】王革新股权转让纠纷再审案[最高人民法院（2019）最高法民申4789号民事裁定书]

【裁判摘要】

因王革新未按合同约定履行义务，刘太国行使的是依据合同约定取得的解除权。《合同法》第95条规定："法律规定或者当事人约定解除权行使期限，期限届满当事人不行使的,该权利消灭。法律没有规定或者当事人没有约定解除权行使期限,经对方催告后在合理期限内不行使的,该权利消灭。"本案案涉股权转让合同并未约定解除权行使期限,王革新亦未予以催告。刘太国在取得合同解除权后至以起诉的方式行使合同解除权期间内,按合同约定支付股权转让款,不能视为其放弃了合同约定解除权。

【作者评析】江苏省高级人民法院关于印发《关于适用〈中华人民共和国合同法〉若干问题的讨论纪要(一)》的通知(苏高发审委〔2005〕16号,2005年9月26日)第23条规定:"解除合同条件成就后,享有合同解除权的当事人仍然接受违约方继续履行合同的,应视为解除权人对解除权的放弃。"

最高人民法院第三巡回法庭在顾明、汪有恒、江苏瑞豪置业有限公司与盐城市大丰区人民政府、盐城市大丰区国土资源局建设用地使用权出让合同纠纷案中[(2016)最高法民终822号]对合同解除权的放弃明确了严格的认定标准,强调除法律有明确规定或者当事人有明确约定外,不得仅以单纯的沉默推定解除权人放弃解除权;以解除权人默示的行为推定其放弃解除权的,也应严格加以把握,只有解除权人对债务人依据合同约定全面履行给付义务的行为予以受领的,才构成对解除权的放弃,以实现契约严守和诚实信用。

13. 股权受让人已经实际经营管理目标公司,是否影响其解除权的行使?

【案例索引1】王革新股权转让纠纷再审案[最高人民法院(2019)最高法民申4787号民事裁定书]

【裁判摘要】

因王革新未按合同约定履行义务,刘太国行使的是依据合同约定取得的解除权,其是否已实际取得所受让的股权行使大股东权利并实际掌控公司对公司进行经营管理等,都不能否定该约定解除权成立。

【案例索引2】海南晋商财富投资集团有限公司、海南粤城实业有限公司股权转让纠纷再审审查与审判监督案[最高人民法院(2019)最高法民申2233号民事裁定书]

【裁判摘要】

陈剑宏、陈琼莺已于2018年9月3日向晋商公司支付2039万元股权转让款,陈剑宏、陈琼莺目前已取得四海云天公司100%的股权,并已实际控制公司的经营管理,涉案合同已经履行完毕,合同目的已经实现。从维护交易安全的角度,一项有限责任公司的股权交易,关涉诸多方面,动辄解除涉案合同,对公司经营管理的稳定产生不利影响。晋商公司合同解除的主张,无事实和法律依据,本院不予支持。

【作者评析】如果股权受让人已经实际取得所受让的股权行使大股东权利并实

际掌控公司对公司进行经营管理等,可能影响解除权的行使。最高人民法院指导案例67号"汤长龙诉周士海股权转让纠纷案"有关限制股权转让纠纷中解除权的行使的论证理由可资参考,"从维护交易安全的角度,一项有限责任公司的股权交易,关涉诸多方面,如其他股东对受让人汤长龙的接受和信任(过半数同意股权转让),记载到股东名册和在工商部门登记股权,社会成本和影响已经倾注其中。本案中,汤长龙受让股权后已实际参与公司经营管理、股权也已过户登记到其名下,如果不是汤长龙有根本违约行为,动辄撤销合同可能对公司经营管理的稳定产生不利影响"。

14. 被执行人能否通过债权受让方式取得对申请执行人的债权用来抵销其债务?

【案例索引】兰光标与刘鸿财执行审查案[最高人民法院(2018)最高法执监125号民事裁定书]

【裁判摘要】

《合同法》第99条规定,"当事人互负到期债务,该债务的标的物种类、品质相同的,任何一方可以将自己的债务与对方的债务抵销,但依照法律规定或者按照合同性质不得抵销的除外"。最高人民法院《关于人民法院办理执行异议和复议案件若干问题的规定》(以下简称《异议复议规定》)第19条也规定:"当事人互负到期债务,被执行人请求抵销,请求抵销的债务符合下列情形的,除依照法律规定或者按照债务性质不得抵销的以外,人民法院应予支持:(一)已经生效法律文书确定或者经申请执行人认可;(二)与被执行人所负债务的标的物种类、品质相同。"

抵销权作为合同法规定的一项实体权利,债务人可通过行使抵销权免除自己的债务,实现自己的债权。但抵销权的行使,不得损害第三人的合法权益。为此,我国企业破产法在承认抵销权的同时,又对用来抵销的主动债权进行了限制,特别是规定了债务人的债务人在破产申请受理后取得他人对债务人的债权,或者已知债务人有不能清偿到期债务或者破产申请的事实而对债务人取得债权的,不允许抵销。该制度的主要目的在于防止债务人资不抵债时,债务人的债务人通过新取得债权来主张抵销,使自己的新取得债权得到优先清偿、使自己的债务得以免除,而损害其他债权人利益。同样,在我国目前没有自然人破产法的司法现状下,在执行程序中,出现个人债务人不能清偿到期债务的情况时,为防止损害第三人特别是个人债务人的其他债权人的合法权益,抵销权的行使亦应受到一定限制。执行程序中,人民法院在对债权抵销进行审查时,除要求符合《异议复议规定》第19条之规定,还应审查用于抵销的主动债权取得情况,是否损害第三人利益。

如果债务人通过受让,取得了对债权人的债权,但该债权人作为他案的被执行人,有其他多个债权人向其主张权利,那么债务人受让的债权在执行程序中能否实现以及能够实现多少,则要按相关法律规定在执行程序中确定,不能直接将其债务抵销。此时,如果允许被执行人通过购买申请执行人的债权的方式抵销其债务,将使该债权优先于其他债权得到清偿,势必损害其他债权人的利益,不利于平等保护众多债权人的权利。

15. 股权转让人请求支付股权转让价款,是否可以由转让人所在地人民法院管辖?

【案例索引】中国长城资产管理股份有限公司上海市分公司、王建平股权转让纠纷二审案[最高人民法院(2019)最高法民辖终18号民事裁定书]

【裁判摘要】

本案系股权转让纠纷,依据《民事诉讼法》第23条关于"因合同纠纷提起的诉讼,由被告住所地或者合同履行地人民法院管辖"的规定,本案应由被告住所地或者合同履行地人民法院管辖。最高人民法院《关于适用〈中华人民共和国民事诉讼法〉的解释》(法释〔2015〕5号,以下简称《民诉法解释》)第18条第2款规定:"合同对履行地点没有约定或者约定不明确,争议标的为给付货币的,接收货币一方所在地为合同履行地;交付不动产的,不动产所在地为合同履行地;其他标的,履行义务一方所在地为合同履行地。即时结清的合同,交易行为地为合同履行地。"

本案中,经审理查明,金海公司已受让天邑公司100%的股权,且已经办理股权变更登记等相关手续。王建平等三人的一审诉请仅为主张金海公司、长城资产上海分公司按照合同约定支付相应的股权转让款,故案涉股权转让合同中合同履行地应为接受货币一方所在地。

16. 因股权转让纠纷引发的请求变更公司登记,是否应当由公司住所地人民法院管辖?

【案例索引】广州滔记实业发展集团有限公司、恒大地产集团贵阳置业有限公司股权转让纠纷二审案[最高人民法院(2019)最高法民辖终103号民事裁定书]

【裁判摘要】

《民诉法解释》(法释〔2015〕5号)第22条规定:"因股东名册记载、请求变更公司登记、股东知情权、公司决议、公司合并、公司分立、公司减资、公司增资等纠纷提起的诉讼,依照民事诉讼法第二十六条的规定确定管辖。"《民事诉讼法》第26条规定:"因公司设立、确认股东资格、分配利润、解散等纠纷提起的诉讼,由公司住所地人民法院管辖。"

本案恒大贵阳公司的主要诉讼请求为要求广州滔记公司将遵义晟滔公司49%的股权转移登记至恒大贵阳公司名下,属于"变更公司登记"的范畴,依据前述规定,本案应由目标公司即遵义晟滔公司所在地人民法院管辖。本案诉讼标的额在1亿元以上,贵州省高级人民法院受理本案符合最高人民法院《关于调整部分高级人民法院和中级人民法院管辖第一审民商事案件标准的通知》(法发〔2018〕13号)的规定。

17. 非合同当事人诉请合同当事人履行给付货币的义务,如何确定地域管辖？

【案例索引】杨昭平、宁夏申银特钢股份有限公司股权转让纠纷案[最高人民法院(2019)最高法民辖终 195 号民事裁定书]

【裁判摘要】

本案原审原告宁夏申银特钢股份有限公司(以下简称"申银特钢公司")并非案涉股权转让协议的相对人,其依据股权转让协议主张股权受让方给付股权转让款,按照其诉讼请求,申银特钢公司系接受货币一方,此时是否以其所在地作为合同履行地,从而确定管辖,存在争议。解决这一问题,首先涉及《民诉法解释》第 18 条第 2 款规定的"一方"如何理解的问题。

本院认为,当事人没有约定时,根据标的之不同,《民诉法解释》第 18 条第 2 款从标的物所在地、行为地、权利义务的主体所在地分别确定了合同履行地。根据该规定,争议标的是给付货币的,接受货币一方所在地为合同履行地。这里的"一方"应当指合同一方,即合同的权利义务主体,而不是任何其他依据合同主张权利的非合同当事人。否则,如允许非合同当事人也适用上述规则,合同履行地显然陷入了随时变动的状态。比如本案,申银特钢公司作为非合同当事人主张给付货币,若另有第三人也主张该合同权利,合同履行地将出现多个和无法确定的情况,这显然不符合逻辑。此外,由于债权可以不经债务人同意而转让,也极易出现债权人随意变更,从而规避管辖、滥用诉讼权利的情况。因此,《民诉法解释》(法释〔2015〕5 号)第 18 条所规定的"一方"应仅指合同当事人。非合同一方作为原告依据合同提起给付货币的诉讼时,不应以其所在地作为合同履行地确定地域管辖。

此种情况下,应当如何确定地域管辖更为适当,本院在一些类似情况下有一贯的处理原则,可以予以参考。如最高人民法院《关于适用〈中华人民共和国合同法〉若干问题的解释(一)》(以下简称《合法同司法解释(一)》)第 14 条规定:"债权人依照合同法第七十三条的规定提起代位权诉讼的,由被告住所地人民法院管辖。"又如最高人民法院《关于审理涉及金融资产管理公司收购、管理、处置国有银行不良贷款形成的资产的案件适用法律若干问题的规定》第 3 条规定:"金融资产管理公司向债务人提起诉讼的,应当由被告人住所地人民法院管辖。原债权银行与债务人有协议管辖约定的,如不违反法律规定,该约定继续有效。"上述代位权诉讼、债权受让人向债务人提起诉讼,与本案中实际出资人直接起诉股权受让人支付股权转让款的情形相似,均系非合同当事人诉请合同当事人给付货币。据此,形式上本案原审原告与原审被告缺乏直接的合同法律关系,依据《民事诉讼法》第 23 条之规定,由被告住所地人民法院管辖更为适当。

(二)股东出资、增资纠纷

18. 公司法定代表人违反《公司法》第16条的规定,未经授权擅自向其他企业投资的,所签订的合同是否无效?

【案例索引】合肥开尔纳米技术发展有限责任公司、张芬红股权转让纠纷再审审查与审判监督案[最高人民法院(2019)最高法民申4489号民事裁定书]

【裁判摘要】

《公司法》第16条关于"公司向其他企业投资或者为他人提供担保,依照公司章程的规定,由董事会或者股东会、股东大会决议"的规定,适用于公司内部管理程序。就公司法定代表人对外签订的合同之效力而言,如果该法定代表人存在越权行为,除非相对人知道或者应当知道其超越权限,该代表行为仍有效,故是否经股东会决议对案涉《关于合肥开尔纳米能源科技股份有限公司的股权转让协议》的效力并无影响。

【作者评析】最高人民法院于2019年11月8日发布的《全国法院民商事审判工作会议纪要》(法〔2019〕254号)第17条规定,"《公司法》第16条对法定代表人的代表权进行了限制。根据该条规定,担保行为不是法定代表人所能单独决定的事项,而必须以公司股东(大)会、董事会等公司机关的决议作为授权的基础和来源。法定代表人未经授权擅自为他人提供担保的,构成越权代表,人民法院应当根据《合同法》第50条关于法定代表人越权代表的规定,区分订立合同时债权人是否善意分别认定合同效力:债权人善意的,合同有效;反之,合同无效"。

人类的正义,是要求同样的事情,按同样的规则来处理,而且,这种规则应能适用于一切人,适合于一切人与生俱来的本性。如果对《公司法》第16条规定按照相同逻辑理解,公司向其他企业投资同样应当认定不是法定代表人所能单独决定的事项,而必须以公司股东(大)会、董事会等公司机关的决议作为授权的基础和来源。法定代表人未经授权擅自向其他企业投资的,构成越权代表,人民法院应当根据《合同法》第50条关于法定代表人越权代表的规定,区分订立合同时债权人是否善意分别认定合同效力:债权人善意的,合同有效;反之,合同无效。坦率地讲,笔者并不认同《全国法院民商事审判工作会议纪要》确立的关于公司为他人提供担保的裁判思路,也许最高人民法院以所谓"不知法律不免责"为由确立的裁判思路本身就错了。

19. 股东以非货币财产出资时提交的评估作价资料有假,是否当然构成出资不实?

【案例索引】江西省煤炭集团云南矿业有限责任公司、福建双林农业开发有限责任公司股东出资纠纷二审案[最高人民法院(2019)最高法民终1391号民事判决书]

【裁判摘要】

四个煤矿目前已经探明的资源总量超过了评估时所预测的资源总量,故即便按照江西省煤矿司法鉴定中心《司法鉴定报告》的认定,在江煤云南公司设立时恒达华星公司、广丰公司、永灿经营部提交的评估资料存在虚假的成分,也未对江煤云南公司造成实质性损害,更不足以证实江煤云南公司关于其设立时四煤矿探矿权出资价值为零的主张。而恒达华星公司、广丰公司、双林公司原法定代表人林毅与江煤云南公司原董事长张慎勇之间行贿、受贿一案中,目前未有生效裁判文书认定张慎勇与林毅之间的犯罪行为与本案江煤云南公司股东出资问题具有因果关系,亦不能据此认定恒达华星公司、广丰公司、永灿经营部出资不实。退一步讲,且不说探矿权高风险的属性致使其价值衡量难有统一标准,即便恒达华星公司、广丰公司、永灿经营部按照《探矿权出资作价协议》约定的评估价值低于作价出资应以现金补足,因江煤云南公司未提供证据证明案涉四煤矿实际价值,也应承担未尽举证责任的败诉后果。

20. 知识产权出资后被宣告无效的,原出资股东是否应承担补足出资责任?

【案例索引】青海威德生物技术有限公司、北京威德生物科技有限公司公司增资纠纷二审案[最高人民法院(2019)最高法民终959号民事判决书]

【裁判摘要】

根据《公司法》第27条的规定,股东可以用知识产权等可以用货币估价并可以依法转让的非货币财产作价出资,对作为出资的非货币财产应当评估作价,核实财产,不得高估或者低估作价。《公司法司法解释(三)》第15条亦规定,出资人以符合法定条件的非货币财产出资后,因市场变化或者其他客观因素导致出资财产贬值,该出资人不承担补足出资责任,除非当事人另有约定。据此,出资人以知识产权出资的,知识产权的价值由出资时所作评估确定,出资人不对其后因市场变化或其他客观因素导致的贬值承担责任,除非当事人另有约定。

根据《商标法》第47条和《专利法》第47条的规定,注册商标或者专利被宣告无效,对宣告无效前已经履行的商标或者专利转让不具有追溯力,除非证明权利人存在主观恶意。168号评估报告对两项知识产权的价值及其假设条件进行了明确清晰的表述,青海威德公司股东会决议同意北京威德公司以168号评估报告确定的价值增资入股,即表明对168号评估报告的全面认可,亦包含对报告中假设条件的认可。青海威德公司未能提交证据证明北京威德公司在向该公司股东会提交168号评估报告时存在故意隐瞒假设条件等主观恶意行为,未能证明北京威德公司存在明知其知识产权会被宣告无效的恶意情形,故该公司关于北京威德公司存在主观恶意的主张不具有事实依据,关于一审法院应对假设条件是否成立进行审理的上诉理由缺乏法律依据,本院不予支持。

【作者评析】知识产权出资后被宣告无效,出资股东不承担补足出资责任,必须同时具备以下条件:

(1)在宣告无效前,知识产权业经依法评估作价,并办理财产权转移手续,股权

出资义务已依法履行完毕;

(2)出资股东对知识产权被宣告无效不存在主观恶意,例如,出资前不明知其知识产权会被宣告无效;

(3)当事人对知识产权被宣告无效的情形未另有约定。

因此,为了预防知识产权出资后被宣告无效的法律风险,各方当事人应当从不同角度作出防范:

(1)对于以知识产权出资的股东来说,建议及时办理评估作价和财产权转移手续,完成出资义务。

(2)对于公司及其他股东来说,应当审慎评估知识产权的价值,明确约定出资后其知识产权被宣告无效的,出资股东应当承担补足出资责任。

21. 公司发起人未履行出资义务的,董事、高级管理人员是否应当承担赔偿责任?

【案例索引】斯曼特微显示科技(深圳)有限公司、胡某损害公司利益责任纠纷再审案[最高人民法院(2018)最高法民再366号民事判决书]

【裁判摘要】

根据《公司法》第147条第1款的规定,"董事、监事、高级管理人员应当遵守法律、行政法规和公司章程,对公司负有忠实义务和勤勉义务"。上述规定并未列举董事勤勉义务的具体情形,但是董事负有向未履行或未全面履行出资义务的股东催缴出资的义务,这是由董事的职能定位和公司资本的重要作用决定的。《公司法司法解释(三)》第13条第4款规定:"股东在公司增资时未履行或者未全面履行出资义务,依照本条第一款或者第二款提起诉讼的原告,请求未尽公司法第一百四十七条第一款规定的义务而使出资未缴足的董事、高级管理人员承担相应责任的,人民法院应予支持;董事、高级管理人员承担责任后,可以向被告股东追偿。"上述规定的目的是赋予董事、高级管理人员对股东增资的监管、督促义务,从而保证股东全面履行出资义务、保障公司资本充实。在公司注册资本认缴制下,公司设立时认缴出资的股东负有的出资义务与公司增资时是相同的,董事、高级管理人员负有的督促股东出资的义务也不应有所差别。《公司法》第149条规定:"董事、监事、高级管理人员执行公司职务时违反法律、行政法规或者公司章程的规定,给公司造成损失的,应当承担赔偿责任。"

22. 公司增资,股东履行增资义务后又抽逃出资的,增资行为是否有效?

【案例索引】郭忠河、张长天股东资格确认纠纷再审审查与审判监督案[最高人民法院(2019)最高法民申1764号民事裁定书]

【裁判摘要】

增资已履行法定程序,增资行为已经过工商行政管理部门核准并予以公示,即便增资后抽逃出资,亦不影响增资行为的效力。

根据承诺,郭忠河仅是中天海公司名义上的股东,不享有股东的一切权利,其对该 1000 万元增资存在的法律风险理应明知。二审法院根据本案实际情况,考虑到有限责任公司人合因素及对实际出资人的权益保护,结合诚实信用原则,认定中天海公司第三次增资款 1000 万元所对应的股权应归属张长天所有,并无不妥。即便该 1000 万元由郭忠河以自有资金出资,亦不影响该增资款对应股权的归属认定。

23. 股东对于公司承建项目的资金投入能否认定为股东出资?

【案例索引】赖谷、张桂莲再审审查与审判监督案[最高人民法院(2019)最高法民申 1768 号民事裁定书]

【裁判摘要】

赖谷主张,资本充实的立法目的在于保护债权人,而林志宏、林婉贤、赖谷对金钜公司及其承建项目投入的资金远远超过其认缴的资本,已经完成对金钜公司的资本充实义务,不应要求其就金钜公司的债务在 400 万元范围内再承担连带清偿责任。

本院认为,股东对公司的出资在公司会计账簿上表现为公司的资本,是股东缴付给公司用于对公司全体债权人承担责任的特定财产,是公司债权人实现债权的重要保障。而股东对于公司承建项目的资金投入与股东对公司出资并非同一概念,二者在功能、作用上存在重大区别,即便股东对公司的实际投资超出其认缴的出资,也不能仅因此而免除股东出资不实的责任。赖谷提出的此点主张,于法无据,本院不予支持。

24. 股东之间约定仲裁条款,股东请求未履行出资义务的股东履行出资义务时一并请求公司董事承担相应责任,是否受仲裁条款的约束?

【案例索引】王老吉有限公司、冯志敏股东出资纠纷二审案[最高人民法院(2019)最高法民辖终 186 号民事裁定书]

【裁判摘要】

本案的争议焦点是中粮公司与王老吉公司、冯志敏之间的争议是否受《增资协议》中的仲裁条款约束,法院对其之间的争议是否具有管辖权。

首先,从当事人来看,中粮公司、王老吉公司及加多宝公司均为《增资协议》的当事人,均应受仲裁条款约束。冯志敏是加多宝公司的董事,并非《增资协议》的当事人,冯志敏与中粮公司之间并不存在有效的仲裁协议,《增资协议》中的仲裁条款不能约束冯志敏。故冯志敏以《增资协议》中的仲裁条款为依据对法院管辖权提出的异议不能成立,应予驳回,一审法院对其与中粮公司之间的争议依法享有管辖权。

其次,本案争议属于因执行《增资协议》所发生的或与该协议有关的争议,属于该协议中仲裁条款所指的争议范围。本案中,中粮公司以加多宝公司股东的身份,依据《公司法》的规定请求王老吉公司按照加多宝公司的《股东会决议》和《章程》履行股东出资义务,并就迟延履行出资义务向加多宝公司承担赔偿责任,同时请求冯志敏、张树容作为加多宝公司的董事及高级管理人员承担连带赔偿责任。加多宝公司的《股东会决议》及修改后的《章程》中关于王老吉公司履行增资义务的内容,是基于《增资协议》而产生,或者说是执行《增资协议》的结果,有关内容实际上是规范股东之间权利义务关系的。当事人在签订《增资协议》时约定了仲裁条款,本意在于有关增资的一切争议均通过仲裁解决。尽管在本案中,中粮公司基于股东的身份,代表加多宝公司要求另一股东王老吉公司履行《股东会决议》和《章程》确定的增资义务而提起诉讼,但该增资义务与《增资协议》中的增资义务并无不同,增资金额亦相同。本案诉讼请求与中粮公司在仲裁中提出的请求实质上亦无不同。因此,根据《仲裁法》第 5 条"当事人达成仲裁协议,一方向人民法院起诉的,人民法院不予受理"的规定,王老吉公司与中粮公司之间关于向加多宝公司增资以及赔偿迟延出资损失的争议应通过仲裁解决,一审法院无权管辖。

25. 其他股东未履行出资义务的,公司股东能否行使抗辩权拒绝履行出资义务?能否向其他股东主张违约责任?

【案例索引】水发安和集团有限公司、晶辉股东出资纠纷再审审查与审判监督案[最高人民法院(2019)最高法民申 509 号民事裁定书]

【裁判摘要】

由于《出资协议》的权利主体是蕃安公司,故本案任何一方当事人不得以对方未完全履行出资义务为由拒绝履行其自身的出资义务。二审法院认为安和公司、晶辉均不享有合同法所规定的双务合同抗辩权,并无不当。

至于违约责任的承担,则属安和公司和晶辉双方内部法律关系的范畴,不同于股东对公司履行出资义务的问题。故对于安和公司所称二审法院以双务合同抗辩权为由免除晶辉的违约责任系适用法律错误的主张,本院不予支持。经审查,案涉《出资协议》第 11.1 条约定,"任何一方违反本协议,不按规定缴纳出资的,除应向已足额缴纳出资股东承担其认缴出资额 30%的违约责任外,还应承担已足额缴纳出资的股东因此而遭受的损失⋯⋯"根据已生效的(2018)藏民终 17 号民事判决书所确认的事实,安和公司于 2012 年 9 月 14 日前通过向蕃安公司借款的方式将其在蕃安公司的出资全部转出,抽逃出资共计 2600 万元,且未在双方约定的晶辉第二期出资日之前返还抽逃的出资。安和公司的上述行为违反了《公司法》第 35 条关于股东不得抽逃出资的规定,亦违反《公司章程》第三章第 14 条第(三)项及《出资协议》之相关约定,故安和公司不能认定为"足额缴纳出资股东",晶辉无须向其承担违约责任。安和公司在在先违约的情形下向晶辉主张违约责任的请求于法无据,故本案二审判决认定晶辉不需承担违约责任,并无不当。

26. 股东出资纠纷是否适用公司纠纷特殊地域管辖?

【案例索引】唐山宝业实业集团有限公司、刘华股东出资纠纷二审案[最高人民法院(2017)最高法民辖终414号民事裁定书]

【裁判摘要】

《民事诉讼法》第26条规定"因公司设立、确认股东资格、分配利润、解散等纠纷提起的诉讼,由公司住所地人民法院管辖"。《民诉法解释》(法释〔2015〕5号)第22条规定:"因股东名册记载、请求变更公司登记、股东知情权、公司决议、公司合并、公司分立、公司减资、公司增资等纠纷提起的诉讼,依照民事诉讼法第二十六条规定确定管辖。"上述条款系针对公司诉讼案件的管辖所作出的特别规定。公司诉讼是指涉及公司组织法性质上的诉讼,存在与公司组织相关的多数利害关系人,涉及多数利害关系人的多项法律关系的变动,且胜诉判决往往产生对世效力。本案案由为股东出资纠纷,唐山宝业公司的诉讼请求为首钢公司作为控股股东,将出资款17亿元分别转至唐山首钢实业钢铁有限公司北京办事处(4亿元)和北京首钢新钢有限责任公司(13亿元),已构成抽逃出资,请求首钢总公司向首钢宝业公司返还出资本息,其他抽逃出资的自然人被告应承担连带责任。该诉讼虽与公司有关,但不具有公司组织法上纠纷的性质,也不涉及多项法律关系,该案判决仅对公司出资双方和其他股东发生法律效力。因此,本案诉讼应适用一般地域管辖规定确定管辖法院。原审裁定认定"本案不应适用民事诉讼法第二十六条的规定确定管辖"并无不当。上诉人首钢集团对此所提适用法律错误的上诉理由不能成立。

27. 目标公司与投资人对赌失败,投资人能否主张现金补偿?

【案例索引】郭迎辉、重庆京庆重型机械股份有限公司公司增资纠纷再审审查与审判监督案[最高人民法院(2019)最高法民申6709号民事裁定书]

【裁判摘要】

即使《补充合同》在重庆京庆公司和郭迎辉之间生效,重庆京庆公司章程第66条载明,股东大会决议分为普通决议和特别决议,股东大会作出普通决议应当由出席股东大会的股东所持表决权过半数通过,普通决议事项中包含利润分配方案,且《公司法》第166条规定要求公司在弥补亏损和提取法定公积金后仍有利润的情况下才能分配利润。《补充合同》的利润分配条款既未经股东大会决议通过也不符合《公司法》的规定,郭迎辉不能基于此请求重庆京庆公司对其进行股权或现金补偿。

【作者评析】最高人民法院于2019年11月8日发布的《全国法院民商事审判工作会议纪要》(法〔2019〕254号)第5规定:"投资方与目标公司订立的'对赌协议'在不存在法定无效事由的情况下,目标公司仅以存在股权回购或者金钱补偿约定为由,主张'对赌协议'无效的,人民法院不予支持,但投资方主张实际履行的,人民法院应当审查是否符合公司法关于'股东不得抽逃出资'及股份回购的强制性规定,判决是否支持其诉讼请求。投资方请求目标公司回购股权的,人民法院应当依据《公司法》第35条关于'股东不得抽逃出资'或者第142条关于股份回购的强制性规定进行审查。经审查,目标公司未完成减资程序的,人民法院应当驳回其诉讼请求。投资方请求目标公司承担金钱补偿义务的,人民法院应当依据《公司法》第35条关于'股东不得抽逃出资'和第166条关于利润分配的强制性规定进行审查。经审查,目标公司没有利润或者虽有利润但不足以补偿投资方的,人民法院应当驳回或者部分支持其诉讼请求。今后目标公司有利润时,投资方还可以依据该事实另行提起诉讼。"

存在疑问的是,《全国法院民商事审判工作会议纪要》并未明确规定投资方请求目标公司承担金钱补偿义务的,是否需要目标公司股东(大)会作出分红的决议。但是,从本案来看,答案似乎应该是肯定的。

(三)股权(份)回购纠纷

28. 股东出资不实,公司股东会决议能否限制异议股东行使回购权?

【案例索引】青岛厚德房地产开发有限公司、杨毅请求公司收购股份纠纷二审案[最高人民法院(2016)最高法民终699-4号民事裁定书]

【裁判摘要】

本案系股东以公司为被告提起的异议股东请求公司收购股份的纠纷,股东出资情况以及公司股权价值均为本案的基本事实,关系到公司股东会决议能否限制股东行使回购权以及回购价格的确定。根据目前查明的事实,股东持有公司的股份,其中部分系增资取得,部分系从其他股东处受让取得。对于受让取得部分,虽有生效判决认定股东未支付股权转让对价,但该纠纷仅涉及股权转让的双方当事人,公司不能通过股东会决议限制股东行使该部分股份的回购权。但对于增资取得的部分,生效判决认定股东虚假出资,判决股东向公司支付。对于该部分股份,公司股东会可以限制股东在补足出资之前行使回购权。

【作者评析】《公司法司法解释(三)》第16条规定:"股东未履行或者未全面履行出资义务或抽逃出资,公司根据公司章程或者股东会决议对其利润分配请求权、新股优先认购权、剩余财产分配请求权等股东权利作出相应的合理限制,该股东请求认定该限制无效的,人民法院不予支持。"根据本案裁判理由可知,《公司法司法解释(三)》第16条规定的"等"字应作"等外"理解,不限于其明文列举的股东权利。

29. 股份有限公司与股东达成的股份回购条款是否有效?

【案例索引】榆林市新榆精煤有限责任公司与李延波等申请执行人执行异议之诉纠纷再审案[最高人民法院(2019)最高法民申1171号民事裁定书]

【裁判摘要】

《公司法》第 142 条第 1 款规定:"公司不得收购本公司股份。但是,有下列情形之一的除外:(一)减少公司注册资本;(二)与持有本公司股份的其他公司合并;(三)将股份用于员工持股计划或者股权激励;(四)股东因对股东大会作出的公司合并、分立决议持异议,要求公司收购其股份;(五)将股份用于转换上市公司发行的可转换为股票的公司债券;(六)上市公司为维护公司价值及股东权益所必需。"

本案中,盘古企业未能举证证实存在前述规定的梓昆公司可以收购本公司股份的法定情形,且盘古企业作为梓昆公司的股东,要求梓昆公司回购股份有违"资本维持"原则,将损害梓昆公司及梓昆公司债权人的利益,违反《公司法》第 20 条的规定。因此,二审判决认定盘古企业和梓昆公司达成的股份回购条款无效,并驳回盘古企业对梓昆公司的诉讼请求,并无不当。

(四)股东资格确认纠纷

30. 有限责任公司的实际出资人身份能否仅依据公司注册资金来源认定?

【案例索引】榆林市新榆精煤有限责任公司与李延波等申请执行人执行异议之诉纠纷再审案[最高人民法院(2019)最高法民申 1171 号民事裁定书]

【裁判摘要】

新榆公司主张穆棱市政府工作人员操作了福泉公司注册登记事宜并提供验资资金后取出,该行为表明穆棱市政府作为福泉公司的实际出资人。根据《公司法司法解释(三)》第 24 条的规定,实际出资人是指与名义出资人订立合同,约定由实际出资人出资并享有投资权益,以名义出资人为名义股东的情形。本案中,穆棱市政府并无对福泉公司进行经营、收益的意思表示和实际行为,亦未与福泉公司登记股东达成任何关于股权代持或实际控制公司的书面或口头协议。新榆公司主张穆棱市政府为福泉公司实际出资人,并未提供相应证据证明穆棱市政府具备前述司法解释规定的认定公司实际出资人的法定要件。案涉注册资本金系从穆棱市政府财政局账户提取,注册资金来源亦并非认定穆棱市政府系实际出资人的充要条件。

31. 政府主管部门在对企业国有资产进行行政性调整、划转过程中发生的股东资格确认纠纷,是否属于人民法院主管?

【案例索引】陈美香、贵州省仁怀市振兴百货有限公司股东资格确认纠纷、公司盈余分配纠纷再审审查与审判监督案[最高人民法院(2019)最高法民申 4839 号民事裁定书]

【裁判摘要】

最高人民法院《关于审理与企业改制相关的民事纠纷案件若干问题的规定》第 3 条规定:"政府主管部门在对企业国有资产进行行政性调整、划转过程中发生的纠纷,当事人向人民法院提起民事诉讼的,人民法院不予受理。"振兴公司系 1997 年由国有公司改制为股份有限公司,杨周明股份数目的确定,系政府主管部门根据中共仁怀市委仁发[1997]3 号文件精神,划转原振兴公司国有资产,以股权形式量化给职工进行安置,属于政府主管部门在对企业国有资产进行行政性调整、划转的事宜。据此,陈美香提起本案诉讼主张杨周明在振兴公司有 30 股股权并补发分红款,不属于人民法院民事案件受理范围。

(五) 公司决议纠纷

32. 原告提出的诉讼请求自相矛盾,人民法院是否应当受理?

【案例索引】甘肃省国营八一农场、金昌水泥(集团)有限责任公司公司决议效力确认纠纷再审案[最高人民法院(2019)最高法民再 152 号民事裁定书]

【裁判摘要】

根据《公司法》第 22 条之规定,股东会决议存在无效因素时,股东可以请求认定股东会决议无效,八一农场作为金泥公司的股东,享有请求认定公司股东会决议无效的诉权,其起诉请求确认金泥公司股东决议无效及办理相应的变更登记,符合《民事诉讼法》规定的受理条件,应依法受理。

根据《公司法》第 34 条关于有限责任公司股东享有优先认缴新增资本权利的规定,八一农场认为金泥公司增资时侵犯其股东权益,依法应享有诉讼权利。八一农场在提起股东会决议无效之诉的同时,又请求确认该股东会决议增资对应的股东权益归其所有,两个诉讼请求虽然是相互矛盾的,但八一农场提起的两个诉,诉讼要素齐全,均符合《民事诉讼法》规定的立案标准,当事人可以在前一个诉的请求不被支持时,退一步选择主张后一个诉的诉讼请求,对当事人的两个诉,人民法院均应立案受理。甘肃省高级人民法院裁定驳回起诉,属于适用法律错误。

(六) 公司证照返还纠纷

33. 公司法定代表人是否有权代表公司提起证照返还之诉?

【案例索引】苏潮滨与龙岩市红邦水电有限公司公司证照返还纠纷再审案[最高人民法院(2019)最高法民申 2444 号民事裁定书]

【裁判摘要】

《民法总则》第 61 条第 1 款规定:"依照法律或者法人章程的规定,代表法人从事民事活动的负责人,为法人的法定代表人。"公司法定代表人作为代表公司从事民事活动的负责人,在不与公司章程、授权冲突的前提下,有权行使对内管理公司运营、对外代表公司履行职务等行为。本案中,陈杰斌作为法定代表人有权代表红邦公司就公司证照返还提起诉讼。一审、二审法院认定陈杰斌作为法定代表人有权代表红邦公司就公司证照返还提起诉讼,有法律依据。

（七）股东知情权纠纷

34. 股东为了其他诉讼案件的目的申请查阅公司会计账簿,是否属于"不正当目的"?

【案例索引】北京倍爱康生物技术有限公司、东峰企业有限公司股东知情权纠纷再审审查与审判监督案[最高人民法院(2019)最高法民申1756号民事裁定书]

【裁判摘要】

《公司法》第33条第2款规定:"股东可以要求查阅公司会计账簿。股东要求查阅公司会计账簿的,应当向公司提出书面请求,说明目的。公司有合理根据认为股东查阅会计账簿有不正当目的,可能损害公司合法利益的,可以拒绝提供查阅,并应当自股东提出书面请求之日起十五日内书面答复股东并说明理由。公司拒绝提供查阅的,股东可以请求人民法院要求公司提供查阅。"最高人民法院《关于适用〈中华人民共和国公司法〉若干问题的规定(四)》(法释〔2017〕16号,以下简称《公司法司法解释(四)》)第8条规定:"有限责任公司有证据证明股东存在下列情形之一的,人民法院应当认定股东有公司法第三十三条第二款规定的'不正当目的':……(二)股东为了向他人通报有关信息查阅公司会计账簿,可能损害公司合法利益的……"本案中,东峰公司的代表人保国武,被开曼群岛大法院任命为中国医疗公司的共同清盘人。东峰公司在本案一、二审期间认可其行使股东知情权的目的之一是了解倍爱康公司最上层母公司中国医疗公司所募集的4.26亿美元的流向以及是否用于倍爱康公司。故本案并不排除东峰公司为了向中国医疗公司通报有关资金流向信息而查阅倍爱康公司会计账簿的情形。但公司拒绝查阅所保护的是公司的合法利益,而不是一切利益,目的正当与否的判断也受此限制。考虑到保国武作为中国医疗公司的共同清盘人在中国境外及中国香港特别行政区进行的诉讼,均系按所在地法律依法定程序进行,即使其将通过本案股东知情权诉讼所获取的信息运用到境外诉讼当中,亦不应认定为损害或可能损害倍爱康公司的合法利益。此外,倍爱康公司亦自称其并未收到中国医疗公司相关募集资金,故即使东峰公司查阅倍爱康公司账簿,其获取相关资金流向的主观意愿也无法实现,不存在损害倍爱康公司合法利益的可能。综上,二审判决对倍爱康公司关于东峰公司行使知情权具有不正当目的的主张不予支持,适用法律并无不当。

（八）公司对外担保纠纷

35. 公司为股东或者实际控制人提供担保的效力如何认定?

【案例索引1】上海躬盛网络科技有限公司、上海斐讯数据通信技术有限公司股权转让纠纷二审案[最高人民法院(2019)最高法民终456号民事判决书]

【裁判摘要】

《公司法》第16条第2款规定:"公司为公司股东或者实际控制人提供担保

的,必须经股东会或者股东大会决议。"该款为公司对外提供关联担保所设置的特别决议程序的目的在于:避免公司作为独立民事主体,与公司股东或实际控制人在利益上完全趋同,成为承担公司股东或实际控制人个人债务的工具;避免与因关联担保受益的股东或实际控制人间有密切联系的公司法定代表人、高级管理人员、职员等公司人员随意代公司作出对外提供关联担保的意思表示,损害不知情的公司其他股东及公司债权人的利益。

因此,根据上述规定,公司法定代表人不具有独立代表公司作出对外提供关联担保意思表示的权限。《合同法》第50条规定:"法人或者其他组织的法定代表人、负责人超越权限订立的合同,除相对人知道或者应当知道其超越权限的以外,该代表行为有效。"最高人民法院《关于适用〈中华人民共和国担保法〉若干问题的解释》(以下简称《担保法司法解释》)第11条亦规定:"法人或者其他组织的法定代表人、负责人超越权限订立的担保合同,除相对人知道或者应当知道其超越权限的以外,该代表行为有效。"在相对人不知法定代表人超越权限订立合同,亦即相对人为善意时,其越权代表行为构成表见代表,对公司发生效力。在公司法已对公司对外提供关联担保规定有特别决议程序的情形下,相对人善意的认定,在于其是否对公司法规定的公司决议文件尽到形式审查义务。案涉《借款协议》《股权转让备忘录》签订过程中,躬盛公司并未要求顾国平提供斐讯公司的股东会决议,未对顾国平是否具有代表斐讯公司为其债务提供担保的权限作出审查,未尽到合理的注意义务,不属《合同法》第50条、《担保法司法解释》第11条规定的善意相对人。因此,原审判决认定斐讯公司担保无效,并无不当。

【案例索引2】肇庆市鼎湖天标投资有限公司、中铝佛山国际贸易有限公司买卖合同纠纷再审审查与审判监督案[最高人民法院(2019)最高法民申2228号民事裁定书]

【裁判摘要】

根据《公司法》第16条第2款"公司为公司股东或者实际控制人提供担保的,必须经股东会或者股东大会决议"之规定,天标公司为公司股东金汇公司提供担保必须经股东会或者股东大会决议。在出具《担保函》之前,天标公司曾因《抵押合同》向中铝公司提交了公司股东会决议。由此可知,天标公司、中铝公司应该知道公司为股东提供担保应当经股东会决议。天标公司以《担保函》形式为公司股东金汇公司提供保证担保未经股东会决议,而中铝公司作为债权人亦未要求天标公司提供其股东会决议,故二审法院认为天标公司未经股东会决议为股东向中铝公司提供的保证无效,双方对保证无效均有过错,亦无不当。

二审法院根据《担保法司法解释》第7条"主合同有效而担保合同无效,债权人无过错的,担保人与债务人对主合同债权人的经济损失,承担连带赔偿责任;债权人、担保人有过错的,担保人承担民事责任的部分,不应超过债务人不能清偿部分的二分之一"之规定及综合本案案情,判令天标公司对中铝公司的损失即一审判决第二、三、四项确定的债务不能清偿部分按原审判决第五项实现债权后的余额承担二分之一的赔偿责任,并无不妥。

【作者评析】关于公司为他人提供担保的合同效力问题,审判实践中裁判尺度不统一,严重影响了司法公信力。最高人民法院于 2019 年 11 月 8 日发布的《全国法院民商事审判工作会议纪要》(法〔2019〕254 号)第 17 条至第 23 条对此作了专门规定,统一了公司为他人提供担保的裁判思路,改变了《公司法》第 16 条规定不影响公司担保效力的传统做法,其在第 17 条特别强调:"为防止法定代表人随意代表公司为他人提供担保给公司造成损失,损害中小股东利益,《公司法》第 16 条对法定代表人的代表权进行了限制。根据该条规定,担保行为不是法定代表人所能单独决定的事项,而必须以公司股东(大)会、董事会等公司机关的决议作为授权的基础和来源。法定代表人未经授权擅自为他人提供担保的,构成越权代表,人民法院应当根据《合同法》第 50 条关于法定代表人越权代表的规定,区分订立合同时债权人是否善意分别认定合同效力:债权人善意的,合同有效;反之,合同无效。"

36. 目标公司为股东间的股权转让款支付义务提供担保,是否有效?

【案例索引】SEAF 四川中小企业投资基金有限责任公司与成都市棒棒娃实业有限公司、李湧股权转让纠纷再审审查与审判监督案[最高人民法院(2019)最高法民申 4849 号民事裁定书]

【裁判摘要】

棒棒娃公司就案涉股权转让为李湧向 SEAF 公司提供担保,已按照《公司章程》召开董事会和股东会,形成《董事会决议》和《股东会决议》。《股东会决议》获得除李湧外出席会议的其他股东所持半数以上表决权通过,符合法律规定,案涉《担保合同》具有法律效力。李湧作为被担保股东虽参与表决并在决议上签字,但原判决在认定决议是否过半数通过时并未将李湧的投票计算在内;股东李运刚的签字即使非其本人签署,亦不影响案涉决议根据法律规定以半数以上的多数通过。故棒棒娃公司有关案涉决议不具有法律效力的主张没有事实依据,本院不予支持。

棒棒娃公司作为案涉股权转让的目标公司,为股东间的股权转让款提供担保,并不违反《公司法》第 16 条有关公司担保的相关规定。棒棒娃公司承担担保责任后与债务人李湧形成新的债之关系,对李湧享有追偿权,故该担保并不损害棒棒娃公司的利益,其有关案涉担保构成抽逃出资的主张,本院不予支持。

【作者评析】最高人民法院民事审判第二庭于 2019 年 8 月 6 日向社会公开发布的《全国法院民商事审判工作会议纪要(征求意见稿)》第 10 条对于公司为股东之间转让股权提供担保的效力问题作了明确规定:"有限责任公司的股东之间相互转让股权,公司与转让股东签订协议,承诺对股权转让款支付承担担保责任,公司根据

《公司法》第十六条的有关规定履行了决议程序,如无其他影响合同效力的事由的,应当认定担保合同有效。"但是,令人遗憾的是,最高人民法院于2019年11月8日正式发布《全国法院民商事审判工作会议纪要》时将本条规定予以删除,对于公司为股东之间转让股权提供担保的效力问题未作约定,是否只要符合纪要有关公司对外担保的规定即可,不得而知。从本案的裁判理由来看,答案似乎是肯定的。

37. 如何认定一人公司对外提供担保的效力?

【案例索引】薛兴刚与青岛英德邦置业发展有限公司股权转让纠纷再审案[最高人民法院(2019)最高法民再178号民事判决书]

【裁判摘要】

一人公司,虽然其股权结构具有特殊性,但是目前我国法律并未禁止一人公司对外提供担保。由于一人公司只有一名股东,在对外提供担保时,无法根据《公司法》第16条规定召开股东会进行决议,因此,一人公司对外担保的效力认定应以其担保行为是否得到股东同意而定。

(九)公司人格否认纠纷

38. 债权人与债务人约定仲裁条款,仲裁结果出来前,债权人是否有权以公司人格混同为由起诉债务人的股东对公司债务承担连带责任?

【案例索引】冲电气金融设备(深圳)有限公司、深圳怡化电脑股份有限公司股东损害公司债权人利益责任纠纷二审案[最高人民法院(2019)最高法民终1402号民事裁定书]

【裁判摘要】

《民事诉讼法》第119条规定:"起诉必须符合下列条件:(一)原告是与本案有直接利害关系的公民、法人和其他组织;(二)有明确的被告;(三)有具体的诉讼请求和事实、理由;(四)属于人民法院受理民事诉讼的范围和受诉人民法院管辖。"各方当事人对本案是否符合第(一)项规定的条件,即对冲电气公司是否与本案有直接利害关系产生争议。所谓有直接利害关系的公民、法人和其他组织,是指当事人自己的民事权益受到侵害或者与他人发生争议,为保护自己的民事权益而提起诉讼的公民、法人和其他组织。

本案中,冲电气公司提交了其与怡化实业签订的15份《CDS6040W存取款一体机订购合同》,怡化实业、怡化股份、怡化设备均未否认该合同的真实性,即冲电气公司与怡化实业存在合同权利义务关系。因为《CDS6040W存取款一体机订购合同》约定有仲裁条款,冲电气公司只能且已经按照合同约定向华南国仲申请仲裁。同时,冲电气公司为了维护自己的民事权益,依照《公司法》第20条第3款、第63条的规定,要求怡化股份、怡化设备对怡化实业的债务承担连带责任。根据冲电气公司主张的权利基础,其与怡化实业、怡化股份、怡化设备存在直接的利害关系。现冲电气公司与怡化实业之间的债权债务关系依照双方约定应通过仲裁解决,但怡化股份、怡化设备是否与怡化实业构成人格混同,怡化股份、怡化设备是否应对怡化实业的债务承担连带责任的问题,属于人民法院管辖的范围。综上,冲电气公司提供的证据已证明其与本案具有直接利害关系,其提起本案诉讼符合《民事诉讼法》第119条规定的起诉条件,人民法院应当受理并进行实体审理。一审法院认定冲电气公司提起诉讼不符合"原告是与本案有直接利害关系的公民、法人和其他组织"的条件错误,应予纠正。

(十)关联交易纠纷

39. 如何认定关联交易是否损害公司利益?

【案例索引】耿志友、刘月联公司关联交易损害责任纠纷二审案[最高人民法院(2019)最高法民终496号民事判决书]

【裁判摘要】

关于本案关联交易是否损害东驰公司利益问题。东驰公司与晨东公司进行资产转让期间,均由耿志友、刘月联实际控制,各方当事人对相互之间的交易属于《公司法》第216条规定的关联交易均无异议,本院对一审法院关于案涉交易性质的认定予以确认。耿志友、刘月联、晨东公司上诉主张,本次交易在两家公司均形成了股东会决议,程序合法,不存在损害东驰公司利益的情形。但根据最高人民法院《关于适用〈中华人民共和国公司法〉若干问题的规定(五)》(以下简称《公司法司法解释(五)》)第1条"关联交易损害公司利益,原告公司依据公司法第二十一条规定请求控股股东、实际控制人、董事、监事、高级管理人员赔偿所造成的损失,被告仅以该交易已经履行了信息披露、经股东会或者股东大会同意等法律、行政法规或者公司章程规定的程序为由抗辩的,人民法院不予支持"的规定,不能仅凭案涉关联交易形式合法来认定双方之间的关联交易公平公允。

本案中,在晨东公司与东驰公司之间的关联交易符合形式合法的外观要件的情况下,应当对交易的实质内容即合同约定、合同履行是否符合正常的商业交易原则以及交易价格是否合理等进行审查。首先,从案涉交易的背景来看。晨东公司与东驰公司签订《资产转让协议》,在耿志友、刘月联与振东医药公司开展合作之后。按照《合作备忘录》的约定,耿志友、刘月联与振东医药公司共同出资设立振东医药物流公司后,应由耿志友促成其控制的晨东公司及其关联企业(含东驰公司)的业务(资产盘点明细表中的所有资产)无偿转移至新公司(即振东医药物流公司)名下。可见,耿志友、刘月联与振东医药公司合作建立在新公司收购包括东驰公司在内的耿志友所控制的所有关联企业的基础之上,并最终达到实际控制所有关联企业的目的。《合作备忘录》第4项关于"与晨东公司有关的一切负债均由晨东公司及耿志友、刘月联承担,该债务与新公司无关"的约定,确定了耿志友将资产转让后对晨东公司相关负债的处理原则,即晨东公司的负债应当由晨东公司、耿志友、刘月联实际承担。但耿志友、刘月联在其将持有的东驰公司股份转让、东驰公司已纳入振东医药物流公司经营体系的情况下,以关联交易的方式,将本应由其自行承担的晨东公司债务转由东驰公司承担,与《合作备忘录》约定的晨东公司债务承担方式不符,有明显的摆脱债务嫌疑。其次,从案涉交易的履行情况来看。本案关联交易发生时,晨东公司与东驰公司均由耿志友、刘月联实际控制。晨东公司与东驰公司先后签订《业务转接协议》和《资产转让协议》,但两份协议仅约定了晨东公司进行资产转让的时间及"转让后东驰公司按资产、债权、债务转让明细记账",对于具体的交接事宜未予明确,也未再另行协商确定。最后,东驰公司依据晨东公司移交的上述汇总表及相应明细,已代晨东公司清偿绝大部分债务,但向所涉多家单位发出应收账款询证函,收到回复却多为"无此账款"或"货款已结清",对此,晨东公司未能作出合理解释,也未能进一步提交证明债权存在的凭证或者采取措施进行补救。由此可见,在东驰公司已代晨东公司清偿绝大部分债务的情况下,晨东公司未能提供有效证据证明其向东驰公司转让的债权真实有效,从而导致东驰公司未能收回两份协议中约定的债权,损害了东驰公司的利益。综上,一审法院判定耿志友、刘月联将晨东公司债务转入东驰公司,由东驰公司偿还,损害了东驰公司作为独立法人对其财产享有的权益以及其他东驰公司债权人的利益,有事实和法律依据。耿志友、刘月联、晨东公司关于其未损害东驰公司利益的上诉主张不能成立,本院不予支持。

(十一)股东代表诉讼纠纷

40. 股东代表诉讼的前置程序能否豁免?

【案例索引】周长春、庄士中国投资有限公司等损害公司利益责任纠纷二审案[最高人民法院(2019)最高法民终1679号民事裁定书]

【裁判摘要】

根据《公司法》第151条的规定,股东先书面请求公司有关机关向人民法院提起诉讼,是股东提起代表诉讼的前置程序。一般情况下,股东没有履行前置程序的,应当驳回起诉。但是,该项前置程序针对的是公司治理的一般情况,即在股东向公司有关机关提出书面申请之时,存在公司有关机关提起诉讼的可能性。如果不存在这种可能性,则不应当以原告未履行前置程序为由驳回起诉。

【作者评析】最高人民法院于2019年11月8日发布的《全国法院民商事审判工作会议纪要》(法〔2019〕254号)第25条明确提出正确适用前置程序,规定:"根据《公司法》第151条的规定,股东提起代表诉讼的前置程序之一是,股东必须先书面请求公司有关机关向人民法院提起诉讼。一般情况下,股东没有履行该前置程序的,应当驳回起诉。但是,该项前置程序针对的是公司治理的一般情况,即在股东向公司有关机关提出书面申请之时,存在公司有关机关提起诉讼的可能性。如果查明的相关事实表明,根本不存在该种可能性的,人民法院不应当以原告未履行前置程序为由驳回起诉。"

41. 公司向外国法院起诉,是否满足股东代表诉讼的规定?

【案例索引】乐金电子(沈阳)有限公司、LG电子株式会社二审案[最高人民法院(2018)最高法民辖终419号民事裁定书]

【裁判摘要】

《公司法》第151条规定"向人民法院提起诉讼"的目的在于希望公司在遭受利益损失时积极行使诉权以维护公司合法权益,而非专指将争议提交至我国法院。从股东代表诉讼的结构看,公司作为独立的民事主体,在其法定利益遭受损失后理应是首先行使诉权者。只有在公司拒绝或怠于行使权利的情况下,公司股东才拥有代表公司行使相应诉权的必要。故该条规定本质上是在敦促公司积极行使诉权,强调公司应当在利益受损后积极向司法机构主张权利,而非要求公司仅能向我国法院以诉讼的方式解决争议。

42. 股东代表诉讼是否限于侵权之诉?

【案例索引】陈鑑勇、浙江万达建设集团有限公司损害公司利益责任纠纷二审案[最高人民法院(2019)最高法民终597号民事裁定书]

【裁判摘要】

关于股东代表诉讼的诉因范围问题,从条文文义看,《公司法》第151条并未排除合同之诉,不能当然认为股东代表诉讼的诉因仅限于侵权之诉。从股东代表诉讼制度的设立目的看,是为了解决对董事、高级管理人员的监督和制约问题,而非处理合同纠纷或侵权责任。同时,股东代表诉讼本就是在公司不起诉的情况下,股东代表公司主张权利,诉讼结果归于公司的诉讼方式,因此原审裁定以公司法人人格独立理论来否认股东代表诉讼,亦有不当。

【作者评析】江苏省高级人民法院民二庭课题组在《公司设立、治理及终止相关疑难法律问题研究》一文中认为,股东代表诉讼的适用范围不应限于侵权赔偿之诉,应当包括确认合同无效之诉。主张适用范围限于侵权赔偿诉讼的主要理由是,《公司法》第149条、第151条使用的是"损失""赔偿""侵犯公司合法权益"等措词,表明立法将该制度限于侵权赔偿之诉。笔者认为,这种对法条的机械理解与立法本意相悖。第一,前述词汇也会出现在合同纠纷中,侵权与违约行为可能竞合,承担违约责任的方式包括赔偿损失。第二,承担侵权责任的方式并不限于赔偿损失,还包括停止侵害、返还财产、恢复原状等。如将股东代表诉讼限于侵权赔偿之诉,意味着股东即使在损害结果发生之前就发现损害行为,也无法通过股东代表诉讼予以制止、减损,而必须坐等损失产生、扩大后再另行要求赔偿,显然与立法本意相悖。第三,董事、高级管理人员等通过公司对外签约损害公司利益的,确认合同无效实质相当于通过法律途径达到停止侵害、恢复原状的效果。

《公司法司法解释(五)》第2条规定:"关联交易合同存在无效或者可撤销情形,公司没有起诉合同相对方的,符合公司法第一百五十一条第一款规定条件的股东,可以依据公司法第一百五十一条第二款、第三款规定向人民法院提起诉讼。"由此也可以推知,股东代表诉讼的适用范围不应限于侵权纠纷,也适用于合同纠纷。

43. 股东代表诉讼是否适用民办非企业单位?

【案例索引】广东南博教育投资有限公司、LEILieYingLimited 损害公司利益责任纠纷案[最高人民法院(2019)最高法民终521号民事裁定书]

【裁判摘要】

首先,根据《民事诉讼法》第119条的规定,原告必须是与本案有直接利害关系的公民、法人和其他组织。本案中,涉外经济学院由猎鹰实业公司全资举办,广东南博公司作为猎鹰实业公司的股东,虽然涉外经济学院的利益受损可能间接影响其利益,但是并不构成法律上的直接利害关系。其次,根据《公司法》第151条的规定,提起股东代表诉讼的适格主体应为公司股东。涉外经济学院系民办非企业单位,如参照适用《公司法》及相关司法解释的规定,以涉外经济学院利益受损为由提起股东代表诉讼的适格主体应为其举办者,即猎鹰实业公司。而本案中,广东南博公司与LEILieYingLimited 均为猎鹰实业公司的股东,而非涉外经济学院的举办者,故广东南博公司无权依据《公司法》第151条的规定代表涉外经济学院提起股东代表诉讼。

如广东南博公司认为猎鹰实业公司作为涉外经济学院的举办者,对于其股东LEILieYingLimited 的相关行为导致猎鹰实业公司遭受损失,进而致使广东南博公司遭受损失,其未采取措施而存在过错,可以猎鹰实业公司股东的身份,依照《公司法》等法律法规及相关司法解释的有关规定,依法向猎鹰实业公司主张权利。

44. 股东提起股东代表之诉,是否受公司和第三人之间约定管辖条款的约束?

【案例索引】汕头高新区露露南方有限公司、万向三农集团有限公司公司关联交易损害责任纠纷二审案[最高人民法院(2019)最高法民辖终404号民事裁定书]

【裁判摘要】

在股东代表诉讼案件中,由于公司怠于或者拒绝提起诉讼,而由股东代其提起诉讼。股东代表诉讼是股东为了公司的利益而以股东的名义直接提起的诉讼,胜诉后的法律后果归于公司。因此,股东代表针对第三人提起的诉讼受公司和第三人之间合同管辖权条款的约束。

具体到本案,三农公司作为承德露露公司的股东依据《公司法》第151条第3款提起股东代表之诉,应当受承德露露公司、汕头露露公司、霖霖集团和飞达公司签署的《备忘录》和《补充备忘录》中约定的管辖权条款的约束。

(十二) 公司盈余分配纠纷

45. 未经公司股东会决议,股东是否有权请求强制分红?

【案例索引】金刚、金保成公司盈余分配纠纷再审审查与审判监督案[最高人民法院(2019)最高法民申424号民事裁定书]

【裁判摘要】本案争议的焦点问题是鑫联民爆公司是否应当向金刚、金保成支付盈利。金刚、金保成作为鑫联民爆公司股东,是否有权诉请获得股利分配,分两种情形:第一,如鑫联民爆公司有作出股东会分红决议的,则金刚、金保成有权诉请鑫联民爆公司按照股东会决议的分红方案予以分配。本案中,鑫联民爆公司虽曾于2016年3月18日召开了股东会,但并未形成分红决议。因此,金刚、金保成关于鑫联民爆公司支付红利的诉求缺乏事实依据。第二,根据《公司法司法解释(四)》第15条关于"股东未提交载明具体分配方案的股东会或者股东大会决议,请求公司分配利润的,人民法院应当驳回其诉讼请求,但违反法律规定滥用股东权利导致公司不分配利润,给其他股东造成损失的除外"的规定,即便鑫联民爆公司未作出分红决议,但如果金刚、金保成能够证明"违反法律规定滥用股东权利导致公司不分配利润,给其他股东造成损失的",其诉求也可能得到支持。但本案中金刚、金保成并没有提供证据证明存在"违反法律规定滥用股东权利导致公司不分配利润,给其他股东造成损失"的情形,其关于调取公司资料的申请也非法院依职权调查取证的范围。因此,金刚、金保成的申请再审事由不能成立。

【作者评析】2018年第8期《最高人民法院公报》刊登的一则案例"甘肃居立门业有限责任公司与庆阳市太一热力有限公司、李昕军公司盈余分配纠纷案"肯认了依据《公司法司法解释(四)》第15条但书条款规定可以请求公司强制盈余分配,其裁判摘要明确:"在公司盈余分配纠纷中,虽请求分配利润的股东未提交载明具体分配方案的股东会或股东大会决议,但当有证据证明公司有盈余且存在部分股东变相分配利润、隐瞒或转移公司利润等滥用股东权利情形的,诉讼中可强制盈余分配,且不以股权回购、代位诉讼等其他救济措施为前提。在确定盈余分配数额时,要严格公司举证责任以保护弱势小股东的利益,但还要注意优先保护公司外部关系中债权人、债务人等的利益,对于有争议的款项因涉及案外人实体权利而不应在公司盈余分配纠纷中作出认定和处理。有盈余分配决议的,在公司股东会或股东大会作出决议时,在公司与股东之间即形成债权债务关系,若未按照决议及时给付则应计付利息,而司法干预的强制盈余分配则不然,在盈余分配判决未生效之前,公司不负有法定给付义务,故不应计付利息。盈余分配义务的给付主体是公司,若公司的应分配资金因被部分股东变相分配利润、隐瞒或转移公司利润而不足以现实支付时,不仅直接损害了公司的利益,也损害到其他股东的利益,利益受损的股东可直接依据公司法第二十条第二款的规定向滥用股东权利的公司股东主张赔偿责任,或依据公司法第二十一条的规定向利用其关联关系损害公司利益的控股股东、实际控制人、董事、监事、高级管理人员主张赔偿责任,或依据公司法第一百四十九条的规定向违反法律、行政法规或者公司章程的规定给公司造成损失的董事、监事、高级管理人员主张赔偿责任。"

需要注意的是,股东请求人民法院强制分红有着严格的适用条件,且各级人民法院审判类似案件时不是必须参照最高人民法院公报案例,最高人民法院也随时有可能改变其裁判观点。因此,建议各股东签订投资协议、公司章程时应对公司分红条件、违约责任、退出机制等作出明确约定,以便于更好地保障其合法权益。

(十三)公司解散纠纷

46. 如何认定是否符合公司解散之诉的条件?

【案例索引】赵旭峰、陕西义禧投资管理有限公司公司解散纠纷再审审查与审判监督案[最高人民法院(2019)最高法民申 2477 号民事裁定书]

【裁判摘要】

《公司法》第 182 条规定:"公司经营管理发生严重困难,继续存续会使股东利益受到重大损失,通过其他途径不能解决的,持有公司全部股东表决权百分之十以上的股东,可以请求人民法院解散公司。"最高人民法院《关于适用〈中华人民共和国公司法〉若干问题的规定(二)》(以下简称《公司法司法解释(二)》)第 1 条第 1 款规定了人民法院受理解散公司诉讼案件形式要件及判决是否解散公司实体审查标准的四种情形:"单独或者合计持有公司全部股东表决权百分之十以上的股东,以下列事由之一提起解散公司诉讼,并符合公司法第一百八十二条规定的,人民法院应予受理:(一)公司持续两年以上无法召开股东会或者股东大会,公司经营管理发生严重困难的;(二)股东表决时无法达到法定或者公司章程规定的比例,持续两年以上不能做出有效的股东会或者股东大会决议,公司经营管理发生严重困难的;(三)公司董事长期冲突,且无法通过股东会或者股东大会解决,公司经营管理发生严重困难的;(四)经营管理发生其他严重困难,公司继续存续会使股东利益受到重大损失的情形。"前述规定不仅是人民法院受理公司解散诉讼的条件,亦是判断该公司是否应予解散的条件。本院认为,根据申请人的再审申请理由,应重点审查是否公司经营管理发生严重困难,继续存续会使股东利益受到重大损失,且通过其他途径不能解决。首先,判断"公司经营管理是否发生严重困难",应从公司组织机构的运行状态进行综合分析,如股东会、董事会以及监事会等公司权力机构和管理机构是否无法正常运行,是否对公司事项无法作出有效决议,公司的一切事务是否处于瘫痪状态等。其次,申请人提供的证据不足以证实义禧公司继续存续会使股东利益受到重大损失。最后,申请人与公司的矛盾如果能够通过其他途径予以解决,则不宜以解散公司的方式进行。申请人主要因公司未分红、未召开股东会以及公司财务问题等事项与公司产生矛盾,认为其股东知情权、利润分配请求权等权益受损。根据《公司法司法解释(二)》第 1 条第 2 款"股东以知情权、利润分配请求权等权益受到损害,或者公司亏损、财产不足以偿还全部债务,以及公司被吊销企业法人营业执照未进行清算等为由,提起解散公司诉讼的,人民法院不予受理"之规定,申请人主张的事由并不属于公司应予以解散的事由。申请人可依照《公司法》的有关规定,诉请要求分配利润或提供账册查询等,以对其认为受损的股东知情权、财产收益权进行救济。

47. 公司超过两年未召开股东会,是否当然构成公司僵局?

【案例索引】栾立华与聊城鲁西纺织有限责任公司、第三人田天红公司解散纠纷再审审查与审判监督案[最高人民法院(2019)最高法民申 5183 号民事裁定书]

【裁判摘要】

本院认为,根据栾立华的再审申请理由,应重点审查鲁西纺织公司是否存在经营管理严重困难,继续存续会使股东利益受到重大损失,且通过其他途径不能解决。

本案中,鲁西纺织公司仅有栾立华与田天红两名股东,栾立华持股比例占 25%,田天红持股比例占 75%。鲁西纺织公司章程第 22 条规定,田天红作为公司执行董事有权召开股东会。章程第 13 条规定:"股东会会议作出修改公司章程、增加或者减少注册资本的决议,依据公司合并、分立、解散或者变更公司形式的决议,必须经代表三分之二以上表决权的股东通过。"由于田天红个人的表决权已超过三分之二,即便持股 25% 的股东栾立华不参加股东会,或与另一股东田天红意见不一致,鲁西纺织公司仍可以召开股东会并形成有效决议。鲁西纺织公司超过两年未召开股东会,并不等于无法召开股东会或股东会议机制失灵,栾立华提出公司运行机制失灵并无事实和法律依据。栾立华主张,鲁西纺织公司自其与田天红受让公司股权至今,没有进行任何经营业务,但公司没有经营业务并不能证明公司经营管理发生严重困难,亦没有证据证明鲁西纺织公司继续存续会使股东利益受到重大损失。故栾立华关于鲁西纺织公司经营管理发生严重困难的再审申请理由不能成立。

栾立华主张,因田天红私自出售公司资产,出售资产的款项未用于鲁西纺织公司的经营,且二人已经离婚,栾立华无法行使股东权利,其股东权益受损。根据《公司法》第 152 条的规定:"董事、高级管理人员违反法律、行政法规或者公司章程的规定,损害股东利益的,股东可以向人民法院提起诉讼。"栾立华主张的事由并不属于公司应予以解散的事由,如认为大股东田天红的行为损害了其股东权益,可依照《公司法》的有关规定,通过另案诉讼的方式对其受损的股东权益进行救济。

【作者评析】"林方清诉常熟市凯莱实业有限公司、戴小明公司解散纠纷案"对"公司经营管理发生严重困难"作了进一步阐释:"公司法第一百八十三条将'公司经营管理发生严重困难'作为股东提起解散公司之诉的条件之一。判断'公司经营管理发生严重困难',应从公司组织机构的运行状态进行综合分析。公司虽处于盈利状态,但其股东会机制长期失灵,内部管理有严重障碍,已陷入僵局状态,可以认定为公司经营管理发生严重困难。对于符合公司法及相关司法解释规定的其他条件的,人民法院可以依法判决公司解散。"

司法实践中,大家往往侧重于审查公司是否陷入僵局以及股东是否持有公司全部股东表决权10%以上,而忽视了《公司法》第182条规定的其他两个条件是否成就。2014年第2期《最高人民法院公报》刊登的一则案例"仕丰科技有限公司与富钧新型复合材料(太仓)有限公司、第三人永利集团有限公司解散纠纷案"在裁判摘要中明确指出:"一、公司法第一百八十三条既是公司解散诉讼的立案受理条件,同时也是判决公司解散的实质审查条件,公司能否解散取决于公司是否存在僵局且符合公司法第一百八十三条规定的实质条件,而不取决于公司僵局产生的原因和责任。即使一方股东对公司僵局的产生具有过错,其仍然有权提起公司解散之诉,过错方起诉不应等同于恶意诉讼。二、公司僵局并不必然导致公司解散,司法应审慎介入公司事务,凡有其他途径能够维持公司存续的,不应轻易解散公司。当公司陷入持续性僵局,穷尽其他途径仍无法化解,且公司不具备继续经营条件,继续存续将使股东利益受到重大损失的,法院可以依据公司法第一百八十三条的规定判决解散公司。"

但是,如何认定"通过其他途径不能解决"?2018年第7期《最高人民法院公报》刊登的一则案例"吉林荟冠投资有限公司及第三人东证融成资本管理有限公司与长春东北亚物流有限公司、第三人董占琴公司解散纠纷案"在裁判摘要中明确提出:"公司解散的目的是维护小股东的合法权益,其实质在于公司存续对于小股东已经失去了意义,表现为小股东无法参与公司决策、管理、分享利润,甚至不能自由转让股份和退出公司。在穷尽各种救济手段的情况下,解散公司是唯一的选择。公司理应按照公司法良性运转,解散公司也是规范公司治理结构的有力举措。"

因此,司法实践中人民法院会严格把握股东请求解散公司的适用条件,启动公司解散之诉前务必做好充足准备,详细审查四个构成要件是否均已满足,切勿匆忙启动诉讼,以免遭受败诉后果。

(十四)公司清算纠纷

48. 公司无法进行清算,债权人请求股东承担连带清偿责任的诉讼时效如何起算?如何认定股东怠于履行清算义务?

【案例索引】中昊北方涂料工业研究设计院有限公司、张仲康再审审查与审判监督案[最高人民法院(2019)最高法民申3683号民事裁定书]

【裁判摘要】

债权人依据《公司法司法解释(二)》第18条第2款的规定请求股东对公司的债务承担连带清偿责任,诉讼时效期间应自债权人知道或应当知道公司无法进行清算之日开始计算。

根据《公司法》第 180 条第（四）项、第 183 条的规定，有限责任公司的股东应在公司被吊销营业执照后 15 日内成立清算组进行清算。对被吊销营业执照的公司负有清算义务的是全体股东，并不因持股比例不同而有所区分，并且法律并未限制小股东在清算事由发生时提起清算的权利，小股东该项抗辩不能成立。

大股东和小股东虽然称资料保存完好，但是并未在强制清算程序期间内提交，导致公司无法进行清算，故认定其存在怠于履行清算义务的行为并无不当。

【作者评析】最高人民法院于 2019 年 11 月 8 日发布的《全国法院民商事审判工作会议纪要》（法〔2019〕254 号）第 14—16 条关于有限责任公司清算义务人的责任作了专门规定，但是本案的裁判观点与纪要意见并不相符，后续案件办理应当以纪要观点为依据：关于有限责任公司股东清算责任的认定，一些案件的处理结果不适当地扩大了股东的清算责任。特别是实践中出现了一些职业债权人，从其他债权人处大批量超低价收购僵尸企业的"陈年旧账"后，对批量僵尸企业提起强制清算之诉，在获得人民法院对公司主要财产、账册、重要文件等灭失的认定后，根据《公司法司法解释（二）》第 18 条第 2 款的规定，请求有限责任公司的股东对公司债务承担连带清偿责任。有的人民法院没有准确把握上述规定的适用条件，判决没有"怠于履行义务"的小股东或者虽"怠于履行义务"但与公司主要财产、账册、重要文件等灭失没有因果关系的小股东对公司债务承担远远超过其出资数额的责任，导致出现利益明显失衡的现象。需要明确的是，上述司法解释关于有限责任公司股东清算责任的规定，其性质是因股东怠于履行清算义务致使公司无法清算所应当承担的侵权责任。在认定有限责任公司股东是否应当对债权人承担侵权赔偿责任时，应当注意以下问题：第一，怠于履行清算义务的认定。《公司法司法解释（二）》第 18 条第 2 款规定的"怠于履行义务"，是指有限责任公司的股东在法定清算事由出现后，在能够履行清算义务的情况下，故意拖延、拒绝履行清算义务，或者因过失导致无法进行清算的消极行为。股东举证证明其已经为履行清算义务采取了积极措施，或者小股东举证证明其既不是公司董事会或者监事会成员，也没有选派人员担任该机关成员，且从未参与公司经营管理，以不构成"怠于履行义务"为由，主张其不应当对公司债务承担连带清偿责任的，人民法院依法予以支持。第二，因果关系抗辩。有限责任公司的股东举证证明其"怠于履行义务"的消极不作为与"公司主要财产、账册、重要文件等灭失，无法进行清算"的结果之间没有因果关系，主张其不应对公司债务承担连带清偿责任的，人民法院依法予以支持。第三，诉讼时效期间。公司债权人请求股东对公司债务承担连带清偿责任，股东以公司债权人对公司的债权已经超过诉讼时效期间为由抗辩，经查证属实的，人民法院依法予以支持。公司债权人以《公司法司法解释（二）》第 18 条第 2 款为依据，请求有限责任公司的股东对公司债务承担连带清偿责任的，诉讼时效期间自公司债权人知道或者应当知道公司无法进行清算之日起计算。

49. 债权人未及时申请债务人强制清算,是否应当承担不利后果?

【案例索引】中昊北方涂料工业研究设计院有限公司、张仲康再审审查与审判监督案[最高人民法院(2019)最高法民申3683号民事裁定书]

【裁判摘要】

二审法院已注意到建行省分行营业部在金樱公司清算义务人逾期未进行清算的情况下,长期未申请法院进行强制清算,并认为客观上影响了债务人公司能否顺利进行清算及厘定清算责任,与强制清算制度所追求的高效便捷原则不符,故认定建行省分行营业部应对金樱公司无法进行强制清算造成的后果自行承担部分责任。二审法院综合全案情况,对建行省分行营业部主张的迟延履行期间的债务利息不予支持,已充分考虑到了本案各方的责任和利益。

【作者评析】我国法律并未规定债权人负有及时申请债务人强制清算的义务,最高人民法院以债权人未及时申请债务人强制清算为由,判令债权人承担部分责任,值得商榷。

五、结语

总的来说,近年来,公司纠纷案件总量持续攀升,公司纠纷案件既涉及公司、股东、董事、监事、高级管理人员之间的复杂内部关系,又涉及公司与外部债权人、债务人之间的合同法律关系、担保法律关系、侵权法律关系等,法律关系错综复杂,涉法律适用问题的纠纷日益增多,尤其是在股权转让环节得到集中体现。

从数量上看,2019年度最高人民法院裁判的公司纠纷案件只有四百余件。但是,这些案件只是公司纠纷的冰山一角。实践中,很多公司治理不规范,公司股东、董事、监事、高级管理人员等相关主体法律风险防范意识薄弱,公司纠纷时有发生,数量不可谓不多,但真正诉诸法院的却少之又少。因为公司纠纷往往会导致公司难以正常运营甚至陷入僵局,当事人因为难以承受诉讼高昂的时间成本(少则几个月,多则几年)和财务成本(涉及利益巨大,相关费用较高),往往被迫作出各种妥协以期快速解决纠纷,避免公司因纠纷久拖不决而走向死亡。

因此,相对于其他类型的纠纷来说,公司纠纷的事前防范比事后救济更为重要,对公司的利益相关主体(投资方、股东、董事、监事、高级管理人员等)来说也更为迫切。

【责任编辑:张文硕】

法学期刊引证分析报告

——基于"北大法宝—法学期刊库"引证研究

北大法宝法学期刊研究组*

摘要： 法学期刊作为法学学术研究的主要阵地，研究法学期刊的引证情况具有极其重要的意义。本文以"北大法宝—法学期刊库"作为统计源，综合 CLSCI/CSSCI（含扩展板）/北大中文核心/AMI 综合四种期刊评价标准，结合期刊实际出刊情况同时排除历史过刊，选取了 192 家[1]期刊作为研究对象，通过对法学专刊、法学集刊、英文刊、高校学报及社科类综合刊 2017 年、2018 年发表的法学文章在 2019 年的引证统计，分析法学期刊整体被引情况、高被引期刊、高被引文章、高被引作者及所属机构等，总结归纳高被引期刊的共同特征，以期为法学期刊的发展提供相应的实证依据。

关键词： 法学期刊　学术影响力　期刊评价　引文分析　引证研究

一、2017—2018 年期刊整体被引情况

192 家统计源期刊中包含法学专刊 81 家、法学集刊 54 家、英文刊 4 家、高校学报及社科类综合刊 53 家，2017—2018 年总发文量 22427 篇，其中被引期刊共 150 家

收稿日期：2020-11-28

* 北大法宝法学期刊研究组成员：孙妹、曹伟、杨岩、董倩、富敬、梁学曾。孙妹，北大法律信息网（北大法宝）编辑部副主任；曹伟，北大法宝学术中心副主任；杨岩，北大法宝编辑；董倩，北大法宝编辑；富敬，北大法宝编辑；梁学曾，北大法宝编辑。研究指导：郭叶，北大法律信息网（北大法宝）编辑部副总编；刘馨宇，北大法律信息网（北大法宝）编辑部主任。

[1] 截至 2020 年 7 月 31 日，"北大法宝—法学期刊库"已收录期刊 228 家，综合 CLSCI/CSSCI（含扩展板）/北大中文核心/AMI 综合四种期刊评价标准，结合实际出刊情况同时排除历史过刊，选取了 192 家期刊作为统计源。

(法学专刊 78 家、法学集刊 23 家、英文刊 1 家、高校学报及社科类综合刊 48 家),被引文章 6048 篇,累计被引 14955 次。从年度情况看,2017 年被引文章 2979 篇(总占比 49.26%),被引频次 7206 次(总占比 48.18%);2018 年被引文章 3069 篇(总占比 50.74%),被引频次 7749 次(总占比 51.82%)。通过数据分析,2018 年相较 2017 年(5958 篇,14412 次),192 家期刊被引文章上升 90 篇,被引频次上升 543 次。

(一)核心期刊被引文章占八成,被引频次占九成

通过对 2017—2018 年被引 6048 篇文章进行统计,被引文章以法学核心专刊为主,非核心期刊尤其集刊和英文刊相对较少。150 家被引期刊中核心期刊 100 家(法学专刊 47 家、法学集刊 12 家、高校学报及社科类综合刊 41 家),被引文章 5048 篇(总占比 83.46%),被引频次 13557 次(总占比 90.65%);非核心期刊 50 家(法学专刊 31 家、法学集刊 11 家、英文刊 1 家、高校学报及社科类综合刊 7 家),被引文章 1000 篇(总占比 16.53%),被引频次 1398 次(总占比 9.35%)。

表 1　2017—2018 年各类型期刊被引情况

期刊类型		统计源(家)	被引期刊(家)	被引文章(篇)	被引文章占比	被引频次(次)	被引频次占比
核心期刊	法学专刊	48	47	4341	71.78%	12051	80.58%
	法学集刊	14	12	78	1.29%	88	0.59%
	高校学报及社科类综合	43	41	629	10.40%	1418	9.48%
非核心期刊	法学专刊	33	31	839	13.87%	1183	7.91%
	法学集刊	40	11	104	1.72%	130	0.87%
	英文刊	4	1	5	0.08%	5	0.04%
	高校学报及社科类综合	10	7	52	0.86%	80	0.53%
合计		192	150	6048	100%	14955	100%

(二)法学期刊、高校学报及社科类综合刊被引文章量和被引频次均有上升

2018 年法学期刊、高校学报及社科类综合刊在被引文章量和被引频次上均比 2017 年略有上升。

从被引文章量上看,102 家被引法学期刊(含法学专刊、法学集刊、英文刊)2017—2018 年被引文章 5367 篇,其中 2018 年被引文章 2702 篇,占比 50.34%,相较 2017 年(2665 篇)被引文章上升 37 篇。48 家被引高校学报及社科类综合刊(法学文章)2017—2018 年被引文章 681 篇,其中 2018 年被引文章 367 篇,占比 53.89%,相较 2017 年(314 篇)被引文章上升 53 篇。

从被引频次上看,102家被引法学期刊(含法学专刊、法学集刊、英文刊)2017—2018年被引频次13457次,其中2018年被引频次6903次,相较2017年被引频次6554次上升349次。48家被引高校学报及社科类综合刊(法学文章)2017—2018年被引频次1498次,其中2018年被引频次846次,相较2017年被引频次652次上升194次。

表2 2017—2018年法学期刊、高校学报及社科类综合刊被引情况

期刊类型	统计源(家)	被引期刊(家)	2017年被引文章(篇)	2018年被引文章(篇)	2017年被引频次(次)	2018年被引频次(次)
法学期刊(法学专刊、集刊、英文刊)	139	102	2665	2702	6554	6903
高校学报及社科类综合刊(法学文章)	53	48	314	367	652	846
合计	192	150	2979	3069	7206	7749

(三)被引文章学科分布情况

2017—2018年被引文章涉及民商法学等14个学科,主要集中在民商法学、刑法学、诉讼法学、理论法学、司法制度、经济法学6个学科,累计被引频次12433次,占比83.14%。

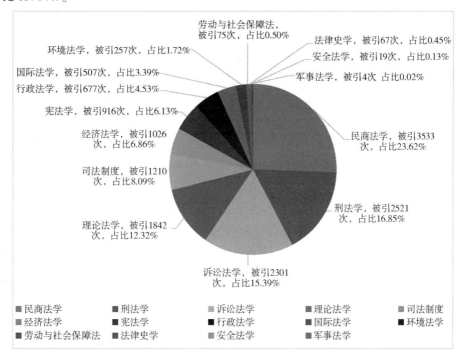

图1 2017—2018年文章被引次数学科分布情况

宪法学、行政法学、国际法学、环境法学 4 个学科 2017—2018 年被引频次 2357 次,占比 15.76%。劳动与社会保障法、法律史学、安全法学、军事法学 4 个学科 2017—2018 年被引频次 165 次,占比 1.10%。

2018 年累计被引频次 7749 次,相较 2017 年上升 543 次。其中刑法学、理论法学、司法制度、经济法学、宪法学、劳动与社会保障法、安全法学 7 个学科 2018 年比 2017 年均略有上升。民商法学、诉讼法学、行政法学、国际法学、环境法学、法律史学、军事法学 7 个学科 2018 年比 2017 年有所下降。

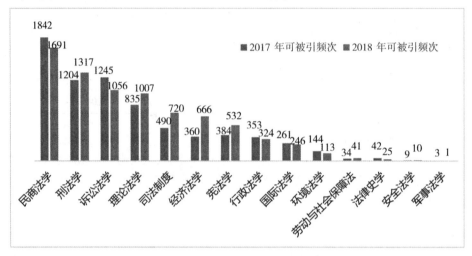

图 2　2017—2018 年各法学学科被引频次变化情况

二、高被引期刊分析[1]

对高被引期刊的分析主要从被引频次、被引文章量和篇均引三个维度进行。根据北大法宝的引证统计分析结果,从被引频次看,高被引期刊主要集中在《中国法学》等 26 家法学核心专刊。被引频次均在 200 次以上,占总体被引量的六成以上,其中前五位分别为《中国法学》《法学》《法学研究》《政治与法律》《法律科学》。从被引文章量来看,被引 100 篇以上的有《法学》等 21 家法学专刊,占总体被引文章量的近一半。从篇均引来看,篇均引 2 次以上的期刊共 12 家,"法学三大刊"[2]篇均引都在 4 次以上。

---

［1］　本部分统计说明:因版权原因,《环球法律评论》《政法论丛》《国际经济法学刊》暂未列入高被引期刊分析。

［2］　"法学三大刊"篇均引:《中国社会科学》(法学文章)6.8 次,《法学研究》4.8 次,《中国法学》4.4 次。

(一) 高被引期刊被引频次分析

1. 高被引期刊集中在《中国法学》等 26 家法学核心专刊, 总占比 68%

根据引证统计结果, 192 家统计源期刊中被引期刊共 150 家, 其中 102 家法学期刊(含法学专刊、法学集刊、英文刊)合计被引 13457 次; 48 家高校学报及社科类综合刊合计被引 1498 次。从期刊类型上看, 102 家被引法学期刊中包括核心期刊 59 家和非核心期刊 43 家。

从被引频次上看, 200 次以上的期刊共计 26 家, 合计被引 10172 次, 总占比 68%。其中被引频次在 600 次以上的期刊共 5 家, 分别是《中国法学》《法学》《法学研究》《政治与法律》《法律科学》, 累计被引频次 3384 次, 其中《中国法学》被引频次最高, 812 次。被引频次在 300 次至 599 次的期刊共 11 家, 分别是《东方法学》《法学评论》《法学家》《中外法学》《华东政法大学学报》《法商研究》《当代法学》《比较法研究》《清华法学》《法学杂志》《政法论坛》, 累计被引频次 4153 次。被引频次在 200 次至 299 次之间的期刊共 10 家, 分别是《中国法律评论》《法律适用(理论应用)》《知识产权》《中国刑事法杂志》《河北法学》《国家检察官学院学报》《现代法学》《法制与社会发展》《法学论坛》《行政法学研究》, 累计被引频次 2635 次。

表 3 2017—2018 年法学期刊高被引情况(200 次以上)

(按照累计被引频次降序排序, 表中所列期刊按照被引频次降序排序)

期刊名称(被引频次)	被引频次	期刊数量(家)
《中国法学》(812 次)/《法学》(691 次)/《法学研究》(660 次)/《政治与法律》(611 次)/《法律科学》(610 次)	600 次以上	5
《东方法学》(459 次)/《法学评论》(458 次)/《法学家》(411 次)/《中外法学》(387 次)/《华东政法大学学报》(372 次)/《法商研究》(362 次)/《当代法学》(349 次)/《比较法研究》(348 次)/《清华法学》(345 次)/《法学杂志》(340 次)/《政法论坛》(322 次)	300~599 次	11
《中国法律评论》(297 次)/《法律适用(理论应用)》(291 次)/《知识产权》(290 次)/《中国刑事法杂志》(275 次)/《河北法学》(272 次)/《国家检察官学院学报》(257 次)/《现代法学》(250 次)/《法制与社会发展》(240 次)/《法学论坛》(238 次)/《行政法学研究》(225 次)	200~299 次	10
合计	—	26

2. 高校学报及社科类综合刊中《中国社会科学》(法学文章)被引频次达 306 次

从期刊类型上看, 48 家被引的高校学报及社科类综合刊中核心期刊 41 家(占 85.42%), 非核心期刊 7 家(占 14.58%)。其中, 被引频次 30 次以上的期刊共有 17 家, 合计被引 1139 次, 总占比 7.62%, 《中国社会科学》(法学文章)被引频次最高,306 次。被引频次 50~99 次的期刊有《浙江社会科学》等 8 家,合计被引 531 次,总占比 3.55%;被引频次 30~49 次的期刊有《上海大学学报(社会科学版)》(法学文章)等 8 家,合计被引 302 次,总占比 2.02%。

表4 2017—2018 年高校学报及社科类综合刊高被引情况(被引频次 50 次以上)

(按照累计被引频次降序排序,表中所列期刊按照被引频次降序排序)

期刊名称(法学文章被引频次)	被引频次	期刊数量(家)
《中国社会科学》(306 次)	300 次以上	1
《浙江社会科学》(93 次)/《武汉大学学报(哲学社会科学版)》(86 次)/《浙江工商大学学报》(71 次)/《暨南学报(哲学社会科学版)》(62 次)/《苏州大学学报(哲学社会科学版)》(60 次)/《江西社会科学》(57 次)/《中州学刊》(51 次)/《北京航空航天大学学报(社会科学版)》(51 次)	50~99 次	8
合计	—	9

(二)高被引期刊被引文章量分析

1. 被引文章 100 篇以上的有《法学》等 21 家法学专刊,总占比 47.37%

102 家被引法学期刊的被引文章共 5367 篇。被引文章在 100 篇以上的期刊共 21 家,合计被引文章 2865 篇,总占比 47.37%。其中,被引文章 150 篇以上的期刊有 6 家,分别是《法学》《政治与法律》《河北法学》《法律适用(理论应用)》《法学杂志》《中国法学》。《中国法学》被引文章 150 篇,占其发文量的 81.08%。被引文章 100~149 篇的期刊有《法律科学》等 15 家(被引文章 1803 篇),被引文章 50~99 篇的期刊有《法学论坛》等 22 家(被引文章 1556 篇)。

表5 2017—2018 年法学期刊被引文章情况(被引文章 100 篇以上)

(按照被引文章量降序排序)

期刊名称(发文量、被引文章量)	被引文章量	期刊数量(家)
《法学》(368 篇,223 篇)/《政治与法律》(320 篇,202 篇)/《河北法学》(424 篇,175 篇)/《法律适用(理论应用)》(489 篇,169 篇)/《法学杂志》(362 篇,151 篇)/《中国法学》(185 篇,150 篇)	150 篇以上	6
《法律科学》(223 篇,143 篇)/《法商研究》(220 篇,140 篇)/《人民检察》(1083 篇,127 篇)/《人民司法》(1175 篇,124 篇)/《知识产权》(288 篇,124 篇)/《法学评论》(207 篇,123 篇)/《法学家》(153 篇,119 篇)/《当代法学》(173 篇,118 篇)/《东方法学》(192 篇,118 篇)/《华东政法大学学报》(194 篇,114 篇)/《法学研究》(137 篇,113 篇)/《中外法学》(159 篇,112 篇)/《中国法律评论》(229 篇,110 篇)/《现代法学》(172 篇,108 篇)/《政法论坛》(201 篇,102 篇)	100~149 篇	15

(续表)

期刊名称(发文量、被引文章量)	被引文章量	期刊数量(家)
合计	—	21

2.高校学报及社科类综合刊(法学文章)被引文章20篇以上13家,总占比6.18%

48家被引高校学报及社科类综合刊(法学文章)的被引文章共681篇。被引文章20篇以上的期刊有13家,合计被引374篇,总占比6.18%。其中被引文章40篇以上的期刊有2家(合计被引文章84篇),分别是《中国社会科学》《浙江社会科学》,《中国社会科学》被引文章44篇,占法学文章发文量的97.78%。被引文章20~39篇的期刊有《江西社会科学》等11家,合计被引文章290篇。

表6 2017—2018年高校学报及社科类综合刊被引文章情况(20篇以上)

(按照被引文章量降序排序)

期刊名称(法学文章发文量、被引文章量)	被引文章量	期刊数量(家)
《中国社会科学》(45篇,44篇)/《浙江社会科学》(77篇,40篇)	40篇以上	2
《江西社会科学》(140篇,38篇)/《暨南学报(哲学社会科学版)》(92篇,34篇)/《武汉大学学报(哲学社会科学版)》(50篇,31篇)/《北京航空航天大学学报(社会科学版)》(83篇,27篇)/《浙江工商大学学报》(52篇,25篇)/《苏州大学学报(哲学社会科学版)》(69篇,25篇)/《学术交流》(123篇,23篇)/《中州学刊》(67篇,23篇)/《中南大学学报(社会科学版)》(80篇,22篇)/《河南大学学报(社会科学版)》(49篇,22篇)/《甘肃社会科学》(78篇,20篇)	20~39篇	11
合计	—	13

(三)高被引期刊篇均引分析

从2017—2018年篇均引来看,篇均引2次上的期刊共12家,"法学三大刊"篇均引均在4次以上,其中《中国社会科学》(法学文章)6.8次、《法学研究》4.8次、《中国法学》4.4次。

从法学期刊看,篇均引在4次以上的期刊共有2家,分别是《法学研究》《中国法学》。篇均引在2~4次的期刊共9家,分别是《法律科学》《法学家》《清华法学》《中国刑事法杂志》《东方法学》《中外法学》《比较法研究》《法学评论》《当代法学》。篇均引在1~2次的期刊共有13家,分别是《国家检察官学院学报》《华东政法大学学报》《政治与法律》《法学》《法商研究》《法制与社会发展》《政法论坛》《行政法学研究》《现代法学》《中国法律评论》《法学论坛》《交大法学》《知识产权》。

表7　2017—2018年法学期刊篇均引1次以上情况

（按照期刊篇均引降序排序，篇均引相同的按照期刊名称拼音排序）

序号	期刊名称	文章量（篇）	被引频次（次）	篇均引（次）
1	《法学研究》	137	660	4.8
2	《中国法学》	185	812	4.4
4	《法律科学》	223	610	2.7
3	《法学家》	153	411	2.7
6	《清华法学》	139	345	2.5
7	《中国刑事法杂志》	110	275	2.5
5	《东方法学》	192	459	2.4
8	《中外法学》	159	387	2.4
10	《比较法研究》	156	348	2.2
9	《法学评论》	207	458	2.2
11	《当代法学》	173	349	2
15	《法学》	368	691	1.9
12	《国家检察官学院学报》	132	257	1.9
13	《华东政法大学学报》	194	372	1.9
14	《政治与法律》	320	611	1.9
16	《法商研究》	220	362	1.6
17	《法制与社会发展》	152	240	1.6
18	《政法论坛》	201	322	1.6
19	《行政法学研究》	148	227	1.5
20	《现代法学》	172	250	1.5
21	《中国法律评论》	229	297	1.3
22	《法学论坛》	204	238	1.2
23	《交大法学》	115	116	1
24	《知识产权》	288	290	1

从高校学报及社科类综合刊（法学文章）看，篇均引6.8次的期刊为《中国社会科学》。篇均引在1~2次的期刊有4家，分别是《上海大学学报（社会科学版）》《武汉大学学报（哲学社会科学版）》《浙江工商大学学报》《浙江社会科学》。

表8 2017—2018年高校学报及社科类综合刊(法学文章)篇均引1次以上情况

(按照期刊篇均引降序排列)

序号	期刊名称(法学文章)	文章量(篇)	被引频次(次)	篇均引(次)
1	《中国社会科学》	45	306	6.8
2	《上海大学学报(社会科学版)》	24	43	1.8
3	《武汉大学学报(哲学社会科学版)》	50	86	1.7
4	《浙江工商大学学报》	52	71	1.4
5	《浙江社会科学》	77	93	1.2

三、高被引文章及学术研究热点分析

通过对高被引文章及高被引期刊特色栏目以及研究热点的分析,可以看到二者相辅相成,呈现出高度一致性。高频词中出现次数较多的是人工智能、个人信息、民法典等高频词,在法学期刊中都有策划相应的特色专题栏目。

(一)被引频次10次以上的文章178篇,单篇最高被引频次66次

2017—2018年法学期刊被引文章为6048篇,总被引频次14955次。其中被引频次10次(含10次)以上的文章共178篇,总占比仅2.94%;合计被引频次2705次,总占比18.09%。

表9 2017—2018年文章被引频次10次以上情况

被引频次	被引文章(篇)	累计被引频次
50次以上	1	66
40次至49次	1	42
30次至39次	6	215
20次至29次	19	453
10次至19次	151	1929
合计	178	2705

被引频次30次以上的文章共8篇。被引最多的是吴汉东教授在《法律科学》2017年第5期发表的《人工智能时代的制度安排与法律规制》,被引频次66次。第二位是程啸教授在《中国社会科学》2018年第3期发表的《论大数据时代的个人数据权利》,被引频次42次。被引频次30次至39次的文章共6篇,被引频次215次。张文显教授在《清华法学》2017年第4期发表的《法理:法理学的中心主题和法学的

共同关注》,被引频次 37 次。另外,被引频次 20 次至 29 次的文章共 19 篇,被引频次 453 次。被引频次 10 次至 19 次的文章共 151 篇,被引频次 1929 次。

表 10　2017—2018 年被引频次 30 次以上文章情况

期刊名称	文章标题	作者	被引频次（30 次以上）
《法律科学》	《人工智能时代的制度安排与法律规制》	吴汉东	66
《中国社会科学》	《论大数据时代的个人数据权利》	程啸	42
《清华法学》	《法理:法理学的中心主题和法学的共同关注》	张文显	37
《法学研究》	《个人信息保护:从个人控制到社会控制》	高富平	37
《政治与法律》	《监察与司法协调衔接的法规范分析》	龙宗智	37
《东方法学》	《人工智能有限法律人格审视》	袁曾	36
《中国法学》	《认罪认罚从宽制度的若干争议问题》	陈瑞华	35
《政法论坛》	《数据新型财产权构建及其体系研究》	龙卫球	33

(二)高被引文章主要来自《中国法学》等 32 家,高被引文章在 20 篇以上的期刊有 2 家

被引频次 10 次(含 10 次)以上的文章共 178 篇,涉及期刊共 32 家(法学专刊 28 家,高校学报及社科类综合刊 4 家)。其中高被引文章(10 次以上)20 篇以上的期刊共 2 家,分别是《中国法学》22 篇,被引频次 331 次;《法学研究》20 篇,被引频次 313 次。被引文章 10~19 篇的期刊共 4 家,分别是《东方法学》13 篇,被引频次 216 次;《法学评论》13 篇,被引频次 184 次;《法律科学》12 篇,被引频次 262 次;《中国社会科学》10 篇,被引频次 158 次。

表 11　2017—2018 年被引频次 10 次以上文章期刊分布情况

期刊名称(高被引文章量)	期刊数量（家）	高被引文章量（篇）
《中国法学》22 篇/《法学研究》20 篇	2	20 篇以上
《东方法学》13 篇/《法学评论》13 篇/《法律科学》12 篇/《中国社会科学》10 篇	4	10~19 篇
《比较法研究》7 篇/《法学》7 篇/《华东政法大学学报》7 篇/《政治与法律》7 篇/《清华法学》6 篇/《政法论坛》6 篇/《中国刑事法杂志》6 篇/《法学家》5 篇	8	5~9 篇

(续表)

期刊名称(高被引文章量)	期刊数量(家)	高被引文章量(篇)
《环球法律评论》4篇/《中外法学》4篇/《中国法律评论》4篇/《当代法学》3篇/《法学论坛》3篇/《法商研究》3篇/《法学杂志》2篇/《国家检察官学院学报》2篇/《武汉大学学报(哲学社会科学版)》2篇/《行政法学研究》2篇/《财经法学》1篇/《法治研究》1篇/《广东社会科学》1篇/《求是学刊》1篇/《上海政法学院学报》1篇/《武大国际法评论》1篇/《现代法学》1篇/《知识产权》1篇	18	1~4
合计　　　　　　　178	32	—

(三)被引频次10次以上文章集中在民商法学、刑法学、诉讼法学,总占比66.50%

2017年至2018年被引频次在10次(含10次)以上的文章178篇(被引频次2705次),涉及民商法学、刑法学、诉讼法学、理论法学、宪法学、司法制度、经济学、行政法学、环境法学、国际法学共10个学科。

高被引文章(被引10次以上)相对集中在民商法学、刑法学、诉讼法学3个学科,合计被引文章113篇,合计被引频次1799次(占比66.50%)。其中民商法学被引文章46篇,被引频次819次(占比30.27%);刑法学被引文章41篇,被引频次589次(占比21.77%);诉讼法学被引文章26篇,被引频次391次(占比14.45%)。

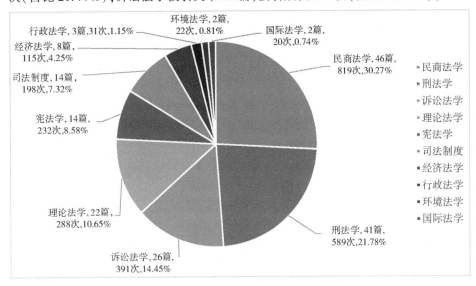

图3　被引频次10次以上文章学科分布情况

(四) 被引文章研究热点集中在"人工智能""个人信息""认罪认罚"等方面

通过对6048篇被引文章中的14593个关键词进行统计,被引频次在100次以上的高频词共计13个,分别为"人工智能""个人信息""认罪认罚""土地经营权""民法典""监察委员会""监察体制""大数据""民法总则""三权分置""值班律师""智能机器人""网络犯罪"。

被引文章学术研究热点相对集中在"人工智能""个人信息""认罪认罚""土地经营权"四个方面。其中"人工智能"关键词被引频次707次,被引文章79篇;"个人信息"关键词被引频次577次,被引文章66篇;"认罪认罚"关键词被引频次346次,被引文章66篇;"土地经营权"关键词被引频次334次,被引文章34篇。

表12 被引文章热点关键词情况(100次以上)

(按照关键词被引频次降序排序)

序号	关键词	累计被引频次	被引文章量(篇)
1	人工智能	707	79
2	个人信息	577	66
3	认罪认罚	346	66
4	土地经营权	334	34
5	民法典	293	78
6	监察委员会	220	34
7	监察体制	209	31
8	大数据	204	48
9	民法总则	203	55
10	三权分置	188	33
11	值班律师	123	17
12	智能机器人	120	12
13	网络犯罪	113	31
合计		3637	584

(五) 被引文章学术研究热点专题栏目设置情况

学术热点在法学期刊的栏目设置与专题策划上有非常直观的体现。2017—2018年多家期刊通过设置常设栏目或特色专题关注学术研究热点。

从法学期刊来看,有7家期刊开设"人工智能"相关特色专题,分别是《法律科学》《法学》《国家检察官学院学报》《河北法学》《华东政法大学学报》《上海政法学院学报》《西南政法大学学报》,被引文章21篇,被引频次263次。有10家期刊开设"认罪认罚"相关特色专题,分别是《东方法学》《法律适用(理论应用)》《法商研究》《法学杂志》《法治研究》《国家检察官学院学报》《华东政法大学学报》《政法学刊》《中国法学》《中国刑警学院学报》,被引文章26篇,被引频次241次。有5家期刊开设"监察制度"相关特色专题,分别是《法律科学》《法学论坛》《法学评论》《法学杂志》《政治与法律》,被引文章9篇,被引频次116次。有6家期刊开设"个人信息"相关特色专题,分别是《东方法学》《法律适用(理论应用)》《法学论坛》《法学研究》《河北法学》《华东政法大学学报》,被引文章11篇,被引频次112次。有16家法学期刊开设"民法典"相关特色专题,分别是《当代法学》《东方法学》《法律科学》《法律适用(理论应用)》《法商研究》《法学》《法学论坛》《法学杂志》《黑龙江省政法管理干部学院学报》《华东政法大学学报》《交大法学》《经贸法律评论》《苏州大学学报(法学版)》《知识产权》《中国法学》《中国政法大学学报》,被引文章26篇,被引频次106次。

《东方法学》《法律适用(理论应用)》通过组织专题共同关注"认罪认罚""个人信息""民法典""网络犯罪"学术热点,被引文章17篇。

表13 法学期刊被引文章学术研究热点专题栏目设置情况

(按照被引频次降序排序,表中所列期刊按照期刊名称拼音排序)

序号	热点关键词	热点专题栏目	期刊名称	被引文章量(篇)	累计被引文章量(篇)	累计被引频次(次)
1	人工智能	法律制度探微——人工智能法律问题专题	《法律科学》	13	21	263
		法律文化与法律价值——科技新时代法学专论				
		专题研究	《法学》	1		
		主题研讨——网络时代的法律治理	《国家检察官学院学报》	1		
		专题研究:人工智慧与未来法治	《河北法学》	1		
		信息社会与未来法治	《华东政法大学学报》	3		
		人工智能法律问题研究	《上海政法学院学报》	1		
		人工智能法律问题专栏	《西南政法大学学报》	1		

(续表)

序号	热点关键词	热点专题栏目	期刊名称	被引文章量（篇）	累计被引文章量（篇）	累计被引频次（次）
2	认罪认罚	司法改革	《东方法学》	3	26	241
		专题研究:关于认罪认罚从宽制度实践探索的探讨	《法律适用(理论应用)》	4		
		专题研究:关于认罪认罚从宽制度的实践与理论的探讨				
		专题研究:关于认罪认罚从宽制度改革背景下的律师有效辩护的探讨				
		法治热点问题	《法商研究》	1		
		司法实践与改革	《法学杂志》	4		
		中国刑法前沿问题专题研究				
		专题研讨	《法治研究》	1		
		特稿——刑诉法修改辅导讲座	《国家检察官学院学报》	5		
		主题研讨——认罪认罚从宽制度				
		专题研讨(认罪认罚)	《华东政法大学学报》	2		
		值班律师制度专题	《政法学刊》	3		
		本期聚焦:刑事司法改革	《中国法学》	2		
		刑事政策与刑事法律	《中国刑警学院学报》	1		
3	监察制度	监察法律制度专题	《法律科学》	2	9	116
		名家主持·刑事法前沿问题研究	《法学论坛》	1		
		国家监察体制改革纵横谈	《法学评论》	2		
		国家监察法专题研究	《法学杂志》	1		
		主题研讨——监察体制改革中的职务犯罪调查制度完善	《政治与法律》	3		

（续表）

序号	热点关键词	热点专题栏目	期刊名称	被引文章量（篇）	累计被引文章量（篇）	累计被引频次（次）
4	个人信息	专题笔谈——人格权相关立法问题研究	《东方法学》	1	11	112
		特别策划:关于侵犯公民个人信息罪的若干问题探讨	《法律适用(理论应用)》	3		
		特别策划——专题二、《民法总则》相关问题研究	《法学论坛》	1		
		个人信息使用与保护的法律机制	《法学研究》	4		
		专题研究:人工智慧与未来法治	《河北法学》	1		
		信息社会与未来法治	《华东政法大学学报》	1		
5	民法典	民法典编纂专题	《当代法学》	3	26	106
		专题笔谈——人格权相关立法问题研究	《东方法学》	3		
		绿色民法典专题	《法律科学》	2		
		特别策划:《民法总则》问题研究	《法律适用(理论应用)》	1		
		民法典编纂研究	《法商研究》	2		
		专题研究	《法学》	2		
		特别策划——专题二、《民法总则》相关问题研究	《法学论坛》	1		
		民法典编纂专题研究	《法学杂志》	1		
		民商法	《黑龙江省政法管理干部学院学报》	1		
		专题研讨	《华东政法大学学报》	1		
		特集二:习惯与民法典编纂	《交大法学》	1		
		专题聚焦:中国民法典立法	《经贸法律评论》	1		
		本期聚焦:民法典编纂	《苏州大学学报(法学版)》	1		
		专题论述	《知识产权》	2		
		本期聚焦:民法分则立法研究	《中国法学》	3		
		民法典人格权编专题	《中国政法大学学报》	1		

（续表）

序号	热点关键词	热点专题栏目	期刊名称	被引文章量（篇）	累计被引文章量（篇）	累计被引频次（次）
6	土地经营权	农地"三权分置"专题研究	《北方法学》	3	9	85
		专题研究：关于农村土地承包经营权审理问题的探讨	《法律适用（理论应用）》	1		
		主题研讨（农地三权分置）	《法学家》	2		
		特集：农村土地权利在民法典中的重构	《交大法学》	1		
		主题研讨——"三权"分置思想指导下的深化农村土地制度改革的法律问题	《政治与法律》	2		
7	大数据	科技新时代法学专论	《法律科学》	1	6	48
		个人信息使用与保护的法律机制	《法学研究》	2		
		主题研讨——网络时代的法律治理	《国家检察官学院学报》	1		
		行政法学研究会年会专栏	《行政法学研究》	1		
		专题研究：人工智慧与未来法治	《河北法学》	1		
8	网络犯罪	网络法治	《东方法学》	1	10	34
		网络时代的刑法问题	《法律科学》	3		
		专题研究：关于如何"认定"网络犯罪的探讨	《法律适用（理论应用）》	1		
		中国刑法前沿问题专题研究	《法学杂志》	1		
		主题研讨——电信网络诈骗犯罪	《国家检察官学院学报》	2		
		主题研讨——网络时代的刑事法治理				
		主题研讨——被害人教义学的发展：刑事责任的分配与被害人自我保护	《政治与法律》	1		
		专题：快播案的教义分析与证据鉴真	《中外法学》	1		
合计					118	1005

从高校学报及社科类综合刊（法学文章）来看，有5家期刊开设"个人信息"相关特色专题，分别是《甘肃社会科学》《河南大学学报（社会科学版）》《上海大学学报（社会科学版）》《浙江社会科学》《重庆大学学报（社会科学版）》，被引文章12篇，被引频次57次。有4家期刊开设"人工智能"相关特色专题，分别是《华南师范大学学报（社会科学版）》《求是学刊》《上海师范大学学报（哲学社会科学版）》《浙江社会科学》，被引文章8篇，被引频次51次。有2家期刊开设"监察制度"相关特色专题，分别是《河南社会科学》《武汉大学学报（哲学社会科学版）》，被引文章4篇，被引频次36次。有2家期刊开设"民法典"相关特色专题，分别是《甘肃社会科学》《武汉大学学报（哲学社会科学版）》，被引文章4篇，被引频次19次。

表14　高校学报及社科类综合刊被引文章学术研究热点专题栏目设置情况

（按照被引频次降序排序，表中所列期刊按照期刊名称拼音排序）

序号	热点关键词	热点专题栏目	期刊名称	被引文章量（篇）	累计被引文章量（篇）	累计被引频次（次）
1	个人信息	法学——人格权确权及其体化研究	《甘肃社会科学》	2	12	57
		"新兴（新型）权利法律问题研究:新型人格权的法律问题"专题	《河南大学学报（社会科学版）》	1		
		中国问题·大数据专题	《上海大学学报（社会科学版）》	2		
		主题研讨:互联网法与网络空间治理	《浙江社会科学》	5		
		主题研讨:"两高"侵犯公民个人信息司法解释之研读				
		数据·信息法学问题研究				
		法学研究——信息安全法专题研究	《重庆大学学报（社会科学版）》	2		
2	人工智能	政法论丛——人工智能刑事立法研究专题	《华南师范大学学报（社会科学版）》	3	8	51
		人工智能法律问题专论	《求是学刊》	1		
		人工智能与人类社会	《上海师范大学学报（哲学社会科学版）》	1		
		主题研讨:人工智能的法理与司法应用	《浙江社会科学》	3		
		数据·信息法学问题研究	《浙江社会科学》	0		

(续表)

序号	热点关键词	热点专题栏目	期刊名称	被引文章量（篇）	累计被引文章量（篇）	累计被引频次（次）
3	监察制度	优化国家监察体制改革方案专题研究	《河南社会科学》	2	4	36
		法学研究——聚焦国家监察制度改革	《武汉大学学报（哲学社会科学版）》	2		
4	民法典	法学——民法典编纂的体系性问题研究	《甘肃社会科学》	3	4	19
		法学——人格权确权及具体化研究				
		法学研究——聚集《民法典》编撰	《武汉大学学报（哲学社会科学版）》	1		
5	大数据	网络治理的法律规制	《东北师大学报（哲学社会科学版）》	1	4	12
		新兴（新型）权利法律问题研究	《求是学刊》	1		
		主题研讨：人工智能的法理与司法应用	《浙江社会科学》	2		
6	土地经营权	学子语类——担保物权立法研讨	《江西社会科学》	1	1	5
7	认罪认罚	诉讼制度改革专题研究	《苏州大学学报（哲学社会科学版）》	1	1	4
合计					34	184

四、高被引作者及所属研究机构分析

对高被引作者分析主要从高被引作者的被引频次、被引文章量、所属机构、职称分布以及期刊分布等方面进行了多维度的深入分析。

（一）被引频次在30次以上的高被引作者有60位

2017—2018年被引文章共计6048篇，涉及作者3668位。被引频次30次以上的高被引作者有60位，被引文章520篇，合计被引频次3324次，占比22.23%。

从被引频次看，被引频次在100次以上的作者有4位，被引文章77篇；被引频次在70~99次的作者有10位，被引文章133篇；被引频次在50~69次的作者有9位，被引文章84篇。被引频次在40~49次的作者有13位，被引文章90篇；被引频次在30~39次的作者有24位，被引文章136篇。被引频次在30次以下的作者有

3608 位,被引文章 5528 篇。

表 15　被引频次在 30 次以上的作者分布情况

(按照被引频次降序排序)

被引频次(次)	作者数量(位)	作者情况(被引频次/被引文章)
100 次以上	4	张明楷(176 次,18 篇)、刘宪权(147 次,18 篇)、王利明(120 次,22 篇)、陈瑞华(115 次,19 篇)
70~99 次	10	高圣平(97 次,13 篇)、秦前红(95 次,21 篇)、杨立新(95 次,24 篇)、陈兴良(93 次,14 篇)、张文显(90 次,9 篇)、吴汉东(83 次,7 篇)、刘艳红(81 次,12 篇)、左卫民(81 次,11 篇)、龙宗智(80 次,12 篇)、陈光中(72 次,10 篇)
50~69 次	9	陈卫东(68 次,10 篇)、吕忠梅(67 次,10 篇)、程啸(62 次,7 篇)、崔建远(57 次,13 篇)、张翔(55 次,6 篇)、周光权(55 次,11 篇)、孔祥俊(54 次,11 篇)、卞建林(53 次,9 篇)、马长山(50 次,7 篇)
40~49 次	13	龙卫球(49 次,4 篇)、陈景辉(47 次,9 篇)、高富平(47 次,4 篇)、劳东燕(45 次,7 篇)、丁晓东(44 次,6 篇)、熊琦(44 次,5 篇)、叶名怡(43 次,5 篇)、雷磊(42 次,10 篇)、汪海燕(42 次,9 篇)、李奋飞(41 次,7 篇)、韩大元(40 次,8 篇)、孙国祥(40 次,8 篇)、于志刚(40 次,8 篇)
30~39 次	24	叶青(39 次,8 篇)、王迁(38 次,4 篇)、熊秋红(37 次,5 篇)、徐汉明(37 次,6 篇)、张建伟(37 次,6 篇)、易继明(36 次,6 篇)、袁曾(36 次,1 篇)、郑戈(36 次,2 篇)、周新(36 次,7 篇)、樊崇义(35 次,8 篇)、蒋大兴(35 次,7 篇)、孙道萃(34 次,10 篇)、王敏远(33 次,3 篇)、张新宝(33 次,5 篇)、蔡立东(32 次,6 篇)、陈小君(32 次,5 篇)、刘品新(32 次,8 篇)、张卫平(32 次,9 篇)、张玉洁(32 次,4 篇)、黎宏(31 次,8 篇)、孙谦(31 次,5 篇)、马怀德(30 次,5 篇)、皮勇(30 次,4 篇)、童之伟(30 次,4 篇)
合计	60	—

(二)高被引作者来自 25 家研究机构,以教授为主

从所属机构来看,60 位作者涉及研究机构共 25 家。中国人民大学法学院有 12 位,清华大学法学院有 9 位,中国政法大学有 7 位,华东政法大学有 6 位,北京大学法学院有 4 位,武汉大学法学院有 3 位。四川大学法学院、中南财经政法大学、上海交通大学凯原法学院、天津大学法学院、广东外语外贸大学法学院、北京师范大学法学院、中国社会科学院法学研究所和浙江大学光华法学院各有 2 位。东南大学法学院、中国法学会、北京航空航天大学法学院、华中科技大学法学院、暨南大学法学院、

上海财经大学法学院、南京大学法学院、大连海事大学法学院、广州大学法学院、吉林大学法学院和最高人民检察院各有1位。

从高被引作者的职称分布来看,60位作者中有55位教授,2位副教授,2位讲师,1位博士研究生。

表16 被引频次在30次以上作者的研究机构分布情况[1]

(按研究机构的被引频次降序排列,被引频次相同的按研究机构的拼音排列)

序号	研究机构	被引频次(次)	作者数量(位)	被引文章量(篇)	作者
1	中国人民大学法学院	634	12	109	王利明教授、高圣平教授、杨立新教授、陈卫东教授、张翔教授、陈景辉教授、丁晓东副教授、李奋飞教授、韩大元教授、周新副教授、张新宝教授、刘品新教授
2	清华大学法学院	465	9	71	张明楷教授、吕忠梅教授、程啸教授、崔建远教授、周光权教授、劳东燕教授、张建伟教授、黎宏教授、张卫平教授
3	华东政法大学	351	6	45	刘宪权教授、马长山教授、高富平教授、叶青教授、王迁教授、童之伟教授
4	中国政法大学	290	7	54	陈光中教授、卞建林教授、雷磊教授、汪海燕教授、于志刚教授、樊崇义教授、马怀德教授
5	北京大学法学院	279	4	46	陈瑞华教授、陈兴良教授、易继明教授、蒋大兴教授
6	四川大学法学院	161	2	23	左卫民教授、龙宗智教授
7	武汉大学法学院	147	3	27	秦前红教授、皮勇教授、吕忠梅教授
8	中南财经政法大学	120	2	13	吴汉东教授、徐汉明教授
9	上海交通大学凯原法学院	90	2	13	孔祥俊教授、郑戈教授
10	东南大学法学院	81	1	12	刘艳红教授
11	中国法学会	81	1	8	张文显教授

---

[1] 统计表中存在同一作者在不同研究机构发表文章的情况,按照研究机构分开统计。

(续表)

序号	研究机构	被引频次（次）	作者数量（位）	被引文章量（篇）	作者
12	天津大学法学院	77	2	20	杨立新教授、张卫平教授
13	广东外语外贸大学法学院	60	2	9	陈小君教授、周新副教授
14	北京师范大学法学院	58	2	15	樊崇义教授、孙道萃讲师
15	中国社会科学院法学研究所	57	2	7	熊秋红教授、王敏远教授
16	北京航空航天大学法学院	49	1	4	龙卫球教授
17	华中科技大学法学院	44	1	5	熊琦教授
18	暨南大学法学院	44	1	8	崔建远教授
19	上海财经大学法学院	43	1	5	叶名怡教授
20	南京大学法学院	40	1	8	孙国祥教授
21	大连海事大学法学院	36	1	1	袁曾博士生
22	广州大学法学院	32	1	4	张玉洁讲师
23	吉林大学法学院	32	1	6	蔡立东教授
24	最高人民检察院	31	1	5	孙谦教授
25	浙江大学光华法学院	22	2	2	张文显教授、王敏远教授
	合计	3324	60	520	

(三) 高被引作者的被引文章来自72家期刊

被引频次在30次以上的60位作者的文章涉及期刊共72家，其中核心期刊61家（法学专刊39家，法学集刊2家，高校学报及社科类综合刊20家），被引文章491篇，被引频次3056次；非核心期刊11家（法学专刊9家、法学集刊2家），被引文章29篇，被引频次268次。

法学期刊中被引文章在20篇以上的期刊有8家，分别是《比较法研究》《法学》《中外法学》《法学研究》《政治与法律》《中国法学》《法学评论》《中国法律评论》，文章量183篇。被引文章在10~19篇之间的期刊有12家，分别是《政法论坛》《法学杂志》《法律科学》《清华法学》《环球法律评论》《中国刑事法杂志》《东方法学》《法学家》《华东政法大学学报》《现代法学》《国家检察官学院学报》《人民检察》，文章量180篇。被引文章在5~9之间的期刊有9家，文章量58篇。被引文章在5篇以下的期刊有23家，文章量43篇。

表17　法学期刊中高被引作者被引文章5篇以上情况

（按照被引文章量降序排序）

期刊名称(作者位数/被引文章)	期刊数量（家）	被引文章量（5篇以上）
《比较法研究》(21位,27篇)/《法学》(23位,26篇)/《中外法学》(24位,26篇)/《法学研究》(18位,22篇)/《政治与法律》(17位,22篇)/《中国法学》(20位,20篇)/《法学评论》(16位,20篇)/《中国法律评论》(12位,20篇)	8	20篇以上
《政法论坛》(15位,18篇)/《法学杂志》(15位,18篇)/《法律科学》(17位,17篇)/《清华法学》(15位,17篇)/《环球法律评论》(16位,16篇)/《中国刑事法杂志》(12位,16篇)/《东方法学》(11位,13篇)/《法学家》(13位,14篇)/《华东政法大学学报》(12位,14篇)/《现代法学》(11位,14篇)/《国家检察官学院学报》(10位,12篇)/《人民检察》(9位,11篇)	12	10~19篇
《法商研究》(8位,8篇)/《法治现代化研究》(8位,8篇)/《当代法学》(7位,7篇)/《法学论坛》(6位,6篇)/《知识产权》(4位,6篇)/《法制与社会发展》(6位,6篇)/《政法论丛》(5位,6篇)/《中国律师》(1位,6篇)/《法律适用(理论应用)》(3位,5篇)	9	5~9篇

高校学报及社科类综合刊中被引文章在10篇以上的期刊有1家，为《中国社会科学》，文章量12篇。被引文章在4~9篇的期刊有4家，分别是《武汉大学学报(哲学社会科学版)》《浙江工商大学学报》《中州学刊》《华南师范大学学报(社会科学版)》，文章量21篇。被引文章在2~3篇的期刊有7家，文章量15篇。被引文章2篇以下的期刊有8家，文章量8篇。

表18　高校学报及社科类综合刊中高被引作者被引文章2篇以上情况

（按照被引文章量降序排序）

期刊名称(作者位数/文章数量)	期刊数量（家）	被引文章总量(篇)	被引文章量（2篇以上）
《中国社会科学》(12位,12篇)	1	12	10篇以上
《武汉大学学报(哲学社会科学版)》(6位,7篇)/《浙江工商大学学报》(6位,6篇)/《中州学刊》(4位,4篇)/《华南师范大学学报(社会科学版)》(3位,4篇)	4	21	4~9篇

(续表)

期刊名称(作者位数/文章数量)	期刊数量(家)	被引文章总量(篇)	被引文章量(2篇以上)
《北京行政学院学报》(2位,3篇)/《广东社会科学》(2位,2篇)/《求是学刊》(2位,2篇)/《浙江社会科学》(2位,2篇)/《中南大学学报(社会科学版)》(2位,2篇)/《苏州大学学报(社学社会科学版)》(1位,2篇)/《甘肃社会科学》(2位,2篇)	7	15	2~3篇

五、高被引期刊的共同特征

本文通过研究 2017—2018 年法学期刊引证情况,发现法学期刊的引证存在一些规律,比如高被引期刊和高被引作者大多集中在特定的范围,高被引文章与法学期刊的栏目策划及学术热点研究呈现出高度一致性。这些高被引期刊呈现出一些共同的特征:

首先,高被引期刊集中在《中国法学》等 26 家法学核心专刊,被引频次总占比达到六成以上,被引文章总占比近五成。这些高被引期刊在引领法学前沿、推动法学理论创新和法学研究繁荣方面,发挥着不可替代的重要作用。

其次,在学术热点研究上,法学核心期刊通过选题策划、栏目设置,充分发挥引领法学研究的"指挥棒"作用,这些高被引期刊大多通过设置特色专题、特色专栏或专刊等方式,关注"人工智能""认罪认罚""监察制度""个人信息""民法典"等学术热点研究,引领法学研究方向。

再次,从文章数量来看,这些高被引法学核心期刊年度总体发文量比较稳定。结合高被引作者和高被引文章的期刊分布来看,这些高被引期刊因为自身的独特优势,同时拥有高被引作者和高质量文章,期刊自身发展方面形成良性循环。

最后,法学核心专刊非常重视通过自有新媒体和第三方平台进行期刊的宣传和学术传播,这些高被引期刊绝大多数都已开通期刊官方微信公众号,同时也很注重利用"北大法律信息网""法学学术前沿"等第三方平台进行多平台传播,增加曝光度,最终实现良好的新媒体传播效果。

六、结语

通过"北大法宝—法学期刊库"引证研究,再次印证了法学核心期刊是法学学术研究的重要阵地,在引领和服务中国特色社会主义法治理论研究方面发挥了重要作用,相信随着学术期刊质量、编辑策划以及传播能力的不断提升,法学期刊将为推进中国特色社会主义法治体系建设发挥更大的作用。

【责任编辑:郐雯倩】

2019年度最高人民法院涉房地产纠纷案件大数据分析报告

周朝阳[*]　章璐琼[**]　周天语[***]

摘要: 2019年,我国房地产市场政策环境整体偏紧,房企资金面承压,土地市场处低温状态。2020年上半年在新冠肺炎疫情影响之下,各大房企均下调2019年的销售目标,相关机构发布的研究报告对2020年的房地产市场普遍抱有审慎乐观的态度,认为全年经济增速将依旧呈现稳步放缓态势。

在此背景下,北京盈科(杭州)律师事务所律师团队运用大数据分析,以"中国裁判文书网""北大法宝"为数据来源,对2019年度最高院涉房地产纠纷案件的裁判观点进行整理、提炼,通过对487个案例的分析,可以看出最高院审理的案件中,主要集中在建设用地使用权合同类纠纷、租赁合同类纠纷、合作开发房地产类纠纷以及房屋买卖合同纠纷。由于房地产纠纷案件的复杂性,实践中发生的每个案件并非都能找到明确的法条依据,因此对最高院审理的案件进行分析研究,可以让法律实务工作者了解最高院对该类案件的最新动态,更好地服务于司法实践。

关键词: 房地产纠纷　大数据分析　裁判观点

收稿日期:2020-03-30
* 周朝阳,北京盈科(杭州)律师事务所高级合伙人。
** 章璐琼,北京盈科(杭州)律师事务所合伙人。
*** 周天语,北京盈科(杭州)律师事务所实习律师。

一、2019 年度最高院裁判数据统计

(一) 案由分布

笔者以"中国裁判文书网""北大法宝"案件为依据,共检索出 2019 年度最高院审理的涉及房地产纠纷案件 487 件,其中建设用地使用权合同纠纷案件合计 72 件,所占比例为 14.78%;房地产开发经营合同纠纷案件合计 153 件,所占比例为 31.42%;房屋买卖合同纠纷案件合计 107 件,所占比例为 21.97%;房屋拆迁安置补偿合同纠纷案件合计 53 件,所占比例为 10.88%;租赁合同纠纷案件合计 102 件,所占比例为 20.94%。具体案件分布情况见表 1。

表 1 最高院审理的房地产纠纷案件案由分布情况

案由	数量(件)	合计(件)
建设用地使用权合同纠纷	14	
建设用地使用权出让合同纠纷	30	72
建设用地使用权转让合同纠纷	28	
临时用地合同纠纷	0	0
房地产开发经营合同纠纷	23	
委托代建合同纠纷	7	
合资、合作开发房地产合同纠纷	110	153
项目转让合同纠纷	13	
房屋买卖合同纠纷	65	
商品房预约合同纠纷	4	
商品房预售合同纠纷	12	
商品房销售合同纠纷	16	107
商品房委托代理销售合同纠纷	10	
经济适用房转让合同纠纷	0	
农村房屋买卖合同纠纷	0	
房屋拆迁安置补偿合同纠纷	53	53
租赁合同纠纷	43	
土地租赁合同纠纷	12	102
房屋租赁合同纠纷	47	
总计	487	

(二) 类型分布

根据案件审判程序的不同进行分类分析,2019 年度最高院审理的涉及房地产纠纷案件中,民事申请再审审查案件占绝大多数,具体情况见图 1。

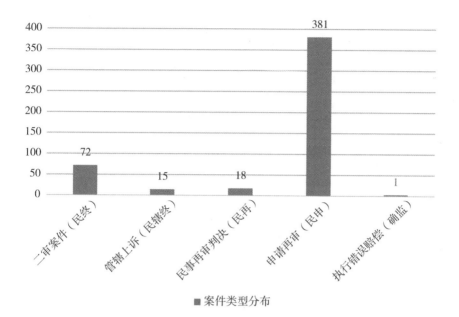

图 1　案件类型分布情况

(三)裁判结果

1. 二审案件裁判结果

统计结果显示,2019 年度最高院审理的二审案件总共有 32 件,具体裁判结果比例见图 2。

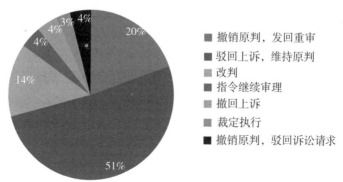

图 2　二审案件裁判结果

2. 申请再审案件裁判结果

统计结果显示,2019 年度再审申请人向最高院提起再审申请案件总共有 381 件,具体裁判结果见图 3。

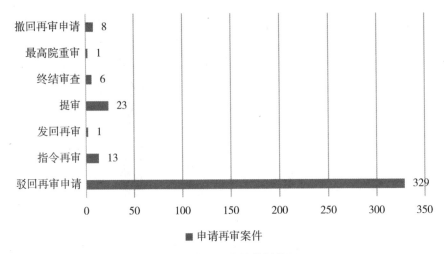

图 3　申请再审案件裁判结果

3. 再审审理案件裁判结果

统计结果显示,2019年度最高院审理的民事再审案件总共有18件,具体裁判结果见图4。

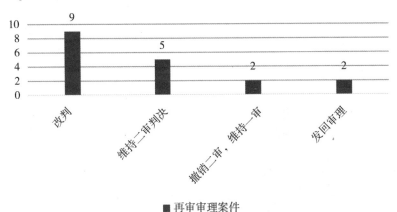

图 4　再审审理案件裁判结果

4. 管辖上诉案件裁判结果

统计结果显示,2019年度最高院审理的管辖上诉案件总共有15件,具体裁判结果见图5。

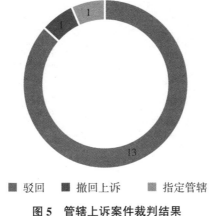

■ 驳回　■ 撤回上诉　■ 指定管辖

图 5　管辖上诉案件裁判结果

5. 执行错误赔偿(确监)结果

统计结果显示,2019 年度最高院审理执行错误赔偿(确监)案件总共有 1 件。

6. 其他案件

统计结果显示,2019 年度无最高检抗诉案件(民抗)、提审案件(民提)、依职权再审(民监)等类型案件的裁判结果公布。

二、房地产开发经营合同纠纷常见问题裁判意见

从中国裁判文书网、北大法宝—司法案例库检索到 2019 年度最高院审理的房地产开发经营合同纠纷案件共 153 件。其中:(1)以三级案由立案的房地产开发经营合同纠纷 23 件,7 件为最高院二审终审案件(民终),2 件为管辖上诉案件(民辖终),1 件为民事再审判决案件(民再),13 件为申请再审案件(民申);(2)以四级案由立案的委托代建合同纠纷 7 件,4 件为最高院二审终审案件(民终),1 件为管辖上诉案件(民辖终),2 件为申请再审案件(民申);(3)以四级案由立案的合资、合作开发房地产合同纠纷 110 件,25 件为最高院二审终审案件(民终),7 件为管辖上诉案件(民辖终),4 件为民事再审判决案件(民再),74 件为申请再审案件(民申);(4)以四级案由立案的项目转让合同纠纷 13 件,5 件为最高院二审终审案件(民终),1 件为管辖上诉案件(民辖终),7 件为申请再审案件(民申)。

表 2 最高院审理的房地产纠纷案件汇总表

序号	类型	房地产经营合同纠纷				房屋拆迁安置补偿合同纠纷	房屋买卖合同纠纷							租赁合同纠纷			建设用地使用权合同纠纷			案件类型合计
		房地产开发经营合同纠纷	委托代建合同纠纷	合资、合作开发房地产合同纠纷	项目转让合同纠纷		房屋买卖合同纠纷	商品房预约合同纠纷	商品房预售合同纠纷	商品房销售合同纠纷	商品房委托代理销售合同纠纷	经济适用房转让合同纠纷	农村房屋买卖合同纠纷	租赁合同纠纷	房屋租赁合同纠纷	土地租赁合同纠纷	建设用地使用权合同纠纷	建设用地使用权出让合同纠纷	建设用地使用权转让合同纠纷	
1	二审案件	7	4	25	5	2	6	0	1	0	0	0	0	3	2	1	3	9	4	72
2	管辖上诉	2	1	7	1	0	1	0	0	0	0	0	0	1	2	0	0	0	0	15
3	民事再审判决(民再)	1	0	4	0	1	0	0	1	1	0	0	0	4	2	2	0	1	0	18
4	申请再审(民申)	13	2	74	7	50	58	4	10	15	9	0	0	35	41	9	10	20	24	381
5	执行错误赔偿(确监)	0	0	0	0	0	0	0	0	0	0	0	0	0	0	0	1	0	0	1
	以案由小计	23	7	110	13	53	65	4	12	16	10	0	0	43	47	12	14	30	28	487
		153				53	107							102			72			487

(一)房地产开发经营合同纠纷常见问题裁判意见

1. 若某条款并非合同生效的必要条款,则该条款无效,合同其他部分仍具有效力。【(2019)最高法民申3501号】

最高院认为:《物权法》第137条规定:"设立建设用地使用权,可以采取出让或者划拨等方式。工业、商业、旅游、娱乐和商品住宅等经营性用地以及同一土地有两个以上意向用地者的,应当采取招标、拍卖等公开竞价的方式出让。严格限制以划拨方式设立建设用地使用权。采取划拨方式的,应当遵守法律、行政法规关于土地用途的规定。"本案中,祥云公司与南关二街经济合作社、南关一街经济合作社(以下简称"合作社")分别签订《旧村拆迁安置与房地产开发建设工程合同》和《莒县昌盛家园开发建设工程补充协议》,就案涉土地的开发建设进行了约定。案涉协议均明确约定合作社"保证案涉土地挂牌拍卖价格每亩不超过70万元,并保证挂牌给祥云公司"。该约定违反了上述法律的相关规定,依法应为无效。《合同法》第56条规定:"无效的合同或者被撤销的合同自始没有法律约束力。合同部分无效,不影响其他部分效力的,其他部分仍然有效。"合作社与祥云公司有关"保证案涉土地挂牌拍卖价格每亩不超过70万元,并保证挂牌给祥云公司"的条款并非合同成立生效的必要条款,案涉合同所涉"保证案涉土地挂牌拍卖价格每亩不超过70万元,并保证挂牌给祥云公司"条款内容的无效,并不影响《旧村拆迁安置与房地产开发建设工程合同》和《莒县昌盛家园开发建设工程补充协议》其他部分的效力。

2. 新增地价款分担约定不明,且不属于履行合同发生的必要费用,依照公平原则,按照双方受益比例分担新增地价款。【(2019)最高法民再312号】

最高院认为:本案新增地价款应参照其他法律规定,依照公平原则,由轻纺公司和益乐嘉公司分担。《合同法》第123规定:"其他法律对合同另有规定的,依照其规定。"最高人民法院《关于审理涉及国有土地使用权合同纠纷案件适用法律问题的解释》第17条规定:"投资数额超出合作开发房地产合同的约定,对增加的投资数额的承担比例,当事人协商不成的,按照当事人的过错确定;因不可归责于当事人的事由或者当事人的过错无法确定的,按照约定的投资比例确定;没有约定投资比例的,按照约定的利润分配比例确定。"如前所述,对于新增地价款如何承担,双方未明确约定,根据合同的相关条款、交易习惯,以及合同法的相关规定,仍不能明确。本案轻纺公司与益乐嘉公司之间系合作开发房地产合同关系,新增地价款属于新增的投资额,且容积率从1.2增加至2.5,建筑面积相应增加,轻纺公司与益乐嘉公司均受益,因此按照双方受益比例分担新增地价款符合双方真实意思与公平原则,也符合法律规定。关于部分土地改变土地用途需补缴的地价款,因案涉项目用途改变体现为增加配建2层商业裙房,现商业裙房已分配给益乐嘉公司,即改变土地用途的受益人为益乐嘉公司,因此该费用应由益乐嘉公司承担,不应由轻纺公司承担。关于益乐嘉公司提出因新增建筑面积,其建筑成本亦应由轻纺公司承担的问题,因益乐嘉公司并未提出该项诉讼请求,因此,本院对益乐嘉公司新增建筑成本如何承担的问题不予审理,益乐嘉公司可以另行主张权利。

3. 合同的主要内容为土地一级开发,并非房地产开发,则该合同并不因当事人均不具备房地产开发经营资格而无效。【(2018)最高法民终183号】

最高院认为:根据最高人民法院《关于审理涉及国有土地使用权合同纠纷案件适用法律问题的解释》第15条的规定,"合作开发房地产合同的当事人一方具备房地产开发经营资质的,应当认定合同有效,当事人双方均不具备房地产开发经营资质的,应当认定合同无效"。该条款系关于合作开发房地产合同中房地产开发经营资格与合同效力的原则规定,其理据在于房地产开发事关人民群众的切身利益和社会公共利益,故合作开发一方必须具备房地产开发经营资格。本案中,春华水务公司与金策国泰公司签订《合作协议》的主要内容为案涉项目土地一级开发,并非房地产开发,故《合作协议》并不因当事人均不具备房地产开发经营资格而无效。案涉《合作协议》《补充协议》系当事人真实意思表示,且不违反法律、行政法规的强制性规定,应认定为有效。

(二)委托代建合同纠纷常见问题裁判意见

管辖案件中,当事人对人民法院地域管辖和受案范围的异议期限分别适用不同的法律规定。【(2019)最高法民辖终480号】

最高院认为:根据上述《出让合同》与《变更协议》的约定,就芜湖市资源规划局与芜湖苏宁公司之间因该合同履行而产生的争议,应由芜湖仲裁委员会仲裁,不属于人民法院受理民事诉讼的范围。芜湖市资源规划局在本案一审法院首次开庭前对人民法院的受理提出异议,根据《仲裁法》第26条关于"当事人达成仲裁协议,一方向人民法院起诉未声明有仲裁协议,人民法院受理后,另一方在首次开庭前提交仲裁协议的,人民法院应当驳回起诉"的规定,一审法院据此驳回芜湖苏宁公司对芜湖市资源规划局的起诉,并无不当。芜湖苏宁公司上诉称芜湖市资源规划局未在答辩期内提出异议及向一审法院提及有关证据,故异议超过了法定期限,对此最高院认为,当事人对人民法院地域管辖和受案范围的异议期限分别适用不同的法律规定,本案中,根据最高人民法院《关于适用〈中华人民共和国仲裁法〉若干问题的解释》第14条之规定,"仲裁法第二十六条规定的'首次开庭'是指答辩期满后人民法院组织的第一次开庭审理,不包括审前程序中的各项活动",芜湖市资源规划局的异议并未超期。

(三)项目转让合同纠纷常见问题裁判意见

1. 项目转让合同性质的认定。【(2018)最高法民终1345号】

最高院认为:九玖公司主张案涉合同系土地使用权转让合同,莱山区城市开发中心则认为案涉合同并非单纯的土地使用权转让,而是包括土地使用权在内的建设项目概括性转让合同。从合同整体看,案涉合同并非建设用地使用权转让合同或房地产开发经营合同,而是房地产项目转让合同,合同性质应确定为项目转让合同,理由:(1)从合同转让的标的看,案涉合同前言部分就明确,双方就"迎春大街中段改造房地产项目转让"达成一致意见。双方又进一步明确了转让项目的概况,对包括项目名称、项目土地使用性质、项目土地规划等具体条件,都作了约定,明确了项目开发建设的主要条件要求。(2)从合同受让主体的要求看,合同约定,受让方"受让项目后自行开发,不得转让";合同中还要求,受让方要"保证有资格受让项目,并有能力继续开发建设本合同项目"。可见案涉合同对于项目受让人的开发建设资质和能力条件,也提出了明确要求。(3)从合同的主要内容看,合同中有房地产项目概况、项目法律手续、项目转让费及支付、法律手续的转移、项目转让的费用、项目转让后办理法律手续义务、项目转让后建设要求等整个合同的主要条款都围绕着项目转让进行约定。据此,案涉合同转让的标的是房地产项目而非土地使用权,因此合同的性质应确定为项目转让合同。

2. 项目转让合同存在损害社会公共利益的情形如何认定。【(2018)最高法民终1345号】

一审法院认为,现有证明表明,案涉合同存在损害社会公共利益的情形,为无效合同。理由如下:(1)九玖公司系以不法手段取得工商营业登记,并非依法成立。《民法典》第58条规定:"法人应当依法成立。法人应当有自己的名称、组织机构、住所、财产或者经费。法人成立的具体条件和程序,依照法律、行政法规的规定。设立法人,法律、行政法规规定须经有关机关批准的,依照其规定。"经公安机关和市场管理部门调查核实,九玖公司在登记设立时只有两名股东(发起人),曲隐称自己一直在村里务农,孙忠芬则称自己在烟台东昌热力公司担任财务主管,两人均与九玖公司没有任何关系,既未参与公司设立,没有投资,也没有参与经营。两人并未在相关文件资料上签字,九玖公司的公司章程、股东会决议中的两人签字均不是本人签名,他们也没有委托别人签名。可见,九玖公司系通过提交虚假材料骗取公司注册登记,公司并非依法设立。(2)案涉合同约定的权利义务严重失衡,损害了国家利益。权利义务相一致,是民事主体从事民事活动,进行市场交易行为的基本原则。双方在合同中约定,莱山区城市开发中心同意"全部项目(8450万元)转让费可暂时不支付",而是待项目整体建成竣工后,在莱山区城市开发中心购买开发项目的房产时,从应向九玖公司支付的购房款中抵扣,且在房屋购买款与项目转让费抵扣前,莱山区城市开发中心不得要求对方支付转让费,并需要协助对方办理项目、土地转让的相关手续,还要在可能的情况下协助尽早办理预售证书,并且还不能以九玖公司未支付转让费为由拖延或不给予办理。一审法院认为,九玖公司在不需要向莱山区城市开发中心支付任何对价的情况下,就可以取得112.4亩的国有建设用地使用权和案涉房地产项目的开发权,而莱山区城市开发中心在没有收到分文转让款的情况下,就要全部转让项目和国有土地使用权,而且还需继续无偿协助办理预售证书,合同权利义务很不对等,无疑会造成国有资产的流失,显然损害了国家利益。据此,一审法院认为,本案合同因损害社会公共利益而自始无效,九玖公司解除合同的诉讼请求,没有法律依据,不予支持。

最高院认为:有关案涉合同的效力问题,因案涉项目转让合同系双方当事人真实意思表示,没有违反法律、行政法规的禁止性规定,应当认定为有效合同。一审法院以案涉合同存在损害社会公共利益的情形为由认定无效显然不妥,本院予以纠正。

3.项目转让合同中以起诉时该土地的实际价格为诉讼请求,并确定级别管辖法院。【(2019)最高法民辖终36号】

最高院认为:财富花园公司上诉称,东方信德公司将其第2项诉讼请求确定为4亿元是缺乏依据的,关于"京(2017)[朝]不动产权第0000078号"不动产权证书项下土地的价值,没有任何证据能够证明其价值为人民币4亿元,而合同价格明确写为78547431元。因此,结合东方信德公司第1项诉讼请求的金额1.3亿元,本案争议标的额并非人民币5.3亿元。故依照相关规定,本案应由北京市第三中级人民法院管辖。请求将本案移送至北京市第三中级人民法院审理。

最高院经审查认为,财富花园公司上诉称京(2017)[朝]不动产权第0000078号不动产权证书项下土地的价值应为78547431元,但该价格是原产权人与北京市国土资源局于2004年5月15日签订《北京市国有土地使用权出让合同》时确定的价格,不能反映东方信德公司2018年起诉时该土地的实际价格。财富花园公司未能提供证据证明东方信德公司系故意虚增诉讼标的额,恶意规避级别管辖。故一审法院以东方信德公司起诉时的诉讼请求金额确定本案的管辖法院并无不妥。

(四)合资、合作开发房地产合同纠纷常见问题裁判意见

1.当事人收到解除通知后在法定期间内以诉讼的方式提出异议,则协议是否解除,应由人民法院经审理后作出判决予以确认。【(2019)最高法民终454号】

最高院认为:一方当事人无需经过合同相对方的同意而基于自身的意思表示解除合同,应以该当事人享有合同解除权为必要。《合同法》第93条第2款规定,当事人可以约定一方解除合同的条件。解除合同的条件成就时,解除权人可以解除合同。根据该条规定,合同生效后,该当事人如认为解除条件已经成就,应以向合同相对方发出通知的方式行使合同解除权,合同自通知到达对方时解除。对方有异议的,可以请求人民法院或者仲裁机构确认解除合同的效力。根据最高人民法院《关于适用〈中华人民共和国合同法〉若干问题的解释(二)》第24条之规定,当事人没有约定异议期间的,对方当事人应当自解除通知到达之日起3个月内请求人民法院或者仲裁机构确认解除合同的效力。本案中,能投置业公司于2018年3月29日向

金唐地产公司发出解除合同的通知函,金唐地产公司于同日签收该通知。后能投置业公司向一审法院提起诉讼请求确认合同解除,金唐地产公司应诉后于 2018 年 5 月 17 日提出反诉,请求判令能投置业公司继续履行双方签订的《联建合同》及《补充协议》。本案因能投置业公司的起诉而形成诉讼系属,能投置业公司的本诉请求为确认双方之间相关协议的解除效力,在此情况下,不应且没有必要苛求金唐地产公司另行提起一个独立的确认解除合同效力的诉讼。金唐地产公司在应诉答辩后提出的要求继续履行合同的反诉请求,实质是否定能投置业公司所提起的本诉。金唐地产公司在本案中所提的反诉,当然应当被理解为包含了请求人民法院确认解除合同的效力的诉讼请求。并且金唐地产公司该反诉系在其收到解除通知之日起 3 个月内提起,因此应当认定金唐地产公司就本案所提起的反诉符合《合同法》第 96 条规定的请求人民法院确认解除合同的效力的要件。一审判决认定"金唐地产公司收到该解除函后,虽然予以回复,但是未依法请求人民法院确认该解除函的效力,故案涉合同于 2018 年 3 月 29 日解除"错误,本院予以纠正。进而言之,因金唐地产公司对于能投置业公司的解除通知在法定期间内以诉讼的方式提出异议,案涉《联建合同》以及《补充协议》并非因通知到达被通知一方而当然解除。该《联建合同》以及《补充协议》是否解除,应由人民法院经审理后作出判决予以确认。

2. 股权变更系以双方公司合作开发案涉项目为基础,则在双方合作基础丧失、合同目的无法实现的情况下,法院支持返还股权。【(2019)最高法民申 3957 号】

最高院认为:关于二审判决中电科建公司返还物通公司所持鲁艺公司 49% 股权是否正确的问题。股权变更与合作开发房地产虽为两个不同的法律关系,但鲁艺公司为双方合作开发房地产项目的平台公司,其股权结构变更系以物通公司与中电科建公司合作开发案涉项目为基础。根据已经查明的事实,案涉项目的调规方案报相关部门进入公示阶段后一直未有进展,现已经为不可能。在双方合作基础丧失、合同目的无法实现的情况下,二审判决解除《合作开发协议书》,并根据该协议书第 17 条的约定,判决中电科建公司返还鲁艺公司的股权,符合本案实际情况。根据《合同法》第 97 条的规定,合同解除后,应当对双方的权利义务进行结算和清理,但考虑到本案中中电科建公司并未提起相应的反诉请求,而且双方的交易结构存在一定的复杂性,二审尊重一审思路,对其中部分权利义务进行处理,并明确其他权利义务双方可另寻法律途径解决,并无明显不当。

3. 双方合作模式是先将涉案土地性质由划拨变更为出让,再进行开发建设,并非将划拨土地使用权直接作为投资进行合作开发,应认定合同有效。【(2019)最高法民申 1238 号】

最高院认为:案涉《合作协议书》约定:万泉公司通过政府审批为合作地块办理出让用地手续,由项目公司与当地政府部门签订合作地块的《国有土地使用权出让合同》,保证合作地块规划设计条件与第 1 条所述规划指标相符,且没有除此之外的用途、开发、销售上的限制。由此可见,万泉公司和珠光公司的合作模式是先将涉案土地性质由划拨变更为出让,再进行开发建设,并非将划拨土地使用权直接作为投资进行合作开发。故本案不属于最高人民法院《关于审理涉及国有土地使用权合同纠纷案件适用法律问题的解释》第 16 条所规定"土地使用权人未经有批准权的人民政府批准,以划拨土地使用权作为投资与他人订立合同合作开发房地产的,应当认定合同无效"的情形,万泉公司因案涉土地为划拨土地而导致《合作协议书》和《补充协议》无效的主张不能成立。

4. 双方均无房地产开发经营资质而致合同无效,因在建工程与土地无法分割,故案涉土地使用权及在建工程和相关权利登记一并转移,受让权利者承担已经实际建筑的成本。【(2019)最高法民申 808 号】

最高院认为:因双方均无房地产开发经营资质,原审法院根据最高人民法院《关于审理涉及国有土地使用权合同纠纷案件适用法律问题的解释》第 15 条关于"当事人双方均不具备房地产开发经营资质的,应当认定合同无效"的规定认定案涉《关于联合开发综合性商住楼协议书》为无效合同,于法有据。关于合同无效后的法律后果,《合同法》第 58 条规定:"合同无效或者被撤销后,因该合同取得的财产,应当予以返还;不能返还或者没有必要返还的,应当折价补偿。有过错的一方应当赔偿对方因此所受到的损失,双方都有过错的,应当各自承担相应的责任。"因此陈起明应当将案涉土地使用权返还给李森林、罗金娥一方,因发生本案争议时案涉工程已经实际建筑四层,在建工程建筑与土地无法分割,原审判决在认定合同无效的基础上判令陈起明将案涉土地使用权及在建工程和相关权利登记一并转移给李森林、罗金娥符合本案的实际情况。与之相应,李森林、罗金娥也应当承担建造该四层建筑产生的成本,因此原审判令李森林、罗金娥向陈起明返还其实际支付的工程款、土地出让金、各种规费,并无不当。

5. 当事人既未约定利润分配比例亦未约定投资比例时,应按合同约定各自分配的面积比例分配增加面积部分的利润。【(2019)最高法民申 429 号】

最高院认为:九龙庄公司起诉请求针对的是 1 号楼增加房产面积利润分配问题,王朝公司要求按整个小区 4 栋楼的总面积为基数来计算超建面积的主张不能成立,若其认为其他楼栋建筑面积减少影响其利益,可以另行主张权利。双方在《合作开发协议》中约定"建设面积……如大于原设计面积,双方共同协商解决"。根据测绘结果,1 号楼 3—12 层建筑面积比约定多了 2376.93 平方米。鉴于双方对此部分的利益分配无法达成一致意见,依据最高人民法院《关于审理涉及国有土地使用权合同纠纷案件适用法律问题的解释》第 20 条"房屋实际建筑面积超出规划建筑面积,经有批准权的人民政府主管部门批准后,当事人对超出部分的房屋分配比例协商不成的,按照约定的利润分配比例确定。对增加的投资数额的承担比例,当事人协商不成的,按照约定的投资比例确定;没有约定投资比例的,按照约定的利润比例确定"的规定,在双方既未明确约定利润分配比例亦未约定投资比例的情况下,二审判决按合同约定的各自在1号楼中应分配的面积比例分配增加面积部分的利润,并无不妥。

6. 情势变更原则适用的前提是合同合法有效。【(2019)最高法民申2582号】

最高院认为:最高人民法院《关于审理涉及国有土地使用权合同纠纷案件适用法律问题的解释》第11条规定:"土地使用权人未经有批准权的人民政府批准,与受让方订立合同转让划拨土地使用权的,应当认定合同无效。但起诉前经有批准权的人民政府批准办理土地使用权出让手续的,应当认定合同有效。"本案合同转让的标的是国有划拨农用地,在起诉前未经有批准权的人民政府批准办理土地使用权出让手续,原判决认定该合同无效,符合上述司法解释的规定。南新公司与万宝公司虽在合同中约定"本合同报经海南省农垦总局批准后生效",但海南省农垦总局并没有权力批准办理土地使用权出让手续,无论是否经海南省农垦总局批准,涉案合同都因未经有批准权的人民政府批准办理土地使用权出让手续而无效。最高人民法院《关于适用〈中华人民共和国合同法〉若干问题的解释二》[1]第26条规定的情势变更原则适用的前提是合同合法有效,在本案合同无效的情况下,原判决未支持万宝公司适用情势变更原则的主张,并无不当。涉案合同虽对转让地块现行规划不能调整为建设用地情况下双方的权利义务作出了约定,但约定在此情况下仍要办理土地过户手续,即仍要转让土地使用权,并未改变涉案合同性质和目的,即使合同双方意思表示真实明确,该转让划拨土地使用权的合同也因未经有批准权的人民政府批准办理土地使用权出让手续而无效。

三、房屋拆迁安置补偿合同纠纷常见问题裁判意见

从中国裁判文书网、北大法宝—司法案例库检索到2019年度最高院审理的房屋拆迁安置补偿合同纠纷案件共53件。其中:以三级案由立案的房屋拆迁安置补偿合同纠纷53件,2件为最高院二审终审案件(民终),1件为民事再审判决案件(民再),50件为申请再审案件(民申)。

1. 房屋征收补偿协议不同于一般民事协议,补偿标准、补偿范围、补偿程序等法定必备条款约定不明,且双方无法达成一致意见,导致协议履行不能,视为双方最终未订立拆迁安置补偿协议。【(2019)最高法民终143号】

最高院认为:本案系集体土地上房屋拆迁补偿协议的纠纷,在本院二审期间,应

---

[1] 该司法解释已于2021年1月1日被最高人民法院《关于废止部分司法解释及相关规范性文件的决定》废止。

参照适用新颁布的《国有土地上房屋征收与补偿条例》关于房屋征收补偿协议的规定。房屋征收补偿不同于一般民事协议,它是因公共利益需要,强制征收引发的补偿问题,其补偿标准、补偿范围、补偿程序等都是由法律事先作出规定。因此,房屋征收补偿协议必须依照《国有土地上房屋征收与补偿条例》的相关规定进行,尤其是补偿协议的具体内容和标准,必须符合法律规定。该条例第 25 条规定,房屋征收部门与被征收人依照本条例的规定,就补偿方式、补偿金额和支付期限、用于产权调换房屋的地点和面积、搬迁费、临时安置费或者周转用房、停产停业损失、搬迁期限、过渡方式和过渡期限等事项,订立补偿协议。补偿协议订立后,一方当事人不履行补偿协议约定的义务的,另一方当事人可以依法提起诉讼。根据该规定,"用于产权调换房屋的地点"是房屋征收补偿协议的法定必需条款,本案中,欧杰珊、关美玉与保利公司签订的《安置协议》,双方在备注中仅约定了回迁房屋的大概位置,且内容前后矛盾,无法确保回迁房屋的地点位置是确定的、唯一的、无可争议的。因《安置协议》法定必备条款存在约定不明的问题,且双方无法达成一致意见,导致协议履行不能,视为双方最终未订立拆迁安置补偿协议。因此,欧杰珊、关美玉不能就协议的履行向法院提起民事诉讼。一审法院依照最高人民法院《关于当事人达不成拆迁补偿安置协议就补偿安置争议提起民事诉讼人民法院应否受理问题的批复》(法释〔2005〕9 号)的规定,认定本案不属于人民法院受理民事案件的范围,并无不当,本院予以维持。

2. 评估价格存在差异、补偿安置协议签订后发生冲突等情形不构成欺诈、胁迫、显失公平。【(2019)最高法民申 2534 号】

最高院认为:没有充分证据证明再审申请人在签订补偿安置协议时受到胁迫或欺诈。2012 年 9 月 8 日,襄阳高新区管委会发布了《房屋征收公告》,同日,团山镇蔡庄村村民委员会发布了《致蔡庄村五、六组房屋被征收户的一封信》,上述公告和公开信的内容是将征地批准机关、批准文号、征地范围、征收补偿标准、农业人员安置方式等事项予以公示告知,不存在胁迫或欺诈村民签订补偿安置协议的意图和行为。再审申请人在原审中提交的打人照片和病历均形成于补偿安置协议签订数月后,不构成胁迫再审申请人签订补偿安置协议的情形。

案涉补偿安置协议的签订不构成显失公平。本案所涉拆迁房屋现已交付并拆迁完毕,房屋拆迁补偿款已发放到位。虽然蔡庄村五、六组房屋的评估价格存在差异,但因房屋与房屋之间结构、新旧、质量等方面有所不同,造成评估价格不同,亦在情理之中,不属于显失公平的情形。同时,《关于公布湖北省征地统一年产值标准和区片综合地价的通知》规定,村民已建成房屋确属一户一宅建筑面积 300 平方米以内或人均 100 平方米以内的按评估价予以补偿,超出 300 平方米或人均 100 平方米的建筑面积不予补偿。但根据案涉补偿安置协议的约定,扣除规定还房面积后,多余的房屋面积也按评估价予以了货币补偿,亦不存在显失公平的情形。再审申请人主张补偿安置协议约定的补偿价格远低于当地市场价格,未能提交证据予以证明,本院不予支持。

3. 违反《国有土地上房屋征收与补偿条例》第 4 条和第 27 条规定的房屋征收安置协议合同效力认定的问题。【(2019)最高法民申 4348 号】

最高院认为:钧成公司申请再审称,案涉《国有土地动迁补偿及房屋拆迁产权调换协议书》及《补充协议》应当认定为无效合同,因其违反了《国有土地上房屋征收与补偿条例》第 4 条"市、县级人民政府负责本行政区域的房屋征收与补偿工作。市、县级人民政府确定的房屋征收部门组织实施本行政区域的房屋征收与补偿工作"及第 27 条"禁止建设单位参与搬迁活动"的规定。对此本院认为,根据原审查明的事实,2014 年 1 月 25 日,成吉公司与钧成公司签订合同书载明,在 2010 年 11 月 29 日四平市棚户区改造招标会上,成吉公司取得了四平市铁西区 30#-1-1 地段棚户区改造项目的开发权,成吉公司为此向四平市政府支付项目竞标款 300 万元,预交土地出让金 895.7 万元,成吉公司同意钧成公司以其名义独自经营自负盈亏开发建设该项目。钧成公司向成吉公司支付 1900 万元,该项目的开发建设权全部归钧成公司。故成吉公司取得案涉小区的开发权,钧成公司作为该权利义务的继受者,亦享有开发建设权,且现该小区 2、3、4 号楼主体工程亦已完工。现钧成公司援引《国有土地上房屋征收与补偿条例》第 4 条和第 27 条的规定主张案涉两份协议无效,无事实和法律依据,亦有违诚信,理由不能成立。

四、房屋买卖合同纠纷常见问题裁判意见

从中国裁判文书网、北大法宝—司法案例库检索到 2019 年度最高院审理的房屋买卖合同纠纷案件共 107 件。其中:(1)以三级案由立案的房屋买卖合同纠纷 65 件,6 件为最高院二审终审案件(民终),1 件为管辖上诉案件(民辖终),58 件为申请再审案件(民申);(2)以四级案由立案的商品房预售合同纠纷 4 件,4 件为申请再审案件(民申);(3)以四级案由立案的商品房销售合同纠纷 12 件,1 件为最高院二审终审案件(民终),1 件为民事再审判决案件(民再),10 件为申请再审案件(民申);(4)以四级案由立案的商品房委托代理销售合同纠纷 16 件,1 件为民事再审判决案件(民再),9 件为申请再审案件(民申)。

(一)房屋买卖合同纠纷常见问题裁判意见

1. 借款期限未届满,出借人与借款人签订《商品房买卖合同》时亦未约定对借款期限进行变更,人民法院应当按照民间借贷法律关系审理。【(2019)最高法民申 1370 号】

最高院认为:案外人陈其海因投资景荣公司开发的案涉项目,向陈斌等 13 人借

款。后陈其海与景荣公司订立《协议书》，约定将其投资款转化为借款。再后，陈其海应陈斌等13人的还款要求，与景荣公司及陈斌等13人协商达成了以景荣公司开发的案涉项目中新建商品房抵偿借款本息的方案，陈其海名下对景荣公司享有的借款本息归陈斌等13人享有的部分分割到各出借人名下后，由景荣公司与陈斌等13人分别签订购房合同。至此，陈斌与景荣公司成立民间借贷关系。陈其海与景荣公司通过签订上述《协议书》，将其对案涉项目的投资款转化为对景荣公司的借款，借款期限为2017年8月1日。由于2014年6月8日陈斌与景荣公司签订《商品房买卖合同》约定陈斌购买上述案涉房屋时，《协议书》约定的借款期限并未届满，因此，原审判决认定双方系以签订《商品房买卖合同》的形式作为民间借贷合同的担保，并无不当。陈斌与景荣公司签订《商品房买卖合同》时并未约定对上述《协议书》中的借款期限进行变更，陈斌主张《商品房买卖合同》的订立产生了还款期限提前到期的后果，缺乏事实依据。最高人民法院《关于审理民间借贷案件适用法律若干问题的规定》（法释〔2015〕18号）第24条规定，"当事人以签订买卖合同作为民间借贷合同的担保，借款到期后借款人不能还款，出借人请求履行买卖合同的，人民法院应当按照民间借贷法律关系审理，并向当事人释明变更诉讼请求。当事人拒绝变更的，人民法院裁定驳回起诉"。原审法院基于本案审理情况向陈斌释明变更诉讼请求，陈斌拒绝变更，因此原审裁定驳回陈斌的起诉符合法律规定。

2. 当事人签订合同时未明确使用认购书、意向书等预约合同名称，但约定另行订立合同，具有预约合同的基本特征的，应当视为预约合同。【（2019）最高法民申3595号】

最高院认为：预约系指当事人约定将来签订合同的合同。中泰公司与宽广集团公司，于2016年12月22日签订的《房屋买卖合同》约定："……取得《商品房预售许可证》后，甲方（中泰公司）应立即与乙方（宽广集团公司）签订正式《商品房预售/买卖合同》，面积以经过房产相关部门测量为准。《商品房预售/买卖合同》签订后7日内，乙方向甲方支付总房款的30%……"该条明确了双方当事人在案涉商品房取得《商品房预售许可证》后，签订正式合同，案涉《房屋买卖合同》具有预约合同的特征。宽广集团公司主张，《房屋买卖合同》内容完备，可以履行，关于另行签订《商品房预售/买卖合同》的约定只是完善备案手续。对此，本院认为，判断预约合同的关键是当事人是否有签订新合同的意思表示，而不仅看内容是否完备。案涉《房屋买卖合同》的内容虽然较为详尽，但是双方签订之时，案涉房屋尚未取得预售许可证，付款时间取决于房屋取得《商品房预售许可证》和签订正式《商品房预售/买卖合同》的时间，仍然具有不确定性。从《房屋买卖合同》的内容看，并不能认定签订正式合同仅系基于备案程序的需要。二审判决认定案涉《房屋买卖合同》为预约合同，并无不当。二审判决并未适用最高人民法院《关于审理商品房买卖合同纠纷案件适用法律若干问题的解释》(以下简称《商品房买卖合同司法解释》)第2条的规定,其适用的最高人民法院《关于审理买卖合同纠纷案件适用法律问题的解释》第2条规定:"当事人签订认购书、订购书、预订书、意向书、备忘录等预约合同,约定在将来一定期限内订立买卖合同,一方不履行订立买卖合同的义务,对方请求其承担预约合同违约责任或者要求解除预约合同并主张损害赔偿的,人民法院应予支持。"该条系对预约的效力、违反预约的违约责任进行的规定。案涉《房屋买卖合同》虽然未使用"认购书、意向书"等名称,但是约定另行订立合同,具有预约合同的基本特征,二审判决适用上述规定并无不当。《商品房买卖合同司法解释》第5条规定:"商品房的认购、订购、预订等协议具备《商品房销售管理办法》第十六条规定的商品房买卖合同的主要内容,并且出卖人已经按照约定收受购房款的,该协议应当认定为商品房买卖合同。"该条系对如何认定名为商品房买卖认购书,实为商品房买卖合同进行的规定,对于预约和本约的定性亦提供了认定标准,二审判决予以适用,并无不当。

3. 合同纠纷中,确认合同有效是确定合同是否应当继续履行的前提条件。当事人虽未提起合同效力确认之诉,但人民法院对关于是否继续履行合同的诉讼请求进行审查时,认定合同有效,判决继续履行,并不构成超出诉讼请求的情形。【(2019)最高法民申635号】。

最高院认为:本案为申请再审案件,应当围绕西安雨润的申请再审的理由,对原判决是否存在其主张的《民事诉讼法》第200条第(二)项、第(六)项、第(十一)项规定的情形进行审查。对于合同纠纷,确认合同是否有效是确定合同是否应当履行的前提条件。润东公司作为原告,请求判令被告西安雨润履行合同,虽然其未提起合同效力确认之诉,但是人民法院在对润东公司关于继续履行合同的诉讼请求进行审查时,首先对案涉合同有无效力进行确认,进而在认定合同有效的前提下,判决继续履行,并不构成超出诉讼请求的情形。故西安雨润关于原判决自行增加确认合同有效的内容,超出润东公司诉讼请求范围的再审申请理由不成立。

4. 在金钱债权执行中,案外人作为买受人对登记在被执行人名下的不动产提出异议之诉,其审查标准,应当高于执行程序中的外观判断标准,就案外人享有权利是否可以达到优先于被执行人的其他债权人申请执行债权的程度予以实体审理,但仍应围绕该规定的要件进行审理判断。【(2019)最高法民申1846号】

最高院认为:本案系案外人执行异议之诉,其审查目的,就是判断案外人就案涉执行标的是否享有足以排除执行的实体权益。案涉房屋登记在耿辉名下,郑福军主张其已购买并实际占有房屋,故其是基于对案涉房屋享有物权期待权而提起诉讼。根据法律规定,除了继承、征收等非因法律行为所取得的物权外,不动产物权的设立、变更、转让和消灭,必须经依法登记,始能发生效力。但由于不动产处于普罗大众的基本生活资料地位,故对不动产买受人在执行程序中予以了优先保护。对此,案外人执行异议之诉审查重点则是其物权期待权是否成立并达到优于申请执行人在生效裁判文书等执行依据项下请求权的效力。诚然,执行程序更重外观和效率原则,执行异议之诉则更重实体权利是否成立的审理,但其审理重点仍应遵循和围绕上述目的展开。

最高人民法院《关于人民法院办理执行异议和复议案件若干问题的规定》(以下简称《异议复议司法解释》)第 28 条规定的是在金钱债权执行中,案外人作为买受人对登记在被执行人名下的不动产提出异议的审查标准,即:(1)在人民法院查封之前是否已签订合法有效的书面买卖合同;(2)在人民法院查封之前是否已合法占有该不动产;(3)是否已支付全部价款,或者已按照合同约定支付部分价款且将剩余价款按照人民法院的要求交付执行;(4)是否非因买受人自身原因未办理过户登记。在异议之诉中,应当高于执行程序中的外观判断标准,就案外人享有权利是否可以达到优先于被执行人的其他债权人申请执行债权的程度予以实体审理,但仍应围绕该条规定的几个要件进行审理判断。

从说理来看,二审判决从请求权的成立时间、请求权的内容、权利性质,以及标的功能方面对郑福军就案涉房屋享有的权利与兴业公司对案涉房屋享有的权利进行了比较,并未依据上述要件予以审查:

一是请求权内容上,二审判决以本案进入执行的是普通金钱债权,而郑福军则系针对讼争房屋的请求权为理由之一,即认定后者应优于前者,但根据《异议复议司法解释》第 28 条的规定,该条设置的前提,就是在金钱债权执行与买受人的物权期待权之间发生冲突时的审查标准,因此,并非仅因请求权是针对特定物的,就一定优先于普通金钱债权,还应满足该条所列的几项要件。二审判决参照最高人民法院《关于审理买卖合同纠纷案件适用法律问题的解释》第 10 条的规定,判断两者权利优先性,适用法律不当。

二是从权利性质判断上,认定案涉房屋在兴业公司与耿辉之间的债权债务发生之时,实质上已经因耿辉转让给郑福军之后而不再成为耿辉的责任财产缺乏依据。本案正是因为案涉房屋没有完成过户,没有满足不动产转移之登记要件,才需要通过异议之诉判断该房屋之权属及是否能够对抗执行,仅因交易发生的时间早于查封,并不能得出该房屋已不再是耿辉之责任财产的结论。换言之,买受人就案涉房屋交易时间早于查封,只是其物权期待权成立并可对抗执行的必要条件,而非充分条件,二审判决以此认定案外人郑福军之权利优先于本案申请执行人,理据不足。

三是缺漏了相关要件的审理。第一,根据河南省安阳市龙安区人民法院就郑福军诉耿辉房屋买卖合同纠纷作出的(2015)龙民初字第 337 号民事判决的查明事实,案涉房屋买卖合同系由耿辉在 2004 年 10 月 26 日交付郑福军一份其签名的空白条,郑福军在空白处书写房产转让合同一份。耿辉称双方协商的是租房协议,并非转让协议,郑福军在空白条上书写的内容未经其同意,不是真实意思表示。本案在再审审查询问中,耿辉亦否认其将案涉房屋出售给郑福军。此外,案涉房屋系耿辉与妻子张东霞夫妻共同财产,张东霞也系房产证上的登记权利人。实现共有房屋的物权变动,必须取得房屋共有权利人的同意,耿辉称张东霞不知道房屋买卖,只知道房屋租赁。对此,二审判决并未查明郑福军与耿辉之间是否成立了真实的房屋买卖意思表示、签订了合法有效的书面合同。第二,对于耿辉是否足额缴纳了购房款的事实认定不清。案涉两笔款项收据中,未注明所收款项是否为购房款,而耿辉不认可两笔款项为郑福军的购房款。第三,案外人欲实现物权期待权享有排除被执行人其他债权人就案涉标的申请执行的权利,除了在法院查封之前签订房屋购买合同、实际占有房屋、缴纳全部房款或将剩余价款按照法院判决交付执行外,还需对未完成过户登记没有过错,即非因其自身原因未办理过户登记。二审判决对郑福军在签订购房合同至该房屋被查封前7年时间未办理过户是否存在过错的事实未予审理即作出郑福军就案涉房屋能够对抗执行的判断,缺乏事实和法律依据。

(二)商品房委托代理销售合同纠纷常见问题裁判意见

当事人在合同中预先对委托合同的任意解除权进行了放弃,在法律没有对当事人放弃任意解除权作出限制或禁止性规定的情况下,当事人的意思自治应得到尊重,该约定内容有效。【(2017)最高法民再50号】

最高院认为:案涉合同为委托合同,根据本案双方当事人在《销售代理合同书》第11条终止方式及违约责任第2.3项约定,"……非经与弘毅公司协商或合同约定的情形,融昌公司不得单方解除或终止合同,否则视为弘毅公司已经完成合同约定的销售任务",可见融昌公司和弘毅公司在合同中预先对委托合同的任意解除权进行了放弃,即双方均不得单方面解除合同或终止合同。在法律没有对当事人放弃任意解除权作出限制或禁止性规定的情况下,当事人的意思自治应得到尊重,该约定内容应有效,对本案双方均有约束力,故融昌公司不得依据《合同法》第410条关于任意解除的规定单方解除本案《销售代理合同书》。但是由于《合同法》第93条和第94条规定了法定解除和约定解除,本案当事人仍然可以依据上述法律条文规定主张解除权。

(三)商品房销售合同纠纷常见问题裁判意见

当事人签订多份《商品房买卖合同》及补充协议,无论性质是否属于债权债务的概括转移,均不影响合同及补充协议的效力。【(2019)最高法民申3363号】

最高院认为:案涉各份《商品房买卖合同》及别墅补充协议书均系双方当事人真实意思表示,不违反法律法规的强制性规定,合法有效。上述合同与装修工程补充合同相比,标的物均为案涉66#101、102号别墅,房屋价款一致,且林毅、林锴支付的房屋价款转为许文杨支付的价款,可以证明许文杨与世茂公司签订《商品房买卖合同》的基础,确系其与林毅、林锴等签订的装修工程补充合同。基于世茂公司已与许文杨就案涉房屋达成新的《商品房买卖合同》,无论其性质是否属于债权债务的概括转移,均不影响该合同及其补充协议的效力,双方应当按照合同约定履行义务。

许文杨与世茂公司于2015年10月9日签订的《66#别墅补充协议书(正式签订)》约定说明双方之间签订的并非普通商品房买卖合同,还包含了由开发商将购房者所购置房屋的一部分改建、翻建等施工工程转移给购房者负责,并从总房款中予以抵扣等内容。因此,开发商将房屋交付给购买方,是购买方进行后续改建、扩建、重建等施工的前提。本案中,许文杨虽主张案涉房屋没有实际交付,但在合同明确约定交房时间和房屋属于现房交付的情况下,其在2016年支付完毕房款后在长达两年的时间里未对房屋交付提出异议,与常理不符。结合法院查明的许文杨曾通过邮件方式与世茂公司沟通报建手续问题,案涉房屋客观上已经过施工改建等事实,原审法院认定案涉房屋已交付给许文杨并无不当。许文杨仅以未办理房屋交付手续为由主张世茂公司未交付案涉房屋,要求世茂公司支付逾期交房违约金,不能成立。

(四)商品房预售合同纠纷常见问题裁判意见

虽未签订书面的商品房预售合同,但已对商品房的基本情况、价款、首付款、违约责任等形成一致意见,且相关材料载明的内容具备商品房预售合同的基本条款,应当认定为商品房预售合同关系。【(2016)最高法民再156号】

最高院认为:2007年9月29日,王志忠在笔克公司处订购"水域蓝湾"小区B区14栋二单元212室房屋一套,面积123.17平方米,每平方米价格1900元,总价款234023元,地下室18.27平方米,每平方米价格400元,并口头约定通过办理按揭贷款的方式支付尾款。同日,王志忠交付定金20000元,笔克公司给王志忠出具收据并载明"2007年10月9日前交清首付款,逾期房屋收回,定金不退"。2007年10月8日,王志忠交首付款54023元和地下室款7308元。本案中,王志忠、宋淑云与笔克公司虽未签订书面的商品房预售合同,但双方已对预售商品房的基本情况、价款、首付款、违约责任等内容形成了一致意见,定金收据及付款收据载明的内容具备商品房预售合同的基本条款,系双方当事人的真实意思表示,内容不违反法律、行政法规的强制性规定,是有效的。双方当事人之间已经形成商品房预售合同关系,均应按约履行。

五、租赁合同纠纷常见问题裁判意见

从中国裁判文书网、北大法宝—司法案例库检索到2019年度最高院审理的租赁合同纠纷案件共102件。(1)以三级案由立案的租赁合同纠纷43件,3件为最高院二审终审案件(民终),1件为管辖上诉案件(民辖终),4件为民事再审判决案件,35件为申请再审案件(民申);(2)以四级案由立案的房屋租赁合同纠纷47件,2件为最高院二审终审案件(民终),2件为管辖上诉案件(民辖终),2件为民事再审判决案件,41件为申请再审案件(民申);(3)以四级案由立案的土地租赁合同纠纷12件,1件为最高院二审终审案件(民终),2件为民事再审判决案件,9件为申请再审案件(民申)。

(一)房屋租赁合同纠纷常见问题裁判意见

1. 房屋租赁合同属于双务合同,当事人继续履行合同可能会造成更大损失的,则可以认定合同予以解除。【(2019)最高法民申248号】

最高院认为:合同解除一般分为约定解除和法定解除两种情况。《合同法》第93条第2款规定:"当事人可以约定一方解除合同的条件。解除合同的条件成就时,解除权人可以解除合同。"本案中,魏贞以陈仲灿违约停电及锁门封店的行为致其门店无法再继续经营,所签《租赁合同》合同目的无法实现为由提起诉讼,请求确认案涉房屋租赁合同已解除,并由陈仲灿承担相应的违约责任。承租人魏贞与出租人陈仲灿签订的《租赁合同》第15条约定,魏贞有权单方解除合同的前提条件是陈仲灿根本违约。一、二审法院根据双方当事人提交的证据,认定尚不能证明停电及锁门封店的行为系陈仲灿做出,无法据此认定陈仲灿构成根本违约,故魏贞行使合同解除权的条件并未成就。本案中陈仲灿履行合同的行为亦不存在《合同法》第94条规定的合同法定解除情形。因此,魏贞不享有单方解除合同的权利,其向陈仲灿发出的《解除合同告知函》并不产生解除合同的效力。但是,根据本案查明的事实,从魏贞迟延交付租金,并单方向陈仲灿发出《解除合同告知函》,且已完全腾空案涉承租房屋的行为来看,魏贞已无继续履行合同的意愿。房屋租赁合同属于双务合同,合同目的的实现需要双方的共同合作。由于魏贞承租的门店已停业,其员工亦已辞职离开,合同已经难以继续履行,若要求当事人继续履行合同可能会造成双方更大的损失,亦不利于纠纷的解决。改造工程对魏贞经营造成的影响客观存在,双方为此签订补充协议给魏贞降低了租金。二审判决明确认定"魏贞依据《租赁合同》约定行使合同解除权的条件并未成就,本案亦不符合合同法规定的法定解除条件","魏贞并不享有合同解除权,其单方解除合同,不履行合同义务构成违约",但鉴于本案实际情况,判令案涉房屋租赁合同予以解除,并无不当。

2. 钱款抵扣租金的前置条件为提供银行保函,具有置换担保方式的行为特征,与预付租金性质明显不同。【(2019)最高法民申4831号】

最高院认为:案涉2000万元的性质,涉及对合同条款的解释问题。本案中,《房产租赁合同》以及后续的《补充协议》《减降租费补充协议》等,始终未使用"预付租金"的概念,难以认定双方具有将案涉2000万元定金变更为预付款的客观行为和主观意思。同时,该2000万元后续虽约定用于抵扣租金,但双方同时明确约定,该2000万元抵扣租金的前置条件为人人乐公司提供银行保函,具有置换担保方式的行为特征,与预付租金性质明显不同,故无法据此认定2000万元已变更为预付款项的事实。人人乐公司主张双方约定2000万元为预付租金,缺乏事实依据。

3. 消防验收备案主体并不能通过合同约定而改变,因消防验收未通过而致使租赁合同解除的,建设单位应当承担主要责任。【(2019)最高法民申773号】

最高院认为:根据查明的事实,因涉案房屋未经消防安全检查即擅自投入使用,公安消防机关对此作出责令停产停业的行政处罚,致使涉案房屋不能按租赁合同约定的期限合法使用,海明威公司作为承租人请求解除租赁合同,一、二审予以支持,并无不妥。双方争议应由哪方承担租赁合同解除的主要过错责任。海泉湾公司主张,双方已就租赁合同的相关约定作出变更,是由海明威公司自行承担了消防验收涉及的工程,故导致工程未及时通过检查验收而停业的过错责任应由其自行承担。本院认为,根据《消防法》的相关规定,因涉案工程系人员密集场所的特殊工程,建设单位应当首先将消防设计文件报送公安机关消防机构审核,并在工程竣工后申请消防验收、备案;而在涉案租赁物投入使用、营业前,建设单位或者使用单位均有义务申请消防安全检查。本案中,海泉湾公司未进行消防设计申报、验收申报,涉案房屋亦未经消防安全检查即投入使用,对此,双方均负有相应责任。故二审判决的该项认定并无不当。至于过错责任承担的比例问题,二审法院考虑到,海泉湾公司开发建设的整个工程项目主体均未进行消防验收备案,且在消防备案复查合格后,海泉湾公司没有及时通知海明威公司继续使用租赁房屋造成损失进一步扩大等因素,认定海泉湾公司应承担主要过错责任,并无不当。海泉湾公司主张海明威公司应承担主要过错责任。但从查明的事实看,双方在履行合同过程中的相关约定,并不能改变消防验收备案主体。故海泉湾公司的该项再审申请理由不能成立。

4. 应从合同解除原因、双方当事人对损失的产生是否有过错,以及案涉房屋实际情况等综合考虑双方所应该承担的责任。【(2019)最高法民申4177号】

最高院认为:对案涉租赁合同解除后,黄灿、杨代祥、太白大酒店继续占用房屋给荣兴公司、令狐昌鹏、何继群所造成损失的认定,应从合同解除原因、双方当事人对损失的产生是否有过错,以及案涉房屋实际情况等方面综合考虑。一方面,案涉房屋租赁合同解除并非黄灿、杨代祥、太白大酒店单方原因导致,也有可归责于荣兴公司、令狐昌鹏、何继群的原因;另一方面,民事主体从事民事活动,应当诚实守信,有利于节约资源。双方当事人于2016年7月22日就锁门事宜达成一致后,未积极协商处理后续事宜,也未对租赁房屋问题进行妥善处理,导致案涉房屋因本案纠纷未能得到有效利用产生损失,双方当事人对损失的产生均有过错。同时,案涉租赁房屋属消防验收不合格建设工程,依法不能投入使用。因双方当事人对案涉租赁合同于2016年7月22日解除均不持异议,合同租金条款随合同解除而丧失约束力,荣兴公司、令狐昌鹏、何继群反诉要求黄灿、杨代祥、太白大酒店按合同约定的租金赔偿合同解除后继续占用房屋给其造成的损失没有法律依据。原审在综合考虑双方当事人对损失产生存在的主观过错、租赁房屋的实际情况等因素基础上,对荣兴公司、令狐昌鹏、何继群所主张的该项损失进行认定,并无不当。

5. 承租人在承租前已经对该楼的结构、现状作了充分了解,并同意按照现状交付,则不能以相关问题的存在主张解除合同。【(2019)最高法民申5215号】

最高院认为:《房屋转租合同》中,双方对于解除合同的具体条件有明确约定,主题酒店主张因齐鲁产业园存在交付房屋不符合合同约定面积,不符合约定用途而造成消防验收无法通过,以及房屋存在漏水、停电等违约行为,导致其合同目的无法实现,符合法定解除条件。本院认为,双方订立《房屋转租合同》时,案涉房屋的结构、规划和产权面积等情况已经实际确定,根据合同关于"乙方在承租前已对该楼的结构、现状作了充分了解,并同意按照现状交付,甲方提供给乙方结构图纸"之约定,应当认为主题酒店在接收案涉房屋时,已对房屋交付时的状况充分了解并予以认可。案涉《价值评估报告》在计算酒店经营预期收益时,是以实际作为酒店经营的面积为基础,主题酒店主张以此作为认定齐鲁产业园应当交付房屋面积的依据,依据不足。关于第四层约800平方米房屋未取得产权登记和消防验收,以及地下一层问题,同样属于交付租赁房屋时即存在的现状,并且主题酒店虽称已就地下停车场部分的改造提交过方案,但并未提交证据证明齐鲁产业园对改造方案予以认可,主题酒店亦认可对第四层部分房屋已经使用,均不足以证明齐鲁产业园交付的房屋导致主题酒店合同目的不能实现。

6. 承租人应对租赁标的房屋是否具备消防验收条件尽到最大的审慎义务,若因此导致合同存在法定解除事由,应由承租人承担主要责任。【(2019)最高法民申3031号】

最高院认为:根据原审查明的事实,案涉房屋所在大楼主体工程未申请消防验收。王院林租赁案涉房屋的主要目的就是将其用作餐吧经营使用,属于消防重点防控部门,根据《消防法》的相关规定,王院林本身应对其租赁标的房屋是否具备消防验收条件尽到最大的审慎注意义务。事实上,正是由于王院林未尽该种注意义务,进而擅自装修未经消防验收的房屋才导致其申报资料被退回,也导致其本身同侯玉龙订立的《房屋租赁合同》违反《建筑法》《消防法》等法律关于房屋使用的强制性消防规定,从而导致合同存在法定解除情形,王院林对此应负有主要责任。侯玉龙提供不符合消防使用条件的房屋用于王院林租赁,对于合同解除应付次要责任。因此,原审法院认定王院林对于合同的解除承担主要责任,并无不当。

7. 承租单位给员工的内部福利房屋,并非平等主体之间缔结的房屋租赁关系,不属于人民法院民事案件受理范围。【(2019)最高法民申2830号】

最高院认为:根据一审、二审法院查明的事实,本案纠纷系因赵跃东从天津铁厂处承租房屋引起。赵跃东系天铁集团下属物流公司职工,天津铁厂负责对天铁集团职工的民用住房、单身宿舍进行统一分配、调整、管理工作。按照职工级别、家庭人口、工龄、获得荣誉等情况进行记分排队,按顺序组织分配,并经职代会福利委员会讨论、劳资部门签字通过。基于赵跃东与天铁集团之间的劳动关系,由天津铁厂进行上述审核过程并通过后,双方签订《天铁集团房屋租赁合同》。因此,赵跃东承租案涉房屋实际上是天津铁厂给予天铁集团员工的内部福利,并非平等主体之间缔结的房屋租赁关系。一审、二审法院认定由此产生的纠纷不属于人民法院民事案件受理范围,并驳回赵跃东的起诉,适用法律并无不当。

(二)土地租赁合同纠纷常见问题裁判意见

双方对案涉土地为划拨用地是明知的,出租没有改变用地性质,且已租赁十余年,确认合同无效有违诚实信用原则。【(2019)最高法民申2481号】

最高院认为:文兴学校认为《协议书》因违反《城镇国有土地使用权出让和转让暂行条例》第44条、第45条和《划拨土地使用权管理暂行办法》第32条之规定,应认定为无效合同,原判决认定《协议书》有效,适用法律错误。对此,本院认为,首先,上述条文的立法目的是为了制止违法违规用地行为,以审批来限制划拨土地使用权的流转,对土地用途进行监管,防止交易方逃避缴纳土地出让金,损害国家利益。而本案中文兴学校是为了建校,并未改变案涉土地为学校建设用地的性质。其次,协议并非只是对土地使用权出租,还包括对基础建设的出租。双方在签订《协议书》时对案涉土地为划拨用地是明知的,现文兴学校已经租赁十余年,确认合同无效有违诚实信用原则。最后,对于违反《城镇国有土地使用权出让和转让暂行条例》的行为,应由有关土地管理部门依法处理,不因此影响《协议书》约定的文兴学校支付租金义务的履行。故原判决认定《协议书》有效并无不当,文兴学校认为《协议书》无效的申请再审理由不能成立。

(三)租赁合同纠纷常见问题裁判意见

1. 根据合同相对性原则,如果产生租金损失,只能向租赁合同的签订主体主张赔偿。【(2019)最高法民申3581号】

最高院认为:《租赁合同》的签订主体是枣庄锦辉公司与耿勇,根据合同相对性原则,如产生租金损失,枣庄锦辉公司应向耿勇主张,本案中枣庄锦辉公司并未将耿勇列为被申请人,其向陈伟、陈辉主张租金损失,依据不足。枣庄锦辉公司亦未能举证证明损失的具体数额,其再审期间提交的评估机构对租金损失数额作出的评估报告,因评估报告系枣庄锦辉公司单方委托,未得到陈伟、陈辉的认可,依法不能作为证据使用。同时,一审对枣庄锦辉公司要求赔偿损失的诉讼请求未予支持后,其在二审期间并未就此提起上诉。因此,枣庄锦辉公司关于租金损失的主张,缺乏事实和法律依据,本院不予支持。

2. 若存在先履行后续约的情形,则应根据缴纳租金的行为确定租赁合同期限。【(2019)最高法民申4935号】

最高院认为:轻工大学与艳阳天公司于2009年6月8日签订的《房屋租赁合同》第3条约定,"租赁期限自2008年8月1日起至2012年4月30日止。上述租赁期届满后,除政府主导该地块土地置换,致使该地块土地使用权权属转移至第三人以外,本合同租赁期限自双方2012年5月15日前就后期租金协商达成协议后,顺延至2014年4月30日止";第4条约定,"租金采取分时段确定的方式……2009年1月1日至2012年4月30日为第二时段,2012年5月1日至2014年4月30日为第三时段"。根据轻工大学与艳阳天公司之间存在先履行而后补签续租协议的情形,二审法院基于艳阳天公司于2012年3月22日交纳了案涉出租房产2012年1月至6月的租金,轻工大学已出具租金发票予以确认的事实,认定视为双方已就后期租金协商达成协议,《房屋租赁合同》租赁期限应顺延至2014年4月30日,即轻工大学于2012年5月6日向艳阳天公司发出腾退通知时,案涉租赁合同期限尚未届满并无不当。

3. 军队营区租赁合同的内容未违反法律、行政法规强制性规定,未损害他人利益,且双方已按约实际履行合同主要内容,则该租赁合同有效。【(2019)最高法民申1921号】

最高院认为:成都军区房管处与东盈公司签订《军队房地产租赁合同》《营区租赁整治合同》,约定东盈公司租赁案涉土地,并办理了《军队房地产租赁许可证》。《营区租赁整治合同》作为《军队房地产租赁合同》的补充协议,虽约定了以成都军区房管处上级批准作为合同的生效条件,但批准合同系成都军区房管处的内部审批程序,不影响双方履行合同的权利义务。而且,根据原审查明的事实,成都军区房管处已按约将案涉土地交付东盈公司使用,且东盈公司已实际租赁,并按《营区租赁整治合同》的约定预留100亩土地未使用。同时,在成都军区房管处向东盈公司交付土地、收取租金时,双方均未对此提出异议。因此,《营区租赁整治合同》业经双方签字盖章成立,合同内容未违反法律、行政法规强制性规定,未损害他人利益,且双方已按约实际履行了合同主要义务,故一、二审法院认定《营区租赁整治合同》有效并无不当。

4. 租赁法律关系中,出租人收取租金系其最为重要的权利。如果出租人不积极催缴租金、不了解租金支付及租金调整情况等多个事实,则可以认定双方之间并不成立租赁关系的真实意思表示。【(2019)最高法民申877号】

最高院认为:租赁合同是出租人将租赁物交付承租人使用、收益,承租人支付租金的合同。租赁法律关系中,出租人收取租金系其最为重要的权利。本案中,从金友公司不积极催缴租金、不了解租金支付及租金调整情况、金友公司财务独立性丧失等多个事实看,双方之间并不存在成立租赁关系的真实意思表示。结合双方之间还存在因履行《确股协议》《扩股协议》等涉及金友公司股权的其他纠纷、刘奎友认为签订《租赁协议》系凯恒公司为了控制金友公司等,更加无法令人形成双方存在真实租赁关系的内心确信。据此,尽管原判决对部分事实的认定缺乏证据证明,但通过再审审查,金友公司亦未能提交证据证明双方存在真实租赁关系的基本事实,原审法院判决结果并不属于确有错误。

5. 租赁合同的履行在法律上存在障碍,导致合同目的无法实现,合同应该予以解除。【(2019)最高法民申1490号】

最高院认为:二审判决认为姜贵并未刻意隐瞒克钦湖水域及用地性质,姜贵与黑龙江省齐齐哈尔市农业委员会补充协议内容对本案租赁合同的履行及目的实现没有影响,姜贵未全部支付郝某某的南湖补偿费用不能导致合同根本目的无法实现,克钦湖渔场经营权抵押贷款210万元已偿还不影响履行合同等,进而未认定姜贵因以上情况构成根本违约,该认定并无不当。但是,根据克钦湖渔场的宗地图显示,《克钦湖租赁合同》的租赁范围大部分位于扎龙湖自然保护区缓冲区内,特别是作为缓冲区内覆盖面积最大的两块水域,是"克钦湖"的核心区域和经营品牌。但是,根据《自然保护区条例》第18条的规定,自然保护区外围的缓冲区,只准进入从事科学研究观测活动。该规定实际上排除了在《克钦湖租赁合同》的大部分租赁范围从事生产经营或其他具有商业营利性质的活动,虽然《克钦湖租赁合同》没有明确租赁后的经营用途,但是不能否认在承租人高楠支付3000万元巨额租金的情况下,双方均明知租赁克钦湖系用于经营并获得商业利益的真实意图。虽然姜贵主张事实上在克钦湖两块水域生产经营并无相关部门予以阻止,但是本案合同能否继续履行的评判应以法律法规明令为准。因此,在《克钦湖租赁合同》的标的物大部分位于国家级自然保护区缓冲区的情况下,《克钦湖租赁合同》的履行在法律上存在障碍,关于经营开发克钦湖的合同目的无法实现,原二审判决据此认定《克钦湖租赁合同》应予以解除,并根据双方注意义务大小酌定高楠应对合同解除所造成的损失承担80%的责任,较为客观合理。

6. 场地租赁合同是否包括地上建筑物应该依据合同的名称及内容来认定。【(2018)最高法民再465号】

最高院认为:恒昊公司主张涉案合同仅涉及土地,东风一社、东风联社则主张包括土地和地上建筑物。虽然从常理来讲,恒昊公司租赁涉案场地之前已经有广州天河寺右物业开发公司、卫仕家具公司在此经营,恒昊公司将涉案土地租赁给广州宝利捷经营也不可能仅是空地,租赁合同应该包括土地和地上建筑物。但是,从《场地租赁合同》名称和内容分析,该合同标的物仅指土地,不包括地上建筑物,具体理由如下：首先，《场地租赁合同》中约定将面积20000平方米场地租赁给恒昊公司经营使用，对租赁面积未区分土地面积与地上建筑物面积各是多少。而从50号告知函的表述看，涉案场地仅土地即占有2.4667公顷，即24667平方米。土地面积已经完全涵盖了合同约定面积。其次，在《场地租赁合同》中约定，如有3个月不交租金，甲方（东风一社）有权单方面终止合同，并收回场地及一切建筑物和水电设施。由此可以看出，该合同中的"场地"与"建筑物"是并列概念，"场地"并不包括"建筑物"。最后，合同约定场地上现在所有的建筑物及设施均由乙方（恒昊公司）投资，乙方以此为本合同保证金资本。从该约定可以证明，地上建筑物及设施是恒昊公司履行涉案合同的保证资本，涉案《场地租赁合同》包括地上建筑物，进而主张涉案《场地租赁合同》无效，与合同约定不符，本院不予支持。

7. 出租人按约交付租赁物并保持租赁物符合约定的用途并不具有人身专属性或依附性。不能以配合、通知、协助、保密等从合同义务或者附随义务来判断合同履行是否具有人身专属性。【(2019)最高法民终879号】

最高院认为：《合同法》第110条规定了排除履行情形，即"不适于强制履行"的除外条款。所谓债务标的不适于强制履行，一般是指根据债务的性质不宜直接强制履行。该类债务通常具有较强的人身专属性，主要依靠债务人通过实施自身的技能或者完成相关事务来实现合同目的，如基于医疗服务合同、技术开发合同、委托合同、合伙合同、演出合同等发生的主合同义务。不能以法律规定或者合同约定的配合、通知、协助、保密等从合同义务或者附随义务来判断合同履行是否具有人身专属性。本案双方当事人之间为房屋租赁法律关系，作为出租人的神旺公司，根据《合同法》第216条的规定，其主要的合同义务为按照合同约定将租赁物交付承租人，并在租赁期间保持租赁物符合约定的用途。从上述规定可知，出租人按约交付租赁物并保持租赁物符合约定的用途并不具有人身专属性或依附性。在双方当事人已经签订了房屋租赁合同以后，就不能再以一方是否愿意继续履行合同的主观意愿来判断该合同是否适于强制履行。因此，神旺公司所提出的案涉租赁合同继续履行具有人身依附性，不适于也无法进行强制履行的上诉理由，既无事实依据，亦属对法律规定的不当理解，本院对其该项上诉主张不予支持。

8. 即使案涉租赁合同中关于物业的使用违反了规划用途，但并未侵害国家、集体或者他人利益，不违反效力性强制规范，合同不必然因此无效。【(2019)最高法民终879号】

最高院认为：案涉租赁合同约定租赁标的物业用于"酒店"经营，神旺公司主张该物业的规划用途为"办公"用房，其主要的依据为其单方委托并依据其单方提供资料所形成的《房屋建筑面积测绘成果报告》，本院无法从其举示的证据认定案涉物业的规划用途确定为"办公"用房。且即使案涉租赁合同对于物业的使用违反了规划用途，但并未侵害国家、集体或者他人利益，不违反效力性强制规范，合同不必然因此无效。在诉讼过程中,神旺公司亦表示有合法途径变更房屋用途,因此不能认定属于法律上不能履行的情形。至于因经营酒店需要变更房屋用途产生的相关费用,可由双方另行协商解决。

六、建设用地使用权合同纠纷常见问题裁判意见

从中国裁判文书网、北大法宝—司法案例库检索到2019年度最高院受理的建设用地使用权合同纠纷案件共72件。(1)以二级案由立案的建设用地使用权合同纠纷14件,3件为最高院二审终审案件(民终),10件为申请再审案件(民申),1件为执行错误赔偿案件(确监);(2)以三级案由立案的建设用地使用权出让合同纠纷30件,9件为最高院二审终审案件(民终),1件为民事再审判决案件,20件为申请再审案件(民申);(3)以三级案由立案的建设用地使用权转让合同纠纷28件,4件为最高院二审终审案件(民终),24件为申请再审案件(民申)。

(一)建设用地使用权合同纠纷常见问题裁判意见

1. 负有举证证明责任的当事人提供的证据,人民法院经审查并结合相关事实,确信待证事实的存在具有高度盖然性的,应当认定事实存在。【(2019)最高法民申4681号】

最高院认为:13张付款凭据系恒生公司在原审中提交的第13组证据,恒生公司就该组证据声明:该组证据主要是对《收款收据》的补充说明,不作为主要证据,仅作为人民法院认定付款事实的参考及辅助证明。原审法院根据两份《收款收据》、原金鹏总公司出具的《证明》、金鹏有限公司与赵云鹏授权李伟燊将大温坝案涉土地使用权过户至恒生公司的《法人授权委托证明书》、原金鹏总公司在《听证笔录》中的自认以及金鹏有限公司关于恒生公司尚欠500万元土地转让款的主张等,结合恒生公司实际使用大温坝案涉土地多年的事实,认为本案证据已形成证据链,可以证明恒生公司已付土地款的事实。因双方土地使用权转让发生的时间在1992—1994年间,时间较为久远,故而案涉付款凭证并未成为原审法院认定恒生公司支付大温坝土地款事实的主要证据。《民诉法解释》第108条第1款规定:"对负有举证证明责任的当事人提供的证据,人民法院经审查并结合相关事实,确信待证事实的存在具有高度可能性的,应当认定该事实存在。"原审法院综合判断本案证据,并结合恒生公司实际使用大温坝案涉土地多年的事实,认为恒生公司支付大温坝土地款的事实达到了高度盖然性的程度,并无不当。

2. 城市基础设施配套费的收取不是平等民事主体之间的民事法律关系。【(2019)最高法民终1811号】

最高院认为:案涉《土地出让金及城市基础设施配套费补缴协议》中,双方约定

了补缴土地出让金及城市基础设施配套费。依据财政部《关于城市基础设施配套费性质的批复》(财综函〔2002〕3号)的规定:"城市基础设施配套费是城市人民政府有关部门强制征收用于城市基础设施建设的专项资金,其征收主体与征收对象之间不存在直接的服务与被服务关系;同时,收益者与征收对象也没有必然的联系,与各级政府部门或单位向特定服务对象提供特定服务并按成本补偿原则收取的行政事业性收费有明显区别。因此,城市基础设施配套费在性质上不属于行政事业性收费,而属于政府性基金。"由此可知,城市基础设施配套费的收取并不是平等民事主体之间的民事法律关系,一审判决在既未查明城市基础设施配套费的性质,也未查明海湖管委会与宏宏公司签订《土地出让金及城市基础设施配套费补缴协议》的原因和背景的情况下,按照民事法律关系确定城市基础设施配套费的支付,属于基本事实认定不清。

(二)建设用地使用权出让合同纠纷常见问题裁判意见

1. 国有建设用地拍卖出让过程中,竞买者应按拍卖公告自行勘踏现场,成交后,即视为对现状无异议并全部接受。【(2019)最高法民申3354号】

最高院认为:关于资源规划局交付的土地是否符合合同约定的交付条件的问题。根据宏霞公司与资源规划局签订的《国有建设用地使用权出让合同》第6条的约定,交付案涉土地的条件为"现状土地条件"。案涉土地《国有建设用地使用权拍卖出让公告》第8条载明:"各竞买人要实地踏勘宗地现状,搞好宗地情况调查分析,对土地现状有异议的,可在申请竞买前提出,竞买申请书签订后,视为无异议。"《拍卖须知》载明:案涉高明新区D-1地块使用权"属净地出让,其宗地红线范围内房产、地产均由高明新区管委会统一进行了征地拆迁安置补偿";"申请人必须自行到现场踏勘拍卖出让地块。申请一经受理确认后,即视为竞买人对拍卖文件及地块现状无异议并全部接受,并对有关承诺承担法律责任"。宏霞公司填写《竞买申请书》并参加竞买的行为表明,其已自行到现场踏勘拍卖出让地块,并对拍卖地块现状无异议并全部接受。一审法院于2017年11月8日组织双方当事人现场勘查时,案涉宗地上没有完整的建筑物,但在宗地红线边缘区域有拆除在地尚未搬离的建筑材料和遗弃的生活用品,还有未砍伐的树木和未迁移的坟墓。根据资源规划局举示的证据,显示案涉土地及地上附着物、林木、坟墓已进行了依法征收及拆迁安置补偿,不存在权属争议和法律经济纠纷,达到了供地条件。宏霞公司并未提供证据证明前述土地现状影响了其施工建设,案涉土地不具备动工开发所必需的基本条件。宏霞公司关于案涉土地不符合合同约定的交付条件的主张,缺乏事实和法律依据,依法不能成立。

2. 关于逾期付款违约金标准是否进行调整及如何调整的问题。【(2019)最高法民申3073号】

最高院认为:中盛置业一审诉请南充市自然资源和规划局返还逾期付款违约保

证金6909400元,原审判决既然认定中盛置业逾期支付土地出让金构成违约,就应从6909400元中扣减中盛置业应付的违约金。中盛置业提出调减违约金的请求,原审法院结合其逾期付款最长未超过38天等情节,认定中盛置业违约情形较轻、主观恶意不大,酌定调减,未超出中盛置业的诉讼请求。并且,原审法院综合案件整体情况,将南充市自然资源和规划局应付资金占用损失的计算标准调减为与中盛置业逾期付款违约金标准一致,符合对等原则,未造成双方利益失衡。

3. 如合同一方的损失实际已得到部分弥补,且要求的违约金超过其损失的百分之三十,则合同另一方主张违约金过高可以成立,应该予以调整。【(2019)最高法民再98号】

最高院认为:第一,根据《出让合同》第30条的约定,福景公司不能按时支付《出让合同》项下价款时,自滞纳之日起,每日按迟延支付款项的千分之一向漳州资源局缴纳违约金。福景公司违约,漳州资源局请求福景公司应当支付违约金,有合同依据。《合同法》第98条规定,合同的权利义务终止,不影响合同中结算和清理条款的效力。福景公司抗辩《出让合同》解除后,漳州资源局只能主张赔偿损失而不能主张违约金,缺乏法律依据,本院不予支持。第二,原一审审理中,福景公司就《出让合同》约定的违约金,抗辩该违约金过高,应下调至按每日万分之二点一计算。发回重审后亦未改变该主张。再审中,福景公司明确其主张将违约金计算标准下调至每日万分之二点一,系参照中国人民银行1996年发布的逾期贷款利率标准确定。福景公司上述关于违约金的主张,应可认定其在本案审理过程中提出了调整违约金的请求。根据《合同法司法解释(二)》第29条的规定,当事人主张约定的违约金过高请求予以适当减少的,人民法院应当以实际损失为基础,兼顾合同的履行情况、当事人的过错程度以及预期利益等综合因素,根据公平原则和诚实信用原则予以衡量,并作出裁决。当事人约定的违约金超过造成损失的百分之三十的,一般可以认定为《合同法》第114条第2款规定的"过分高于造成的损失"。再审庭审中,就福景公司违约给漳州资源局造成的实际损失问题,经本院询问,漳州资源局仅概括述称造成了其安置问题无法解决,而对于具体的实际损失表示无法确定。在此情形下,结合《出让合同》订立于2010年、之后土地市场价格已大幅上涨,漳州资源局部分损失可通过土地重新拍卖后的价差弥补等实际情况,福景公司关于《出让合同》约定的违约金过高应予调整的主张符合法律规定,本院应予以支持。福景公司请求应参照中国人民银行1996年发布的逾期贷款利率日万分之二点一的标准调整违约金,但根据中国人民银行《关于人民币贷款利率有关问题的通知》(银发〔2003〕251号)中"逾期贷款(借款人未按合同约定日期还款的借款)罚息利率由现行按日万分之二点一计收利息,改为在借款合同载明的贷款利率水平上加收30%—50%"的规定,中国人民银行已将逾期贷款罚息利率标准予以调整。由于案涉《出让合同》签订于2010

年1月20日,故不宜再按照日万分之二点一的逾期贷款利率计算违约金。本院参照中国人民银行《关于人民币贷款利率有关问题的通知》之规定,以迟延支付土地出让金本金为基数,按照中国人民银行发布的同期同类银行贷款基准利率的130%,自逾期之日至合同解除之日计算违约金。

(三)建设用地使用权转让合同纠纷常见问题裁判意见

无处分权人处分他人财产经权利人追认,或无处分权人订立合同后取得处分权的,合同有效,但并不能得出"未经权利人追认或无处分权的人订立合同后未取得处分权的,合同无效"。【(2018)最高法民申6234号】

最高院认为:首先,因恒泰公司与陈平、吴旭辉所签案涉合同并非约定转让划拨土地使用权,而是约定经国有土地交易部门通过招拍挂方式取得案涉土地使用权,此与恒泰公司通过划拨形式获得土地使用权后对外转让完全不同,故合力公司援引最高人民法院《关于审理涉及国有土地使用权合同纠纷案件适用法律问题的解释》第11条"土地使用权人未经有批准权的人民政府批准,与受让方订立合同转让划拨土地使用权的,应当认定合同无效"之规定,主张恒泰公司与陈平、吴旭辉所签案涉合同无效并不成立。其次,从案涉合同约定内容可知,恒泰公司与陈平、吴旭辉主要就案涉土地使用权的取得和转让作出明确约定,对于合作开发案涉土地事宜尚未进行详细约定。即便恒泰公司与陈平、吴旭辉目前均不具备房地产开发经营资质,双方在履行合同过程中也可以通过成立有资质的项目公司等方式履行合作开发事宜,不能据此认定案涉合同无效。最后,虽然《合同法》第51条规定,无处分权的人处分他人财产,经权利人追认或者无处分权的人订立合同后取得处分权的,该合同有效,但并不能据此得出未经权利人追认或无处分权的人订立合同后未取得处分权的,合同无效这一结论;且依据最高人民法院《关于审理买卖合同纠纷案件适用法律问题的解释》第3条第1款之规定,"当事人一方以出卖人在缔约时对标的物没有所有权或者处分权为由主张合同无效的,人民法院不予支持",合力公司以恒泰公司未取得案涉土地使用权为由主张案涉合同无效,本院不予采纳。

【责任编辑:张文硕】

23家法学核心期刊 2019年度学术盘点分析

——以北大法宝法学期刊库为例*

北大法宝法学期刊研究组**

摘要：法学学术期刊作为法学学术研究的主要阵地，分析法学核心期刊学术研究成果具有极其重要的意义。本文以"北大法宝—法学期刊库"作为数据统计源，统计分析2019年度23家法学核心期刊整体发文情况，归纳和总结学术研究热点、作

收稿日期：2020-06-17

* 统计源："北大法宝"法学期刊库目前已收录法学期刊219家，其中核心期刊95家，非核心期刊54家，集刊61家，英文期刊9家。截至2019年12月31日，"北大法宝"法学期刊库共收录法学文章238643篇。依据"北大法宝"法学期刊库收录的法学核心期刊，以中国法学会的中国法学核心科研评价来源期刊（CLSCI）、南京大学的中文社会科学引文索引（CSSCI）来源期刊以及北京大学的《中文核心期刊要目总览》为标准，选取了《比较法研究》《当代法学》《东方法学》《法律科学》《法律适用（理论应用）》《法商研究》《法学》《法学家》《法学论坛》《法学评论》《法学研究》《法制与社会发展》《国家检察官学院学报》《河北法学》《华东政法大学学报》《清华法学》《现代法学》《政法论坛》《政治与法律》《知识产权》《中国法学》《中国社会科学》《中外法学》23家法学核心期刊作为本次统计源。《环球法律评论》《法学杂志》《中国刑事法杂志》《行政法学研究》《北方法学》《政法论丛》6家刊物因合作或数据原因不计入本次统计源。统计方法：（1）排除非学术性文章。例如排除"专题絮语""主持人语""卷首语""编者按""英文摘要""法治时评"（封面文章）、"总目录"类型的非学术性文章。（2）合作署名文章的统计方法。多个作者合作署名文章，只统计第一作者及所在单位。（3）署名多个单位文章的统计方法。多个作者单位合作署名的文章，只计算第一作者单位。（4）研究机构（法学院校）的统计方法。研究机构属于综合大学的，统一规范为法学院进行统计，研究机构属于政法类专业院校的，统一规范为大学进行统计。统计周期：2019年1月1日—12月31日。

** 北大法宝法学期刊研究组成员：孙妹、曹伟、董倩、杨岩、富敬。孙妹，北大法律信息网（北大法宝）编辑部副主任；曹伟，北大法宝学术中心副主任；董倩，北大法宝编辑；杨岩，北大法宝编辑；董倩，北大法宝编辑；富敬，北大法宝编辑。研究指导：郭叶，北大法律信息网（北大法宝）编辑部副总编；刘馨宇，北大法律信息网（北大法宝）编辑部主任。

者及研究机构发文情况。

关键词：法学核心期刊　2019年　盘点分析

导　语

张文显教授在中国法学会法学期刊研究会2019年年会的讲话中指出,法学期刊是荟萃和展示法学研究成果的主要平台,是引领法学研究的"指挥棒"。北大法律信息网法学期刊研究组在2019年推出法学核心期刊上半年系列盘点后,受到法学期刊社成员、高校师生和法律同仁的极大关注。本文以"北大法宝—法学期刊库"作为数据统计源,梳理并总结2019年法学领域的学术热点,为法学界提供最新的法学学术前沿研究动态。

一、23家法学核心期刊年度总发文量2227篇,期均发文量12.8篇

本次统计源中23家法学核心期刊2019年度总发文量为2227篇。从出版周期来看,23家法学核心期刊中,双月刊有17家,月刊有5家,半月刊1家。

从发文量来看,17家双月刊中,发文量在70篇以下的有2家,分别为《法学研究》《国家检察官学院学报》。发文量在70~90篇之间的有8家,分别为《比较法研究》《当代法学》《东方法学》《法学家》《法制与社会发展》《清华法学》《现代法学》《中外法学》。发文量在90~100篇之间的有6家,分别为《法商研究》《法学论坛》《法学评论》《华东政法大学学报》《政法论坛》《中国法学》。发文量在100篇以上的有1家,为《法律科学》。

从5家月刊发文量来看,《中国社会科学》仅统计法学文章,共计18篇;《知识产权》共计106篇,发文量在150篇之上的有3家,分别为《法学》《河北法学》《政治与法律》。

出版周期为半月刊的仅有《法律适用》,本文仅统计《法律适用(理论应用)》2019年度发文量,共计158篇。

表1　23家法学核心期刊发文情况(2019.01.01—2019.12.31)

(排名不分先后,按照期刊名称拼音排序)

序号	期刊名称	期刊来源	出刊周期	出版期数(期)	发文量(篇)	期均发文量(篇)
1	《比较法研究》	CLSCI/CSSCI/中文核心	双月刊	6	78	13

(续表)

序号	期刊名称	期刊来源	出刊周期	出版期数（期）	发文量（篇）	期均发文量（篇）
2	《当代法学》	CLSCI/CSSCI/中文核心	双月刊	6	87	14.5
3	《东方法学》	CLSCI/CSSCI/中文核心	双月刊	6	86	14.3
4	《法律科学》	CLSCI/CSSCI/中文核心	双月刊	6	104	17.3
5	《法律适用（理论应用）》	中文核心	半月刊	12	158	13.2
6	《法商研究》	CLSCI/CSSCI/中文核心	双月刊	6	95	15.8
7	《法学》	CLSCI/CSSCI/中文核心	月刊	12	163	13.6
8	《法学家》	CLSCI/CSSCI/中文核心	双月刊	6	79	13.2
9	《法学论坛》	CLSCI/CSSCI/中文核心	双月刊	6	97	16.2
10	《法学评论》	CLSCI/CSSCI/中文核心	双月刊	6	99	16.5
11	《法学研究》	CLSCI/CSSCI/中文核心	双月刊	6	66	11
12	《法制与社会发展》	CLSCI/CSSCI/中文核心	双月刊	6	75	12.5
13	《国家检察官学院学报》	CSSCI/中文核心	双月刊	6	69	11.5
14	《河北法学》	中文核心	月刊	12	184	15.3
15	《华东政法大学学报》	CLSCI/CSSCI/中文核心	双月刊	6	91	15.2
16	《清华法学》	CLSCI/CSSCI/中文核心	双月刊	6	71	11.8
17	《现代法学》	CLSCI/CSSCI/中文核心	双月刊	6	84	14
18	《政法论坛》	CLSCI/CSSCI/中文核心	双月刊	6	97	16.2
19	《政治与法律》	CLSCI/CSSCI/中文核心	月刊	12	152	12.6
20	《知识产权》	中文核心	月刊	12	106	8.8
21	《中国法学》	CLSCI/CSSCI/中文核心	双月刊	6	91	15.2
22	《中国社会科学》（法学文章）	CLSCI/CSSCI/中文核心	月刊	12	18	1.5
23	《中外法学》	CLSCI/CSSCI/中文核心	双月刊	6	77	12.8
总计				174	2227	12.8

（一）文章以民商法学、刑法学、诉讼法学、理论法学4个学科为主，占比66%，其中诉讼法学发文量比2019年上半年下降1%

23家法学核心期刊2019年度总发文量为2227篇，涉及民商法学、刑法学、诉讼法学、理论法学、经济法学、行政法学、司法制度、国际法学、宪法学、法律史学、环境法学、劳动与社会保障法、安全法学13个学科。其中民商法学、刑法学、诉讼法学、理论法学4个学科发文总量为1471篇,占23家法学核心期刊2019年度总发文量的66.19%,各学科的总占比与上半年统计比例保持一致。诉讼法学学科发文占比12.98%,比2019年上半年减少1%,略有所下降。经济法学、行政法学、司法制度等其他几类学科占比均在10%以下,其中司法制度学科发文占比5%,比2019年上半年增涨1%,略有所上升。

法律史学、环境法学、劳动与社会保障法、安全法学4个学科的学术性文章共计发文129篇,占比6%,学术研究相对更加薄弱。

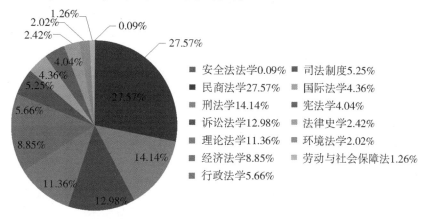

图1　23家法学核心期刊学科整体分布情况(2019.01.01—2019.12.31)

(二)各刊民商法学文章居多,有5家期刊的民商法学发文量达到30篇以上

从学科分布来看,23家法学核心期刊大多以民商法学文章居多,其他学科各有侧重。例如,民商法学文章数量在30篇以上的有《法律科学》《法律适用(理论应用)》《法学》《河北法学》及《知识产权》;刑法学文章数量在20篇以上的有《法律适用(理论应用)》《法学》《河北法学》及《政治与法律》;诉讼法学文章数量在20篇以上的有《当代法学》《法律适用(理论应用)》《国家检察官学院学报》《河北法学》《政法论坛》;理论法学文章数量达20篇的有《法学》《法制与社会发展》,其中《知识产权》因其刊物的专业性,发表文章多涉及知识产权研究领域,民商法学文章数量较集中。

表2　23家法学核心期刊各刊各学科分布情况(2019.01.01—2019.12.31)

(排名不分先后,按照期刊名称拼音排序)

期刊名称	民商法学	刑法学	诉讼法学	理论法学	经济法学	行政法学	司法制度	国际法学	宪法学	法律史学	环境法学	劳动与社会保障法	安全法学	总计(篇)
《比较法研究》	20	17	9	8	4	4	5	2	5	2	1	0	1	78

(续表)

期刊名称	民商法学	刑法学	诉讼法学	理论法学	经济法学	行政法学	司法制度	国际法学	宪法学	法律史学	环境法学	劳动与社会保障法	安全法学	总计(篇)
《当代法学》	25	10	20	2	11	2	1	11	3	0	1	1	0	87
《东方法学》	29	16	8	9	9	8	2	3	0	0	1	1	0	86
《法律科学》	32	11	12	15	13	4	2	6	5	0	3	1	0	104
《法律适用(理论应用)》	31	21	40	4	5	11	32	6	2	0	4	2	0	158
《法商研究》	22	11	11	7	17	8	6	6	2	2	2	1	0	95
《法学》	38	26	13	20	25	7	10	7	4	7	2	4	0	163
《法学家》	28	11	15	5	7	5	4	0	1	1	0	2	0	79
《法学论坛》	23	15	13	15	12	4	3	3	5	0	4	0	0	97
《法学评论》	24	14	9	8	10	7	3	6	8	2	3	5	0	99
《法学研究》	18	10	11	8	7	4	1	1	2	3	0	1	0	66
《法制与社会发展》	9	1	6	35	3	6	4	1	3	3	3	1	0	75
《国家检察官学院学报》	11	14	23	6	1	0	12	0	1	1	0	0	0	69
《河北法学》	49	21	21	18	15	14	6	17	9	3	7	4	0	184
《华东政法大学学报》	28	8	7	12	11	5	4	1	14	2	1	2	0	91
《清华法学》	26	11	3	9	4	2	2	3	1	9	1	0	0	71
《现代法学》	29	12	5	9	10	1	4	7	2	2	3	0	0	84
《政法论坛》	15	15	22	18	1	5	2	4	4	11	0	0	0	97
《政治与法律》	27	42	15	15	10	17	4	5	9	0	8	0	0	152
《知识产权》	88	1	1	5	7	1	1	1	0	1	0	0	0	106
《中国法学》	22	12	17	10	5	5	4	4	7	2	1	2	0	91
《中国社会科学》(法学文章)	2	2	1	5	1	1	0	2	3	1	0	0	0	18
《中外法学》	18	14	7	10	9	9	5	1	0	2	0	1	1	77
总计	614	315	289	253	197	126	117	97	90	54	45	28	2	2227

(三) 各刊基金项目文章1470篇,占比66.01%;有10家期刊的基金项目文章占比达70%以上

23家法学核心期刊2019年度总发文量为2227篇,其中基金项目文章共计1470篇,占比66.01%。基金类型主要涉及中央国家级基金、地方省市级基金、高等院校基金、科研院所基金四种,其中中央国家级基金项目文章居多。基金项目文章占比达70%以上的期刊有10家,分别为《当代法学》《法律科学》《法商研究》《法学家》《法学论坛》《法学评论》《河北法学》《华东政法大学学报》《中国法学》《中国社会科学》(法学文章)。其中《当代法学》基金项目文章占比86.21%,《法律科学》基金项目文章占比80.77%,《中国社会科学》(法学文章)基金项目文章占比94.44%。

表3　23家法学核心期刊基金项目文章情况(2019.01.01—2019.12.31)

(排名不分先后,按照期刊名称拼音排序)

序号	期刊名称	发文量(篇)	基金项目文章数(篇)	基金项目文章占比
1	《比较法研究》	78	46	58.97%
2	《当代法学》	87	75	86.21%
3	《东方法学》	86	57	66.28%
4	《法律科学》	104	84	80.77%
5	《法律适用(理论应用)》	158	55	34.81%
6	《法商研究》	95	74	77.89%
7	《法学》	163	107	65.64%
8	《法学家》	79	60	75.95%
9	《法学论坛》	97	69	71.13%
10	《法学评论》	99	70	70.71%
11	《法学研究》	66	42	63.64%
12	《法制与社会发展》	75	47	62.67%
13	《国家检察官学院学报》	69	34	49.28%
14	《河北法学》	184	144	78.26%
15	《华东政法大学学报》	91	68	74.73%
16	《清华法学》	71	44	61.97%
17	《现代法学》	84	57	67.86%
18	《政法论坛》	97	60	61.86%
19	《政治与法律》	152	101	66.45%

(续表)

序号	期刊名称	发文量（篇）	基金项目文章数（篇）	基金项目文章占比
20	《知识产权》	106	47	44.34%
21	《中国法学》	91	64	70.33%
22	《中国社会科学》（法学文章）	18	17	94.44%
23	《中外法学》	77	48	62.34%
	总计	2227	1470	66.01%

在基金项目文章中，存在一篇文章获得多种基金支持的情况，其中获得中央国家级基金支持的文章有1137篇；获得地方省市级基金支持的文章有350篇；获得高等院校基金支持的文章有390篇；获得科研院所基金支持的文章有12篇，上述四种基金类型之外其他基金文章有54篇。

刊载中央国家级基金项目支持文章50篇以上的期刊有9家，分别是《当代法学》《法律科学》《法商研究》《法学》《法学评论》《河北法学》《华东政法大学学报》《政治与法律》《中国法学》，其中《河北法学》刊载中央国家级基金支持文章101篇。30~50篇之间的期刊有12家，分别是《比较法研究》《东方法学》《法律适用（理论应用）》《法学家》《法学论坛》《法学研究》《法制与社会发展》《清华法学》《现代法学》《政法论坛》《知识产权》《中外法学》。

刊载地方省市级基金项目支持文章20篇以上的期刊有5家，分别是《法律科学》《法学》《法学论坛》《河北法学》《政治与法律》。10~20篇之间的期刊有8家，分别是《比较法研究》《当代法学》《东方法学》《法律适用（理论应用）》《法商研究》《华东政法大学学报》《政法论坛》《知识产权》。

刊载高等院校基金项目支持文章20篇以上的期刊有4家，分别是《当代法学》《法律科学》《法学》《河北法学》。10~20篇之间的期刊有16家，分别是《比较法研究》《东方法学》《法律适用（理论应用）》《法商研究》《法学家》《法学论坛》《法学评论》《法制与社会发展》《国家检察官学院学报》《华东政法大学学报》《清华法学》《政法论坛》《政治与法律》《知识产权》《中国法学》《中外法学》。

本次统计源23家法学核心期刊刊载基金项目文章中，《中国社会科学》（法学文章）共发文18篇，其中1篇文章获得中央国家级基金项目、地方省市级基金项目和高等院校基金三种基金项目支持。获得中央国家级基金项目支持文章12篇，2篇既获得中央国家级基金项目支持又获得高等院校基金项目支持，1篇既获得地方省市级基金项目支持又获得高等院校基金项目支持，1篇获得地方省市级基金项目支持。

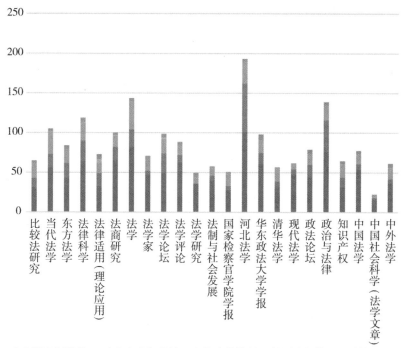

图 2　23 家法学核心期刊各类基金项目文章情况(2019.01.01—2019.12.31)
（排名不分先后,按照期刊名称拼音排序）

二、学术热点集中在"民法典""监察法""人工智能""个人信息"等方面,新增"算法""基因编辑"等方面

通过对 23 家法学核心期刊 2019 年度总发文量 2227 篇文章中的 7234 个关键词进行统计,发现 23 家法学核心期刊 2019 年度学术热点依然集中在"民法典""知识产权""监察法""人工智能""个人信息"等方面,"算法""基因编辑""党内法规""电子商务""实证研究"等 22 个方面为 2019 年度下半年新增学术研究热点。词频在 10 次以上的关键词共有 43 个,其中 80 次以上的关键词为"民法典";60 次至 70 次的关键词为"知识产权""监察法""人工智能";31 次至 50 次的关键词为"个人信息""算法";21 次至 30 次的关键词为"认罪认罚""损害赔偿""法教义学""著作权""大数据""侵权责任""比例原则""法治""司法审查""区块链""基因编辑",共计 11 个;10 次至 20 次的关键词为"占有""一带一路""公共利益""司法改革""行政诉讼""电子商务""党内法规"等,共计 26 个。

表4　23家法学核心期刊热点关键词情况(2019.01.01—2019.12.31)

(按关键词词频次数降序排序)

序号	关键词	数量(个)	词频(次数)
1	民法典	1	80次以上
2	知识产权、监察法、人工智能	3	60次至70次
3	个人信息、算法	2	31次至50次
4	认罪认罚、损害赔偿、法教义学、著作权、大数据、侵权责任、比例原则、法治、司法审查、区块链、基因编辑	11	21次至30次
5	占有、一带一路、公共利益、司法改革、行政诉讼、证明标准、因果关系、三权分置、正当防卫、电子商务、实证研究、新时代、隐私权、土地经营权、法律关系、党内法规、权利、改革开放、刑事司法、人类命运共同体、利益衡量、人权保障、合宪性审查、举证责任、依法治国、刑事诉讼法	26	10次至20次
总计			43

(一)23家法学核心期刊学术热点分布情况

通过对23家法学核心期刊(词频在21次以上)17个热点关键词、565篇文章的统计,学术热点在各刊均有不同程度分布,"民法典"各刊关注度最高,文章数量为81篇(涉及20家期刊);"人工智能""知识产权""监察法""个人信息"文章数量均在40篇以上,相对集中。其中"人工智能"62篇(涉及21家期刊)、"知识产权"56篇(涉及18家期刊)、"监察法"43篇(涉及16家期刊)、"个人信息"42篇(涉及20家期刊)。"算法"与"基因编辑"文章共计43篇(涉及期刊15家)。"区块链"相关文章主要集中在《东方法学》设置的"区块连"专刊(2019年第3期)。

表5　23家法学核心期刊学术热点分布情况(2019.01.01—2019.12.31)

(按照关键词文章数量排序,文章数量相同的按照关键词拼音排序,

表中所列期刊按期刊名称拼音排序)

序号	关键词	文章量(篇)	期刊名称/文章量(篇)
1	民法典	81	《比较法研究》/3、《当代法学》/6、《东方法学》/5、《法律科学》/4、《法商研究》/6、《法学》/3、《法学家》/3、《法学论坛》/3、《法学评论》/5、《法学研究》/1、《法制与社会发展》/5、《国家检察官学院学报》/4、《河北法学》/9、《华东政法大学学报》/4、《清华法学》/2、《现代法学》/5、《政法论坛》/2、《政治与法律》/5、《中国法学》/5、《中国社会科学(法学文章)》/1

(续表)

序号	关键词	文章量(篇)	期刊名称/文章量(篇)
2	人工智能	62	《比较法研究》/4、《当代法学》/4、《东方法学》/9、《法律科学》/7、《法律适用(理论应用)》/2、《法商研究》/2、《法学》/4、《法学论坛》/2、《法学评论》/1、《法学研究》/1、《法制与社会发展》/1、《国家检察官学院学报》/1、《河北法学》/2、《华东政法大学学报》/4、《清华法学》/1、《现代法学》/7、《政法论坛》/2、《政治与法律》/3、《知识产权》/3、《中国法学》/1、《中外法学》/1
3	知识产权	56	《比较法研究》/1、《当代法学》/1、《法律科学》/1、《法律适用(理论应用)》/5、《法商研究》/1、《法学》/3、《法学论坛》/2、《法学评论》/3、《法学研究》/3、《法制与社会发展》/1、《河北法学》/1、《清华法学》/1、《现代法学》/3、《政治与法律》/1、《知识产权》/26、《中国法学》/1、《中国社会科学(法学文章)》/1、《中外法学》/1
4	监察法	43	《比较法研究》/5、《当代法学》/2、《东方法学》/1、《法律适用(理论应用)》/1、《法商研究》/2、《法学》/8、《法学论坛》/9、《法学研究》/1、《国家检察官学院学报》/3、《河北法学》/3、《华东政法大学学报》/1、《现代法学》/1、《政法论坛》/2、《政治与法律》/1、《中国法学》/1、《中外法学》/2
5	个人信息	42	《比较法研究》/4、《当代法学》/2、《东方法学》/3、《法律科学》/2、《法律适用(理论应用)》/1、《法商研究》/2、《法学家》/1、《法学论坛》/2、《法学评论》/2、《法制与社会发展》/1、《河北法学》/3、《华东政法大学学报》/3、《清华法学》/2、《现代法学》/3、《政法论坛》/1、《政治与法律》/2、《知识产权》/1、《中国法学》/3、《中国社会科学(法学文章)》/1、《中外法学》/3
6	认罪认罚	30	《比较法研究》/2、《当代法学》/1、《法律科学》/1、《法律适用(理论应用)》/4、《法商研究》/2、《法学》/2、《法学家》/1、《法学论坛》/3、《法学评论》/1、《法学研究》/1、《法制与社会发展》/1、《国家检察官学院学报》/5、《河北法学》/1、《清华法学》/1、《现代法学》/1、《政法论坛》/2、《中国法学》/1

(续表)

序号	关键词	文章量(篇)	期刊名称/文章量(篇)
7	法教义学	28	《比较法研究》/1、《当代法学》/1、《东方法学》/2、《法律科学》/1、《法商研究》/4、《法学》/1、《法学家》/2、《法学评论》/1、《法学研究》/1、《国家检察官学院学报》/1、《河北法学》/2、《华东政法大学学报》/2、《现代法学》/1、《政法论坛》/1、《政治与法律》/4、《知识产权》/1、《中国社会科学(法学文章)》/1、《中外法学》/1
8	损害赔偿	28	《比较法研究》/1、《当代法学》/4、《法律科学》/3、《法律适用(理论应用)》/4、《法商研究》/1、《法学》/1、《法学评论》/1、《法学研究》/1、《国家检察官学院学报》/2、《河北法学》/4、《华东政法大学学报》/2、《现代法学》/2、《政法论坛》/1、《中国法学》/1
9	算法	28	《比较法研究》/1、《东方法学》/2、《法律科学》/5、《法商研究》/1、《法学》/1、《法学论坛》/2、《法学评论》/1、《法制与社会发展》/3、《河北法学》/1、《华东政法大学学报》/6、《清华法学》/1、《现代法学》/1、《知识产权》/1、《中外法学》/2
10	著作权	24	《法律适用(理论应用)》/1、《法学》/1、《法学家》/2、《法学论坛》/1、《法学评论》/3、《河北法学》/2、《华东政法大学学报》/2、《清华法学》/1、《知识产权》/11
11	比例原则	22	《比较法研究》/1、《当代法学》/1、《东方法学》/3、《法律科学》/2、《法商研究》/1、《法学》/2、《法学评论》/1、《法学研究》/2、《法制与社会发展》/1、《国家检察官学院学报》/1、《河北法学》/1、《华东政法大学学报》/2、《政法论坛》/1、《政治与法律》/1、《中国法学》/1、《中外法学》/1
12	法治	22	《法律科学》/2、《法律适用(理论应用)》/1、《法学论坛》/2、《法学评论》/1、《法制与社会发展》/3、《国家检察官学院学报》/2、《清华法学》/1、《政法论坛》/3、《政治与法律》/2、《中国法学》/3、《中国社会科学(法学文章)》/1、《中外法学》/1
13	侵权责任	22	《比较法研究》/2、《当代法学》/1、《法律科学》/1、《法律适用(理论应用)》/2、《法学》/2、《法学家》/1、《法学论坛》/1、《法学评论》/1、《国家检察官学院学报》/2、《河北法学》/1、《华东政法大学学报》/2、《清华法学》/2、《现代法学》/2、《政治与法律》/3

(续表)

序号	关键词	文章量(篇)	期刊名称/文章量(篇)
14	司法审查	22	《比较法研究》/4、《法律适用(理论应用)》/3、《法商研究》/1、《法学家》/1、《法学论坛》/2、《法学评论》/1、《法学研究》/1、《法制与社会发展》/1、《河北法学》/2、《政法论坛》/1、《政治与法律》/2、《知识产权》/1、《中国法学》/1、《中外法学》/1
15	大数据	21	《当代法学》/1、《东方法学》/2、《法律科学》/2、《法商研究》/1、《法学论坛》/2、《法学评论》/2、《法学研究》/1、《河北法学》/2、《华东政法大学学报》/1、《现代法学》/2、《政法论坛》/1、《政治与法律》/2、《知识产权》/2
16	区块链	19	《东方法学》/15、《法律适用(理论应用)》/1、《法学》/1、《法学评论》/1、《法制与社会发展》/1
17	基因编辑	15	《比较法研究》/2、《东方法学》/2、《法商研究》/1、《法学评论》/1、《法制与社会发展》/3、《河北法学》/1、《华东政法大学学报》/4、《政治与法律》/1
总计			565

(二)学术热点在23家法学核心期刊的栏目设置体现

学术热点在23家法学核心期刊的栏目设置与专题策划上有非常直观的体现,"民法典""知识产权""七十年法治""人工智能"等学术热点备受各刊青睐。有8家期刊设有"民法典"相关特色专题,分别是《比较法研究》《当代法学》《东方法学》《法商研究》《法学家》《国家检察官学院学报》《华东政法大学学报》《政治与法律》,共46篇;有7家期刊设有"人工智能、基因编辑、算法"专题/专栏,分别是《当代法学》《东方法学》《法律科学》《法制与社会发展》《华东政法大学学报》《现代法学》《政治与法律》,共44篇;有4家期刊设有"知识产权"相关特色专题,分别是《法律适用(理论应用)》《法商研究》《政治与法律》《知识产权》,共26篇;有4家期刊设有"七十年法治"相关特色专题,分别是《法律科学》《现代法学》《政法论坛》《知识产权》,共24篇。

有3家期刊通过组织专栏关注"人工智能""个人信息""监察法"学术热点,分别是《比较法研究》《东方法学》《华东政法大学学报》共13篇。

表6　23家法学核心期刊学术热点专题栏目设置情况(2019.01.01—2019.12.31)

（按照学术热点文章数量降序排序，表中所列期刊按期刊名称拼音排序）

序号	热点专题/栏目		期刊名称	文章量(篇)	总计(篇)
1	民法典	民法典编纂	《比较法研究》	10	46
		民法典编纂专题	《当代法学》	7	
		本期关注:论担保物权的立法构造	《东方法学》	3	
		专题笔谈:夫妻共同债务相关法律问题研究			
		法治热点问题:聚焦民法典合同编编纂	《法商研究》	7	
		法治热点问题—聚焦民法典编纂			
		视点:民法典编纂研究	《法学家》	8	
		主题研讨—民法典分则编纂疑难问题	《国家检察官学院学报》	4	
		专题研讨:民法典编纂中的体系与制度构建	《华东政法大学学报》	4	
		主题研讨:我国民法典草案的完善研究	《政治与法律》	3	
2	人工智能、基因编辑、算法	人工智能时代的刑法专题	《当代法学》	3	44
		2019年世界人工智能大会法治论坛特稿	《东方法学》	10	
		智慧法治			
		科技新时代法学专论	《法律科学》	8	
		法律与科技研究	《法制与社会发展》	6	
		信息社会与未来法治	《华东政法大学学报》	11	
		专题研讨:基因编辑与人类改进的限度			
		专题研讨—算法社会的治理逻辑			
		大数据及人工智能法律问题研究专栏	《现代法学》	3	
		主题研讨—人工智能的法律调整研究	《政治与法律》	3	

(续表)

序号	热点专题/栏目		期刊名称	文章量(篇)	总计(篇)
3	知识产权	特别策划:最高人民法院知识产权法庭的功能定位和改革创新	《法律适用(理论应用)》	3	26
		创新型国家与知识产权法	《法商研究》	3	
		主题研讨——我国专利法律制度的完善	《政治与法律》	3	
		国际知识产权	《知识产权》	17	
		专题评述:用户生成内容的版权保护问题研究			
4	七十年法治	法律文化与法律价值(纪念新中国建国70周年法治人权价值专题:中国特色的人权法治)	《法律科学》	4	24
		新中国70年法治建设的回顾愿望	《现代法学》	3	
		七十年来的中国法学研究	《政法论坛》	6	
		学术研究:新中国成立七十周年知识产权回顾与展望	《知识产权》	11	
5	土地法律	土地法律制度专论	《法律科学》	4	13
		特别策划:聚焦《土地管理法》修改	《法律适用(理论应用)》	5	
		名家主持《农村土地承包法修正案》专题研究	《法学论坛》	4	
6	依法治国	"全面依法治国"专栏	《法制与社会发展》	5	12
		"依法治国"专栏	《政法论坛》	7	
7	认罪认罚	特别策划:认罪认罚从宽制度贯彻落实问题研究	《法律适用(理论应用)》	4	8
		名家主持·认罪认罚从宽及辩护制度改革研究	《法学论坛》	4	
8	监察法	名家主持监察法实施问题研究	《法学论坛》	4	4

（续表）

序号	热点专题/栏目		期刊名称	文章量(篇)	总计(篇)
9	个人信息	本期聚焦:个人信息的法律保护	《中国法学》	3	3
10	电子商务	专题评述:《电子商务法》中的有关知识产权问题研究	知识产权	2	2

表7　23家法学核心期刊栏目设置及专题策划情况(2019.01.01—2019.12.31)

（排名不分先后,按照期刊名称拼音排序）

序号	期刊名称	栏目设置及专题策划情况
1	《比较法研究》	"论文""法政时评""法学译介""人文对话""民法典编纂""专题研讨(监察法、刑法学、健康权、人工智能)"
2	《当代法学》	"强制执行法的实务和理论""国际投资争端解决机制改革专题""互联网法治专题""民法典编纂专题""人工智能时代的刑法专题""社会治理过度刑法化的反思专题""实体法与程序法交叉研究专题""实体法与程序法交叉研究专栏:聚焦法释〔2018〕2号""网络空间国际规则的新发展"
3	《东方法学》	"理论前沿""教育法治""域外之窗""青年论坛""司法改革""智慧法治""本期关注(刑事法理论批评与重构、论担保物权的立法构造)""专题笔谈(刑事追赃与不当得利返还专题、夫妻共同债务相关法律问题研究、区域协调治理的法治路径研究)""2019年世界人工智能大会法治论坛特稿"
4	《法律科学》	"部门法理""法律实践""法律文化与法律价值(纪念新中国建国70周年法治人权价值专题:中国特色的人权法治)""法律制度探微(未成年人保护法律问题专题)""科技新时代法学专论""土地法律制度专论""长安法史"
5	《法律适用(理论应用)》	"大法官论坛""法学论坛""法官说法""国外司法""问题探讨""特别策划(国家赔偿追偿追责问题研究、聚焦新修订的《法官法》、执行工作长效机制的健全与完善、聚焦新时代多元化纠纷解决机制、认罪认罚从宽制度贯彻落实问题研究、信息网络犯罪的司法适用、环境民事公益诉讼案件的审判与执行、自由贸易港法律问题探讨、生态环境损害赔偿诉讼的理论与实践、最高人民法院知识产权法庭的功能定位和改革创新、聚焦《土地管理法》修改)""专题研究(关于公司回购股份法律问题的探讨、关于"执转破"实践问题的探讨、关注个人破产制度、劝酒引发死亡的侵权责任研究)"

(续表)

序号	期刊名称	栏目设置及专题策划情况
6	《法商研究》	"法律适用""法史研究""法学论坛""法学争鸣""国际法与比较法""马克思主义法学与新时代中国特色社会主义法治""创新型国家与知识产权法""法治热点问题(聚焦民法典编纂、聚焦民法典合同编编纂)"
7	《法学》	"法律实务""法务时评""论文""争鸣""专论""特稿""专题研究(防卫过当)""国家社科基金项目成果专栏"
8	《法学家》	"争鸣""专论""视点(民法典编纂研究、建设中国特色法治体系研究)""评注(合同法)""主题研讨(司法裁判中的法律教义与后果考量,构建中国特色法学知识体系,话语体系和法治体系三、四)"
9	《法学论坛》	"百家争鸣""法治前沿""热点聚焦""学术视点""名家主持(《监察法》实施问题研究、认罪认罚从宽及辩护制度改革研究、《农村土地承包法修正案》专题研究)""特别策划(专题一:中国网络犯罪研究;专题二:竞争法研究、信用责任与信义义务、新兴(新型)权利基础理论研究、新时代的中国法治文化)"
10	《法学评论》	"法律实务""法史论坛""立法研究""热点透视""本期特稿""专论与争鸣""生态文明法治""生态文明与环境法治""实务评析""网络空间国际法前沿""改革开放四十年法学专题"
11	《法学研究》	"马克思主义法学专论"
12	《法制与社会发展》	"部门法哲学研究""法理中国研究""法律与全球治理研究""法学·法律方法研究""法学范畴研究""法治文化研究""全面依法治国研究""理论纵横""司法文明研究""西方法哲学研究""新兴·交叉学科研究""本刊特稿"
13	《国家检察官学院学报》	"法学讲坛""法学专论""检察专论""特稿""域外法治""主题研讨(2018年《刑事诉讼法》修改与实施、2018年《人民检察院组织法》新发展、互联网金融的法律治理、宪法与刑事诉讼视域中的权利保障、法治建设中的国家角色、未成年人刑事检察的制度实践、民法典分则编纂疑难问题)"
14	《河北法学》	"博士生园地""名家论坛""评案说法""青年法学家""热点问题透视""书评""司法实践""专论""专题研究(新时代立法的理论与实践问题、人工智慧与未来法治)"
15	《华东政法大学学报》	"法学论坛""评案论法""信息社会与未来法治""域外法苑""特稿""专题研讨(个人所得税的立法完善、系统论宪法学、民法典编纂中的体系与制度构建、算法社会的治理逻辑、基因编辑与人类改进的限度、社会法的基本范畴)"
16	《清华法学》	"比较法专题""专题(中日公司法)"

(续表)

序号	期刊名称	栏目设置及专题策划情况
17	《现代法学》	"部门法研究""国际法与比较法论坛""理论思考""评论""环境法研究专栏"''中国特色法学及其知识体系构建'专栏""大数据及人工智能法律问题研究专栏""新时代中国特色社会主义法治建设专栏""新中国70年法治建设的回顾与展望""人权法专题"
18	《政法论坛》	"论文""评论""读书札记""马克思主义法学本土化研究""全面依法治国专栏""主题研讨：中国的法学教育""七十年来的中国法学研究""依法治国专栏"
19	《政治与法律》	"经济刑法""实务研究""域外视野""争鸣园地""专论""主题研讨（人大职权理论的新发展、刑罚论研究、权力清单制度深化改革研究、开放视角下的刑法学、完善我国民事诉讼法律制度的探索、刑事缺席审判制度研究、宪法环境权研究、科研经费制度的法治化探索、人工智能的法律调整研究、我国《民法典草案》的完善研究、我国专利法律制度的完善）"
20	《知识产权》	"百家争鸣""工作实践""国际知识产权""司法实践""司法探讨""学术研究（新中国成立七十周年知识产权回顾与展望之一、二、三、四）""专题评述（数据相关法律规制问题探讨、《电子商务法》中的有关知识产权问题研究、用户生成内容的版权保护问题研究、修改权与保护作品完整权相关问题探讨、标准必要性专利）"
21	《中国法学》	"案例研究""立法与司法研究""学术专论""争鸣""特稿""本期聚焦（中国法律史的启示与'德法合治'、国际法与'一带一路'法治、个人信息的法律保护、新中国行政法治发展、正当防卫法律问题研究、法治社会实践热点问题）"
22	《中国社会科学（法学文章）》	仅统计法学文章，暂无法学栏目
23	《中外法学》	"论文""评论""视野""专论""特稿""专题（重思规范与规范性、数据治理）"

三、23家法学核心期刊高产作者37位

2019年度，23家法学核心期刊共发文2227篇，作者1677位。其中文章量4篇以上的作者有37位，共194篇文章。文章量为11篇的1位（姜涛教授）；文章量为10篇的1位（王利明教授）；文章量为8篇的两位，分别是刘艳红教授、张明楷教授；文章量为7篇的两位，分别是陈兴良教授、高圣平教授；文章量为6篇的4位，分别是陈瑞华教授、刘宪权教授、杨立新教授、周新副教授；文章量为5篇的11位；文章量为4篇的16位。与2019年上半年相比，姜涛教授和王利明教授依然是高产作者的

前两位。

通过对37位高产作者所发的194篇文章的来源期刊进行统计,刊载文章量在10篇(含10篇)以上的期刊有8家,分别是《比较法研究》《法商研究》《法学》《法学评论》《法学研究》《现代法学》《政治与法律》《中外法学》。文章量在6~9篇的期刊有11家,分别是《当代法学》《东方法学》《法律科学》《法律适用(理论应用)》《法学家》《法学论坛》《法制与社会发展》《华东政法大学学报》《清华法学》《政法论坛》《中国法学》。文章量5篇以下的期刊有3家,分别是《国家检察官学院学报》《河北法学》《中国社会科学》(法学文章)。

表8　23家法学核心期刊高产作者发文情况(2019.01.01—2019.12.31)

(按文章量降序排序,文章量相同的情况下,按作者姓名拼音排序)

序号	作者	所属单位	文章量(篇)	期刊名称	刊期	文章标题
1	姜涛	南京师范大学法学院	11	《比较法研究》	2019.02	"交通肇事后逃逸加重处罚"的合宪性思考
				《东方法学》	2019.04	刑法溯及力应全面坚持从旧兼从轻原则
				《法律科学》	2019.01	行为不法与责任阻却:"于欢案"的刑法教义学解答
				《法商研究(西北政法大学学报)》	2019.03	抽象危险犯中刑、行交叉难题的破解——路径转换与立法创新
				《国家检察官学院学报》	2019.06	刑事立法的宪法边界
				《清华法学》	2019.01	刑法中国家工作人员定义的个别化解释
				《政法论坛》	2019.03	基于明确性原则的刑法解释研究
				《政治与法律》	2019.04	从定罪免刑到免刑免罪:论刑罚对犯罪认定的制约
				《中国法学》	2019.02	正当防卫限度判断的适用难题与改进方案
				《中国社会科学》	2019.07	社会风险的刑法调控及其模式改造
				《中外法学》	2019.03	网络型诈骗罪的拟制处分行为

(续表)

序号	作者	所属单位	文章量(篇)	期刊名称	刊期	文章标题
2	王利明	中国人民大学法学院	10	《比较法研究》	2019.02	论受害人自甘冒险
				《东方法学》	2019.05	民法典物权编应规定混合共同担保追偿权
				《法律科学》	2019.06	违约中的信赖利益赔偿
				《法商研究》	2019.03	情事变更制度若干问题探讨——兼评《民法典合同编（草案）》（二审稿）第323条
				《法学家》	2019.03	民法典编纂与中国民法学体系的发展
				《法学评论》	2019.02	债权人代位权与撤销权同时行使之质疑
				《清华法学》	2019.03	论民法典物权编中预告登记的法律效力
				《现代法学》	2019.01	数据共享与个人信息保护
				《政治与法律》	2019.08	论我国民法典中侵害知识产权惩罚性赔偿的规则
				《中国法学》	2019.01	论人格权请求权与侵权损害赔偿请求权的分离
3	刘艳红	东南大学法学院	8	《比较法研究》	2019.01	"法益性的欠缺"与法定犯的出罪——以行政要素的双重限缩解释为路径
				《东方法学》	2019.05	人工智能法学研究的反智化批判
				《法学论坛》	2019.01	《监察法》与其他规范衔接的基本问题研究
				《法学评论》	2019.01	职务犯罪案件非法证据的审查与排除——以《监察法》与《刑事诉讼法》之衔接为背景
				《清华法学》	2019.03	法定犯不成文构成要件要素之实践展开——以串通投标罪"违反招投标法"为例的分析
				《政治与法律》	2019.11	网络爬虫行为的刑事规制研究——以侵犯公民个人信息犯罪为视角
				《中国法学》	2019.06	网络犯罪的刑法解释空间向度研究
				《中外法学》	2019.05	论法定犯的不成文构成要件要素

(续表)

序号	作者	所属单位	文章量（篇）	期刊名称	刊期	文章标题
4	张明楷	清华大学法学院	8	《比较法研究》	2019.05	对向犯中必要参与行为的处罚范围
				《法学》	2019.01	防卫过当：判断标准与过当类型
				《法学评论》	2019.01	宪法与刑法的循环解释
				《清华法学》	2019.05	骗取贷款罪的构造
				《现代法学》	2019.02	恶意透支型信用卡诈骗罪的客观处罚条件——《刑法》第196条第2款的理解与适用
				《政治与法律》	2019.03	电信诈骗取款人的刑事责任
				《中国法学》	2019.03	论缓和的结果归属
				《中外法学》	2019.05	共同正犯的基本问题 兼与刘明祥教授商榷
5	陈兴良	北京大学法学院	7	《比较法研究》	2019.05	从对合共犯论到阶层共犯论
				《法律科学》	2019.02	刑民交叉案件的刑法适用
				《法学研究》	2019.01	他行为能力问题研究
				《清华法学》	2019.06	互联网账号恶意注册黑色产业的刑法思考
				《现代法学》	2019.04	投机倒把罪：一个口袋罪的死与生
				《政治与法律》	2019.08	正当防卫的司法偏差及其纠正
				《中外法学》	2019.03	注释刑法学经由刑法哲学抵达教义刑法学
6	高圣平	中国人民大学法学院	7	《比较法研究》	2019.01	公司法定代表人越权担保效力判断的解释基础——基于最高人民法院裁判分歧的分析和展开
				《法商研究》	2019.06	土地承包经营权制度与民法典物权编编纂——评《民法典物权编（草案二次审议稿）》
				《法学评论》	2019.04	宅基地制度改革与民法典物权编编纂——兼评《民法典物权编（草案二次审议稿）》
				《法学研究》	2019.05	农村土地承包法修改后的承包地法权配置
				《华东政法大学学报》	2019.02	农地三权分置改革与民法典物权编编纂——兼评《民法典各分编（草案）物权编》

(续表)

序号	作者	所属单位	文章量（篇）	期刊名称	刊期	文章标题
6	高圣平	中国人民大学法学院	7	《现代法学》	2019.05	土地经营权制度与民法典物权编编纂——评《民法典物权编（草案二次审议稿）》
				《政法论坛》	2019.06	未登记不动产抵押权的法律后果——基于裁判分歧的展开与分析
7	陈瑞华	北京大学法学院	6	《比较法研究》	2019.01	论国家监察权的性质
				《比较法研究》	2019.03	企业合规制度的三个维度——比较法视野下的分析
				《法学论坛》	2019.04	刑事诉讼的公力合作模式——量刑协商制度在中国的兴起
				《政法论坛》	2019.06	刑事辩护制度四十年来的回顾与展望
				《中国法学》	2019.01	刑事对物之诉的初步研究
				《中外法学》	2019.01	行政不法事实与犯罪事实的层次性理论 兼论行政不法行为向犯罪转化的事实认定问题
8	刘宪权	华东政法大学	6	《比较法研究》	2019.04	涉人工智能犯罪中研发者主观罪过的认定
				《法学》	2019.01	人工智能时代的刑事责任演变：昨天、今天、明天
				《法学评论》	2019.05	对强智能机器人刑事责任主体地位否定说的回应
				《华东政法大学学报》	2019.06	人工智能生成物刑法保护的基础和限度
				《现代法学》	2019.01	涉人工智能犯罪刑法规制的路径
				《政治与法律》	2019.04	利用未公开信息交易共同犯罪的认定
9	杨立新	中国人民大学法学院	6	《比较法研究》	2019.02	侵权责任法回归债法的可能及路径——对民法典侵权责任编草案二审稿修改要点的理论分析
				《东方法学》	2019.02	民法典人格权编草案逻辑结构的特点与问题
				《法律适用（理论应用）》	2019.15	共同饮酒引发醉酒死亡侵权案件的法律适用界限

(续表)

序号	作者	所属单位	文章量（篇）	期刊名称	刊期	文章标题
9	杨立新	中国人民大学法学院	6	《法学论坛》	2019.03	民法典侵权责任编草案规定的网络侵权责任规则检视
				《国家检察官学院学报》	2019.06	合同变更禁止推定规则及适用
				《现代法学》	2019.02	电子商务交易领域的知识产权侵权责任规则
10	周新	广东外语外贸大学法学院	6	《法学》	2019.06	认罪认罚案件中量刑从宽的实践性反思
				《法学论坛》	2019.04	值班律师参与认罪认罚案件的实践性反思
				《法学评论》	2019.06	论认罪认罚案件救济程序的改造模式
				《现代法学》	2019.05	公安机关办理认罪认罚案件的实证审思——以G市、S市为考察样本
				《政法论坛》	2019.06	我国检察制度七十年变迁的概览与期待
				《中外法学》	2019.04	审查逮捕听证程序研究
11	房绍坤	吉林大学法学院	5	《东方法学》	2019.06	继承制度的立法完善——以《民法典继承编草案》为分析对象
				《法学家》	2019.05	论民法典继承编与物权编的立法协调
				《法学论坛》	2019.05	《农村土地承包法修正案》的缺陷及其改进
				《法学评论》	2019.01	论民法典物权编与总则编的立法协调
				《法制与社会发展》	2019.04	论个人信息人格利益的隐私本质
12	江必新	中南大学法学院 / 最高人民法院	5	《中外法学》	2019.04	行政诉讼客观证明责任分配的基本规则
				《法律适用（理论应用）》	2019.01	中国环境公益诉讼的实践发展及制度完善
				《法律适用（理论应用）》	2019.03	法律行为效力：公法与私法之异同
				《法律适用（理论应用）》	2019.07	修改《土地管理法》应当处理好的几对关系
				《法律适用（理论应用）》	2019.15	商事审判与非商事民事审判之比较研究

(续表)

序号	作者	所属单位	文章量（篇）	期刊名称	刊期	文章标题
13	江国华	武汉大学法学院	5	《当代法学》	2019.02	国家监察与刑事司法的衔接机制研究
				《法律科学》	2019.01	正当性、权限与边界——特别权力关系理论与党内法规之证成
				《法学研究》	2019.02	监察过程中的公安协助配合机制
				《河北法学》	2019.03	"中华民族"入宪的意义
				《现代法学》	2019.06	新中国70年人权司法的发展与成就
14	蒋舸	清华大学法学院	5	《法商研究》	2019.02	知识产权法定赔偿向传统损害赔偿方式的回归
				《法学评论》	2019.02	竞争行为正当性评价中的商业惯例因素
				《法学研究》	2019.02	知识产权法与反不正当竞争法一般条款的关系——以图式的认知经济性为分析视角
				《清华法学》	2019.01	作为算法的法律
				《中外法学》	2019.01	《反不正当竞争法》网络条款的反思与解释 以类型化原理为中心
15	雷磊	中国政法大学	5	《比较法研究》	2019.06	作为科学的法教义学?
				《法学》	2019.01	从"看得见的正义"到"说得出的正义"——基于最高人民法院《关于加强和规范裁判文书释法说理的指导意见》的解读与反思
				《法学家》	2019.04	反思司法裁判中的后果考量
				《法学论坛》	2019.03	新兴(新型)权利的证成标准
				《法学评论》	2019.02	法教义学观念的源流

(续表)

序号	作者	所属单位	文章量（篇）	期刊名称	刊期	文章标题
16	李奋飞	中国人民大学法学院	5	《比较法研究》	2019.01	职务犯罪调查中的检察引导问题研究
				《法学》	2019.08	论司法决策的社会期望模式——以"于欢案"为实证切入点
				《法学论坛》	2019.04	论"交涉性辩护"——以认罪认罚从宽作为切入镜像
				《国家检察官学院学报》	2019.03	监狱检察的三种模式
				《中国法学》	2019.01	论"唯庭审主义"之辩护模式
17	李建伟	中国政法大学	5	《法律适用（理论应用）》	2019.21	民法典合同编分则"二审稿"民商事规范的区分设置检讨
				《法学》	2019.09	行政规章影响商事合同效力的司法进路
				《法学家》	2019.04	有限公司股权登记的对抗力研究
				《清华法学》	2019.01	分期付款的股权转让合同解除权的特殊性——兼评最高人民法院第67号指导性案例的约束性规范
				《中国法学》	2019.03	《民法总则》民商合一中国模式之检讨
18	秦前红	武汉大学法学院	5	《比较法研究》	2019.03	国家监察体制改革的法学关照：回顾与展望
				《法学论坛》	2019.05	论依法监察与监察立法
				《法学研究》	2019.06	中国现行宪法中的"党的领导"规范
				《国家检察官学院学报》	2019.06	新时代法律监督理念：逻辑展开与内涵阐释
				《河北法学》	2019.04	监察法学的研究方法刍议

(续表)

序号	作者	所属单位	文章量（篇）	期刊名称	刊期	文章标题
19	孙晋	武汉大学法学院	5	《当代法学》	2019.05	平台经济中最惠待遇条款的反垄断法规制
				《法律适用（理论应用）》	2019.17	竞争中立在中国自由贸港的法律实现——以海南自贸港为中心展开
				《现代法学》	2019.05	学术数据库经营者不公平高价行为的规制困局及其破解
		新疆大学法学院		《法学》	2019.01	国有企业党委会和董事会的冲突与协调
				《政法论坛》	2019.02	新时代确立竞争政策基础性地位的现实意义及其法律实现——兼议《反垄断法》的修改
20	王迁	华东政法大学	5	《东方法学》	2019.05	如何研究新技术对法律制度提出的问题？——以研究人工智能对知识产权制度的影响为例
				《法学》	2019.05	论出售软件序列号和破解程序的行为定性
				《法学评论》	2019.03	论作品类型法定——兼评"音乐喷泉案"
				《法学研究》	2019.02	著作权法限制音乐专有许可的正当性
				《华东政法大学学报》	2019.03	论现场直播的"固定"
21	左卫民	四川大学法学院	5	《比较法研究》	2019.03	如何打造具有法理合理性的刑事诉讼法——审思2018年刑事诉讼法修正案
				《当代法学》	2019.03	一种新程序：审思检监衔接中的强制措施决定机制
				《法律科学》	2019.01	反思过度客观化的重罪案件证据裁判
				《法学评论》	2019.01	有效辩护还是有效果辩护？
				《法学研究》	2019.03	刑事辩护率：差异化及其经济因素分析——以四川省2015—2016年一审判决书为样本

(续表)

序号	作者	所属单位	文章量（篇）	期刊名称	刊期	文章标题
22	陈金钊	华东政法大学	4	《法学》	2019.08	批判性法理思维的逻辑规制
				《法制与社会发展》	2019.03	法理思维及其与逻辑的关联
				《河北法学》	2019.07	法治逻辑、法理思维能解决什么问题？
				《政治与法律》	2019.01	"法律解释权"行使中的"尊重和保障人权"
23	陈景辉	中国人民大学法学院	4	《法商研究》	2019.03	回应"权利泛化"的挑战
				《法制与社会发展》	2019.04	实践权威能够创造义务吗？
				《华东政法大学学报》	2019.05	有理由支持基因改进吗？
				《中外法学》	2019.03	权利的规范力：一个对利益论的批判
24	陈伟	西南政法大学	4	《法商研究》	2019.04	毒品犯罪案件适用认罪认罚从宽制度状况研究
				《法学》	2019.03	聚众斗殴"致人重伤、死亡"的定性困惑及教义厘定
				《河北法学》	2019.11	刑事缺席审判制度的源流、现状及分歧澄清
				《中外法学》	2019.02	监察法与刑法的衔接协调与规范运行
25	劳东燕	清华大学法学院	4	《比较法研究》	2019.05	受贿犯罪两大法益学说之检讨
				《法律科学》	2019.04	滥用职权罪客观要件的教义学解读——兼论故意·过失的混合犯罪类型
				《法学研究》	2019.05	受贿犯罪的保护法益：公职的不可谋私利性
				《政治与法律》	2019.11	风险刑法理论的反思
26	李贝	上海交通大学凯原法学院	4	《东方法学》	2019.01	夫妻共同债务的立法困局与出路——以"新解释"为考察对象
				《法律科学》	2019.02	统一规则模式下监护制度的不足与完善——立基于《民法总则》的评议
				《法商研究》	2019.04	定金功能多样性与定金制度的立法选择

(续表)

序号	作者	所属单位	文章量（篇）	期刊名称	刊期	文章标题
26	李贝	上海交通大学凯原法学院	4	《法学家》	2019.03	民法典继承编引入"特留份"制度的合理性追问——兼论现有"必留份"制度之完善
27	李昊	北京航空航天大学人文社会科学高等研究院暨法学院	4	《当代法学》	2019.04	民法典继承编草案的反思与重构
				《东方法学》	2019.02	论英美法中基于犯罪行为的回复与没收
				《法学》	2019.02	损害概念的变迁及类型建构——以民法典侵权责任编的编纂为视角
				《法学研究》	2019.04	婚姻缔结行为的效力瑕疵——兼评民法典婚姻家庭编草案的相关规定
28	李永军	中国政法大学	4	《比较法研究》	2019.01	从《民法总则》第143条评我国法律行为规范体系的缺失
				《法律科学》（西北政法大学学报）	2019.02	我国《民法总则》第16条关于胎儿利益保护的质疑——基于规范的实证分析与理论研究
				《法商研究》	2019.02	民事合伙的组织性质疑——兼评《民法总则》及《民法典各分编(草案)》相关规定
				《华东政法大学学报》	2019.02	论民法典"合同编"与"总则编"和"物权编"的体系关联
29	梁上上	清华大学法学院	4	《法商研究》	2019.02	论违规增持的私法救济
				《法学》	2019.03	人力资源出资的利益衡量与制度设计
				《清华法学》	2019.02	中日股东提案权的剖析与借鉴——一种精细化比较的尝试
				《中国法学》	2019.02	有限公司股东清算义务人地位质疑

(续表)

序号	作者	所属单位	文章量（篇）	期刊名称	刊期	文章标题
30	彭诚信	上海交通大学凯原法学院	4	《当代法学》	2019.02	论人工智能体法律人格的考量要素
				《法学》	2019.02	民法典编纂中自然人行为能力认定模式的立法选择——基于个案审查与形式审查的比较分析
				《法学研究》	2019.04	现代监护理念下监护与行为能力关系的重构
				《法制与社会发展》	2019.02	论权利冲突的规范本质及化解路径
31	孙海波	中国政法大学	4	《比较法研究》	2019.06	基因编辑的法哲学辨思
				《东方法学》	2019.05	越法裁判的可能、形式与根据
				《法学家》	2019.05	"同案同判"：并非虚构的法治神话
				《法制与社会发展》	2019.03	类似案件应类似审判吗？
32	王强军	南开大学法学院	4	《当代法学》	2019.02	社会治理过度刑法化的隐忧
				《法商研究》	2019.02	知恶方能除恶："恶势力"合理界定问题研究
				《政法论坛》	2019.01	刑法功能多元化的批判及其限制路径
				《政治与法律》	2019.05	行政监管实质刑法化及其限制研究
33	夏昊晗	中南财经政法大学	4	《比较法研究》	2019.05	无权代理人对恶意相对人之责任
				《法学》	2019.06	诚信原则在"借违法无效之名毁约"案型中的适用
				《法学家》	2019.06	债务加入与保证之识别——基于裁判分歧的分析和展开
				《华东政法大学学报》	2019.03	亲子间赠与、债权人保护与未成年人名下房产所有权归属的认定——王雲轩、贺珠明执行异议之诉一案评析

(续表)

序号	作者	所属单位	文章量(篇)	期刊名称	刊期	文章标题
34	邢会强	中央财经大学法学院	4	《法学评论》	2019.06	大数据交易背景下个人信息财产权的分配与实现机制
				《河北法学》	2019.05	我国资本市场改革的逻辑转换与法律因应
				《华东政法大学学报》	2019.01	个人所得的分类规制与综合规制
				《中国法学》	2019.01	我国《证券法》上证券概念的扩大及其边界
35	熊樟林	东南大学法学院	4	《当代法学》	2019.01	论《行政处罚法》修改的基本立场
				《法商研究》	2019.03	论裁量基准中的逸脱条款
				《法学评论》	2019.06	非行政处罚类裁量基准制度的反思与重建
				《法制与社会发展》	2019.01	论行政事前答复
36	张守文	北京大学法学院	4	《法学评论》	2019.02	市场主体负担"轻重"的法律调整
				《华东政法大学学报》	2019.01	改革开放、收入分配与个税立法的完善
				《现代法学》	2019.04	回望70年:经济法制度的沉浮变迁
				《政治与法律》	2019.01	人工智能产业发展的经济法规制
37	周光权	清华大学法学院	4	《比较法研究》	2019.05	中性业务活动与帮助犯的限定——以林小青被控诈骗、敲诈勒索案为切入点
				《清华法学》	2019.03	论刑法与认罪认罚从宽制度的衔接
				《政治与法律》	2019.08	论中国刑法教义学研究自主性的提升
				《中外法学》	2019.04	刑法软性解释的限制与增设妨害业务罪
总计		37				194

四、副教授、讲师、博士生发文情况

通过对作者职称和学历情况进行统计,其中为副教授、讲师、博士生的作者共计815位,文章983篇。其中副教授369人,文章477篇;讲师198人,文章227篇;博士生248人,文章279篇。

从统计情况看,有22家期刊刊载了作者职称为副教授的文章,文章量在30篇以上的期刊有6家,分别是《当代法学》《法律科学》《法商研究》《法学》《河北法学》《政治与法律》,其中《法学》最多,40篇,《河北法学》次之,35篇。有22家期刊刊载了作者职称为讲师的文章,文章量在10篇(含10篇)以上的期刊有9家,分别是《当代法学》《东方法学》《法律科学》《法学》《河北法学》《华东政法大学学报》《政法论坛》《政治与法律》《中外法学》,其中《河北法学》最多,36篇,《法学》次之,23篇。有21家期刊刊载了博士生的文章,文章量在10篇(含10篇)以上的期刊有13家,分别是《东方法学》《法律科学》《法律适用(理论应用)》《法学》《法学家》《法学论坛》《法学评论》《法制与社会发展》《河北法学》《华东政法大学学报》《政法论坛》《政治与法律》《知识产权》,其中《河北法学》最多,44篇,《政治与法律》次之,29篇。

表9 23家法学核心期刊副教授、讲师、博士生发文情况(2019.01.01—2019.12.31)

(排名不分先后,按照期刊名称拼音排序)

序号	职称和学历	人数(位)	文章量(篇)	期刊名称/文章量(篇)
1	副教授	369	477	《比较法研究》/13、《当代法学》/30、《东方法学》/15、《法律科学》/32、《法律适用(理论应用)》/12、《法商研究》/34、《法学》/40、《法学家》/20、《法学论坛》/17、《法学评论》/25、《法学研究》/17、《法制与社会发展》/28、《国家检察官学院学报》/7、《河北法学》/35、《华东政法大学学报》/21、《清华法学》/14、《现代法学》/13、《政法论坛》/21、《政治与法律》/32、《知识产权》/19、《中国法学》/16、《中外法学》/16
2	讲师	98	227	《比较法研究》/7、《当代法学》/14、《东方法学》/13、《法律科学》/13、《法律适用(理论应用)》/8、《法商研究》/8、《法学》/23、《法学家》/9、《法学论坛》/7、《法学评论》/1、《法学研究》/3、《法制与社会发展》/6、《国家检察官学院学报》/3、《河北法学》/36、《华东政法大学学报》/13、《清华法学》/7、《现代法学》/4、《政法论坛》/11、《政治与法律》/16、《知识产权》/9、《中国法学》/6、《中外法学》/10

(续表)

序号	职称和学历	人数(位)	文章量(篇)	期刊名称/文章量(篇)
3	博士生	248	279	《比较法研究》/6、《当代法学》/8、《东方法学》/15、《法律科学》/16、《法律适用(理论应用)》/15、《法商研究》/4、《法学》/11、《法学家》/13、《法学论坛》/14、《法学评论》/15、《法学研究》/3、《法制与社会发展》/12、《国家检察官学院学报》/6、《河北法学》/44、《华东政法大学学报》/19、《清华法学》/5、《现代法学》/8、《政法论坛》/12、《政治与法律》/29、《知识产权》/18、《中外法学》/6
总计		815	983	

五、研究机构共计345家,发文量20篇以上的研究机构24家

2019年度,23家法学核心期刊共发文2227篇,研究机构345家。其中发文量在20篇以上的研究机构共24家,发文量1406篇,总占比约63%。发文量在100篇以上的研究机构有4家,分别是中国政法大学、中国人民大学法学院、西南政法大学、华东政法大学。发文量在61~93篇之间的研究机构有5家,分别是北京大学法学院、清华大学法学院、中南财经政法大学、中国社会科学院、武汉大学法学院。发文量在31~46篇之间的研究机构有8家。发文量在21~30篇之间的研究机构有7家。

表10　23家法学核心期刊发文量20篇以上的研究机构情况(2019.01.01—2019.12.31)

(按发文量降序排序,发文量相同按研究机构名称拼音排序,作者按作者姓名拼音排序)

序号	研究机构	发文量(篇)	作者
1	中国政法大学	168	毕玉谦、卞建林、蔡星月、曹鎏、陈景善、陈征、程莹、迟颖、褚福民、刁云芸、樊崇义、费安玲、冯晓青、付微明、郭金霞、何启豪、侯鹏、胡晓进、黄河、黄鹏航、霍政欣、纪格非、建志栋、焦洪涛、金眉、孔庆江、兰楠、雷磊、黎敏、李爱君、李东方、李红勃、李建伟、李筠、李蕊、李松锋、李晓辉、李永军、李源粒、栗峥、林灿铃、林鸿潮、刘承韪、刘飞、刘慧慧、刘家安、刘静坤、刘坤轮、刘铭卿、刘星、刘亚东、刘媛媛、柳经纬、龙飞、娄宇、卢春龙、罗智敏、邵方、申海恩、施鹏鹏、石亚军、时方、史明洲、舒国滢、孙道萃、孙海波、汪海燕、王二环、王洪、王敬波、王雷、王青斌、王万华、王夏昊、王显勇、王贞会、王志华、吴宏耀、吴洪淇、吴金水、吴尚聪、吴思远、吴香香、吴小军、席涛、席志国、项斌斌、肖沛权、肖中扬、萧鑫、谢晶、谢立斌、谢灏、解志勇、徐凤、徐深澄、叶会成、易军、尹志强、尤广宇、于程远、于冲、于志刚、喻中、元轶、曾文科、翟语嘉、张保生、张辰龙、张桂林、张晋藩、张可、张南、张清、张中秋、赵宏、赵鹏、赵一单、郑佳宁、朱利江、朱明哲、朱勇

(续表)

序号	研究机构	发文量（篇）	作者
2	中国人民大学法学院	146	蔡桂生、曹阳、陈景辉、陈卫东、陈璇、陈雪、程雷、邓矜婷、丁晓东、杜焕芳、樊勇、冯军、付立庆、高圣平、郭禾、韩大元、韩立余、郝思洋、侯猛、黄海波、黄文艺、金海军、金印、李琛、李驰、李奋飞、李广德、李学军、李怡雯、林嘉、刘斌、刘计划、刘建臣、刘俊海、刘俊杰、刘孔中、刘明祥、刘品新、刘文勇、龙俊、陆海娜、罗莉、聂友伦、潘重阳、裴洪辉、申晨、沈健州、石冠彬、石佳友、时延安、谭洋、田伟、万勇、汪雪城、王贵松、王利明、王留一、王世杰、王欣新、王旭、王熠珏、王莹、魏晓娜、吴昭军、肖建国、谢望原、邢海宝、徐颖、杨东、杨立新、姚辉、叶林、尤陈俊、张浩然、张吉豫、张文亮、张翔、张小虎、张新宝、张龑、张尹、张志铭、郑爱青、朱虎
3	西南政法大学	117	陈聪、陈翠玉、陈伟、陈苇、陈治、丁丽柏、杜健勋、段浩、段文波、冯子轩、付子堂、高维俭、侯东德、胡晓霞、黄汇、季境、贾健、江帆、姜敏、雷勇、李国权、李文军、李晓阳、李怡、李永升、李雨峰、李媛、梁洪霞、梁坤、刘梅湘、刘梦祺、刘鹏、刘小砚、刘泽刚、刘志伟、龙大轩、卢代富、陆幸福、马登科、马家曦、梅传强、潘金贵、亓同惠、青维富、商志超、石慧荣、石经海、孙鹏、孙长永、孙正樑、谭吉、谭宗泽、唐力、童春荣、万江、汪青松、王衡、王巍、王小波、王杏飞、毋爱斌、向燕、肖顺武、邢会丽、熊波、徐庭祥、徐以祥、许明月、闫召华、杨永红、姚万勤、叶明、袁林、曾哲、张春良、张吉喜、张建文、张力、张善根、张体锐、张扬欢、张怡、赵树坤、赵尧、赵泽君、赵自轩、郑琦、郑志峰、周力、周尚君、周祖成
4	华东政法大学	106	蔡一博、陈国军、陈金钊、程衍、崔志伟、戴国立、戴曙、丁伟、丁勇、杜涛、冯硕、高富平、高鹏芳、何萍、何勤华、黄海、黄涛、季奎明、蒋太珂、李健、李霞、李振林、李紫阳、练育强、刘风景、刘竞元、刘宪权、刘雪红、陆宇峰、罗培新、吕玉赞、马长山、毛玲玲、倪铁、欧阳天健、齐盛、曲玉梁、阮开欣、沈贵明、苏彦新、唐波、田思路、童之伟、王冠、王海军、王立民、王莲峰、王蒙、王沛、王迁、王书娟、王勇、夏菲、肖国兴、肖宇、杨代雄、杨猛、杨铜铜、杨兴培、叶青、尹腊梅、于明、俞海涛、曾大鹏、张金钢、张璐、张庆立、张新、张勇、章志远、赵文杰、周海源、朱尉贤、朱彦、朱应平
5	北京大学法学院	93	白建军、蔡培如、曹志勋、常鹏翱、车浩、陈瑞华、陈兴良、陈泽宇、邓超、龚浩川、郭昌盛、郭雳、贺剑、洪艳蓉、黄宇骁、江海洋、姜丽丽、姜明安、蒋大兴、蒋一可、李春晖、李红海、李启成、梁根林、刘凯湘、刘银良、刘哲玮、牛颖秀、潘剑锋、彭錞、彭宁、强世功、沈岿、苏力、唐应茂、王成、王华伟、王新、肖江平、邢文升、徐成、徐万龙、许德风、薛军、杨依、叶姗、易继明、易涛、曾田、湛中乐、张守文、张双根、赵国玲、赵英男

（续表）

序号	研究机构	发文量（篇）	作者
6	清华大学法学院	93	蔡睿、陈杭平、陈少青、程啸、崔国斌、崔建远、冯术杰、高鸿钧、黄小飞、蒋舸、琚明亮、蓝寿友、劳东燕、雷彤、黎宏、李富鹏、李晴、李旺、梁上上、龙俊、路旸、吕翰岳、马春晓、任重、申卫星、沈朝晖、施天涛、宋颐阳、苏亦工、孙晓勇、汤欣、唐小然、汪洋、王晨光、王钢、王洪亮、王振民、吴伟光、杨翱宇、杨金晶、杨旭、杨绪峰、杨勇、易延友、余凌云、虞婷婷、袁义康、张晨颖、张建伟、张璐、张明楷、周光权、朱慈蕴
7	中南财经政法大学	78	曹新明、陈柏峰、陈实、陈晓敏、方世荣、冯兴俊、付婧、何华、何鹏、何艳、侯卓、胡东海、胡弘弘、胡开忠、黄美玲、江河、靳海婷、黎江虹、李栋、李声高、刘大洪、刘磊、刘仁山、刘鑫、刘杨、刘征峰、马一德、戚建刚、邵新、谭冰霖、唐冬平、田国宝、王安异、王良顺、温世扬、吴汉东、夏昊晗、向在胜、谢冰清、徐涤宇、徐汉明、徐小奔、杨洪、姚莉、于龙刚、余海洋、袁野、袁中华、张红、张家勇、张丽霞、周澎、周详、资琳
8	中国社会科学院	67	陈洁、窦海阳、伏创宇、管育鹰、胡昌明、黄芳、黄金荣、黄忠顺、姬忠彪、蒋小红、金善明、李菊丹、李林、李明德、李强、李树民、李延枫、李忠、廖凡、林潇潇、刘仁文、刘雁鹏、卢超、曲相霏、孙宪忠、孙远、汤洁茵、田夫、汪晓华、王博雅、王嘉铭、王天玉、王怡、夏小雄、谢鸿飞、谢远扬、谢增毅、熊秋红、姚佳、叶子豪、翟国强、张鹏、张卫华、张晓、支振锋、周汉华、周辉、朱广新、朱开鑫、朱伟东、朱学磊、邹海林
9	武汉大学法学院	62	班小辉、陈本寒、陈海嵩、陈家林、陈晓枫、陈晓华、段磊、辜江南、何荣功、洪浩、黄明涛、黄志雄、江国华、敬力嘉、李安安、李静然、梁君瑜、廖奕、刘静、刘学在、刘瑛、孟勤国、闵仕君、宁立志、秦前红、秦天宝、冉克平、孙晋、王阳、武亦文、项焱、肖永平、闫立东、杨泽伟、叶小琴、喻术红、占善刚、张红、张辉、张素华、周叶中
10	吉林大学法学院	46	蔡宏伟、董文军、范春雪、房绍坤、付新华、傅穹、何松威、何志鹏、侯学宾、霍存福、霍海红、雷雨清、李海平、李海滢、李建华、李拥军、刘国栋、刘小平、马新彦、苗炎、潘红艳、孙良国、王充、王军明、王立栋、王彦明、王艳梅、熊晓彪、徐岱、杨波、姚建宗、姚桐、姚莹、于莹、张兴美、赵春晓、朱振
11	东南大学法学院	42	陈洪兵、顾大松、冀洋、李勇、梁云宝、刘建利、刘练军、刘启川、刘艳红、刘一帆、欧阳本祺、钱小平、单平基、王禄生、魏超、夏伟、熊樟林、于立深、周乐军、周艳云、周佑勇
12	上海交通大学凯原法学院	37	曹勉之、畅冰蕾、陈肇新、董昊霖、高全喜、郭延军、韩长印、何渊、侯利阳、季卫东、蒋红珍、李贝、李剑、林彦、彭诚信、沈伟、孙建伟、王继荣、肖俊、徐冬根、许春晖、袁曾、张陈果、张绍欣、郑戈、庄加园

(续表)

序号	研究机构	发文量（篇）	作者
13	中央财经大学法学院	36	陈华彬、陈思语、邓建鹏、董新义、郭华、简爱、刘君博、刘权、缪因知、潘佳、沈建峰、王道发、王志勤、武腾、邢会强、徐建刚、殷秋实、于文豪、张金平、郑玉双、周游、朱晓峰
14	山东大学法学院	35	崔靖梓、崔立红、冯俊伟、郭传凯、侯艳芳、黄世席、李秀芬、李忠夏、刘加良、刘军、柳砚涛、满洪杰、门中敬、潘林、沈伟、史博学、孙光宁、王德志、王俣璇、武飞、肖金明、张海燕、张平华、张小宁、赵恒、赵志超、郑智航、周长军
15	南京大学法学院	33	艾佳慧、陈坤、胡晓红、姜金良、刘露、刘洋、刘勇、吕炳斌、马靖云、倪蕴帷、彭岳、秦宗文、尚连杰、宋亚辉、孙国祥、田芳、王镭、王磊、王太高、吴卫星、吴英姿、熊静波、徐棣枫、严仁群、严益州、张华、张力毅、张慰、朱庆育
16	广东外语外贸大学法学院	31	陈小君、陈云良、范雪珂、高飞、耿卓、韩永红、黄喆、梁志文、刘洪华、卢纯昕、石佑启、孙聪聪、王荣珍、吴贤静、向明华、杨帆、杨浩楠、杨桦、杨治坤、詹建红、张淞纶、周新
17	浙江大学光华法学院	31	陈杰、冯洋、葛洪义、巩固、郭晔、何香柏、胡敏洁、胡铭、霍海红、蒋成旭、李璐君、李有星、林洹民、罗嘉威、牟绿叶、王凌皞、王钰、杨帆、章程、章剑生、郑观、郑磊、周淳、周翠、周江洪
18	最高人民法院	30	包献荣、褚宁、耿宝建、关丽、何君、胡仕浩、胡岩、江必新、郎贵梅、李剑、林坤、龙飞、罗东川、王玲芳、王淑梅、王肃之、王文君、王旭光、肖峰、徐卓斌、杨立新、杨奕、尹振国、张勇健
19	北京师范大学法学院	29	储槐植、樊崇义、高铭暄、何挺、黄风、冷罗生、廖诗评、商浩文、宋英辉、汪庆华、王超、王丽颖、王秀梅、王志祥、吴镝飞、邢钢、杨静、张江莉、赵秉志、赵军、赵晓舒
20	对外经济贸易大学法学院	27	陈晓彤、陈学权、杜小奇、冯辉、傅广宇、盖晓慧、黄勇、江山、李青武、李忠鲜、楼秋然、梅夏英、邵长茂、石静霞、唐倩、王乐兵、许可、杨贝、姚敏、张欣、张莹、郑海平、周洪波
21	西北政法大学	26	常安、冯卫国、苟震、管华、桂梦美、韩松、何柏生、焦和平、李少伟、梁立宝、刘全娥、鲁甜、宋志军、孙山、孙尚鸿、谭堃、王莹莹、肖新喜、谢德成、杨建军、杨宗科、张超汉、张翔
22	北京航空航天大学法学院	25	陈琳、杜群、何能高、李昊、刘颖、龙卫球、泮伟江、裴炜、乔石、任自力、孙运梁、王锴、王永茜、余成峰、张凌寒、周学峰
23	南京师范大学法学院	24	陈爱武、崔拴林、方乐、公丕祥、姜涛、李炳烁、李洋、汤善鹏、王静、王晓强
24	上海财经大学法学院	24	蔡元臻、樊健、何佳馨、胡苑、李宇、刘水林、单飞跃、沈毅龙、王全兴、吴文芳、叶名怡、于洋、余滔、张锋、张静、张淑芳、张占江
总计	24		1406

表11 23家法学核心期刊高产研究机构在各刊发文情况（2019.01.01—2019.12.31）

（按发文量降序排序，发文量相同按研究机构名称拼音排序）

序号	研究机构	比较法研究	当代法学	东方法学	法律科学	法律适用（理论应用）	法商研究	法学家	法学论坛	法学评论	法学研究	法制与社会发展	国家检察官学院学报	河北法学	华东政法大学学报	清华法学	现代法学	政法论坛	政治与法律	知识产权	中国法学	中国社会科学（法学文章）	中外法学	发文总量（篇）
1	中国政法大学	15	6	10	10	6	3	9	7	5	7	4	3	8	2	9	10	5	27	6	2	9	3	2	168
2	中国人民大学法学院	7	1	6	3	12	5	7	5	6	7	4	7	10	3	7	5	8	4	9	9	11	1	9	146
3	西南政法大学	6	5	2	6	4	7	4	2	2	2	4	5	0	16	10	3	11	5	8	5	9	0	1	117
4	华东政法大学	2	3	13	2	3	3	15	1	3	4	5	3	1	7	13	2	3	2	8	3	5	2	3	106
5	北京大学法学院	9	1	1	1	2	3	10	4	2	4	4	2	3	4	2	8	5	3	9	4	4	1	7	93
6	清华大学法学院	8	4	0	2	2	3	6	2	0	6	6	0	4	3	1	15	6	2	14	1	3	0	5	93
7	中南财经政法大学	1	4	1	7	2	12	10	5	3	6	2	3	0	4	1	0	3	2	2	4	1	2	3	78
8	中国社会科学院	3	2	0	0	6	3	6	2	3	1	4	4	0	10	3	2	1	3	2	7	2	1	2	67

（续表）

序号	研究机构	比较法研究	当代法学	东方法学	法律科学	法律适用（理论应用）	法商研究	法学	法学家	法学论坛	法学评论	法学研究	法制与社会发展	国家检察官学院学报	河北法学	华东政法大学学报	清华法学	现代法学	政法论坛	政治与法律	知识产权	中国法学	中国社会科学（法学文章）	中外法学	发文总量（篇）
9	武汉大学法学院	2	5	1	3	3	2	4	1	2	9	2	1	1	13	3	1	2	0	2	1	4	0	0	62
10	吉林大学法学院	8	0	2	2	3	1	3	3	2	3	2	6	1	3	0	0	2	1	3	0	1	0	0	46
11	东南大学法学院	3	3	5	0	2	2	1	0	6	2	0	3	1	1	0	2	1	1	5	0	1	0	1	42
12	上海交通大学凯原法学院	0	4	5	2	1	2	3	1	0	1	2	3	0	0	1	2	2	0	3	0	4	0	3	37
13	中央财经大学法学院	3	3	2	2	1	2	1	0	12	3	3	1	1	2	3	2	1	2	1	0	2	0	2	36
14	山东大学法学院	1	1	1	2	0	0	2	3	0	2	1	3	0	0	2	0	0	2	3	0	3	0	0	35
15	南京大学法学院	1	2	0	0	3	1	2	1	0	2	3	0	3	1	5	1	1	0	3	1	1	0	1	33
16	广东外语外贸大学法学院	0	0	1	2	0	2	4	0	3	3	2	2	0	0	1	0	3	2	5	0	1	1	1	31

（续表）

序号	研究机构	比较法研究	当代法学	东方法学	法律科学	法律适用(理论应用)	法商研究	法学	法学家	法学论坛	法学评论	法学研究	法制与社会发展	国家检察官学院学报	河北法学	华东政法大学学报	清华法学	现代法学	政法论坛	政治与法律	知识产权	中国法学	中国社会科学(法学文章)	中外法学	发文总量(篇)
17	浙江大学光华法学院	0	1	1	1	1	1	0	2	0	2	3	5	0	0	3	0	0	2	3	0	2	0	4	31
18	最高人民法院	0	0	0	0	26	0	0	0	0	0	0	0	1	0	0	0	0	0	1	2	2	0	0	30
19	北京师范大学法学院	0	1	0	1	3	0	1	0	4	4	2	0	4	2	1	1	1	1	0	1	2	0	1	29
20	对外经济贸易大学法学院	0	1	1	0	2	2	0	3	0	0	0	1	1	6	4	1	0	0	1	0	1	0	3	27
21	西北政法大学	1	1	0	7	0	0	1	0	2	2	1	0	1	7	0	0	0	0	0	1	2	0	0	26
22	北京航空航天大学法学院	2	3	1	1	1	1	3	1	0	1	0	1	1	0	1	1	0	1	2	0	2	0	1	25
23	南京师范大学法学院	1	0	0	4	1	2	2	1	1	0	0	2	0	2	2	0	1	1	1	0	0	1	2	24
24	上海财经大学法学院	0	0	2	0	0	0	9	2	0	1	1	0	0	0	1	1	1	0	2	1	2	0	2	24
	总计	73	51	56	62	84	56	102	46	55	72	54	52	39	86	72	56	56	61	93	42	73	12	53	1406

通过对24家高产研究机构所发的1406篇文章的来源期刊进行统计,24家研究机构在各刊文章分布各有侧重,其中有4家研究机构在23家法学核心期刊均刊发了文章,分别是中国政法大学、中国人民大学法学院、华东政法大学和北京大学法学院。

从统计情况看,发文量在90篇以上的研究机构有6家,分别是中国政法大学、中国人民大学法学院、西南政法大学、华东政法大学、北京大学法学院、清华大学法学院。中国政法大学发表的文章主要刊载在《比较法研究》《东方法学》《法律科学》《清华法学》《政法论坛》,共72篇;中国人民大学法学院发表的文章主要刊载在《法律适用(理论应用)》《国家检察官学院学报》《中国法学》,共33篇;西南政法大学发表的文章主要刊载在《河北法学》《华东政法大学学报》《现代法学》,共37篇;华东政法大学发表的文章主要刊载在《东方法学》《法学》《华东政法大学学报》,共41篇;北京大学法学院发表的文章主要刊载在《比较法研究》《法学》《清华法学》《政治与法律》,共36篇;清华大学法学院发表的文章主要刊载在《比较法研究》《清华法学》《政治与法律》,共37篇。

"北大法宝—法学期刊库"的蓬勃发展离不开期刊社、高校老师和广大法律同仁的鼓励与支持,在此由衷表示感谢!我们将持续关注法学期刊研究工作,以期为法学界提供最新的法学学术前沿研究动态,为法学事业的繁荣发展尽一点绵薄之力。

【责任编辑:曹伟】

民法典

《民法典》立法分析报告

北大法宝法律法规研究组*

摘要：自1954年启动民法典起草工作至2020年5月28日新中国首部《民法典》颁布，《民法典》的立法工作一直备受关注。《民法典》共7编1附则，以民事单行法为基础，结合实际情况，回应社会热点，融入研究成果，进行修改完善，吸收借鉴15部现行民事法律、1部法律解释、3部行政法规、20部司法解释。本文以"北大法宝"法律法规库数据为分析样本，以"北大法宝"法学期刊库文章作为参考，梳理我国《民法典》的立法进程；整理各编的历史沿革、审议情况；通过新旧法的对比归纳各编吸收、新增制度以及修改亮点。

关键词：民法典　历史沿革　审议情况　体例及内容修改

2020年5月28日，十三届全国人大三次会议审议通过了《民法典》，开创了我国法典编纂立法的先河。《民法典》的出台会极大促进国家治理效能最大化，是全面提升国家治理能力现代化水平的重要一环。本报告以"北大法宝"法律法规库数据为分析样本，以"北大法宝"法学期刊库文章作为参考，梳理了近70年我国《民法典》立法的编纂情况，比对了由"单行法"到"入典成编"的修改情况，以期为大家更加深入地了解《民法典》提供参考。

收稿日期：2020-06-15

* 北大法宝法律法规研究组成员：朴文玉、潘晓岚、白延玲、胡斯程。朴文玉，北大法宝信息运营总监；潘晓岚，北大法宝法规中心主任；白延玲，北大法宝编辑；胡斯程，北大法宝编辑。研究指导：郭叶，北大法律信息网(北大法宝)副总经。感谢北大法宝编辑李凤娇、石志鸿、单建华、高娜、黎招军、宋灵敏、周桐、张微、伊超亚对本报告写作提供的大力支持。

一、《民法典》立法概况

(一)《民法典》立法进程

我国民事立法以 1950 年公布的《婚姻法》(以下简称 1950 年《婚姻法》)为开篇,开启民法制度的新篇章。1954 年、1962 年、1979 年我国相继三次启动《民法典》的起草工作。1985 年至 1999 年,根据全国人大常委会先制定民事单行法的方针,我国先后公布了《民法通则》《担保法》《合同法》等民事单行法律。2001 年 1 月,我国第四次启动《民法典》起草工作。2002 年 12 月,《民法典(草案)》首次提请全国人大常委会审议,并决定继续采取分别制定民事单行法的办法。2007 年公布《物权法》,2009 年公布《侵权责任法》。随着《侵权责任法》的诞生,我国形成了以婚姻法、继承法、民法通则、收养法、担保法、合同法、物权法、侵权责任法、涉外民事关系法律适用法为主的单行民法并行的民事法律体系,民法典编纂时机逐渐成熟。

2014 年 10 月,党的十八届四中全会通过的中共中央《关于全面推进依法治国若干重大问题的决定》明确提出编纂《民法典》。2016 年 3 月,第十二届全国人大第四次会议确认《民法典》编纂工作分两步走,第一步先出台《民法总则》;第二步编纂《民法典》各分编,适时出台《民法典》。2017 年 3 月,第十二届全国人大第五次会议通过《民法总则》,完成了《民法典》编纂的第一步。2018 年 8 月,第十三届全国人大常委会第五次会议对《民法典各分编(草案)》进行了初次审议。之后,2018 年 12 月、2019 年 4 月、2019 年 6 月、2019 年 8 月、2019 年 10 月,第十三届全国人大常委会第七次、第十次、第十一次、第十二次、第十四次会议分别对《民法典》各分编草案进行拆分审议。2019 年 12 月,第十三届全国人大常委会第十五次会议对《民法典》草案进行整体审议。2020 年 5 月 28 日,第十三届全国人大第三次会议审议通过《民法典》。

(二)《民法典》整体框架

《民法典》包含 7 编 1 附则,依次为总则编、物权编、合同编、人格权编、婚姻家庭编、继承编、侵权责任编、附则,共 84 章,1260 条。除章节条结构外,物权编和合同编设有分编,使得《民法典》体例结构更加完备、科学。

《民法典》各编吸收了《民法总则》等 15 部现行民事法律、1 部法律解释、3 部行政法规及最高人民法院印发《关于贯彻执行〈中华人民共和国继承法〉若干问题的意见的通知》(以下简称《继承法意见》)等 20 部司法解释。2014 年通过的全国人民代表大会常务委员会《关于〈中华人民共和国民法通则〉第九十九条第一款、〈中华人民共和国婚姻法〉第二十二条的解释》作为与民法通则、婚姻法相关的法律解释,也

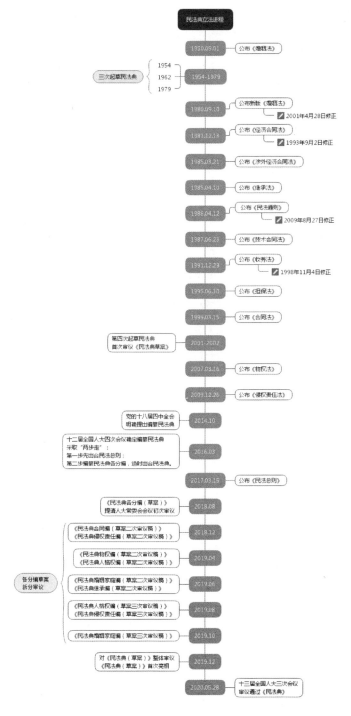

图 1　民法典立法进程

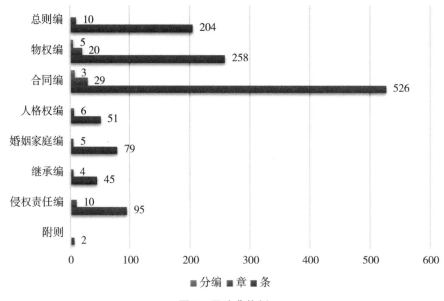

图 2　民法典体例

已同步废止[1];相关司法解释清理工作也将于2020年年底完成[2]。此次编纂,既保持了现行法律的稳定性,又顺应时代发展进行了适当的立、改、废。

表 1　民法典吸收的法律、法律解释、司法解释

	中华人民共和国婚姻法
	中华人民共和国继承法
	中华人民共和国民法通则
	中华人民共和国收养法
法律	中华人民共和国担保法
	中华人民共和国合同法
	中华人民共和国合伙企业法
	中华人民共和国农村土地承包法
	中华人民共和国物权法

---

[1]　参见《关于〈中华人民共和国民法典(草案)〉的说明》,【法宝引证码】CLI. DL. 14220

[2]　参见最高人民法院办公厅《关于印发〈最高人民法院2020年度司法解释立项计划〉的通知》,【法宝引证码】CLI. 3. 340889

(续表)

法律	中华人民共和国侵权责任法
	中华人民共和国海岛保护法
	中华人民共和国网络安全法
	中华人民共和国民法总则
	中华人民共和国电子商务法
法律解释	全国人民代表大会常务委员会关于《中华人民共和国民法通则》第九十九条第一款、《中华人民共和国婚姻法》第二十二条的解释
行政法规	出版管理条例
	物业管理条例
	人体器官移植条例
司法解释	最高人民法院印发《关于贯彻执行〈中华人民共和国继承法〉若干问题的意见》的通知
	最高人民法院印发《关于贯彻执行〈中华人民共和国民法通则〉若干问题的意见(试行)》的通知
	最高人民法院关于审理名誉权案件若干问题的解答
	最高人民法院关于适用《中华人民共和国合同法》若干问题的解释(一)
	最高人民法院关于适用《中华人民共和国担保法》若干问题的解释
	最高人民法院关于确定民事侵权精神损害赔偿责任若干问题的解释
	最高人民法院关于审理人身损害赔偿案件适用法律若干问题的解释
	最高人民法院关于审理建设工程施工合同纠纷案件适用法律问题的解释
	最高人民法院关于审理技术合同纠纷案件适用法律若干问题的解释
	最高人民法院关于适用《中华人民共和国合同法》若干问题的解释(二)
	最高人民法院关于审理物业服务纠纷案件具体应用法律若干问题的解释
	最高人民法院关于审理城镇房屋租赁合同纠纷案件具体应用法律若干问题的解释
	最高人民法院关于适用《中华人民共和国婚姻法》若干问题的解释(三)
	最高人民法院关于审理买卖合同纠纷案件适用法律问题的解释
	最高人民法院关于审理道路交通事故损害赔偿案件适用法律若干问题的解释
	最高人民法院关于审理融资租赁合同纠纷案件适用法律问题的解释
	最高人民法院关于审理利用信息网络侵害人身权益民事纠纷案件适用法律若干问题的规定
	最高人民法院关于审理民间借贷案件适用法律若干问题的规定
	最高人民法院关于适用《中华人民共和国物权法》若干问题的解释(一)
	最高人民法院关于审理涉及夫妻债务纠纷案件适用法律有关问题的解释

我国独具特色的七编制民法典不同于法国式的三编制民法典,也不同于德国式的五编制民法典,人格权及侵权责任独立成编是中国民法典在体系上的重大创新。下面对各编情况进行具体分析。

二、《民法典》各编情况

《民法典》各编的分析按照历史沿革、审议情况、体例及内容修改完善三个部分进行详细说明。其中内容修改完善分别从直接吸收、修改吸收、新增三个方面进行统计分析。"直接吸收"表示《民法典》条文与法律、法律解释、行政法规、司法解释条文完全一致,无文字及标点的修改;"修改吸收"表示《民法典》条文对法律、法律解释、行政法规、司法解释相关条文进行了修改,包括文字修改及标点修改。

(一)总则编

1. 历史沿革

1986年《民法通则》公布,既规定了民法的一些基本制度和一般性规则,也规定了合同、所有权及其他财产权、知识产权、民事责任、涉外民事法律关系适用等具体内容。为适应社会主义市场经济和社会发展,全国人大常委会于2009年对《民法通则》作了修改。2017年《民法总则》公布,基本吸收了《民法通则》规定的基本制度和一般性规则,同时作了补充、完善和发展,标志着《民法典》编纂完成了关键的"第一步"。

2. 审议情况

◎《民法总则》通过,2017年3月,第十二届全国人大第五次会议;

◎ 分编合并审议,2019年12月,第十三届全国人大常委会第十五次会议;

◎ 审议通过,2020年5月,第十三届全国人大第三次会议。

3. 体例及内容修改完善

总则编共10章,204条。该编是《民法典》的纲领,以《民法总则》为基础进行修改完善,规定了民事活动必须遵循的基本原则和一般性规则,统领《民法典》其他6编。

在体例方面,相比2017年公布的《民法总则》,各章节结构基本无变化,但依据《民法典》编纂的体系要求,将"附则"移到了民法典的最后部分。

在内容方面,总则编吸收了《民法总则》共10章204条内容,其中直接吸收165条,修改后吸收39条;未吸收其他法律、司法解释。

(二)物权编

1. 历史沿革

2007年《物权法》公布,物权法规定的中国特色社会主义物权制度,在明晰权利归属、实现物权平等保护等方面发挥了重要作用。物权编以2007年《物权法》为基础,从物权法到物权编,标志着我国物权制度的再度明确与不断完善。

2. 审议情况

◎ 初次审议,2018年8月,第十三届全国人大常委会第五次会议;

◎ 二次审议,2019年4月,第十三届全国人大常委会第十次会议;

◎ 三次审议,2019年12月,第十三届全国人大常委会第十五次会议;

◎ 审议通过,2020年5月,第十三届全国人大第三次会议。

3. 体例及内容修改完善

物权编共5个分编、20章、258条。以《物权法》为基础,吸收《农村土地承包法》《海岛保护法》两部单行法律及最高人民法院《关于适用〈中华人民共和国物权法〉若干问题的解释(一)》(以下简称《物权法解释(一)》)、最高人民法院印发《关于贯彻执行〈中华人民共和国民法通则〉若干问题的意见(试行)的通知》(以下简称《民通意见》)两部司法解释的相关条文,结合现实需要,进一步完善物权法律制度。

在体例方面,物权编为符合《民法典》编纂体例,将《物权法》的"编"调整为"分编",将"总则"改为"通则",删除"附则"。

在内容方面,物权编吸收了3部法律的内容,具体包括《物权法》共19章239条,直接吸收89条,修改吸收150条,包含所有权、用益物权、担保物权、占有等规定;《农村土地承包法》第36、37、41条,其中第37条直接吸收,修改吸收第36条关于土地经营权的设立及第41条关于土地经营权的登记;直接吸收《海岛保护法》第4条关于无居民海岛所有权的规定。同时吸收了两部司法解释的内容,具体包括修改吸收《物权法解释(一)》第11、14条关于优先购买权的规定;修改吸收《民通意见》第86条非产权人在使用他人的财产上增添附属物的规定。除此之外,物权编新增11条,包含居住权、担保物权统一的优先受偿规则等规定[1]。

(三)合同编

1. 历史沿革

1999年《合同法》公布。之后,为应对法律适用中涉及的具体问题,最高院曾多次发布司法解释,但随着社会关系的日益多样化,依靠司法解释已难以对新问题给

---

[1] 民法典吸收法条存在合并及拆分情形,所以吸收条数与新增条数之和不等于该编总条数。

出满意的解决方案。合同编在《合同法》基础上进行修改完善,纳入部分其他单行法法条及相关行政法规、司法解释,进一步完善相关制度。

2. 审议情况

◎ 初次审议,2018年8月,第十三届全国人大常委会第五次会议;

◎ 二次审议,2018年12月,第十三届全国人大常委会第七次会议;

◎ 三次审议,2019年12月,第十三届全国人大常委会第十五次会议;

◎ 审议通过,2020年5月,第十三届全国人大第三次会议。

3. 体例及内容修改完善

合同编共3个分编、29章、526条。以《合同法》为起草基础,吸收了《担保法》《民法通则》等5部法律、《物业管理条例》及最高人民法院《关于适用〈中华人民共和国合同法〉若干问题的解释(一)》等10部司法解释的相关条文。紧跟新时代的步伐,积极回应社会生活的热点问题,进行了全方位的修订。

在体例方面,合同编不同于《合同法》"总则""分则""附则"的体例,设"通则""典型合同""准合同"3个分编。

在内容方面,合同编吸收了5部法律,具体包括《合同法》共23章399条,其中直接吸收83条,修改吸收316条,包含合同的一般规定及各类典型合同的规定;修改吸收《担保法》共21条,包含保证合同的一般规定及保证责任;修改吸收《民法通则》第二章第五节中的5条关于个人合伙的规定;修改吸收《电子商务法》第51条关于电子合同的规定;修改吸收《合伙企业法》中关于合伙的部分规定;修改吸收《物业管理条例》第26、45、52条关于物业服务合同、物业服务人的安全保障义务的规定。同时吸收10部司法解释,具体包括最高人民法院《关于适用〈中华人民共和国合同法〉若干问题的解释(一)》、最高人民法院《关于适用〈中华人民共和国合同法〉若干问题的解释(二)》、最高人民法院《关于适用〈中华人民共和国担保法〉若干问题的解释》、最高人民法院《关于审理买卖合同纠纷案件适用法律问题的解释》、最高人民法院《关于审理民间借贷案件适用法律若干问题的规定》、最高人民法院《关于审理城镇房屋租赁合同纠纷案件具体应用法律若干问题的解释》、最高人民法院《关于审理融资租赁合同纠纷案件适用法律问题的解释》、最高人民法院《关于审理建设工程施工合同纠纷案件适用法律问题的解释》、最高人民法院《关于审理技术合同纠纷案件适用法律若干问题的解释》、最高人民法院《关于审理物业服务纠纷案件具体应用法律若干问题的解释》共71条,借鉴了关于合同条款之允诺、报批义务、电子合同的履行、预约合同、格式条款、情势变更、悬赏广告等规定,均为修改吸收。除此之外,合同编新增47条,包含保理合同、物业服务合同、准合同等内容。

(四)人格权编

1. 历史沿革

我国没有单独的人格权法,对人格权保护的一般规定分散在《民法通则》《民法总则》等法律法规和法律解释、司法解释中。此次人格权独立成编,是我国《民法典》编纂过程中的一大亮点,具有鲜明的时代性,符合新时代对人格尊严保护的需要。

2. 审议情况

◎ 初次审议,2018年8月,第十三届全国人大常委会第五次会议;

◎ 二次审议,2019年4月,第十三届全国人大常委会第十次会议;

◎ 三次审议,2019年8月,第十三届全国人大常委会第十二次会议;

◎ 四次审议,2019年12月,第十三届全国人大常委会第十五次会议;

◎ 审议通过,2020年5月,第十三届全国人大第三次会议。

3. 体例及内容修改完善

人格权编共6章、51条。在相关法律、法律解释、行政法规和司法解释的基础上,从民事法律规范的角度规定自然人和其他民事主体人格权的内容、边界及保护方式,不涉及公民政治、社会等方面权利。

在体例方面,人格权编分为6章,未设节。

在内容方面,人格权编吸收了6部法律和1部法律解释,具体包括修改吸收《民法总则》第110条;修改吸收《民法通则》第98、99、101、102条;修改吸收《侵权责任法》第2条;修改吸收《药品管理法》第19、21条;修改吸收《婚姻法》第22条;修改吸收《网络安全法》第41、42、43、76条;修改吸收全国人民代表大会常务委员会《关于〈中华人民共和国民法通则〉第九十九条第一款、〈中华人民共和国婚姻法〉第二十二条的解释》中关于姓名权的规定。同时吸收了2部司法解释,具体包括修改吸收《人体器官移植条例》第3、7、8、9条和《出版管理条例》第27条;修改吸收《最高人民法院关于确定民事侵权精神损害赔偿责任若干问题的解释》第3、7条;修改吸收最高人民法院《关于审理利用信息网络侵害人身权益民事纠纷案件适用法律若干问题的规定》(以下简称《网络侵权责任司法解释》)第16条关于侵权人承担赔礼道歉、消除影响或者恢复名誉等责任形式的规定;修改吸收最高人民法院《关于审理名誉权案件若干问题的解答》第9条关于文学作品引起名誉权纠纷中的侵权认定标准。除此之外,人格权编新增32条,包含一般人格权的规定,姓名权和名称权、肖像权、名誉权和荣誉权、隐私权等具体人格权的规定以及个人信息保护等内容。

(五)婚姻家庭编

1. 历史沿革

1950年首部《婚姻法》公布。1980年公布的《婚姻法》将"感情确已破裂"作为离婚的条件,进一步明晰了"婚姻自由"的概念和内涵。1991年通过了《收养法》,填补了相关领域的立法空白。在随后的1998年和2001年又分别对《收养法》和《婚姻法》进行了修改。婚姻家庭编以婚姻法和收养法为基础,并且将司法解释入编。

2. 审议情况

◎ 初次审议,2018年8月,第十三届全国人大常委会第五次会议;
◎ 二次审议,2019年6月,第十三届全国人大常委会第十一次会议;
◎ 三次审议,2019年10月,第十三届全国人大常委会第十四次会议;
◎ 四次审议,2019年12月,第十三届全国人大常委会第十五次会议;
◎ 审议通过,2020年5月,第十三届全国人大第三次会议。

3. 体例及内容修改完善

婚姻家庭编共5章、79条。《民法典》婚姻家庭编以《婚姻法》《收养法》为基础,吸收两部司法解释的条文,在坚持婚姻自由、一夫一妻等基本原则的前提下,结合社会发展需要,修改完善了部分规定,并增加了新的规定。

在体例方面,婚姻家庭编整合了《婚姻法》和《收养法》,前4章沿用《婚姻法》原有的体例,将《收养法》条款修改吸收为婚姻家庭编第五章。婚姻家庭编把《婚姻法》第一章的"总则"变更为"一般规定",同时删除"附则"。

在内容方面,婚姻家庭编吸收了两部法律,具体包括《婚姻法》共5章41条,其中直接吸收1条,修改吸收40条,包括一般规定、结婚、家庭关系、离婚等内容;吸收《收养法》共3章27条,其中直接吸收两条,修改吸收25条,包括一般规定、收养关系的成立解除、收养的效力等内容;修改吸收了两部司法解释,即最高人民法院《关于适用〈中华人民共和国婚姻法〉若干问题的解释(三)》第2、4条关于夫妻分割共同财产及对亲子关系确认的规定;最高人民法院《关于审理涉及夫妻债务纠纷案件适用法律有关问题的解释》第1、2、3条关于夫妻共同债务认定的规定。除此之外,婚姻家庭编新增5条,包含界定亲属、近亲属、家庭成员的范围,离婚冷静期等规定。

(六)继承编

1. 历史沿革

1985年《继承法》公布,规定了继承权男女平等等基本原则,对保护公民财产继承权发挥了积极作用。但随着社会的不断发展,人民生活水平不断提高,财富传承中出现了一些新的现象和问题,继承法对继承权的保护难免滞后。继承编以《继承法》为基础作相应修改,以应对时代变迁中的新问题。

2. 审议情况

◎ 初次审议,2018 年 8 月,第十三届全国人大常委会第五次会议;
◎ 二次审议,2019 年 6 月,第十三届全国人大常委会第十一次会议;
◎ 三次审议,2019 年 12 月,第十三届全国人大常委会第十五次会议;
◎ 审议通过,2020 年 5 月,第十三届全国人大第三次会议。

3. 体例及内容修改完善

继承编共 4 章、45 条,以《继承法》为基础,吸收了《继承法意见》部分规定。为了适应时代发展,继承编结合我国继承制度的实际情况,进行了一些修改。

在体例方面,继承编同《继承法》一致,采用章条结构,把原《继承法》第一章的"总则"变更为"一般规定",同时删除"附则"。

在内容方面,继承编吸收《继承法》共 3 章 31 条,其中直接吸收 5 条,修改吸收 26 条,包括法定继承、遗嘱继承和遗赠、遗产的处理等内容。同时修改吸收司法解释《继承法意见》第 2、52、61、62 条关于几个人在同一事件中死亡的继承顺序、适当保留特定人遗产后再清偿债务等的规定。除此之外,继承编新增 7 条,包含专条重申国家保护自然人的继承权,增加遗产管理人制度。

(七)侵权责任编

1. 历史沿革

1986 年《民法通则》公布,规定了侵权责任的一般性原则和绝大部分侵权行为的种类以及相应的民事责任。2009 年公布的《侵权责任法》,填补了立法领域的空白,自实施以来,在保护民事主体的合法权益、预防和制裁侵权行为方面发挥了重要作用。侵权责任编以《侵权责任法》为基础,吸收借鉴司法解释相关规定,完善了我国的侵权责任制度。

2. 审议情况

◎ 初次审议,2018 年 8 月,第十三届全国人大常委会第五次会议;
◎ 二次审议,2018 年 12 月,第十三届全国人大常委会第七次会议;
◎ 三次审议,2019 年 8 月,第十三届全国人大常委会第十二次会议;
◎ 四次审议,2019 年 12 月,第十三届全国人大常委会第十五次会议;
◎ 审议通过,2020 年 5 月,第十三届全国人大第三次会议。

3. 体例及内容修改完善

侵权责任编共 10 章、95 条,以《侵权责任法》为基础,吸收了 4 部司法解释的部分规定,对侵权责任制度进行了必要的补充和完善。

在体例方面,侵权责任编同《侵权责任法》一致,采用章条结构,删除"附则"。

在内容方面,侵权责任编吸收《侵权责任法》共 10 章 80 条,其中直接吸收 17 条,修改吸收 63 条,包括责任主体的特殊规定、产品责任、机动车交通事故责任、医疗损害责任、环境污染责任、高度危险责任、饲养动物损害责任等规定。同时吸收了 4 部司法解释,具体包括修改吸收《网络侵权责任司法解释》第 5、8 条关于网络服务提供者应对侵权行为采取措施的规定;修改吸收最高人民法院《关于审理道路交通事故损害赔偿案件适用法律若干问题的解释》第 2、3、16 条与交通事故相关责任规定;修改吸收最高人民法院《关于审理人身损害赔偿案件适用法律若干问题的解释》第 10 条关于承揽人造成损害时定作人的赔偿责任的规定;修改吸收《民通意见》第 22 条关于委托监护的责任规定;修改吸收《民通意见》第 22 条关于委托监护的责任规定。除此之外,侵权责任编新增 8 条,其中包含确立"自甘风险"规则,规定"自助行为"制度,建立知识产权侵权惩罚性赔偿制度等内容。

三、综述

对《民法典》的研讨一直是学术领域的研究热点,自 2016 年第十二届全国人大第四次会议确认民法典编纂工作分两步走之后,与《民法典》相关的学术文章数量增长趋势更加明显。根据"北大法宝"法学期刊库[1]中的学术文章分析报告统计,2019 年度法学核心期刊中关于"民法典"的学术文章总发文量达 311 篇[2],反映出民法学者对《民法典》的研究热度。结合报告中的相关统计及理论界对《民法典》的研讨,《民法典》必将对我国未来社会的发展和法典化研究起到深远作用。

(一)《民法典》公布的意义

作为中华人民共和国首部以法典命名的法律,《民法典》开创了我国法典编纂立法的先河,具有里程碑意义。党的十九大报告提出保护人民人身权、财产权、人格权。人民群众在民主、法治、公平、正义、安全、环境等方面的要求日益增长,希望对权利的保护更加充分、更加有效。编纂《民法典》,健全和充实民事权利种类,形成更加完备的民事权利体系,完善权利保护和救济规则,形成规范有效的权利保护机

---

[1] "北大法宝"法学期刊库已收录法学期刊 222 家,其中核心期刊 95 家,非核心期刊 56 家,集刊 62 家,英文期刊 9 家。截至 2020 年 5 月 22 日,"北大法宝"法学期刊库共收录法学文章 241367 篇。

[2] 参见北大法宝法学期刊研究组:《法学核心期刊"民法典"学术盘点分析——以"北大法宝"法学期刊库为例》。

制,对于更好地维护人民权益,不断增加人民群众获得感、幸福感和安全感,促进人的全面发展,具有十分重要的意义。

(二)《民法典》的亮点

《民法典》是中国特色社会主义法治理论体系研究的阶段性成果,也是市民生活的基本行为准则,体现了现实有所呼、立法有所应。

1. 对法学理论研究成果的体现

编纂民法典是对一个国家民法学研究水平的检验[1],我国《民法典》凝聚着几代民法人的研究成果。在《民法典》起草过程中,重视我国法学界法学理论研究成果,重要的研究成果在民法典中被彰显。人格权及侵权责任独立成编是我国《民法典》的亮点,具有重要创新意义。《德国民法典》的五编制模式虽不无道理,但因其过度强调财产权的中心地位,给人以"重物轻人"之感[2]。《民法典》将侵权责任编与人格权编加以独立,极大地丰富和发展了中国特色社会主义民法学理论,为民法学理论的进一步丰富和发展指明了新的方向。[3]《民法典》分编中是否设独立的债法总则编曾是立法过程中的一个难点,在立法机关明确不设置债法总则编的情况下,有学者建议,可以考虑借鉴法国法的经验,在合同编中单独规定"准合同"一节,从而在《民法总则》规定的基础上,详细规定无因管理和不当得利制度。[4] 2018 年 9 月公布的《民法典各分编(草案)》中合同编未设分编,在吸收了专家意见后,2019 年 1 月公布的《民法典合同编(草案)(二次审议稿)》对体例结构作出调整,该调整在审议通过的《民法典》中也得到了贯彻,在合同编之下再设分编,第一分编"通则"、第二分编"典型合同"和第三分编"准合同",其中"准合同"分编包括"无因管理"和"不当得利"两章,这种体例安排使"无因管理"和"不当得利"的法律规范内容与合同编名称相匹配,也有利于通过合同编发挥债法总则的功能,实现民法典规则体系的科学性。

2. 对社会热点问题的回应

将绿色原则规定为民法的基本原则,对民事活动提出应有利于节约资源、保护生态环境的要求,这是我国民事立法的一大进步,该原则贯彻整个民法,直接影响了民法典各分编制度、规则的设计。

为贯彻党的十九大提出的加快建立多主体供给、多渠道保障住房制度的要求,物权编增加规定"居住权"这一新型用益物权,该规定为"以房养老"提供了法律保障。同时,明确了住宅建设用地使用权自动续期规则,解决了社会大众的疑虑。

---

[1] 参见王轶:《民法典编纂争议问题的类型区分》,载《清华法学》2020 年第 3 期。
[2] 参见薛军:《人的保护:中国民法典编纂的价值基础》,载《中国社会科学》2006 年第 4 期。
[3] 参见王利明、石冠彬:《为民法典编纂建言献策——2018 年民法学理论热点研究综述》,载《人民检察》2019 年 3 期。
[4] 参见王利明:《民法分则合同编立法研究》,载《中国法学》2017 年第 2 期。

合同编明确规定禁止高利贷,新增物业服务合同规定解决物业服务领域的突出问题,细化客运合同当事人的权利义务为旅客霸座问题的解决提供了法律依据。人格权编单设一章对隐私权和个人信息保护进行规范,规定隐私的定义,明确将"私人生活安宁"规定在隐私权之中。并针对当前社会痛点,对侵害他人隐私权的行为通过列举方式予以明确;界定了个人信息的定义,明确了处理个人信息应遵循的原则和条件,构建了预防与救济一体的制度体系[1];通过规定性骚扰的认定标准,明确相关单位的防止制止义务;规范与人体基因、人体胚胎等有关的医学和科研活动等规定,对社会关注的热点问题予以回应。婚姻家庭编规定离婚冷静期,对登记离婚程序设30日审查期,防止轻率离婚;吸收最高人民法院司法解释的规定,规范夫妻共同债务规则。继承编增加了打印、录像等新的遗嘱形式;修改了遗嘱效力规则,删除了继承法关于公证遗嘱效力优先的规定,切实尊重遗嘱人的真实意愿;完善遗赠扶养协议制度,适当扩大扶养人的范围,以满足养老形式多样化的需求。侵权责任编中最受关注的是关于"高空抛(坠)物"规定的完善,与《侵权责任法》第87条比较,针对行为人难以确定的问题,强调公安等机关应当依法查清责任人,并规定物业服务企业等建筑物管理人应当采取必要的安全保障措施防止此类行为的发生。

3. 疫情相关法律问题纳入民法典

面对新冠疫情防控工作中的法律问题,对《民法典》相关规定进行了快速调整。包括对监护制度进一步完善,规定紧急情况下相关组织机关的责任;在物权法规定的基础上,适当降低业主共同决定事项,特别是使用建筑物及其附属设施维修资金的表决门槛,并增加规定紧急情况下使用维修资金的特别程序;关于国家订货合同制度,规定国家根据抢险救灾、疫情防控或者其他需要下达国家订货任务、指令性计划的,有关民事主体之间应当依照有关法律、行政法规规定的权利和义务订立合同。

(三)《民法典》的未来

自1954年首次起草民法到2020年《民法典》通过,66年间我国制定了大量民事单行法及司法解释。一部《民法典》的立法进程史,是我国社会经济不断发展、依法治国持续推进的真实写照,也是我国民法学理论的发展史。我国民法体系的建设无法毕其功于一役,时代进步、科技发展对民法体系的进步不断提出新的要求,需要民法人共同努力。

《民法典》设立后,其必将随着社会环境的变化产生新的法律问题来进行完善和调整。针对网络侵权问题,有学者提出,网络侵权行为越发复杂,个人信息保护是当前重要的立法课题之一,应进一步强化侵害个人信息侵权责任的规定。随着AI技

---

[1] 参见王利明:《民法典是权利保障的宣言书》,载光明网(https://news.gmw.cn/2020-05/24/content_33853490.htm),访问日期:2020年5月28日。

术的研究和应用,由此导致的侵权责任问题已经引起学界一定程度的重视。鉴于这一议题的复杂性与争议性,建议《民法典》侵权责任编应对这一议题及早进行利益衡量、制度构建与规范形成,避免未来 AI 技术大规模应用后导致的侵权行为陷于"无法可依"的境况。[1] 关于继承扶养协议的规则,《民法典》第1158条只保留了遗赠扶养协议的内容,退回到《继承法》的条文规定,有学者认为无法调整现实生活中已经存在的继承契约的实际问题,使继承制度出现欠缺,需要对其进一步完善。[2]

我国民法体系的建立,是一代代民法人薪火相传的成果,《民法典》的表决通过是我国法治建设的标志性重大成果,同时也关乎人民生活的方方面面。相信在《民法典》出台后,随着理论界的深入研究、实务界的应用实践,《民法典》将逐步完善,必将推动我国法治建设工作继续蓬勃发展。

【责任编辑:郇雯倩】

---

[1] 参见林平:《张新宝谈民法典:网络侵权越发复杂,应强化个人信息侵权责任》,载澎湃新闻网(https://www.thepaper.cn/newsDetail_forward_7459941),访问日期:2020 年 5 月 28 日。
[2] 参见杨立新:《民法典继承编草案修改要点》,载《中国法律评论》2019 年 1 期。

法学核心期刊"民法典"学术盘点分析

——以"北大法宝"法学期刊库为例*

北大法宝法学期刊研究组**

  摘要：2020年5月28日下午第十三届全国人大第三次会议表决通过了《中华人民共和国民法典》。本文以2019年1月1日—2020年5月22日为统计周期，以"北大法宝—法学期刊库"作为数据源，利用文章标题、关键词、期刊栏目等多种方式进行检索，对2019年1月1日—2020年5月22日法学核心期刊刊载的"民法典"学术文章进行分析，归纳和总结法学核心期刊刊载"民法典"学术文章研究热点分布情况、研究作者及研究机构发文情况。

收稿日期：2020-06-16

 * 统计源："北大法宝—法学期刊库"已收录法学期刊222家，其中核心期刊95家，非核心期刊56家，集刊62家，英文期刊9家。截至2020年5月22日，"北大法宝—法学期刊库"共收录法学文章241367篇。依据"北大法宝—法学期刊库"收录的法学核心期刊，以中国法学会的中国法学核心科研评价来源期刊（CLSCI）、南京大学的中文社会科学引文索引（CSSCI）来源期刊以及北京大学的《中文核心期刊要目总览》为标准，本文以2019年1月1日—2020年5月22日为统计周期，通过文章标题、关键词、期刊栏目等方式筛选出50家法学核心期刊作为本次统计源，2020年5月底《清华法学》2020年第3期和《东方法学》2020年第4期分别策划推出了民法典专刊，因统计周期原因，未纳入本次统计源，具体统计源期刊请见文末。统计方法：①通过文章标题、关键词、期刊栏目选取文章。②排除非学术性文章。例如排除"主持人语"类型的非学术性文章。③合作署名文章统计方法。多个作者合作署名文章，只统计到第一作者及所在作者单位。④署名多个单位文章统计方法。多个作者单位合作署名的文章，只计算第一作者单位。⑤研究机构（法学院校）统计方法。研究机构属于综合大学的，研究机构统一规范为法学院进行统计，研究机构属于政法类专业院校的，研究机构统一规范为大学进行统计。统计周期：2019年1月1日—2020年5月22日。

 ** 北大法宝法学期刊研究组成员：孙妹、曹伟、董倩、杨岩、董倩、富敬。孙妹，北大法律信息网（北大法宝）编辑部副主任；曹伟，北大法宝学术中心副主任；董倩，北大法宝编辑；杨岩，北大法宝编辑；董倩，北大法宝编辑；富敬，北大法宝编辑。研究指导：郭叶，北大法律信息网（北大法宝）编辑部副总编；刘馨宇，北大法律信息网（北大法宝）编辑部主任。

关键词：民法典　法学核心期刊　学术文章　盘点分析

导　语

2020年5月28日下午第十三届全国人大第三次会议表决通过了《中华人民共和国民法典》，民法典时代正式来临。民法典编纂过程，是一代代民法学者的接力跑，法学学术期刊界高度关注"民法典"学术研究，通过组织策划期刊栏目、民法典特色专题，刊载"民法典"学术研究成果。本文以"北大法宝—法学期刊库"为例，统计分析法学核心期刊（法学专刊+高校学报及社科综合刊）"民法典"学术研究情况，以期为法学界提供"民法典"相关的学术研究动态。

一、法学核心期刊"民法典"学术文章总发文量311篇，"物权编""合同编""侵权责任编"学术研究文章居多，占比约51.77%

本次统计源中50家法学核心期刊2019年1月1日—2020年5月22日"民法典"学术文章发文量为311篇，其中法学专刊31家，发文量248篇，高校学报及社科综合刊19家，发文量63篇。文章以"物权编""合同编""侵权责任编"3个分编内容居多，发文量161篇，占比约51.77%。"民法典"学术热点研究文章中有47篇文章探讨"民法典"立法理论内容。

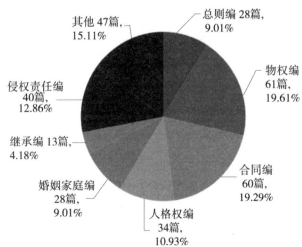

图1　50家法学核心期刊"民法典"学术文章研究情况（2019.01.01—2020.05.22）

二、法学核心期刊"民法典"学术研究分布及期刊栏目设置情况

(一)法学核心期刊"民法典"学术研究集中在"合同""民法典""物权""人格权"等方面

通过对 50 家法学核心期刊 2019 年 1 月 1 日—2020 年 5 月 22 日"民法典"相关的 311 篇文章中 1008 个关键词的统计,发现 50 家法学核心期刊 2019 年 1 月 1 日—2020 年 5 月 22 日"民法典"学术研究集中在"合同""民法典""物权""人格权""民法典编纂"等方面。词频出现在 4 次以上的关键词共 17 个,其中出现 82 次的关键词为"合同";出现 72 次的关键词为"民法典";出现 30 次至 38 次的关键词为"物权""人格权""民法典编纂";出现 21 次至 24 次的关键词为"侵权责任""婚姻家庭";出现 12 次至 19 次的关键词为"继承""土地经营权""民法总则""个人信息";出现 4 次至 9 次的关键词为"惩罚性赔偿""居住权""隐私权""姓名权""绿色原则""立法技术"。

表 1　50 家法学核心期刊"民法典"学术研究热点关键词情况(2019.01.01—2020.05.22)

(按关键词次数降序排序)

序号	关键词	数量(个)	词频(次)
1	合同	1	82
2	民法典	1	78
3	物权、人格权、民法典编纂	3	30~38
4	侵权责任、婚姻家庭	2	21~24
5	继承、土地经营权、民法总则、个人信息	4	12~19
6	惩罚性赔偿、居住权、隐私权、姓名权、绿色原则、立法技术	6	4~9
	总计	17	

(二)法学核心期刊"民法典"学术研究热点分布情况

通过对 50 家法学核心期刊(词频在 10 次以上)11 个热点关键词 299 篇文章统计,"民法典"相关研究热点在各刊不同程度分布,"民法典"关键词关注度最高,文章数量 78 篇(涉及 39 家期刊),"合同"次之,文章数量 51 篇(涉及 27 家期刊),"民法典编纂""人格权""物权""侵权责任"文章数量均在 20 篇以上,相对集中。其中"民法典编纂"29 篇(涉及 18 家期刊),"人格权"29 篇(涉及 19 家期刊),"物权"27 篇(涉及 18 家期刊),"侵权责任"23 篇(涉及 18 家期刊)。

表 2　50 家法学核心期刊"民法典"学术研究热点分布情况(2019.01.01—2020.05.22)

(按照关键词文章数量排序,文章数量相同按照关键词拼音排序,

所列期刊按期刊类型排序,同一类型按期刊名称拼音排序)

序号	关键词	发文量(篇)	期刊名称/发文量(篇)
1	民法典	78	《北方法学》/3、《比较法研究》/1、《当代法学》/5、《东方法学》/3、《法律科学(西北政法大学学报)》/2、《法商研究》/5、《法学家》/1、《法学论坛》/2、《法学评论》/3、《法学研究》/1、《法学杂志》/1、《法制与社会发展》/4、《法治研究》/3、《甘肃政法学院学报》/1、《国家检察官学院学报》/4、《行政法学研究》/1、《河北法学》/4、《华东政法大学学报》/1、《交大法学》/2、《清华法学》/3、《现代法学》/2、《政法论坛》/1、《政治与法律》/6、《中国法律评论》/3、《甘肃社会科学》/1、《广东社会科学》/1、《哈尔滨工业大学学报(社会科学版)》/1、《河南社会科学》/2、《河南师范大学学报(哲学社会科学版)》/1、《暨南学报(哲学社会科学版)》/2、《求是学刊》/1、《山东大学学报(哲学社会科学版)》/1、《上海大学学报(社会科学版)》/1、《武汉大学学报(哲学社会科学版)》/1、《浙江工商大学学报》/1、《浙江社会科学》/2、《中南大学学报(社会科学版)》/1
2	合同	51	《北方法学》/1、《比较法研究》/1、《当代法学》/3、《法律科学(西北政法大学学报)》/1、《法律适用》(理论应用)/1、《法商研究》/5、《法学》/1、《法学家》/1、《法学论坛》/1、《法学评论》/1、《法学研究》/1、《法学杂志》/1、《法治研究》/9、《国家检察官学院学报》/1、《河北法学》/2、《华东政法大学学报》/4、《清华法学》/1、《现代法学》/1、《中国法律评论》/1、《中国政法大学学报》/3、《中外法学》/3、《广东社会科学》/3、《哈尔滨工业大学学报(社会科学版)》/1、《河南社会科学》/1、《暨南学报(哲学社会科学版)》/1、《苏州大学学报(哲学社会科学版)》/1、《武汉大学学报(哲学社会科学版)》/1
3	民法典编纂	29	《北方法学》/1、《当代法学》/1、《东方法学》/2、《法律科学(西北政法大学学报)》/1、《法商研究》/1、《法学》/1、《法学家》/3、《法学论坛》/1、《法学评论》/1、《法治研究》/3、《河北法学》/2、《华东政法大学学报》/2、《中国法学》/1、《甘肃社会科学》/1、《河南社会科学》/1、《暨南学报(哲学社会科学版)》/3、《浙江工商大学学报》/2、《浙江社会科学》/2

（续表）

序号	关键词	发文量(篇)	期刊名称/发文量(篇)
4	人格权	29	《北方法学》/1、《比较法研究》/1、《东方法学》/1、《法商研究》/1、《法学》/1、《法学论坛》/1、《法学评论》/2、《华东政法大学》/2、《清华法学》/1、《现代法学》/1、《政治与法律》/1、《中国法律评论》/1、《中国法学》/2、《河南社会科学》/2、《暨南学报(哲学社会科学版)》/3、《山东大学学报(哲学社会科学版)》/1、《浙江工商大学学报》/2、《浙江社会科学》/4、《中州学刊》/1
5	物权	27	《北方法学》/1、《比较法研究》/2、《当代法学》/2、《东方法学》/1、《法学》/2、《法学家》/2、《法学论坛》/1、《法学评论》/3、《法学杂志》/2、《法治研究》/1、《国家检察官学院学报》/1、《河北法学》/2、《华东政法大学》/2、《交大法学》/1、《现代法学》/1、《政治与法律》/1、《中国法律评论》/1、《河南师范大学学报(哲学社会科学版)》/1
6	侵权责任	23	《比较法研究》/1、《当代法学》/1、《法商研究》/1、《法学论坛》/2、《法学评论》/1、《法学杂志》/2、《甘肃政法学院学报》/1、《国家检察官学院学报》/1、《河北法学》/1、《华东政法大学学报》/2、《政治与法律》/1、《中国法律评论》/1、《河南社会科学》/3、《暨南学报(哲学社会科学版)》/1、《南京工业大学学报(社会科学版)》/1、《山东大学学报(哲学社会科学版)》/1、《思想战线》/1、《武汉大学学报(哲学社会科学版)》/1
7	民法总则	15	《东方法学》/1、《法律科学(西北政法大学学报)》/2、《法律适用(理论应用)》/1、《法学评论》/1、《法治研究》/1、《河北法学》/1、《华东政法大学学报》/1、《交大法学》/2、《政法论坛》/1、《中国法学》/1、《中外法学》/1、《大连理工大学学报(社会科学版)》/1、《浙江工商大学学报》/1
8	婚姻家庭	14	《当代法学》/1、《东方法学》/2、《法律科学(西北政法大学学报)》/2、《法学研究》/1、《法制与社会发展》/1、《河北法学》/1、《中国法律评论》/1、《中国法学》/1、《中外法学》/1、《暨南学报(哲学社会科学版)》/1、《武汉大学学报(哲学社会科学版)》/1、《中南大学学报(社会科学版)》/1

(续表)

序号	关键词	发文量(篇)	期刊名称/发文量(篇)
9	继承	14	《北方法学》/1、《当代法学》/2、《东方法学》/1、《法律科学(西北政法大学学报)》/1、《法学家》/1、《法学论坛》/1、《法学杂志》/1、《法治研究》/1、《河北法学》/1、《现代法学》/2、《中国法律评论》/1、《求是学刊》/1
10	土地经营权	10	《当代法学》/2、《法商研究》/1、《法学评论》/1、《法治研究》/1、《国家检察官学院学报》/1、《河北法学》/1、《现代法学》/1、《华东政法大学学报》/1、《暨南学报(哲学社会科学版)》/1
11	个人信息	9	《比较法研究》/1、《法学评论》/1、《法制与社会发展》/1、《河北法学》/1、《现代法学》/1、《中国法学》/1、《中外法学》/1、《暨南学报(哲学社会科学版)》/1篇、《浙江工商大学学报》/1
	总计		299

(三)"民法典"学术研究在法学核心期刊的栏目设置体现

在50家法学核心期刊中有16家期刊开设了"民法典"相关特色专题,分别是《比较法研究》《当代法学》《东方法学》《法商研究》《法学家》《法学杂志》《国家检察官学院学报》《华东政法大学学报》《交大法学》《政治与法律》《中国法学》《广东社会科学》《河南社会科学》《暨南学报(哲学社会科学版)》《浙江工商大学学报》《浙江社会科学》,共87篇。

表3 50家法学核心期刊"民法典"学术研究专题栏目设置情况(2019.01.01—2020.05.22)

(按照期刊类型排序,同一类型按期刊名称拼音排序)

序号	热点专题	期刊名称	期刊类型	发文量(篇)
1	民法典编纂	比较法研究	法学专刊	10
2	民法典编纂专题	当代法学	法学专刊	16
	民法典专题			
3	专题笔谈:夫妻共同债务相关法律问题研究	东方法学	法学专刊	4
	本期关注 论担保物权的立法构造			
4	法治热点问题:聚焦民法典合同编编纂	法商研究	法学专刊	6
	法治热点问题:聚焦民法典编纂			

(续表)

序号	热点专题	期刊名称	期刊类型	发文量(篇)
5	视点:民法典编纂研究 专论 民法典编纂研究	法学家	法学专刊	7
6	民法典编纂与商事立法专题 民法典分编修改建议专题 民法典物权编专题 民法典编纂专题	法学杂志	法学专刊	7
7	主题研讨——民法典分则编纂疑难问题	国家检察官学院学报	法学专刊	4
8	专题研讨:民法典编纂中的体系与制度构建	华东政法大学学报	法学专刊	4
9	特集:信托制度与民法典编纂 特集:罗马法与中国民法典	交大法学	法学专刊	7
10	主题研讨 我国民法典草案的完善研究	政治与法律	法学专刊	2
11	本期聚焦:个人信息的法律保护	中国法学	法学专刊	1
12	民法典编纂	广东社会科学	综合社科	3
13	民法典人格权编专题研究	河南社会科学	综合社科	2
14	民法典编纂 民法典·婚姻家庭编专题 个人信息保护专栏	暨南学报(哲学社会科学版)	高校学报	6
15	学术前沿——"民法典编纂与法学理论新发展"研究专题	浙江工商大学学报	高校学报	4
16	主题研讨:人格权:宪法与民法的对话	浙江社会科学	综合社科	4
总计				87

三、法学核心期刊"民法典"学术研究高产作者 23 位

2019 年 1 月 1 日—2020 年 5 月 22 日"民法典"学术研究发文量为 311 篇,作者共 199 位。其中发文量 3 篇以上的作者有 23 位,共 107 篇文章,法学核心专刊发文量 88 篇,高校学报及社科综合刊发文量 19 篇。

发文量 18 篇的作者有 1 位(王利明教授);发文量 9 篇的作者有 1 位(杨立新教授);发文量 6 篇的作者有 1 位(石冠彬教授);发文量 5 篇的作者有 3 位,分别是崔建远教授、房绍坤教授、李永军教授;发文量 4 篇的作者有 8 位;发文量 3 篇的作者有 9 位。

表 4 23 位高产作者"民法典"学术研究发文情况(2019.01.01—2020.05.22)

(按照发文量降序排序,发文相同的按照作者姓名拼音序排序,
所列期刊按照期刊类型排序,同一类型按照期刊名称拼音排序)

序号	作者	作者单位	发文量（篇）	文章标题	期刊名称	期刊类型	刊期
1	王利明	中国人民大学法学院	18	论受害人自甘冒险	比较法研究	法学专刊	2019.02
				独立保证的相关问题探讨	当代法学	法学专刊	2020.02
				民法典物权编应规定混合共同担保追偿权	东方法学	法学专刊	2019.05
				情事变更制度若干问题探讨——兼评《民法典合同编（草案）》（二审稿）第 323 条	法商研究	法学专刊	2019.03
				民法典编纂与中国民法学体系的发展	法学家	法学专刊	2019.03
				债权人代位权与撤销权同时行使之质疑	法学评论	法学专刊	2019.02
				论高楼抛物致人损害责任的完善	法学杂志	法学专刊	2020.01
				物权编设立典权的必要性	法治研究	法学专刊	2019.06
				总分结构理论与我国民法典的编纂	交大法学	法学专刊	2019.03

(续表)

序号	作者	作者单位	发文量（篇）	文章标题	期刊名称	期刊类型	刊期
1	王利明	中国人民大学法学院	18	论民法典物权编中预告登记的法律效力	清华法学	法学专刊	2019.03
				中国民法学七十年：回顾与展望	政法论坛	法学专刊	2020.01
				论我国民法典中侵害知识产权惩罚性赔偿的规则	政治与法律	法学专刊	2019.08
				民法典人格权编草案的亮点及完善	中国法律评论	法学专刊	2019.01
				论人格权请求权与侵权损害赔偿请求权的分离	中国法学	法学专刊	2019.01
				论民法典对合伙协议与合伙组织体的规范	甘肃社会科学	社科类综合	2019.03
				侵权获利返还若干问题探讨——兼评民法典分编草案二审稿第959条	广东社会科学	社科类综合	2019.04
				人格权法的新发展与我国民法典人格权编的完善	浙江工商大学学报	高校学报	2019.06
				生活安宁权：一种特殊的隐私权	中州学刊	社科类综合	2019.07
2	杨立新	天津大学	9	侵权责任法回归债法的可能及路径——对民法典侵权责任编草案二审稿修改要点的理论分析	比较法研究	法学专刊	2019.02
				《民法典（草案）》对高空抛掷物损害责任规则的完善	当代法学	法学专刊	2020.03
		中国人民大学民商事法律科学研究中心		民法典人格权编草案逻辑结构的特点与问题	东方法学	法学专刊	2019.02
				民法典侵权责任编草案规定的网络侵权责任规则检视	法学论坛	法学专刊	2019.03

（续表）

序号	作者	作者单位	发文量（篇）	文章标题	期刊名称	期刊类型	刊期
2	杨立新	中国人民大学民商事法律科学研究中心		广义合同变更规则研究——《合同变更案件法律适用指引》的内容及依据	法治研究	法学专刊	2019.03
				合同变更禁止推定规则及适用	国家检察官学院学报	法学专刊	2019.06
				民法典继承编草案修改要点	中国法律评论	法学专刊	2019.01
				对民法典婚姻家庭编草案规定离婚冷静期的立法评估	河南社会科学	社科类综合	2019.06
				人格权编草案二审稿的最新进展及存在的问题	河南社会科学	社科类综合	2019.07
3	石冠彬	中国人民大学博士后科研流动站	6	民法典应明确未登记不动产抵押合同的双重债法效力——"特定财产保证论"的证成及展开	当代法学	法学专刊	2020.01
				论民法典对买卖型担保协议的规制路径——以裁判立场的考察为基础	东方法学	法学专刊	2019.06
				民法典合同编违约金调减制度的立法完善——以裁判立场的考察为基础	法学论坛	法学专刊	2019.06
				论民法典担保物权制度的体系化构建	法学评论	法学专刊	2019.06
		海南大学法学院		民法典（草案）物权编修改笔谈	法治研究	法学专刊	2020.01
				前民法典时代公平责任的适用：裁判误区与应然路径	河南社会科学	社科类综合	2019.09

（续表）

序号	作者	作者单位	发文量（篇）	文章标题	期刊名称	期刊类型	刊期
4	崔建远	清华大学法学院	5	无因管理规则的丰富及其解释	当代法学	法学专刊	2020.03
				不当得利规则的细化及其解释	现代法学	法学专刊	2020.03
				我国提存制度的完善	政治与法律	法学专刊	2019.08
				合同解释规则及其中国化	中国法律评论	法学专刊	2019.01
				合同法应当奉行双轨体系的归责原则	广东社会科学	社科类综合	2019.04
5	房绍坤	吉林大学法学院	5	继承制度的立法完善——以《民法典继承编草案》为分析对象	东方法学	法学专刊	2019.06
				论民法典继承编与物权编的立法协调	法学家	法学专刊	2019.05
				论民法典物权编与总则编的立法协调	法学评论	法学专刊	2019.01
				论个人信息人格利益的隐私本质	法制与社会发展	法学专刊	2019.04
				《民法典人格权编（草案）》的贡献与使命	山东大学学报（哲学社会科学版）	高校学报	2019.06

（续表）

序号	作者	作者单位	发文量（篇）	文章标题	期刊名称	期刊类型	刊期
6	李永军	中国政法大学	5	从《民法总则》第143条评我国法律行为规范体系的缺失	比较法研究	法学专刊	2019.01
				我国《民法总则》第16条关于胎儿利益保护的质疑——基于规范的实证分析与理论研究	法律科学（西北政法大学学报）	法学专刊	2019.02
				民法典编纂中的行政法因素	行政法学研究	法学专刊	2019.05
				论民法典"合同编"与"总则编"和"物权编"的体系关联	华东政法大学学报	法学专刊	2019.02
				民法典编纂背景下姓名权与其他"人格权"的区分——兼及我国民法典人格权编的立法建议	浙江工商大学学报	高校学报	2019.02
7	程啸	清华大学法学院	4	中国侵权法四十年	法学评论	法学专刊	2019.02
				民法典侵权责任编中机动车交通事故责任的完善	法学杂志	法学专刊	2019.01
				民法典编纂视野下的个人信息保护	中国法学	法学专刊	2019.04
				论侵害个人信息的民事责任	暨南学报（哲学社会科学版）	高校学报	2020.02

(续表)

序号	作者	作者单位	发文量(篇)	文章标题	期刊名称	期刊类型	刊期
8	高圣平	中国人民大学民商事	4	土地承包经营权制度与民法典物权编编纂——评《民法典物权编(草案二次审议稿)》	法商研究	法学专刊	2019.06
				宅基地制度改革与民法典物权编编纂——兼评《民法典物权编(草案二次审议稿)》	法学评论	法学专刊	2019.04
				农地三权分置改革与民法典物权编编纂——兼评《民法典各分编(草案)》物权编	华东政法大学学报	法学专刊	2019.02
				土地经营权制度与民法典物权编编纂——评《民法典物权编(草案二次审议稿)》	现代法学	法学专刊	2019.05
9	侯国跃	西南政法大学	4	安全保障义务:属性识别与责任分配——兼评《民法典侵权责任编(草案第三次审议稿)》第973条	北方法学	法学专刊	2020.01
				浮动抵押逸出担保物权体系的理论证成	现代法学	法学专刊	2020.01
				论民法典合同编对可撤销合同变更权的有限保留	河南社会科学	社科类综合	2020.02
				民法典绿色原则:何以可能以及如何展开	求是学刊	社科类综合	2019.01
10	李贝	上海交通大学凯原法学院	4	夫妻共同债务的立法困局与出路——以"新解释"为考察对象	东方法学	法学专刊	2019.01
				定金功能多样性与定金制度的立法选择	法商研究	法学专刊	2019.04
				民法典继承编引入"特留份"制度的合理性追问——兼论现有"必留份"制度之完善	法学家	法学专刊	2019.03
				胎儿继承权利保护规则的反思与重构	法治研究	法学专刊	2019.04

(续表)

序号	作者	作者单位	发文量（篇）	文章标题	期刊名称	期刊类型	刊期
11	柳经纬	甘肃政法学院	4	违约精神损害赔偿立法问题探讨——以《民法典各分编（草案）》第七百七十九条为对象	暨南学报（哲学社会科学版）	高校学报	2019.07
		中国政法大学		民法典编纂的碎片化问题	北方法学	法学专刊	2019.02
				民法典编纂"两步走"思路之检讨	当代法学	法学专刊	2019.02
				民事单行法思路及其消极影响之克服——以民法典编纂为视角	法制与社会发展	法学专刊	2019.05
12	孟勤国	武汉大学法学院	4	从附随义务到合作义务——兼论未来民法典合同编应明确规定合作义务	北方法学	法学专刊	2019.03
				物的定义与《物权编》	法学评论	法学专刊	2019.03
				论住宅小区所有权	河北法学	法学专刊	2019.06
				论遗嘱指定监护的完善——以民法典《婚姻家庭编》的编纂为重点	河北法学	法学专刊	2019.05
13	王歌雅	黑龙江大学法学院	4	《民法典·婚姻家庭编》的编纂策略与制度走向	法律科学（西北政法大学学报）	法学专刊	2019.06
				《民法典·继承编》：编纂争议与制度抉择	法学论坛	法学专刊	2020.01
				《民法典·继承编》的人文观照与制度保障	法学杂志	法学专刊	2020.02
				《民法典·继承编》：制度补益与规范精进	求是学刊	社科类综合	2020.01

(续表)

序号	作者	作者单位	发文量(篇)	文章标题	期刊名称	期刊类型	刊期
14	张红	武汉大学法学院	4	民法典之名誉权立法论	东方法学	法学专刊	2020.01
				民法典之姓名权立法论	河北法学	法学专刊	2019.10
		中南财经政法大学		侵权责任之惩罚性赔偿	武汉大学学报(哲学社会科学版)	高校学报	2020.01
				《民法典各分编(草案)》人格权编评析	法学评论	法学专刊	2019.01
15	韩世远	清华大学法学院	3	民法典合同编一般规定与合同订立的立法问题	法学杂志	法学专刊	2019.03
				合同法的现代化:为何及如何	法治研究	法学专刊	2019.06
				继续性合同的解除:违约方解除抑或重大事由解除	中外法学	法学专刊	2020.01
16	李昊	北京航空航天大学人文与社会科学高等研究院暨法学院	3	民法典继承编草案的反思与重构	当代法学	法学专刊	2019.04
				损害概念的变迁及类型建构——以民法典侵权责任编的编纂为视角	法学	法学专刊	2019.02
				婚姻缔结行为的效力瑕疵——兼评民法典婚姻家庭编草案的相关规定	法学研究	法学专刊	2019.04
17	李宇	上海财经大学法学院	3	民法典中债权让与和债权质押规范的统合	法学研究	法学专刊	2019.01
				民法典分则草案修改建议	法治研究	法学专刊	2019.04
				后合同义务之检讨	中外法学	法学专刊	2019.05

(续表)

序号	作者	作者单位	发文量（篇）	文章标题	期刊名称	期刊类型	刊期
18	刘承韪	中国政法大学	3	民法典合同编的立法建议	法学杂志	法学专刊	2019.03
				"民法典合同编（草案）二审稿修改"笔谈	法治研究	法学专刊	2019.03
				论英美合同法的精神及其对中国民法典合同编的启示	广东社会科学	社科类综合	2020.03
19	刘召成	天津大学法学院	3	身体权的现代变革及其法典化设计	当代法学	法学专刊	2020.02
				民法一般人格权的创设技术与规范构造	法学	法学专刊	2019.10
				违反安全保障义务侵权责任的体系构造	国家检察官学院学报	法学专刊	2019.06
20	王雷	中国政法大学	3	《民法典（草案）》婚姻家庭编夫妻共同债务制度的举证责任配置	当代法学	法学专刊	2020.03
				论身份关系协议对民法典合同编的参照适用	法学家	法学专刊	2020.01
				对《中华人民共和国民法典（草案）》的完善建议	中国政法大学学报	法学专刊	2020.02
21	王轶	中国人民大学法学院	3	民法典物权编规范配置的新思考	法学杂志	法学专刊	2019.07
				民法典如何保护物权	中国法律评论	法学专刊	2019.01
				民法典如何对待物权法的结构原则	中州学刊	社科类综合	2019.07

(续表)

序号	作者	作者单位	发文量(篇)	文章标题	期刊名称	期刊类型	刊期
22	张新宝	中国人民大学法学院	3	个人信息收集:告知同意原则适用的限制	比较法研究	法学专刊	2019.06
				侵权责任编起草的主要问题探讨	中国法律评论	法学专刊	2019.01
				《民法总则》个人信息保护条文研究	中外法学	法学专刊	2019.01
23	朱广新	中国社会科学院法学研究所	3	论未成年人致人损害的赔偿责任	法商研究	法学专刊	2020.01
				论合同法分则的再法典化	华东政法大学学报	法学专刊	2019.02
				民法典物权编总则的三重体系透视	河南师范大学学报(哲学社会科学版)	高校学报	2019.01
总计				107			

四、副教授、讲师、博士研究生发文情况

通过对作者的职称和学历情况进行统计,职称为副教授、讲师、博士研究生的作者共计88位。其中副教授有46位,文章共57篇;讲师有19位,文章共18篇;博士生有23位,文章共24篇。

从统计情况上看,有28家法学核心期刊刊载了作者职称为副教授的文章,其中法学专刊有20家,高校学报及社科综合刊有8家。发文量6篇的有1家,即《当代法学》;发文量4篇的有4家,分别是《法律科学(西北政法大学学报)》《法商研究》《法治研究》《暨南学报(哲学社会科学版)》;发文量3篇的有4家,分别是《法学》《交大

法学》《清华法学》《现代法学》;发文量2篇的有4家,分别是《法学家》《法学研究》《河北法学》《河南社会科学》,其他各刊发文量均为1篇。

有16家期刊刊载了作者职称为讲师的文章,其中法学专刊11家,高校学报及社科综合刊5家。发文量2篇的有2家,分别是《当代法学》《法治研究》,其他各刊发文量均为1篇。有15家期刊刊载了作者职称为博士生的文章,其中法学专刊13家,高校学报及社科综合刊2家。发文量为5篇的有1家,即《华东政法大学学报》;发文量2篇的有5家,分别是《北方法学》《当代法学》《甘肃政法学院学报》《河北法学》《政治与法律》;其他各刊发文量均为1篇。

表5 副教授、讲师、博士生"民法典"学术研究发文情况(2019.01.01—2020.05.22)

(排名不分先后,按照期刊类型排序,

同一类型按照期刊名称拼音排序)

序号	作者职称和学历	发文量(篇)	期刊名称/发文量(篇)	期刊类型
1	副教授	58	《北方法学》/1、《比较法研究》/1、《当代法学》/6、《东方法学》/1、《法律科学(西北政法大学学报)》/4、《法商研究》/4、《法学》/3、《法学家》/2、《法学论坛》/1、《法学评论》/1、《法学研究》/2、《法治研究》/4、《河北法学》/2、《华东政法大学学报》/1、《交大法学》/3、《清华法学》/3、《现代法学》/3、《中国政法大学学报》/1、《政法论坛》/1、《中外法学》/1	法学专刊
			《广东社会科学》/1、《哈尔滨工业大学学报(社会科学版)》/1、《河南社会科学》/2、《暨南学报(哲学社会科学版)》/4、《求是学刊》/1、《山东大学学报(哲学社会科学版)》/1、《浙江工商大学学报》/1、《浙江社会科学》/1	高校学报及社科综合
2	讲师	19	《北方法学》/1、《当代法学》/2、《东方法学》/1、《法律科学(西北政法大学学报)》/1、《法学家》/1、《法学论坛》/1、《法治研究》/2、《国家检察官学院学报》/1、《河北法学》/2、《交大法学》/1、《中国政法大学学报》/1	法学专刊
			《苏州大学学报(哲学社会科学版)》/1、《河南社会科学》/1、《浙江工商大学学报》/1、《浙江社会科学》/1、《中南大学学报(社会科学版)》/1	高校学报及社科综合

(续表)

序号	作者职称和学历	发文量(篇)	期刊名称/发文量(篇)	期刊类型
3	博士生	24	《北方法学》/2、《当代法学》/2、《法律科学(西北政法大学学报)》/1、《法律适用(理论应用)》/1、《法学家》/1、《法治研究》/1、《甘肃政法学院学报》/2、《河北法学》/2、《华东政法大学学报》/5、《交大法学》/1、《科技与法律》/1、《政治与法律》/2、《中外法学》/1	法学专刊
			《大连理工大学学报(社会科学版)》/1、《思想战线》/1	高校学报及社会科综合
总计		101		

五、法学核心期刊"民法典"学术研究高产研究机构17家

2019年1月1日—2020年5月22日,50家法学核心期刊"民法典"学术研究文章共计311篇,涉及研究机构84家。其中发文量在5篇(含5篇)以上的研究机构共17家,发文量207篇,占比约67%。发文量在30篇以上的研究机构有2家,分别是中国人民大学法学院和中国政法大学。发文量在9~16篇之间的研究机构有6家,分别是清华大学法学院、吉林大学法学院、武汉大学法学院、中国社会科学院法学研究所、西南政法大学、中南财经政法大学。发文量在5~8篇之间的研究机构有9家。

表6 50家法学核心期刊"民法典"学术研究发文量5篇以上的研究机构情况
(2019.01.01—2020.05.22)

(按发文量降序排序,发文量相同按研究机构名称拼音排序,作者列按作者姓名拼音排序)

序号	研究机构	发文量(篇)	作者
1	中国人民大学法学院	48	包晓丽、樊勇、高圣平、龙翼飞、潘重阳、申晨、石冠彬、石佳友、王利明、王琦、王轶、吴昭军、杨立新、姚辉、张新宝、朱虎
2	中国政法大学	31	戴孟勇、费安玲、江平、金晶、李建伟、李永军、刘保玉、刘承韪、刘炫麟、柳经纬、娄宇、王雷、席志国、夏伟、项斌斌、徐深澄、尹志强、朱明哲
3	清华大学法学院	16	蔡睿、陈杭平、程啸、崔建远、韩世远、龙俊、申卫星

（续表）

序号	研究机构	发文量(篇)	作者
4	吉林大学法学院	14	曹险峰、房绍坤、何松威、李洪祥、李建华、马新彦、孙良国、王俐智
5	武汉大学法学院	12	孟勤国、宁园、冉克平、张红、张素华
6	中国社会科学院法学研究所	12	梁慧星、孙宪忠、谢远扬、谢增毅、薛宁兰、朱广新、邹海林
7	西南政法大学	11	陈苇、侯国跃、李怡、刘小砚、石婷、王巍、张力
8	中南财经政法大学	9	雷兴虎、刘仁山、刘征峰、温世扬、徐涤宇、徐强胜、张红、张家勇
9	中央财经大学法学院	8	陈华彬、王道发、武腾、殷秋实、朱晓峰
10	上海交通大学凯原法学院	7	李贝、彭诚信、肖俊、徐卫
11	北京航空航天大学法学院	6	李昊、龙卫球、周学峰、周友军
12	华东政法大学	6	丁伟、韩旭至、何勤华、罗培新、任江、童之伟、张文
13	天津大学法学院	6	刘召成、孙佑海、杨立新
14	厦门大学法学院	6	蒋月、齐云、魏磊杰、徐国栋
15	北京大学法学院	5	夏江皓、薛军、杨秋宇、周雷
16	海南大学法学院	5	彭真明、石冠彬
17	浙江大学光华法学院	5	霍海红、翁晓斌、张谷、周江洪
总计	17 家	207	

通过对17家高产研究机构所发的207篇文章的来源期刊进行统计，17家研究机构在各刊文章分布各有不同。从统计情况来看，发文量在30篇以上研究机构有2家，其中中国人民大学法学院发表文章主要刊载在《比较法研究》《当代法学》《东方法学》《法学评论》《法治研究》《华东政法大学学报》《清华法学》《中国法律评论》《法商研究》《法学杂志》《中外法学》《河南社会科学》《中州学刊》，共35篇；中国政法大学发表文章主要刊载在《法学家》《华东政法大学学报》《当代法学》《法律科学（西北政法大学学报）》《法学杂志》《法治研究》《中国法学》《广东社会科学》《浙江工商大学学报》，共21篇。

表 7，表 8 是 50 家法学核心期刊高产研究机构在各刊发文情况（2019.01.01—2020.05.22）

表 7　17 家高产机构在 31 家法学专刊发文情况（篇）

（按照研究机构发文量降序排序，所列期刊按照期刊类型排序，同一类型期刊按照期刊名称拼音排序）

序号	期刊名称\研究机构	中国人民大学法学院	中国政法大学	清华大学法学院	吉林大学法学院	武汉大学法学院	中国社会科学院法学研究所	西南政法大学	中南财经政法大学	中央财经大学法学院	上海交通大学凯原法学院	北京航空航天大学法学院	华东政法大学	天津大学法学院	厦门大学法学院	北京大学法学院	海南大学法学院	浙江大学光华法学院	发文量
1	北方法学	0	1	1	0	1	0	2	0	0	0	0	0	0	0	0	0	0	5
2	比较法研究	4	1	1	0	0	1	0	0	2	0	2	0	0	0	0	0	0	11
3	当代法学	3	2	1	2	1	1	0	0	1	0	1	0	2	0	0	0	0	14
4	东方法学	3	1	0	1	1	1	0	0	0	1	0	1	0	0	0	0	0	9
5	法律科学（西北政法大学学报）	0	2	0	1	0	0	0	0	1	1	0	0	0	1	1	0	1	8
6	法律适用（理论应用）	0	1	0	0	0	1	0	1	0	0	0	0	0	0	1	0	0	3
7	法商研究	2	0	0	0	0	1	0	1	1	1	0	0	0	2	1	0	0	9
8	法学	0	0	1	0	0	0	0	1	1	1	0	1	1	0	0	0	0	7
9	法学家	1	4	0	0	1	0	0	1	1	1	0	1	0	0	0	0	0	8
10	法学论坛	1	0	0	0	0	0	0	1	0	0	0	0	0	0	0	1	0	2
11	法学评论	3	0	1	1	1	0	0	0	0	0	0	0	0	0	1	1	1	9
12	法学研究	0	0	0	0	0	0	0	1	1	0	0	0	0	1	0	0	0	2
13	法学杂志	2	2	2	0	0	0	0	0	0	0	0	0	0	1	0	0	0	8
14	法制与社会发展	1	1	0	2	0	0	1	0	0	0	0	0	0	0	0	0	0	5

（续表）

序号	期刊名称	中国人民大学法学院	中国政法大学	清华大学法学院	吉林大学法学院	武汉大学法学院	中国社会科学院法学研究所	西南政法大学	中南财经政法大学	中央财经大学法学院	上海交通大学凯原法学院	北京航空航天大学法学院	华东政法大学	天津大学法学院	厦门大学法学院	北京大学法学院	海南大学	浙江大学光华法学院	发文量
15	法治研究	3	2	1	0	0	1	0	0	0	1	0	0	0	0	0	1	2	11
16	甘肃政法学院学报	0	0	0	0	0	0	0	0	0	0	0	1	1	0	0	0	0	2
17	国家检察官学院学报	1	0	0	1	0	0	0	0	0	0	0	0	1	0	0	0	0	3
18	行政法学研究	0	1	0	0	0	0	0	0	0	0	0	0	0	0	0	0	0	1
19	河北法学	1	0	0	0	4	0	2	0	0	0	0	0	0	0	0	0	0	7
20	华东政法大学学报	3	3	0	0	0	2	1	0	0	0	0	0	0	0	0	0	0	9
21	交大法学	1	0	0	1	0	0	0	0	0	1	0	0	0	0	0	0	0	3
22	科技与法律	0	0	0	0	1	0	0	0	0	0	0	0	0	0	0	0	0	1
23	清华法学	3	1	0	0	0	0	0	0	0	0	0	0	0	0	0	0	0	4
24	现代法学	1	0	2	0	0	1	2	0	1	0	0	0	0	0	0	0	0	7
25	政法论坛	1	0	0	0	0	0	0	0	0	0	0	1	0	0	0	0	0	2
26	政治与法律	1	0	1	1	0	0	1	1	0	0	0	1	0	0	0	0	0	6
27	知识产权	0	0	0	0	0	0	0	0	0	0	0	0	0	0	0	0	0	0
28	中国法律评论	3	1	1	1	0	0	0	1	0	0	0	0	0	0	0	0	0	7
29	中国法学	1	2	1	0	0	0	0	0	0	0	0	0	0	0	0	0	0	4
30	中国政法大学学报	0	1	0	0	0	0	0	1	0	0	0	0	0	0	0	0	0	2
31	中外法学	2	0	1	0	0	0	0	0	0	0	0	0	0	0	0	0	0	3
	总计	41	26	14	12	10	10	9	7	8	7	5	4	6	4	3	3	3	172

表8 17家高产机构在19家高校学报及社科综合刊发文情况(篇)

序号	期刊名称\研究机构	中国人民大学法学院	中国政法大学	清华大学法学院	吉林大学法学院	武汉大学法学院	中国社会科学院法学研究所	西南政法大学	中南财经政法大学	中央财经大学法学院	上海交通大学凯原法学院	北京航空航天大学法学院	华东政法大学	天津大学法学院	厦门大学法学院	北京大学法学院	海南大学	浙江大学光华法学院	发文量
1	大连理工大学学报(社会科学版)	0	0	0	0	0	0	0	0	0	0	0	0	0	0	1	0	0	1
2	甘肃社会科学	1	0	0	0	0	0	0	1	0	0	0	0	0	0	0	0	0	2
3	广东社会科学	1	2	1	0	0	0	0	0	0	0	1	0	0	0	0	0	0	5
4	哈尔滨工业大学学报(社会科学版)	0	0	0	0	0	0	0	0	0	0	0	0	0	0	0	0	0	0
5	河南社会科学	2	0	0	0	0	0	1	0	0	0	0	0	0	0	0	1	0	4
6	河南师范大学学报(哲学社会科学版)	0	0	0	0	0	1	0	0	0	0	0	0	0	0	0	0	0	1
7	暨南学报(哲学社会科学版)	0	1	1	1	0	0	0	0	0	0	0	0	0	2	0	0	0	5
8	南京工业大学学报(社会科学版)	0	0	0	0	0	0	0	0	0	0	0	0	0	0	0	0	0	0
9	求是学刊	0	0	0	1	1	0	1	0	0	0	0	0	0	0	0	0	0	3
10	山东大学学报(哲学社会科学版)	0	0	0	1	0	0	0	0	0	0	0	0	0	0	0	0	0	1

（续表）

序号	期刊名称	中国人民大学法学院	中国政法大学	清华大学法学院	吉林大学法学院	武汉大学法学院	中国社会科学院法学研究所	西南政法大学	中南财经政法大学	中央财经大学法学院	上海交通大学凯原法学院	北京航空航天大学法学院	华东政法大学	天津大学法学院	厦门大学法学院	北京大学法学院	海南大学法学院	浙江大学光华法学院	发文量
11	上海大学学报（社会科学版）	0	0	0	0	0	0	0	0	0	0	0	1	0	0	0	0	0	1
12	思想战线	0	0	0	0	0	0	0	0	0	0	0	0	0	0	1	0	0	1
13	苏州大学学报（哲学社会科学版）	0	0	0	0	0	0	0	0	0	0	0	0	0	0	0	0	0	0
14	武汉大学学报（哲学社会科学版）	0	0	0	0	2	0	0	0	0	0	0	0	0	0	0	0	1	3
15	浙江工商大学学报	0	2	0	0	0	0	0	0	0	0	0	0	0	0	0	0	0	2
16	浙江社会科学	1	0	0	0	0	0	0	0	0	0	0	0	0	0	0	0	1	2
17	中国矿业大学学报（社会科学版）	0	0	0	0	0	0	0	0	1	0	0	0	0	0	0	0	0	1
18	中南大学学报（社会科学版）	0	0	0	0	0	0	0	1	0	0	0	0	0	0	0	0	0	1
19	中州学刊	2	0	0	0	0	0	0	0	0	0	0	0	0	0	0	0	0	2
	共计	7	5	2	2	2	2	2	2	0	0	1	2	0	2	2	2	2	35
	总计	48	31	16	14	12	12	11	9	8	7	6	6	6	2	5	5	5	207

伟大的时代催生伟大的法典,经历了六十六载光阴,《中华人民共和国民法典》从立法之初到提请审议并表决通过,代表着我国在法治发展道路上迈出了巨大一步。北大法宝法学期刊研究组仅以此文对《中华人民共和国民法典》立法表示祝贺!我们将持续关注法学期刊研究工作,以期为法学界提供最新的法学学术前沿研究动态,为法学事业的繁荣发展尽一点绵薄之力。

表9 民法典学术盘点分析统计源刊物列表

(排名不分先后,所列期刊按照期刊名称拼音排序)

期刊类型	期刊名称
法学专刊	北方法学、比较法研究、当代法学、东方法学、法律科学(西北政法大学学报)、法律适用(理论应用)、法商研究、法学、法学家、法学论坛、法学评论、法学研究、法学杂志、法制与社会发展、法治研究、甘肃政法学院学报、国家检察官学院学报、行政法学研究、河北法学、华东政法大学学报、交大法学、科技与法律、清华法学、现代法学、政法论坛、政治与法律、知识产权、中国法律评论、中国法学、中国政法大学学报、中外法学
高校学报和社科类综合刊	大连理工大学学报(社会科学版)、甘肃社会科学、广东社会科学、哈尔滨工业大学学报(社会科学版)、河南社会科学、河南师范大学学报(哲学社会科学版)、暨南学报(哲学社会科学版)、南京工业大学学报(社会科学版)、求是学刊、山东大学学报(哲学社会科学版)、上海大学学报(社会科学版)、思想战线、苏州大学学报(哲学社会科学版)、武汉大学学报(哲学社会科学版)、浙江工商大学学报、浙江社会科学、中国矿业大学学报(社会科学版)、中南大学学报(社会科学版)、中州学刊

【责任编辑:曹伟】

债权人善意之债的立法考量和司法判断

——完善民法典婚姻家庭编夫妻债务立法建议

王礼仁*

摘要： 债权人善意之债是债权人信赖用于家事需要或信赖属于夫妻合意之债。它是家事表见行为在夫妻债务上的一种表现形态。通常所说的夫妻债务内外有别，就是债权人善意之债内外规则有别。债权人善意之债是夫妻内部责任与夫妻外部责任的"分割线"，在夫妻内部采取实质家事判断标准，在夫妻外部兼采实质家事与表见家事判断标准。设立债权人善意之债是划分夫妻内外不同责任和不同举证义务的必然要求。现行法律缺乏债权人善意之债规则，弊端甚多，建议《民法典》婚姻家庭编在夫妻债务中规定债权人善意之债内容。设立债权人善意之债有其充分理论基础与实践价值。判断债权人是否善意主要基于客观事实，并非不可识别和把握。

关键词： 债权人善意之债　立法考量　司法判断

在家事代理行为中，夫妻一方的越权行为足以使债权人产生合理信赖时，则构成家事表见行为。因为家事表见行为具有日常家事与重大家事之区别，所以债权人对夫妻一方滥用日常家事代理权与越权行为合理信赖的具体表见内容有所不同。在日常家事行为中，由于不需要对方授权和双方合意，债权人对于夫妻一方日常家事行为，只需要信赖一方的行为属于"家事"即可。因而，在日常家事代理中，足以使

收稿日期：2020-05-10

* 王礼仁，中国法学会婚姻法学研究会理事，原系湖北省宜昌市中级人民法院婚姻家庭合议庭担任审判长10余年的三级高级法官。

第三人产生合理信赖的内容是"表见家事",夫妻一方的行为只要具有家事特征的外观表象即构成表见家事。至于日常家事借贷,债权人足以信赖一方的借贷用于家事需要,具有"家事借贷"性质,则构成"表见家事"。

而重大家事以夫妻合意为要件,夫妻一方的重大家事(包括大额借贷)行为,除非债权人能够证实"属于家事行为"或"用于家事需要",只有在夫妻一方的行为具有合意表象,债权人信赖属于夫妻合意时,才能对债权人产生共同责任的效力。因而,夫妻一方的重大家事借贷行为,使债权人合理信赖的内容是"表见合意"。

综上,单纯从借贷的角度来考察,所谓债权人善意之债,是指债权人信赖一方的借贷用于家事需要或信赖属于夫妻合意之债。即对于夫妻一方的日常家事借贷,债权人不能证明用于家事需要时,需要证明自己有理由信赖用于家事需要,才能产生夫妻共同责任效果。对于重大借贷,债权人不能证明用于家事需要时,则需要证明自己有理由信赖属于夫妻合意,才能产生夫妻共同责任效果。

一、现行法律和司法解释之弊端:未规定"债权人善意之债"

由于婚姻法没有关于债权人善意之债的规定,最高人民法院《关于适用〈中华人民共和国婚姻法〉若干问题的解释(二)》(已失效,以下简称《婚姻法解释(二)》)第24条也没有适用债权人善意之债规则对夫妻债务进行区别性规范,而是实行"一刀切"保护原则,即不区分债权人是善意之债还是恶意之债,采取相同推定规则,从而导致保护债权人范围无限扩大,并由此造成大量冤假错案。2018年1月18日实施的最高人民法院《关于审理涉及夫妻债务纠纷案件适用法律有关问题的解释》(以下简称"新《解释》")[1]虽然纠正了第24条的推定规则和举证责任规则,但是新《解释》第2条关于日常家事借贷的规定,同样没有区分善意之债与恶意之债。该条规定:"夫妻一方在婚姻关系存续期间以个人名义为家庭日常生活需要所负的债务,债权人以属于夫妻共同债务为由主张权利的,人民法院应予支持。"按照该条字面意思,凡是以个人名义为家庭日常生活需要所负的债务,债权人主张权利的,一律支持。最高人民法院民一庭负责人在介绍新《解释》的相关内容和情况说明(以下简称"说明")时,针对上述第2条规定指出,"也就是说,在夫妻双方对婚姻关系存续期间所得财产未约定归各自所有,或者虽有约定但债权人不知道该约定的情况下,夫妻一方以个人名义为家庭日常生活需要所负的债务,都应认定为夫妻共同债务。如果未具名举债的夫妻另一方认为该债务不属于夫妻共同债务,应当承担相应

---

[1] 该解释虽然在形式上已失效,但其基本内容被《民法典》和最高人民法院《关于适用〈中华人民共和国民法典〉婚姻家庭编的解释(一)》所沿用。

的举证证明责任"[1]。根据该说明,实际上是对日常借贷,一律推定为共同债务,但举债人配偶能够证明没有用于家事需要的除外。

在理解该条文时,首先要弄清"日常家事借贷"与"日常借贷"的关系。真正的"日常家事借贷",是指因日常家事需要所负的债务(通常称为"为日常家庭生活需要借贷"),即借贷必须用于家事需要。其中"家事需要"是核心,是夫妻共同债务的本质要求,只有满足"家事需要"的借贷,才是日常家事借贷。"日常家事借贷"主要是对借贷性质与数量(范围)的限制。它有两个基本含义:一是用于家事需要;二是借贷数量与平时日常生活开支相适应,限制一方超出日常生活需要的重大借贷。

"日常借贷"是相对于大额借贷而言,"日常借贷"的真正内涵是小额借贷,即平常数额不大的借贷。"日常借贷"与"日常家事借贷"是两个不同性质的概念。"日常借贷"的范围大于"日常家事借贷"。"日常借贷"可能用于家事需要,也可能没有用于家事需要。"日常借贷"用于"家事需要"的,才是"日常家事借贷"。

从法理的角度考察,对于日常小额借贷,可以构成共同债务的情形只有两种:一是用于日常家事需要;二是债权人有理由信赖用于家事需要。但由于新《解释》没有适用债权人善意之债规定,以至于将日常小额借贷一律推定为共同债务,并由举债人配偶承担反证责任。

由此可见,缺乏债权人善意之债规则,无法建立科学的夫妻共同债务规则,难以区分夫妻内外不同责任和证明义务,具有多种弊端。具体而言,其具有下列弊端:

1. 无法区分"日常借贷"与"日常家事借贷"

缺乏债权人善意之债规则,对"日常借贷"与"日常家事借贷"难以区分,容易将日常一切借贷乃至违法借贷都推定为共同债务。如债权人在赌场向夫妻一方出借2000元用于赌博,可谓数额不大,属于"日常借贷"。但这并非用于"家事需要",不属于"日常家事借贷"。但由于缺乏债权人善意之债规则,没有将"用于家事需要"或"信赖用于家事需要"作为判断夫妻债务的标准,而且债权人不承担举证责任,举债人配偶往往不能举证,这就会导致包括赌博在内的诸多违法债务被推定为共同债务。这种推定规则实际上是由《婚姻法解释(二)》第24条的大额小额"一律推定论"演变为"小额推定",第24条的缺陷并没有从根本上被克服。

如《浙江省高级人民法院关于妥善审理涉夫妻债务纠纷案件的通知》[2]规定日常家事借贷标准是"单笔举债或对同一债权人举债金额在20万元(含本数)以下的"。按照这个规定,20万元以下的借贷,都可以直接推定为共同债务。即使在此

---

[1] 罗书臻:《最高法出台涉夫妻债务司法解释》,载中国法院网(http://rmfyb.chinacourt.org./paper/html/2018-01/18/content.134458.htm?div=-1),访问日期:2020年6月30日。

[2] 2018年5月23日浙江省高级人民法院浙高法〔2018〕89号。

标准上再降低3/4,将日常家事借贷标准定为5万元以下,5万元以下的债务都推定为共同债务,其后果也是可怕的。如某甲分10次向10个人各借贷5万元,加起来50万元,这是否可以直接推定为共同债务?

2. 无法正确划分夫妻共同债务与个人债务

在夫妻一方借贷中,缺乏债权人善意之债标准,只能对某类或某种情形的夫妻债务采取推定,无法正确划分夫妻共同债务与个人债务。如对夫妻一方的小额借贷,无论债权人是否存在恶意一律推定为共同债务;对夫妻一方的大额借贷只要债权人不能证明用于家事需要,无论是否存在善意(有理由相信属于夫妻合意),则一律认定为个人债务。这显然不能正确划分夫妻共同债务与个人债务。

3. 无法建立评判夫妻债务性质的科学标准

夫妻一方的家事代理行为必须将借贷用于家事需要的,另一方才能承担责任。如果在夫妻内部以用于家庭需要为共同责任基础,那么债权人主张夫妻共同承担责任也应当以此为基础,即用于家庭需要或信赖用于家庭需要。不区分债权人善意与非善意,夫妻个人债务与共同债务按什么标准划分,夫妻共同债务的责任建立在什么基础上,则会丧失正当性判断基础。其结果不仅造成夫妻共同债务基本标准内外失调,还会以偏概全或架空用于家事需要的基本判断标准,使家事需要的判断标准形同虚设。

4. 造成举证责任严重失衡和不合理

如日常家事借贷,由于没有设立债权人善意之债,债权人既不需要对用于家事需要举证,也不需要对自己信赖用于家事需要举证,将举证责任分配给举债人配偶,由举债人配偶证明没有用于家事需要。这种举证责任分配显然不合理,因为举债人配偶无法证明没有用于家事需要,其结果往往是将没有用于家事需要的借贷(包括债权人恶意借贷)都推定为共同债务。

二、设立债权人善意之债的必要性

(一)设立债权人善意之债是划分夫妻内部责任与外部责任的必然要求

用于家事需要的借贷,是家事代理的典型形态;信赖用于家事需要的借贷,是家事代理的延伸形态。

在婚姻关系中,夫妻一方的对外行为不一定都是家事行为,根据其行为性质和外观特征,大致可以分为三种类型:①正当日常家事行为,即完全是为家事需要的行为,其质与量均在家事需要的合理范围内。②表见家事行为,即一方属于滥用日常家事代理权或越权行为,但具有家事代理的外观特征,债权人有理由信赖系正常家事行为。③明显属于非家事行为。即不仅实质上不属于家事行为,而且其行为外观也明显不具有家事特征的行为。如夫妻一方在赌场向债权人借贷赌资（包括债权人在赌场放贷以收取高额利息），或者其他债权人可以明显知道与家事无关的借贷。

由于夫妻一方行为性质和外观特征不同，尤其是家事表见行为的实质与外观存在差别（如有的实质上不是家事行为，但外观上具有家事行为某些特征；有的则实质与外观均不具有家事特征），这就决定了判断夫妻一方行为的法律效力或法律后果应当采取不同方法。即在夫妻内部采取实质家事判断标准，在夫妻外部兼采实质家事与表见家事判断标准，以保护善意债权人。即债权人能够证明夫妻一方行为属于实质家事行为的，其行为由夫妻共同承担责任；债权人不能证明其行为属于实质家事行为，但有理由信赖属于表见家事行为的，也可构成夫妻共同责任。如果不设立"债权人善意之债"，就不存在区分善意债权人与非善意债权人。这样就无法找到一个科学界定夫妻共同债务的标准及平衡内外关系的砝码，以致在认定夫妻共同债务上出现两个偏颇。一是夫妻内部与外部完全适用两种不同的夫妻共同债务认定规则。即夫妻内部采取"家事需要"标准，债权人主张夫妻共同债务适用推定标准，即以一定前提作为推定夫妻共同债务的条件，如以共同财产制推定、以婚姻关系（或共同生活关系）推定、以家事代理权推定等。实践证明这种推定无法区分善意债权人与恶意债权人，无法正确区分夫妻个人债务与共同债务。二是夫妻内外完全采取相同标准，即对债权人亦适用无弹性的实质家事标准，与夫妻内部标准完全相同，债权人不能证明用于家事需要的一律不予保护。这势必导致债权人信赖用于家事需要的合理主张得不到支持，无法有效保护善意债权人，不利于维护交易安全。

债权人善意之债规则是夫妻内部责任与夫妻外部责任的"分割线"。通常所说的夫妻共同债务内外有别，实际上就是保护善意债权人的规则不同。缺乏保护善意债权人制度，夫妻内部与债权人的区别则无法建立，夫妻内部责任与外部责任无法协调。其一，如果对债权人完全以夫妻内部的标准认定，债权人不能证明一方借贷用于家庭需要的，不论是否存在合理信赖用于家事需要的善意，其主张均不支持。这对债权人显然不公平。其二，如果对夫妻之间的责任完全从保护债权人的角度设立标准（即凡是家事代理权限范围内或共同财产制内的债务都推定为共同债务），则会导致只要是婚姻关系期间或日常借贷，无论是否用于家庭需要，均为夫妻共同债务，这对未举债的夫妻一方显然也不公平。其三，没有债权人善意之债制度，对夫妻一方负债的责任界定，除非废除家事代理制度或一律实行分别财产制，各人经手各人负责外，没有其他应对之策。而废除家事代理制度和彻底实行分别财产制，既不现实，也不符合婚姻本质。同时，即使实行分别财产制，也不能完全取消善意之债，比如，债权人不知道实行分别财产制的情形如何处理？显然还是涉及善意之债问题。因而，设立债权人善意之债是划分夫妻内部责任与外部责任的必然要求。

(二) 设立债权人善意之债是划分夫妻内部与外部不同举证责任的必然要求

对于夫妻一方举债,夫妻内部与外部的举证责任需要根据债权人是否善意而设立不同要求。在夫妻内部主张共同债务时,举债方必须证明用于家事需要。在债权人主张夫妻共同债务时,则要兼顾债权人合理信赖的善意。由于日常借贷与重大借贷以及夫妻约定的法律要件和表现形式不同,债权人合理信赖的善意内容不同,夫妻内外的证明内容与要求亦不相同。

1. 日常借贷夫妻内外的证明内容与要求不同

在日常借贷中,夫妻内部必须证明用于家事需要。但债权人主张一方日常借贷属于夫妻共同债务,其证明内容和要求相对要宽松一些,即债权人不能证明用于家事需要,但有理由信赖用于家事需要的,其主张即可成立。

2. 一方重大借贷夫妻内外的证明内容与要求存在差别

夫妻一方重大借贷,债权人善意也是区别内外不同举证责任的主要标志。在夫妻内部主张一方重大借贷属于夫妻共同债务时,需要证明用于家事需要或属于夫妻共同合意。但债权人主张一方重大借贷属于夫妻共同债务时,如果不能证明用于家事需要,只需要证明自己有理由信赖属于夫妻共同合意,即达到证明要求。

3. 夫妻财产约定因债权人善意举证责任分配不同

夫妻约定财产或债务离不开债权人善意判断。夫妻双方约定分别财产制(包括部分财产约定)或约定各自债务各自承担,债权人以不知道夫妻有约定的主观善意为由主张共同承担时,抗辩夫妻一方需要承担债权人非善意的举证责任,即证明债权人知道或应当知道夫妻之间的约定。

从上述介绍可以看出,在日常借贷中,需要考虑债权人是否信赖用于家事需要;在重大借贷中,需要考虑债权人是否信赖属于夫妻合意;在约定财产或约定债务中,需要考虑债权人是否信赖存在夫妻共同财产制或属于共同债务。可见,债权人善意是划分夫妻债务内外不同证明责任标准的必然要求。对于夫妻一方负债,债权人不能证明自己存在善意或者明显知道不是用于家庭需要的,则不受保护。

但由于我国没有设立债权人善意之债,往往借助某种前提条件(婚姻关系、家事代理权或财产制等)进行笼统推定,免除了债权人的必要举证责任,将由债权人承担的举证责任转嫁给非举债配偶一方,由于举证责任分配错误,以致因非举债配偶缺乏举证能力造成夫妻共同债务扩大化。如对日常家事借贷没有设立债权人善意之债,债权人既不需要证明用于家事需要,又不需要证明自己有理由信赖用于家事需要,债权人的恶意小额借贷则容易被推定为共同债务。

总之,设立善意债权人保护制度,不仅有利于保护善意债权人,更有利于夫妻共同债务认定标准保持一致性,避免将夫妻一方日常借贷不加区分一律认定为共同债务,或者对夫妻一方大额借贷中债权人合理信赖属于夫妻合意的债务,也认定为个人债务。缺少善意债权人保护制度,则可能造成夫妻共同债务认定标准紊乱。善意债权人保护制度的最大功能在于具有夫妻共同债务标准"调节器"的作用,既可保持夫妻共同债务标准一致性,又可对债权人证明责任作出合理安排,增加夫妻共同债务举证责任的弹性。

三、设立"债权人善意之债"的理论基础与实践价值

将债权人善意作为保护对象有其充分的法理基础,国外婚姻家庭立法和我国相关法律中都有保护善意债权人或第三人的规定。

（一）外国婚姻家庭立法关于保护善意债权人或第三人的规定

规定家事代理权并设有善意债权人保护制度的国家和地区很多,如《法国民法典》第 220 条、《德国民法典》第 1357 条、《瑞士民法典》第 166 条、《日本民法典》第 761 条、《韩国民法典》第 827 条与第 832 条以及我国台湾地区"民法"第 1003 条都有保护善意债权人的规定。《法国民法典》第 220 条规定:"夫妻各方均有权单独订立以维持家庭日常生活与教育子女为目的的合同。夫妻一方依此缔结的债务对另一方具有连带约束力。但是,依据家庭生活状况,所进行的活动是否有益以及缔结合同的第三人是善意还是恶意,对明显过分的开支,不发生此种连带责任。以分期付款方式进行的购买以及借贷,如未经夫妻双方同意,亦不发生连带责任;但如此种购买与借贷数量较少,属于家庭日常生活之必要,不在此限。"[1]《德国民法典》第 1357 条规定,限制或排除一方家事代理权不能对抗善意第三人。瑞士联邦委员会办公处 1980 年版本的《瑞士民法典》第 164 条规定:"妻对于家务,滥用法律上赋予的代表权或被证明无行使该权利的能力时,夫可全部或部分地剥夺其代表权。妻被剥夺代表权,并经主管官厅公告该权利被剥夺后,始有对抗善意第三人的效力。"第 165 条规定剥夺或限制不当时,可申请法官撤销。[2] 瑞士联邦委员会办公处 1996 年版本的《瑞士民法典》第 166 条规定,对于超越家事代理权的,"配偶中任何一方对其行为负个人责任,但该行为无法使第三人辨明已超出代理权的,配偶他方亦应负连带责任"[3]。《韩国民法典》第 827 条（家事代理）规定,"1. 夫妻就日常家事,互有代理权。2. 对欠款代理附加的限制,不得对抗善意第三人"[4]。《日本民法典》第 761 条规定,"夫妻一方就日常家事同第三人实施了法律行为时,他方对由此而产生的债务负连带责任。但是,对第三人预告不负责任意旨者,不在此限"。我国台湾地区

---

[1] 《法国民法典》（上）,罗结珍译,法律出版社 2005 年版,207—212 页。
[2] 参见《瑞士民法典》,殷生根译,法律出版社 1987 年版,第 38 页。
[3] 《瑞士民法典》,殷生根、王燕译,中国政法大学出版社 1999 年版,第 45—46 页。
[4] 《韩国民法典 朝鲜民法》,金玉珍译,北京大学出版社 2009 年版,第 127 页。

"民法"第 1003 条规定,"夫妻于日常家务,互为代理人。夫妻之一方滥用前项代理权时,他方得限制之。但不得对抗善意第三人"。

需要指出的是,上述所谓限制或剥夺一方日常家事代理权中的"限制",是限制一定范围的家事不让其代理;"剥夺"则是剥夺整个家事代理权,即不具有任何家事代理权。值得注意的是,限制或剥夺不得对抗善意第三人,是指被限制或剥夺的一方仍然继续从事日常家事代理,第三人不知已经限制或剥夺,而且无法判断该行为属于滥用日常家事代理权,有理由信赖属于正当家事代理时,另一方则不得对抗善意第三人。但如果被限制或剥夺的一方所从事的行为明显不属于日常家事行为,第三人知道或应当知道属于滥用日常家事代理权(如在赌场借贷),其行为不对他方产生效力,因为第三人不属于善意。因而,不是被限制或剥夺日常家事代理权的夫妻一方所实施的任何行为都对第三人产生共同责任效力。对第三人产生共同责任效力的只有两种情形:一是第三人不知道被限制或剥夺日常家事代理权;二是第三人无法判断被限制或剥夺一方的行为属于滥用家事代理权,即其行为具有表见家事特征,第三人足以信赖属于家事行为。

(二)我国夫妻债务之外的其他法律关于保护善意第三人的规定

1.《民法典》物权编及其司法解释关于保护善意第三人的规定

《民法典》物权编及其司法解释关于"善意第三人"的概念及其保护规定有很多条文。如物权编第 225 条、第 311 条、第 312 条、第 313 条、第 335 条、第 341 条、374 条、403 条、第 460 条中均有关于"善意第三人"的规定。最高人民法院《关于适用〈中华人民共和国民法典〉物权编的解释(一)》第 14 条、第 17 条、第 19 条也对善意第三人的保护原则作了规定。

2.《民法典》合同编关于保护善意第三人的规定

合同编第 545 条、第 641 条、第 745 条、第 986 条等都有关于合同相对人善意的规定。

3.《民法典》婚姻家庭编及其司法解释关于保护善意第三人的规定

在婚姻家庭法领域,也有保护善意第三人的规定。如《民法典》婚姻家庭编第 1060 条、第 1065 条规定了家事代理和夫妻分别财产制的善意第三人保护。最高人民法院《关于适用〈中华人民共和国民法典〉婚姻家庭编的解释(一)》第 28 条也有保护善意第三人规定。

在涉及夫妻房屋买卖中,我国法律和相关司法解释也明确规定保护善意第三人即买受人。如最高人民法院《关于适用〈中华人民共和国民法典〉婚姻家庭编的解释(一)》第 28 条规定,"一方未经另一方同意出售夫妻共同所有的房屋,第三人善意购买、支付合理对价并已办理不动产登记,另一方主张追回该房屋的,人民法院不予支持"。这实际上也是保护善意第三人的规定。

(三)债权人善意之债的价值功能的不可替代性

很多人认为,对"善意"举证或判断是否"善意"具有主观上的任意性,希冀寻找一个"死标准"或"死杠杠"替代。如新《解释》即是以区分日常借贷与重大借贷代替债权人善意之债的认定标准,将日常借贷一律推定为共同债务,并将此视为保护债权人的良方。殊不知,舍去债权人善意之债规则,采取以数额大小划线,不区分债权人善意与恶意的笼统推定规则,难以真正区分夫妻共同债务与个人债务。

在夫妻债务中平衡夫妻内部与债权人的不同责任,除了债权人善意,无法找到任何一个"死杠杠"或"一刀切"的有效标准。可以说,用一个"死标准"适用夫妻债务的复杂现象,在法律技术上根本无法完成。从司法实践来看,夫妻债务中的"死杠杠"或"死标准",无非是划定数额杠杠(小额全部推定共同债务),或者共同财产制、时间标准推定、家事代理权推定或共同签字等。实践证明这些"死标准",都难以正确区分共同债务与个人债务,也难以适用复杂的夫妻生活。还要指出的是,不仅在夫妻债务中很难制定一个放之四海而皆准的"死标准",在其他案件中也是如此,很多案件都只能根据具体案件特点确定相应的断案规则,而且有关第三人善意的认定在长期的司法实践中,已经探索出了一些行之有效的经验法则,如夫妻一方出售夫妻共有房屋,第三人善意购买的证明责任和判断标准都是根据具体案件的客观情况分析判断的。所以,不能希冀在夫妻债务中一定要有一个"死标准"。同时,既然在其他案件中可以对第三人是否善意作出判断,在夫妻债务中怎么就会无法判断呢?

(四)"善意"的判断可以认识和把握

从其他法律关于善意或故意过失等主观要件规定的执行情况看,对善意等主观判断并未对司法实践造成多大困惑。即使有个别案件明显判断错误或违反常理,也可以由上诉法院或再审法院按照人们通常的经验法则予以纠正。事实上,凡涉及对主观心理活动或主观意志的判断,都有一定难度。相比之下,强奸罪中的"违背妇女意志"才是一个高难度问题。但由于"违背妇女意志"抓住了强奸罪的本质,可以说是一个不可替代的标准,人们在司法实践中也总结了一套行之有效的判断"违背妇女意志"的具体经验和规则,"违背妇女意志"成为理论和实践中认定强奸罪的有效标准。借贷中的债权人善意也是如此,可以根据债权人与借贷人的关系、借贷时间、地点、数额、用途等综合因素进行判断。债权人善意与否,可以通过客观行为表现加以分析判断,是可认识可把握的。有关判断善意与否的具体方法,将在后文介绍。

(五)债权人善意之债的理论价值和实践意义

目前,因为缺少债权人善意之债认定规则,不仅存在适用"死杠杠"区分夫妻共同债务与个人债务的情形,而且有些法院把债权人善意情形作为共同债务的推定情形。如《浙江省高级人民法院关于妥善审理涉夫妻债务纠纷案件的通知》中指出,"若有证据证明配偶一方对负债知晓且未提出异议的,如存在出具借条时在场、所借款项汇入配偶掌握的银行账户、归还借款本息等情形的,可以推定夫妻有共同举债的合意"。有一些网友对这个规定有异议,认为这还是夫妻共同债务推定规则,并认为推定共同债务很可怕。实际上,在认定是否属于夫妻共同债务上,不存在事实推定夫妻共同债务问题。有证据证明用于家事需要或共同合意,则直接认定为共同债务。不能直接认定为共同债务的,则必须是债权人善意之债,即债权人有理由相信用于家事需要或共同合意。如前述通知所说的一方借款时其配偶在场或所借款项汇入配偶掌握的银行账户,这实际上是债权人有理由相信属于夫妻合意,应当适用债权人善意之债规则处理。至于借款方与其配偶共同归还借款本息,则是他方对一方借款的追认,可以直接认定共同债务。对共同债务进行推定,具有弊端。一是容易引起人们对夫妻共同债务规则的异议。二是由法院依职权推定共同债务,容易造成当事人举证责任分配混乱。夫妻共同债务的举证责任原则上都由举债人或债权人举证,举债人或债权人不能证明用于家事需要或夫妻合意的,债权人应当证明有理由相信用于家事需要或夫妻合意。但采取推定共同债务时,其举证责任由谁承担,则会因规定不明导致举证责任分配错误。三是推定共同债务无法区分内外不同责任,债权人善意之债则可以有效区分内外不同责任。如夫妻一方对善意债权人承担责任后,在内部不能证明用于家事需要则不承担责任。因而,设立债权人善意之债具有重要意义。

1. 债权人善意之债是区分夫妻内外债务的重要标识

通常所说的夫妻债务内外有别,主要就是债权人善意之债的保护规则不同。即区分夫妻内部与外部债务主要标志在于债权人善意之债存在差异,除此之外,夫妻内部与外部共同债务的构成标准和举证责任都是一致的。

2. 债权人善意之债是保障夫妻内外标准统一的转换器

债权人善意之债可以有效保障夫妻内部标准与外部标准协调统一,具有"转换器"的功能。没有善意之债,就可能造成夫妻内外实现两种完全不同的判断标准,即在夫妻内部以家事需要为共同债务标准,而对债权人则完全抛弃该标准,以家事代理权或共同财产制等作为共同债务标准,导致内部标准与外部标准完全分离,扩大夫妻共同债务。如《婚姻法解释(二)》第 24 条和新《解释》第 2 条即是如此。

3. 设立债权人善意之债有利于保障日常借贷与大额借贷标准相衔接

夫妻共同签字只适用于大额借贷,日常借贷不可能实行共同签字。而没有共同签字的大额借贷用于家事需要的,同样应当认定为共同债务。一方重大借贷与日常借贷构成共同债务的实质标准是一样的,两者没有本质区别,只有量的区别。如果缺少善意之债,日常借贷以婚姻关系或共有关系进行推定,大额以"家事需要"为认定标准,两者的共同债务标准明显存在不协调乃至矛盾。

4. 设立债权人善意之债可以防止违法或虚假债务

如以日常借贷为例,不区分债权人善意不善意,一律认定为共同债务,就可以把债权人在赌场、妓院等场所借予夫妻一方的赌资或嫖资之类的非善意借贷都认定为共同债务。同时,日常借贷没有善意标准,对于夫妻一方与债权人恶意串通化整为零,将大额借贷转化为小额借贷,或者捏造虚假小额债务累计成大额虚假债务,都将无法排除而认定为共同债务。设置债权人善意之债,可以有效地防止将债权人明知或应当知道不是用于家事需要的借贷(如赌博场所借贷),或者明显超出家事需要的化整为零的恶意小额借贷(包括恶意小额虚假债务)认定为夫妻共同债务。因为债权人难以证明这类债务其主观上具有合理信赖用于家事需要的善意。可见,设置债权人善意之债具有多种功能与作用,而防止日常借贷中违法借贷或化整为零的恶意借贷或虚假借贷的功能尤为明显。

四、债权人善意与非善意的司法判断

何为善意,单纯从字面意思上解释,就是好心、好意。而民法上的善意,理论上众说纷纭,比较流行的一种观点认为,善意还是恶意取决于行为人对自己的行为缺乏法律依据是否知悉。[1] 另外,也有学者将善意在内部又作了划分(主观诚信与客观诚信)。[2]

笔者认为,善意与恶意是根据行为人对其行为"知与不知"的主观心理状态所作出的区分性评价。善意,是指行为人实施某种行为时存在不知其行为足以影响法律效力的心理状态。这种心理状态属于良性心态,即为善意。以夫妻一方负债为例,债权人在向夫妻一方出借时不知道自己的出借行为足以影响夫妻共同债务的法律效力,即认为可以产生夫妻共同债务的法律效力时为善意。比如债权人认为一方的借贷属于正常的家事借贷,包括债权人无法辨别一方借贷属于滥用家事代理权,其主观上都属于善意。

恶意,是指行为人知道或应当知道其行为足以影响法律效力的心理状态。这种心理状态属于恶性心态,即为恶意。仍以夫妻一方负债为例,债权人在向夫妻一方出借时知道或应当知道自己的出借行为足以影响夫妻共同债务的法律效力,则仍以夫妻责任为目的向一方出借即属恶意。如债权人明知一方借贷是为了购买毒品吸食或者用于赌博,但债权人仍然出借,然后以夫妻共同债务向双方主张权利,债权人则明显属于恶意。

从表面上看,债权人善意或非善意是一个纯主观的心理状态。但实际上,它是

---

[1] 参见〔美〕戴维·M.沃克:《牛津法律大辞典》,北京社会与科技发展研究所译光明日报出版社,1989年版,第102、578页;汪泽:《民法上的善意、恶意及其运用》,载《河北法学》1996年第1期。

[2] 参见徐国栋:《诚实信用原则研究》,中国人民大学出版社2002年版,第40—45页。

客观现象在主观上的反映,完全可以通过客观事实判断其主观心态或认知程度。从主观与客观的关系上考察,本质还是由客观事实决定主观性质,即不同的客观事实决定债权人主观上的善恶之别。因而,判断债权人是否善意,不能脱离具体客观事实,需要以客观事实作为判断基础。

(一)债权人善意的证明标准

债权人善意,是指债权人不知或无法知道举债人属于个人负债或滥用家事代理权。对此,债权人应当承担善意举证责任,即证明自己不知或无法知道举债人属于滥用家事代理权或越权借贷,有理由相信属于家事借贷。其证明标准应当根据客观情势或一般交易经验判断,只要达到足以使人相信其具有合理性即可。

1. 信赖"用于家庭需要"的善意证明

债权人信赖"用于家庭需要"的善意证明需要提供自己有理由相信一方借贷"用于家庭需要"的证据与具体事实。如举债人子女当时正好考上大学,举债人经济条件不好,举债人平时并无赌博等不良习性,而且是一个兴家立业当家人,等等。如果举债人以子女上学需要学费为由向债权人借贷,债权人基于上述事实有理由相信该借贷用于子女上学。如果债权人所述的上述事实成立,足以认定债权人主观上具有善意。

2. 信赖属于"夫妻合意"的善意证明

债权人信赖属于"夫妻合意"的善意证明,需要提供自己有理由相信一方借贷属于"夫妻合意"的具体事实与理由。具体说,债权人需要提供一方的借贷行为具有表见合意特征或具有合意表象事实,用这些表象事实说明一方的借贷行为足以使自己相信是夫妻合意的结果。表见合意的表象事实很多,包括举债人配偶曾经向债权人表明或打招呼需要向其借款;举债人配偶的有关电话、微信等信息可以证明举债人配偶同意或明知其借款;借款资金直接汇入举债人配偶掌控的账户;其他可以证明举债人配偶知道或应当知道一方举债的情形。

(二)判断债权人是否善意的基本原则

判断债权人是否善意,要秉承实事求是、衡平合理、遵从习惯、区别对待原则。

1. 实事求是原则

"实事求是",要求判断债权人是否善意时,必须从客观事实出发,以客观事实为依据,千万不能脱离客观事实,更不能以为"善意"是主观东西,完全凭主观臆断。

2. 衡平合理原则

"衡平合理",要坚持不偏不倚,把握好认定标准的合理限度。债权人善意之债,主要功能在于保持夫妻债务在同一认定标准前提下,平衡夫妻一方与债权人的利益关系。对于债权人来讲,既不能脱离夫妻共同债务的基本标准(用于家庭需要),不管债权人是否善意或尽到必要注意义务都认定为共同债务;又不能对债权人过于苛刻,要求其必须证明借贷实际用于家庭需要。在适用善意标准时,要坚持合情合理的衡平原则,把债权人是否尽到必要注意义务,有无正当理由信赖用于家事需要或夫妻合意掌握在合理范围内。

3. 遵从习惯原则

"遵从习惯",是指要遵从不同地方人们对事务的认知或行事习惯。判断债权人是否善意,不能脱离当时当地人们处理家庭事务的一般规律,要遵从一般交易惯例和当地习俗,根据大家普遍认同的规则或习惯判断。

4. 区别对待原则

"区别对待",是指要根据不同情形区别对待,尤其是日常借贷与重大借贷要宽严有别,即小额从宽,大额从严。"小额从宽",是指判断日常小额借贷中债权人是否善意,应当秉持从宽原则。因为日常借贷债权人识别一方借贷是否用于家庭需要难度相对大一些。日常借贷中的善意之债,主要目的在于预防明显不是用于家事需要的违法或不合理借贷,堵塞大额漏洞,以免不合理的大额化整为零,通过小额转化为合法债务,使小额借贷成为大额借贷的"漏斗"。因而,对于小额借贷,只要没有明显不合情理的现象,一般可认定债权人尽到注意义务,属于善意借贷。

"大额从严",是指判断夫妻一方大额借贷中债权人是否善意,应当秉持从严原则。按照家事代理权限,大额借贷与小额借贷的要求不同,大额借贷需要共同决定。同时,大额借贷与小额借贷相比,还有如下特点:一是大额借贷对家庭影响巨大;二是未经共同决定的大额借贷,没有用于家事需要的概率较高;三是大额借贷只要用于家庭需要,一般容易证明。因而,对大额借贷判断债权人是否存在善意一定要秉持从严原则。即债权人主张一方大额借贷共同承担责任,首先要证明用于家事需要,不能证明用于家事需要的,则要证明有理由相信属于夫妻合意。而且"有理由相信属于夫妻合意"的证明,必须通过具体事实说明,达到高度可信程度。

(三)判断债权人善意的方法

认定或判断是否善意虽然有一定难度,但并非不可把握。从司法实践看,判断债权人是否善意要充分考察借贷主体与借贷相关的各种客观事实,具体包括:借贷双方的人格品质、彼此关系、举债人家庭经济状况;举债人夫妻感情状况;举债人家庭管理家事习惯;借贷需求、举债人借贷事由(是否与当时情况相符)、借贷时间、地点等,都是考察因素。

1. 借贷双方的人格品质考察

借贷有风险,民间借贷只能发生在相互熟悉并具有信赖基础的当事人之间。因而,出借人与借贷人之间彼此一般都比较了解。借贷人是一个勤劳的理家人,还是游手好闲,不理家事,甚至还有赌博等不良习性,出借人一般应当有所了解。借贷人人格品质对判断债权人出借是否善意,是一个应当参考因素。如借贷人游手好闲,不理家事或者有赌博习性,其借贷事由也明显与家庭情况不符,债权人仍然向其出借,一般可认定主观不具有善意。同时,债权人人格品质也是应当考察的因素,如债权人是否也有赌博等不良习性,乃至与借贷人是赌友等,也对债权人是否善意具有参考价值。

2. 举债人家庭经济状况以及管理家事习惯考察

如举债人家庭是富足还是清贫,可以判断是否有借款必要。管理家事习惯,主要看平时对外家事活动或家庭事务夫妻分别处于何种角色。如有的夫妻是平分家事管理权,有的夫妻则是以一方管理家事为主,还有的夫妻基本上是一方管理家事。不同家庭夫妻管理家事的习惯不同,对债权人出借是否善意有时也有参考意义。如平时根本不理家事的夫妻一方偶尔向外借款,债权人自应有更高的注意义务。

3. 举债人夫妻感情状况考察

夫妻感情好时一方借贷用于家事需要的可能性高。夫妻感情不好,尤其是分居或闹离婚期间,一方借贷用于家事需要的可能性低。

4. 借贷需求、举债人借贷事由、出借人借贷能力等考察

举债人家庭是否有借贷需求、举债人所说的借款事由是否与家庭实际情况相符等,债权人出借时也应当有一个合理判断。如明显超出家庭实际需求或偿还能力的借贷,或者其借贷事由根本不能成立,债权人仍然出借,其主观一般不具有善意。如果出借人没有借贷能力,大多是恶意串通的虚假借贷。

5. 时间、地点、具体数额及其交付方式等考察

在什么时间借款,什么地点借款,与借款的用途有时存在关联性。如在家人住医院期间借款,用于家事需要一般可信。而在诉讼离婚期间借款、在赌场借款,几乎没有用于家事需要的可能。如果借贷数额巨大,有的几十万,甚至上百万,如果采取现金支付,又没有其他相印证的事实,一般是恶意串通的虚假借贷。

上述各种考察因素都是相对的,不是绝对的。比如有时根本不理家事的夫妻一方偶尔向外借款,也可能是另一方不在家,家里有急事。还有,感情好的夫妻有时借款不一定都用在家事需要,感情不好的夫妻有时借款也可能用于家事需要。因而,判断是否善意应当把各种因素结合起来综合考察。如一方具有赌博习性,平时根本不理家事,家里又没有其他合理借贷事由,债权人对这种人借贷,一般不具有善意。

【责任编辑:郇雯倩】

《民法典(2020年)》疏议
——条义疏奏以闻

唐文金*

摘要:作为系统的立法文件,法典便于查阅和适用,可有效地指导法律实践。接续历史和连接未来的法典,应当为不断发展的世界提供持续完善的空间,达致以法典之慈,护卫人民平等享受最高而能获致之民事权利能力。中国的立法者通过作为楷模的《民法典(2020年)》,为吾辈设计宏伟的律法大厦,站之巅而可举目远眺,受之启迪而不禁着手细微处,为法典添砖加瓦。法典常青于世,乃需活水来。庙堂或江湖之"活水"自始多元。规范创制和解读存在的多元化世界,不证自明地展示法规范的多样性。法规范的多样性驱动法规范竞争,从而推动一个自由和民主社会的建立。包容世间多样性的法典,方能形塑并满足人民需要的生活方式和生活需求。带着对美好生活的向往,敝人倾力于对《民法典(2020年)》条文进行研究性评注,勾勒庶民的法愿景。

关键词:民法典 逐条逐句 评注

多极化和多边主义为滔滔世界大势,昔日寰宇唯美国马首是瞻的年岁一去不返。新的秩序和生活形态,需要人类构架新的规则体系。"人类的发展与和平,很大程度上将取决于全人类在法律法则上的沟通与趋同"。[1] 新冠肺炎疫情,显示自

收稿日期:2020-06-11

* 唐文金,天津君辉律师事务所律师,南开大学法学学士,美国霍夫斯特拉大学法学院(Maurice A. Deane School of Law at Hofstra University)法律硕士录取生。

[1] 〔德〕莱因哈德·齐默曼编著:《德国新债法:历史与比较的视角》,韩光明译,法律出版社2019年版。

然、动物和人的命运相连,新的世界需要重塑规范结构,以使人"在这种永不会消解的矛盾状态中生存发展成为可能"[1]。

新时代的中国,作为基础的经济在《民法典(2020年)》第二编"物权"第206条明确为"社会主义市场经济体制"。编纂《民法典(2020年)》过程中,"文化自信"寻根问祖,并面向未来"适应时代要求"。

《民法典(2020年)》是法典的楷模,在总结前人的立法成果和经验的基础上形成。

"事实上,社会及文化的转型和技术(如辅助生殖)的进步无时不在推动着民法在该领域内作出改变"[2],"在近36年中世界发生了变化,我们自己也随着世界改变了许多"[3],书籍"在改版的过程中就已经过时了"[4]。

法典亦有在公布的过程中就已经过时之虞。对法典进行逐条逐句解释乃有司之权,庶民对《民法典(2020年)》注释,仅为研究和讨论之用。

皇皇巨著《民法典(2020年)》共计1260条,"非经几代人的努力不能见成效,但又是亟需的学术积累。我们希望能从细小处着手,为这一项事业添砖加瓦"[5],纵倾敝人全部所学疏议,难免遗不完美之处,期盼全国的法律人共同关心、浇灌民法典的园地,让中国《民法典》常青于世。

第一编 总则

第一章 基本规定

1. 第5条【自愿原则】

《民法典(2020年)》第5条规定的【自愿原则】,实践中应当在私人自由和国家干预之间维持平衡。强制缔约和契约禁止作为国家介入的手段,应当坚持"具体问题具体分析"的方法。

《民法典(2020年)》第494条【国家计划合同】属于强制缔约。第六章第三节"民事法律行为的效力",特别的需要关注第146条、第148条、第149条、第150条、

---

[1] 〔德〕莱因哈德·齐默曼编著:《德国新债法:历史与比较的视角》,韩光明译,法律出版社2019年版。

[2] 〔葡〕威廉·德奥利维拉、〔葡〕弗朗西斯科·佩雷拉·科埃略:《亲属法教程》,林笑云译,法律出版社2019年版,中文版前言。

[3] 〔葡〕威廉·德奥利维拉、〔葡〕弗朗西斯科·佩雷拉·科埃略:《亲属法教程》,林笑云译,法律出版社2019年版,第二版序言,第2页。

[4] 〔葡〕威廉·德奥利维拉、〔葡〕弗朗西斯科·佩雷拉·科埃略:《亲属法教程》,林笑云译,法律出版社2019年版,中文版前言。

[5] 〔意〕马里奥·塔拉曼卡著,周杰译,《罗马法史纲(上卷)》(第2版),"西方古典学研究"总序,第2页,北京大学出版社2019年版。

第 153 条、第 154 条和第 147 条、第 151 条。

违反"自愿原则",将可能导致民事法律行为"无效"或"变更或者撤销"。

《民法典(2020 年)》有关合同的规定有别于《合同法(1999 年)》,不再仅限于合同"无效"(《合同法(1999 年)》第 52 条)和"变更或者撤销"(《合同法(1999 年)》第 54 条),而是囊括民事法律行为。

虚假表示与隐藏行为(第 146 条)、违反强制性规定、违背公序良俗(第 153 条)、恶意串通的民事法律行为(第 154 条)为无效的民事法律行为。

原属"合同无效"的欺诈(第 148 条)、第三人欺诈(第 149 条)、胁迫(第 150 条)属"可撤销";"重大误解"(第 147 条)、乘人之危导致的显失公平(第 151 条)归为"可撤销"。

只有第 533 条【情势变更】条款规定"当事人可以请求人民法院或者仲裁机构变更或者解除合同"。

《民法典(2020 年)》不再保留《合同法(1999 年)》第 54 条第 3 款"当事人请求变更的,人民法院或者仲裁机构不得撤销"。

2. 第 9 条【生态文明原则】

"生态文明还是个新生事物,有许多与之相关的名词、概念、提法等不被人们所了解、熟知,甚至还有一些误解、错解"[1],《生态文明关键词》一书"直接而全面地解析了生态文明的丰富内涵和生态文明建设的重要内容"[2]。

在推进国家治理体系和治理能力现代化的过程中,《民法典(2020 年)》第 9 条"节约资源、保护生态环境"应当结合《党政领导干部生态环境损害责任追究办法(试行)》和《生态文明体制改革总体方案》进行理解。

《民法典(2020 年)》第二编"物权"第 244 条【国家保护耕地与禁止违法征收集体所有土地】以及第五章"国家所有权和集体所有权、私人所有权"中关于自然资源条款的理解和适用,应当贯彻生态文明原则。

用能权和碳排放权、排污权和水权交易制度作为环境治理和生态保护市场体系的内容,《民法典(2020 年)》第三编"合同"第二分编未作为"典型合同",这不利于环境治理和生态保护市场体系的健全。

3. 第 12 条【民法的地域效力】

《民法总则(2017 年)》第 12 条和《民法典(2020 年)》第 12 条,删除了《民法通则(1986 年)》第 8 条"本法关于公民的规定,适用于在中华人民共和国领域内的外国人、无国籍人,法律另有规定的除外"。

---

[1] 铁铮:《从关键词理解生态文明》,载科学网(http://news.sciencenet.cn/sbhtmlnews/2018/8/338699.shtm? id=338699),访问日期:2020 年 6 月 10 日。

[2] 同上。

第二章 自然人

4. 第 14 条【民事权利能力平等】

该条寥寥数语实为自然人生存的根基。权利能力使得自然人在社会和经济生活中实施民事行为，获取生存生活资料、为维系生存提供可能。《民法典(2020年)》再次重申"民事权利能力一律平等"，既原则性地承认人类平等和尊严，亦为人类平等和尊严提供法律保障。

5. 第 18 条【完全民事行为能力人】

"行为能力"的基础标准是自然人的"年龄"。《民法典(2020年)》第17、18、19条规定了三个年龄，18岁、16岁和8岁。将"年龄"作为判断自然人识别能力和判断能力的基础标准，具有客观性，以客观标准评估自然人构建合理意思的能力恰当与否。

应当注意，《民法典(2020年)》第144条规定【无民事行为能力人实施的民事法律行为】和第145条规定【限制民事行为能力人实施的民事法律行为】归入第六章"民事法律行为"第三节"民事法律行为的效力"，这造成体系上的不协调。

《民法典(2020年)》第二章"自然人"第一节"民事权利能力和民事行为能力"应当进行分割，仅为"民事权利能力"，将"民事行为能力"的条款放入第六章。

第三章 法人

《民法通则(1986年)》第三章，将"法人"分为"企业法人""机关、事业单位和社会团体法人"和"联营"。

《民法典(2020年)》第一编第三章将"法人"分为"营利法人""非营利法人"和"特别法人"。

法人治理过程中，应当注意履行《民法典(2020年)》第501条【合同缔结人的保密义务】，妥善处理商业秘密保密和股东知情权的关系。

作为法人的股东，其有权依据《公司法》第4条"依法享有资产收益、参与重大决策和选择管理者等权利"，《公司法》第4条赋予股东的权利、第37条列明的职权需要通过《公司法》第36条架构的股东会行使，《公司法》第33条还赋予股东知情权及实现知情权的司法途径。

《公司法》第33条只是允许股东有权"查阅、复制"公司章程、股东会会议记录、董事会会议决议、监事会会议决议和财务会计报告，而对于"公司会计账簿"《公司法》第33条第2款只允许股东"查阅"。

透过《公司法》第33条的立法设计，股东对于技术信息和经营信息的知情是有限度的，毕竟在所有者和经营者分离的情况下，经营责任直接承担者是作为经营者的董事、高级管理人员。

第四章 非法人组织

6. 第 102 条【非法人组织的概念】

《民法通则(1986 年)》将"个人合伙"作为第二章"公民(自然人)"的第五节。《民法典(2020 年)》第 102 条第 2 款规定,非法人组织包括"合伙企业",另在《民法典(2020 年)》第三编"合同"第二分编中增加第二十七章"合伙合同"。

第五章 民事权利

该章起于第 109 条,止于第 132 条,混合了"权利"和"权利客体"。

"权利"乃法律为满足自然人利益而设置,如人格权(第 109、110、111 条),亲属家庭权(第 112 条),财产权(第 113 条、第 123 条、第 125 条、第 127 条),请求权(第 118、119、120、121、122 条);"权利客体"系由法律制度分配给自然人,并由自然人支配。

权利客体一般包括动产和不动产(第 114、115、116、117 条)及其权利。

7. 第 113 条【财产权受法律平等保护】

"财产"在《民法典(2020 年)》中被用到 237 次,《民法典(2020 年)》主要从"财产权利"和"财产权益"[1]角度区分"财产"。但是,第 113 条仅言明"财产权利"受法律平等保护,易造成"财产权益"被排斥的误解。

我们需要在概念层面区分法律上的"财产"和生活上的"财产"。法律上的"财产"指具有货币价值的权利、属于特定民事主体的在概念上的集合(总和)。

8. 第 126 条【其他民事权益】

《民法典(2020 年)》将权利客体的收益"孳息"归入第二编"物权"第二分编"所有权"第九章"所有权取得的特别规定"第 321 条"孳息的归属"。

9. 第 129 条【民事权利的取得方式】

在学理上,取得方式分为"传来取得"和"原始取得"。第 129 条列举了 4 种取得方式,民事法律行为、事实行为、法律规定的事件或法律规定的其他方式取得。

事实行为,包括《民法典(2020 年)》第一编"总则"第八章下的正当防卫和紧急避险,第三编"合同"第三分编"准合同"下的无因管理和不当得利,第七编"侵权责任"下的侵权行为;第二编"物权"第二分编"所有权"第九章"所有权取得的特别规定"遗失物拾得行为(第 312 条、第 314、315、316、317、318 条)和漂流物拾得行为及埋藏物或隐藏物发现行为(第 319 条)、添附行为(第 322 条)、第五分编"占有"第二十章"占有"。

我们需要结合《民法典(2020 年)》第四编"人格权"第一章"一般规定"划定民

---

[1] "财产权利"在《民法典(2020 年)》中被用到 4 次,第 3 条、第 31 条、第 34 条、第 113 条;"财产权益"在《民法典(2020 年)》中被用到 4 次,第 43、44 条、第 186 条、第 538 条。

事权利可转让的界限,如第 992 条【人格权不得放弃、转让或者继承】。

第六章　民事法律行为

10. 第 140 条【意思表示的形式】

【意思表示的形式】在意思表示的生效第 137 条和第 138 条之后,在体系上不佳,一般是先"形式"后"生效"。

第 140 条【意思表示的形式】第 2 款规定"沉默"原则上不是意思表示。但,法律规定的"沉默"可以视为意思表示,例如,第 145、171 条"视为拒绝追认"、第 503 条"视为对合同的追认"、第 1124 条"视为放弃受遗赠"。

11. 第 142 条【意思表示的解释】

"解释"是意义待定时探求内涵和外延的"自由裁量"方法。为避免偏见,"解释"应坚持主客观相统一的原则,对客观内容给予更重的权衡。

定义目的和标准,并制定解释的依据应当在后续的实践中不断完善。具体见《民法典(2020 年)》第 1217 条【好意同乘规则】。

12. 第 160 条【附期限的民事法律行为】

依据此条考察附条件之权利人的保护时,不应单纯的依据"期待权",应当结合《民法典(2020 年)》第二编"物权"第二章"物权的设立、变更、转让和消灭"和第三编"合同",确定风险的转移和承担。

第七章　代理

13. 第 161 条【代理的适用范围】

新中国成立 70 年来,"人口再生产类型的转变导致了人口年龄结构的老化……2018 年,我国 65 岁及以上人口比重达到 11.9%,0—14 岁人口占比降至 16.9%,人口老龄化程度持续加深"[1],"如果按照重度失能老人占比为 2.00%的指标进行推算,2015 年全国共有重度失能老人 444 万,这些老人需要家庭和社会提供长期照护服务"[2]。

基于当前中国开始步入老龄化社会的背景,保护老年人以防止法律交往中出现侵犯老年人合法权益的风险,有必要关注老年人授权代理人的情形,特别的关注《民法典(2020 年)》第 1158 条【遗赠扶养协议】和第 1144 条【附义务的遗嘱】,保护老年人的人身和财产权益。

---

[1] 国家统计局人口司:《人口总量平稳增长,人口素质显著提升——新中国成立 70 周年经济社会发展成就系列报告之二十》,载 http://www.gov.cn/xinwen/2019-08/22/content_5423308.htm,最后访问日期:2020 年 6 月 12 日。

[2] 中国人民大学老年学研究所:《中国老年社会追踪调查报告》,载 http://class.ruc.edu.cn/index.php?r=news/newsabout＆aid=7,最后访问日期:2020 年 6 月 12 日。

第八章 民事责任

14. 第 182 条【紧急避险】

原则上裁判权和强制执行权由国家垄断,不允许自力救济。在例外的情况下,允许正当防卫、紧急避险和自助行为作为权利自力救济手段。

《民法典(2020年)》将正当防卫和紧急避险放在第一编"总则"第八章"民事责任",而将"自助行为"作为第 1177 条放在第七编"侵权责任"第一章"一般规定",这在体系上具有混乱之嫌。

关于紧急避险,应区分防御性紧急避险和攻击性紧急避险。

第九章 诉讼时效

15. 第 188 条【普通诉讼时效】

《民法通则(1986年)》第 137 条、《民法总则(2017年)》第 188 条和《民法典(2020年)》第 188 条,皆允许特殊情况下,人民法院可以延长诉讼时效期间。

1998年英国法委员会在提交国会的《法律委员会咨询文件第 151 号》中,建议"法院没有延长或排除时效期间的自由裁量权"[1],该建议后来被采纳。

英国法委员会"检视所有相关时效期间的法律后建议引入一个单一的时效制度。"[2]或许值得《民法典(2020年)》参考。

16. 第 191 条【未成年人遭受性侵害的损害赔偿诉讼时效的起算】

第 191 条规定"自受害人年满十八周岁之日起计算",结合《民法典(2020年)》第 188 条"诉讼时效期间为三年"推算,则受害人二十一周岁届满之日的次日起,没有《民法典(2020年)》第 188 条第 2 款情况的,人民法院不予保护该受害人因未成年人期间遭受性侵害而提起的损害赔偿请求权。

1998年英国法委员会在提交国会的《法律委员会咨询文件第 151 号》中,检讨了英国当下的诉讼时效法(1980年诉讼时效法案),结论是:……譬如……一个小女孩遭到她叔叔的性侵犯,而且一直持续到小女孩 14 岁。现在她 25 岁正遭受抑郁、性格障碍等病症折磨,但直到最近她才意识到可能遇到时效障碍,因为时效期间是自她年满 18 周岁后 6 年……受害人可能会因此而更为痛苦,因为她无法向故意实施侵害的行为人请求赔偿。[3]

第十章 期间计算

17. 第 204 条【期间计算方法的例外】

《民法典(2020年)》第 201 条第 1 款规定"开始的当日不计入",《民事诉讼法

---

[1] 〔德〕莱因哈德·齐默曼:《德国新债法:历史与比较的视角》,韩光明译,法律出版社 2019 年版。
[2] 〔德〕莱因哈德·齐默曼:《德国新债法:历史与比较的视角》,韩光明译,法律出版社 2019 年版。
[3] 〔德〕莱因哈德·齐默曼:《德国新债法:历史与比较的视角》,韩光明译,法律出版社 2019 年版。

(2017年修正)》第82条第2款和《刑事诉讼法》第105条第2款规定"不计算在期间内"的包括"期间开始的时和日"。

第二编　物权

18. 第429条【质权的设立】

综合《民法典(2020年)》第425条和第440条,质权分动产质权和权利质权。质权作为担保物权的一种,可以根据《民法典(2020年)》第386条实现【担保财产优先受偿】。德国《民事诉讼法》第804条(3)规定"查封在先所生的质权优先于查封在后所生的质权。"[1]

根据我国《民事诉讼法》第103条,"查封"仅是财产保全的一种方法,未将"查封"作为质权设立的一种方式。最高人民法院《关于首先查封法院与优先债权执行法院处分查封财产有关问题的批复》(法释〔2016〕6号)"一、"也将"查封在先"和"优先债权"进行了区分,表明"查封"不设立担保物权和优先权。

第三编　合同

19. 第496条【格式条款的订立要求；说明义务】

"采取合理的方式提示对方"以尽到说明义务,所以,设计说明义务的"合理方式"至关重要。《中华人民共和国最高人民法院公报》2012年第10期公布的"刘超捷诉中国移动徐州分公司电信服务合同纠纷案"中指出,电信服务企业在订立合同时未向消费者告知某项服务设定了使用期限限制,在合同履行中又以该项服务超过有效期限为由限制或停止对消费者的服务的,属于违约行为,应当承担违约责任。

20. 第807条【工程款的支付】

发包方应注意住房和城乡建设部办公厅《关于加强新冠肺炎疫情防控有序推动企业开复工工作的通知》(建办市〔2020〕5号)"二、加大扶持力度,解决企业实际困难""(七)……规范工程价款结算,政府和国有投资工程不得以审计机关的审计结论作为工程结算依据,建设单位不得以未完成决算审计为由,拒绝或拖延办理工程结算和工程款支付",同时兼顾最高人民法院《关于建设工程承包合同案件中双方当事人已确认的工程决算价款与审计部门审计的工程决算价款不一致时如何适用法律问题的电话答复意见》。

---

[1] 〔德〕奥拉夫·穆托斯特,马强伟译,《德国强制执行法(第2版)》,中国法制出版社2019年版,第8页。

第四编 人格权

21. 第 995 条【侵害人格权的民事责任】

第 185 条【英雄烈士人格利益的保护】《民法典(2020 年)》放在第一编"总则"第八章"民事责任",在体系上不协调,应将第 185 条归入第四编"人格权"第一章"一般规定"。

22. 第 1013 条【名称权】

名称权的内涵或外延是权利人通过公开的前后联系而呈现。法人和非法人组织在申请或注册名称时,要结合《商标法》第 10 条和《个体工商户名称登记管理办法》第 11 条,避免出现"叫了个鸡"商标被驳回,又因广告被罚 50 万[1]的情况。

当然,中国的监管机构在判断"名称"或"商业标识"含有"含有违反社会公序良俗"的文字时,应当通过公开的前后联系评估,例如,不能因为"再干一次"(Bums Mal Wieder)的缩写和德国宝马公司的标志 BMW(BayerischeMotoren Werke)标志一致就判定 BMW"含有违反社会公序良俗"的文字。

第五编 婚姻家庭

23. 第 1045 条【亲属、近亲属与家庭成员】

该条未将事实婚和共同经济生活作为"准亲属关系"纳入亲属关系。

在"近亲属"的范围方面,《民法典(2020 年)》第五编"婚姻家庭"比《刑事诉讼法》第 108 条(六)的范围宽。《刑事诉讼法》未将非同胞兄弟姊妹、祖父母、外祖父母、孙子女、外孙子女列为"近亲属"。《民法典(2020 年)》用"兄弟姐妹",《刑事诉讼法》用"兄弟姊妹","姊妹"是兄弟和姐妹的上位概念,《刑事诉讼法》将"兄弟"和"姊妹"并列不符合逻辑。

《行政诉讼法》第 25 条第 2 款"近亲属"的范围比《民法典(2020 年)》第 1045 条更宽,根据最高人民法院《关于适用〈中华人民共和国行政诉讼法〉的解释》(法释〔2018〕1 号)第 14 条,行政诉讼中"近亲属"除《民法典(2020 年)》第 1045 条第 2 款罗列的自然人外,还包括"其他具有扶养、赡养关系的亲属"。

第六编 继承

24. 第 1140 条【作为遗嘱见证人的消极条件】

该条以举例的方式罗列 3 类不能作为遗嘱见证人的情形,第(一)类比原《继承

---

[1] 搜狐网:《不是想叫就能叫:"叫了个鸡"商标被驳回,又因广告被罚 50 万》,载搜狐网(https://www.sohu.com/a/201138116_270019),最后访问日期:2020 年 6 月 12 日。

法(1985年)》第18条(一)增加"其他不具有见证能力的人"。第(三)项的"有利害关系的人"因抽象而缺乏可操作性,缺乏标准易造成同案不同判。

《行政诉讼法》第29条使用"有利害关系",最高人民法院《关于适用〈中华人民共和国行政诉讼法〉的解释》(法释〔2018〕1号)第12条列举6种"与行政行为有利害关系"的情形。

第七编 侵权责任

25. **第1179条【人身损害赔偿项目】**

《民法典(2020年)》第1179条所列赔偿项目未涵盖最高人民法院《关于审理人身损害赔偿案件适用法律若干问题的解释》(法释〔2003〕20号)第17条的项目,缺少:误工费、住宿费。

造成残疾的,《民法典(2020年)》第1179条比最高人民法院《关于审理人身损害赔偿案件适用法律若干问题的解释》(法释〔2003〕20号)第17条第2款少如下项目:被扶养人生活费,以及因康复护理、继续治疗实际发生的必要的康复费、护理费、后续治疗费。

实践中,人身损害赔偿项目裁判依据主要是《司法鉴定意见书》,顾及自2017年1月1日起施行的《人体损伤致残程度分级》"2"明确"GB/T 16180-2014 劳动能力鉴定 职工工伤与职业病致残等级"和"GB/T 31147 人身损害护理依赖程度评定",应当统一【人身损害赔偿项目】裁判的依据标准,不在《司法鉴定意见书》之外要求被侵权人提供劳动能力鉴定举证"丧失劳动能力程度"。

另,应当明确"残疾赔偿金"和"残疾生活补助费"是不同的费用。(1)"残疾赔偿金"是按照"可支配收入"为标准计算,而"残疾生活补助费"是按照"平均生活标准(即人均消费性支出)"为标准计算;(2)"残疾赔偿金"根据最高人民法院《关于审理人身损害赔偿案件适用法律若干问题的解释》(法释〔2003〕20号)第25条规定,计算年限为"20年","残疾生活补助费"按照《医疗事故处理条例》第50条,计算年限为"30年";(3)参照《新疆维吾尔自治区实施〈中华人民共和国消费者权益保护法〉办法》第49条,该条将"(九)残疾生活补助费"和"(十)残疾赔偿金"分开列明。

26. **第1183条【精神损害赔偿】**

根据《医疗事故处理条例》第50条"(十一)精神损害抚慰金"造成患者残疾的,"按照医疗事故发生地居民年平均生活费[1]计算",赔偿年限最长不超过3年"。《广东省实施〈消费者权益保护法〉办法(1999年)》第31条规定精神赔偿为

---

[1] "平均生活费"在国民经济统计中指"人均消费性支出"。

"5 万元以上"。

"损害"不同于"损失",3 年居民年平均生活费或许可以赔偿"精神损失",但难以补偿"精神损害"。

2014 年 7 月 29 日最高人民法院发布的《人民法院赔偿委员会审理国家赔偿案件适用精神损害赔偿若干问题的意见》(法发〔2014〕14 号),"七、综合酌定'精神损害抚慰金'的具体数额"中明确,确定精神损害抚慰金的具体数额"原则上不超过依照《国家赔偿法》第 33 条、第 34 条所确定的人身自由赔偿金、生命健康赔偿金总额的百分之三十五,最低不少于一千元"。

27. 第1184条【侵害财产造成财产损失的计算方式】

该条法文未明确"损失的类型"含有"直接损失"和"间接损失",计算方式仅规定是"市场价格或者其他合理方式计算"。这易造成司法实践中裁判的不统一。

28. 第1195条【网络侵权责任避风港原则的通知规则】

网络服务提供者"对损害的扩大部分与该网络用户承担连带责任"的条件是"权利人"通知后"未及时采取必要措施",那么,网络侵权责任主观认定上是适用《民法典(2020 年)》第1165条【过错责任原则】。

根据《刑法》第 14、15 条,犯罪主观认定上分故意和过失。刑事犯罪的认定标准应当高于侵权责任的认定标准。认定网络侵权需要有"权利人"通知的证据,那么,认定网络刑事犯罪应该比认定网络侵权的证明标准高。适用《刑法》363 条【制作、复制、出版、贩卖、传播淫秽物品】时,应该严格认定《刑法》第 14 条要求的"明知",快播传播淫秽物品牟利案的"间接故意"至今存在争议。

29. 第1217条【好意同乘规则】

无偿搭乘人和非营运机动车人之间没有通过有效的意思表示缔结合同,非营运机动车人仅出于友好和善良而为之,无意因此受到法律上的约束而需遵守。该条"属于该机动车一方责任的",未明确此处"责任"的含义,是机动车一方对交通事故有责任,还是机动车一方对无偿搭乘人损害有责任?

德国《道路交通法》2002 年 8 月 1 日生效前,事故因"不可避免的事件"所致可以排除责任。"不可避免的事件"所致是指即使尽到最大注意,但在司机没有过错和车辆没有毛病的情况下也不可能避免事故发生。

德国联邦最高法院的司法解释在与机动车责任有关的责任法范围内对不可抗力所下的定义是:"非为运行本身所引起的、由外部通过自然力因素或者因第三人的行为所造成的事件,此种事件非为人的认识与经验所能预见,亦非由经济上所能承受的财力所能尽到的最大的、就是而论能够理智期待的注意所能阻止或避免,并且也非因其经常出现而应为运行人所不得不接受。"[1]

参照《民法典（2020年）》第1176条【自甘风险】的规定，建议在【好意同乘规则】中限定"机动车一方"仅在"故意或者重大过失"范围内承担责任。

30. 第1221条【医务人员未尽相当诊疗义务的医疗机构替代责任】

司法实践中，"相当诊疗义务"的判断主要依据《司法鉴定意见书》，但《司法鉴定意见书》未以"当时的医疗水平"进行鉴定，往往选择"事发地"的医疗水平为标准。

为公平、公正、客观和科学起见，确保《民法典（2020年）》第1176条的有效实施，需要医师协会制定"相当诊疗义务"的标准。例如，在全子宫切除前，医院应采取有效的保守性手术和介入治疗，如进行宫腔填塞、B-Lynch缝合、盆腔血管结扎或经导管动脉栓塞术，胎盘早剥患者采用B-Lynch缝合术的止血效果较佳。

31. 第1229条【污染环境、破坏生态无过错责任】

新冠肺炎疫情"具有全球大流行特征"[2]，是新中国建国以来"传播速度最快、感染范围最广、防控难度最大"[3]的一次"重大突发公共卫生事件"，是"国际关注的突发公共卫生事件"[4]，中国"各级财政共安排疫情防控资金667.4亿元，实际支出284.8亿元"[5]。

纵使遭遇"重大突发公共卫生事件"，我们应当法治轨道上统筹推进各项防控工作，避免污染环境或破坏生态，例如，非典期间因过度消毒，"台湾淡水河及其支流因被倒入大量漂白水，以致含氯量过高，直到半年后才恢复正常值"[6]。

【责任编辑：张文硕】

---

[1] 郑冲：《德国机动车民事责任之规定及其对我国立法的借鉴》，载《法学杂志》2007年第1期。
[2] 《世卫组织总干事2020年3月11日在2019冠状病毒病（COVID-19）疫情媒体通报会上的讲话》，载世界卫生组织网（https://www.who.int/zh/director-general/speeches/detail/who-director-general-s-opening-remarks-at-the-media-briefing-on-covid-19——11-march-2020），访问日期2020年3月20日。
[3] 《习近平出席统筹推进新冠肺炎疫情防控和经济社会发展工作部署会议并发表重要讲话》，载中华人民共和国中央人民政府网（http://www.gov.cn/xinwen/2020-02/23/content_5482453.htm），访问日期2020年3月20日。
[4] 《世卫组织总干事在关于2019新型冠状病毒的〈国际卫生条例〉突发事件委员会新闻通报会上的发言》，载世界卫生组织网（https://www.who.int/zh/dg/speeches/detail/who-director-general-s-statement-on-ihr-emergency-committee-on-novel-coronavirus-(2019-ncov)），访问日期2020年3月20日。
[5] 《多项资金财税支持目前各地疫情防控经费有保障》，载中华人民共和国国务院新闻办公室网（http://www.scio.gov.cn/xwfbh/xwfbfh/wqfbh/42311/42494/zy42498/Document/1672881/1672881.htm），访问日期2020年3月20日。
[6] 参见《非典期间过度消毒导致台湾淡水河生态受冲击》，载中国水网（http://www.h2o-china.com/news/25395.html），最后访问时间：2020年3月20日。

让与担保的法典化困境及出路

董国彦*

摘要:让与担保是以所有权为原型的让与,传统典型担保物权是以物之交换价值为支配对象的一种变价权。由于所有权的移转,让与担保天然地与"流质"具有亲和力。"流质"与"变价"的区别在于是否经过清算,"清算型"让与担保的实质在于变价。在物权法体系上,所有权的移转使得让与担保与建立在他物权基础上的传统典型担保迥然不同。所有权的移转使担保目的难以公示,加之担保物权禁止"流质"的规定,让与担保难以规定到物权法中。让与担保之运行所依托的是民法一般规则,对于物权法上的困境,担保人可以在债法中寻求保护。

关键词:让与担保 所有权 流质 变价 物权法

引 言

近些年来,随着我国市场经济的不断发展,现实中涌现出各式各样的交易方式,"作为私法领域私生子"的让与担保在我国也逐渐显露头角,并且在实践中频频涌现。[1] 2019年9月11日,经由最高人民法院审判委员会民事行政专业委员会第319次会议原则通过的《全国法院民商事审判工作会议纪要》(以下简称《九民纪要》)在对让与担保的问题上采取了"形式+清算"的原则,即对债权人而言,财产的受让只具有形式意义,其实质在于担保,合同如果约定债务人到期没有清偿债务,财

收稿日期:2020-03-21

* 董国彦(1995—),西南财经大学博士研究生。

[1] 截至2019年7月26日,笔者在"中国裁判文书网"以"民事案件""让与担保"进行全文检索,共检索到案例3266个;在"北大法宝"以"让与担保"为关键词进行全文检索,共获得民事案例3189个。

产归债权人所有的,人民法院应当认定该部分约定无效。在"流质"约款问题上,《九民纪要》采取了严格的违反无效的立场。同时,《九民纪要》还规定,让与担保在实现方式上,法院只支持通过清算,即拍卖、变卖、折价方式进行的清偿,即使债权人将担保财产以公示的方式转移至其名下,法院也不支持归属型的诉请。在笔者看来,《九民纪要》一方面并未直接认可让与担保的物权效力(以物为例),即财产的转让不产生所有权意义上的让与,对担保的财产,债权人请求清算的,认可其合同效力;另一方面,纪要却又规定,对完成公示的财产却能产生优先受偿的效力。就实际的法律适用而言,这一规定无疑具有一定的明确性,但随之而来的问题便是,既然让与给债权人的不是物权,那么经公示后的优先性从何而来?这充分表现出规则制定者的矛盾,一方面,在物权意义上承认让与担保,面临"流质"等问题的障碍;另一方面,就现实而言,让与担保确实表现为对财产让与(通常表现为所有权),这使得裁判者在适用法律时又不得不借鉴担保物权的规定。

《九民纪要》矛盾规定的背后一个很明显的问题便是我国立法中让与担保制度的空缺,从我国目前现行的正式立法文本来看,让与担保作为一种非典型担保并未被我国现行立法所规定,但一直以来,在理论学说上,与让与担保有关的讨论却未曾休停。[1] 曾在民法典的编撰过程中,亦有学者提出了关于让与担保成文化的主张,试图在制定法上为"私生子"寻得"生父"。[2] 然而,这种由实践发展而来,并经由判例学说所形成的非典型担保,缘何长期游离于物权法之外;在法典时代,如何理解让与担保和法典化的物权法制度之间的关系,是本文的出发点。

一、以所有权为原型的让与

在有关让与担保的交易实践中,困扰我们的一个问题是:既然以担保为目的,那么担保人究竟有无让与自己物之所有权的意思?在这个问题上,实践与理论学说纷纭。有观点认为,将标的物的权利移转于债权人仅属外观形式,实质上并无移转标的物权利的意思,其真意在于担保,故移转所有权属双方通谋虚伪的意思表示。[3] 在司法实践中,在当事人签订买卖合同担保借贷的情况下,亦有裁判思路将其认为是"名为买卖,实为借贷",[4] 即借贷意思表示为真,买卖意思表示为假,买卖意思系虚假意思表示无法产生法效意思。还有观点认为,从不动产让与担保概念的"实"来

---

[1] 比如由买卖合同担保借贷所引起的所谓的"后让与担保"问题。参见杨立新:《后让与担保:一个正在形成的习惯法担保物权》,载《中国法学》2013年第3期;董学立:《也论"后让与担保"——与杨立新教授商榷》,载《中国法学》2014年第3期。

[2] 参见高圣平:《动产让与担保的立法论》,载《中外法学》2017年第5期。

[3] 参见王闯:《关于让与担保的司法态度及实务问题之解决》,载《人民司法》2014年第16期。

[4] 陈永强:《以买卖合同担保借贷的解释路径与法效果》,载《中国法学》2018年第2期。

分析,虽其"名"为不动产让与,但其"实"则为借款担保,绝非通常所言的不动产所有权让与,其目的仅在于担保。[1] 前两种观点基本一致,直接以虚伪意思表示否认了所有权变动意思表示的真实性,将其效力归于无效。后一种观点是企图将不动产让与担保归入不动产抵押的范畴,结论则是债权人获得的是一种抵押权,与通常的抵押权人无异。仅从上述观点看,其结论便是担保权人所受让的不是所有权或者说担保权人就没获得担保物之所有权。我们不禁要问,让与担保让与的究竟是什么?

(一)所让与者,以所有权让与为原型

让与担保,系指债务人或者第三人为担保债务人之债务,将担保的标的物之权利移转于担保权人,于债务清偿后,标的应返还债务人或者第三人,债务不履行时,担保权人得就该标的物受偿的非典型担保。[2] 比之于典型担保的抵押或者质押,让与担保最大的区别在于:(1)将标的物之权利移转于担保权人;(2)债务不清偿时,担保权人以所担保的标的物直接受偿。那么在这里,让与给担保权人的权利究竟是一种什么样的权利?谢在全教授认为:"此项标的物之权利,以所有权最多……凡具有让与性之财产权或其他未定型化之财产权均得为让与担保之标的物。"[3] 概而言之,让与担保之对象一般以所有权为内容,同时,满足可让与性的财产权也可以作为担保的对象。此外,亦有学者认为,让与担保,"其特征是以移转所有权的方式作为担保的"[4],即所谓让与担保者,其对象直接指向担保物之所有权本身。当然也有学者指出让与担保是以移转担保财产的归属权利为法律的表现形式。[5] 也就是说可让与担保的客体包括物之所有权、债权、知识产权等,是一个比较广泛的财产权的范畴,而且体现为一种财产权的归属权利。概括学者观点可知,首先,物之所有权应当是让与担保最为典型的内容,这是让与担保的原型所在。其次,除了动产、不动产之所有权,其他财产上亦可设立让与担保,这是社会经济发展使得可担保对象多元化的必然趋势。最后,即使是其他财产权,在笔者看来,当谈及让与担保时,仍逃不开"所有权"的影子,因为依照财产权各自的特点,在债权、知识产权上通常不会出现"债权所有权""知识产权所有权"的提法,故而上述第三种观点所言财产归属权利正体现了这一点。就物权法领域而言,以传统典型的动产不动产为例,所谓财产归属权在物权领域则恰好体现为"物归谁所有",即所有权。所以从这个意义上讲,所谓让与担保者,其实一直都从未走出"物"之所有权的范畴。

---

[1] 参见董学立:《也论"后让与担保"——与杨立新教授商榷》,载《中国法学》2014年第3期。
[2] 参见谢在全:《民法物权论》(下册),中国政法大学出版社1999年版,第896页。
[3] 谢在全:《民法物权论》(下册),中国政法大学出版社1999年版,第896—898页。
[4] 费安玲主编:《比较担保法——以德国、法国、瑞士、意大利、英国和中国担保法为研究对象》,中国政法大学出版社2004年版,第241页。
[5] 参见张翔:《物权法典规定让与担保的可行性质疑——从让与担保的交易机制出发》,载《法商研究》2006年第2期。

在理解清楚了这一点后,因后文所述基本以动产和不动产为主,让与担保所让与者,通常即指物之所有权。

既然所让与者为所有权,那么在让与担保中,让与担保之成立必须以获得担保物之所有权为前提,只有担保人将所担保物之所有权让与担保权人,才是所谓的让与担保。要实现这一前提,回归我国物权法,在不动产领域,在遵循物权变动登记要件主义模式下,依据《民法典》第209条之规定,须经登记才发生变动效力。也就是说担保人必须将用于担保的不动产过户登记到担保权人名下才算实现了所谓的让与。在动产领域,依据《民法典》第224条的规定,动产物权的设立转让,自交付时发生效力。当然,在动产领域,交付除了现实移转占有,还包括以占有改定方式等实现的交付。这就意味着担保人须将用于担保的动产以现实交付或者占有改定的方式将所有权移转于担保权人才能称之为让与。

(二)所有权让与的真实性

以"名为买卖,实为借贷"进而否认当事人之间让与所有权意思表示的观点,其直接后果就是对让与担保本身的否定。不移转所有权则不能成立让与担保,让与所有权的意思表示真实不虚,是实实在在存在的。在让与担保意思表示的有效性上,德国法曾经同样面临这一问题,德国学说通过信托理论解决了让与担保的有效性问题,虽然当事人移转所有权系实现担保的经济目的,但是该意思确系真实效果意思。[1] 在我国台湾地区,王泽鉴教授亦认为,"此种行为外表上系移转土地所有权,而内容上却在担保债权……与虚伪表示颇为相似,但当事人间均具有受其意思表示所拘束之意,具有效果意思,与通谋虚伪表示有别,应属有效"[2]。回归让与担保本身,我们发现,在让与担保的交易构造中确实存在两层真实意思:(1)将所有权让与担保权人;(2)债务清偿时,担保权人返还所有权;债务届期不清偿时,担保权人就标的物受偿。而这两层意思是作为让与担保本身就存在的,在债务未清偿时,担保权人拿到的确属所有权,这是无疑的。对债权人而言,握有实实在在的所有权作为担保确实要比抵押质押更为保险,只不过当债务到期清偿后,担保权人负有返还标的物所有权的义务。作为债之担保方式,让与担保从制度目的上讲其确为债的一种担保方式,但担保目的之存在并不能否认担保物所有权的移转,否则让与担保则无存在的意义。

---

[1] 参见庄加园:《"买卖型担保"与流押条款的效力——〈民间借贷规定〉第24条的解读》,《清华法学》2016年第3期。

[2] 王泽鉴:《民法总则》,北京大学出版社2014年版,第345页。

二、让与担保之实现:"变价"抑或"流质"?

(一)让与担保之实现方式

让与担保所让与者乃是担保物之所有权,所有权作为一种典型的、完整的物权,其所支配者,天然地包括对物之价值的支配以及使用价值的支配。而担保权人获得所有权就当然地获得包括占有、使用、收益、处分在内的所有权能,这完全区别于作为定限物权的传统典型担保物权。担保物权系对物之交换价值的利用[1],其所支配者乃是物的交换价值。通俗地说,作为担保物权之对象所看重的恰恰是这个物"值多少钱"的问题,故而担保物权又被称为变价权(Verwertungsrechte),即在债务人未履行给付时,债权人有将物变价之权利。[2] 换言之,债权人得将担保物实现从物到物"值多少钱"的转变。而担保物权作为一种具有优先性的物权所能支配者——恰好是物之交换价值,是一种需要将担保物变价后以所得价金优先受偿的权利。在传统典型担保物权的实现上,通常禁止债权人在设立担保物权时就约定:当债务人届期不履行债务的,债权人便直接以所担保的标的物之所有权受偿,这便是所谓的"流质约定"之禁止。无论是抵押还是质押,在我国物权法上都严格遵循着这一规则。因此担保物权在具体的实现方式上,通常有拍卖、变卖和折价三种方式,亦有教科书将这三种方式归纳为变价方法。[3]

在让与担保的实现上,通常认为有以下类型:(1)依取得方式为标准,可分为处分取得型和归属型。(2)依担保权人是否有清算义务可分为流质型与清算型。[4] 仔细分析以上类型会发现,在前一种标准下,其核心在于处分标的物后以价款受偿还是直接归担保权人所有;在后一种标准下,其核心在于要不要对标的物进行估价,是直接归属还是进行必要的估价、变卖。进一步分析两类让与担保实现方式可以发现,在处分取得型和归属型分类中,其实质则是"变价"和"流质"的区别。处分后以所得价金受偿自然是"变价"的方式,因为归根到底,担保权人还是以标的物之价金受偿,这种方式已经实现了从物到物"值多少钱"的变价。而归属型则是直接获得所有权,即债权人当然地拿到担保物,这应当是"流质"型。在流质型和清算型分类中,流质型自不待言;至于清算型,即担保权人清算后自己获得担保物所有权,这种方式看似最终是由担保权人获得所有权,但仔细观察发现,这种方式仍然存在一个"多退少补"的问题,即估价清算后如担保物价值高于主债权,则高出部分担保

---

[1] 参见刘家安:《物权法论》,中国政法大学出版社 2009 年,第 180 页。
[2] 参见[德]鲍尔·施蒂尔纳:《德国物权法》(上册),张双根译,法律出版社 2004 年版,第 43 页。
[3] 参见谭启平主编:《中国民法学》(第二版),法律出版社 2018 年,第 547 页。
[4] 参见谢在全:《民法物权论》(下册),中国政法大学出版社 1999 年版,第 907 页。

权人应当退还；如果低于主债权，则债务人仍负有剩余部分的清偿义务，其依旧能归入"变价"的范畴。而目前在赞同让与担保的学者中，其也多主张"清算型"让与担保。[1]

(二)"清算型"让与担保之质疑

很明显，《九民纪要》对让与担保的实现也采取了清算的立场，清算则意味着对担保物进行必要的估价，而后和主债权进行一个所谓的折抵，然而当我们谈及以清算方式实现让与担保的时候，似乎无意间又落入了"变价"的范畴。因为清算本身意味着对物之价值的分离，试图以"值多少钱"的方式去衡量担保的标的物，最后和主债权相折抵的做法则恰恰体现了担保物背后的所谓"值多少钱"原理，即交换价值。事实上，在传统的典型担保物权的实现方式上，所谓体现禁止"流质约定"的三种变价方式中，其核心并不在于标的物最后是否归担保权人所有，而在于包括以担保权人在内的主体以何种方式获得所有权——经清算获得抑或直接获得的问题。反观三种变价方式，在拍卖中，所遵循者，乃是价高者得的原则，但是这一原则并不排斥担保权人参加竞拍。[2] 甚至在折价方式中，本身就规定了担保物经估价由担保权人取得的方式，故而在传统的担保物权实现方式中，法律并不排斥担保权人取得担保物之所有权，所以禁止"流质约定"所禁止的并非在于由担保权人获得担保物之所有权，由担保权人获得物之所有权并不违背"流质约定"。因此我们发现，"流质"与"变价"之核心区别实则在于标的物是否清算上，即通过估价方式确定担保物的价值，而并非由担保权人获得担保物所有权。事实上传统典型担保物权的实现方式之拍卖、变卖、折价，仅从字眼上，无论是"卖"还是"折价"，均无不体现着变价清算的意思。

"清算型"让与担保最终采用了估价清算后由担保权人取得所有权的方式，实则是一种"变价"，从根本上和传统担保物权的实现方式无异。让与担保在打上"清算"的标签后，看上去这一方式可以巧妙地走出"流质"的囹圄，但如此一来，如何能称为让与担保？所谓让与所有权的效力体现在哪里？[3] 让与担保让与的可是完整

---

[1] 诸如有学者认为，对担保权人课以清算义务是平衡债权人、债务人和第三人利益以取得公平效果的有益规则。参见孟强：《〈民法典物权编〉应允许流质流抵》，载《当代法学》2018年第4期。还有学者认为由债务人决定是否援用《物权法》第186条，但在债务人放弃援用186条的情况下，担保物仍需要清算估价。参加庄加园：《"买卖型担保"与流押条款的效力——〈民间借贷规定〉第24条的解读》，载《清华法学》2016年第3期。在所谓"后让与担保"的构建中，担保物的实现亦分为变价出售以价金清偿和经估价清算担保物价值后取得担保物。参见杨立新：《后让与担保：一个正在形成的习惯法担保物权》，载《中国法学》2013年第3期。

[2] 依据最高人民法院《关于人民法院民事执行中拍卖、变卖财产的规定》其中第14条、15条之规定，担保权人是可以参加竞买活动的。

[3] 参见费安玲主编：《比较担保法——以德国、法国、瑞士、意大利、英国和中国担保法为研究对象》，中国政法大学出版社2004年版，第245页。

的所有权,在传统典型担保里之所以清算担保人的担保物,是因为在担保人所有的物上设有担保权人的抵押权,抵押权是对物之价值的支配权,需要通过清算变价的方式把这种抵押权分离出来以实现担保权人的优先受偿权。站在担保权人的角度观察,这个过程是一个将他人的所有权变为自己的优先受偿权的过程。但是在让与担保的情形下,担保权人拿到的已经是属于自己的完全所有权了,怎么还会在自己的物上给自己变价受偿呢?

在学者所谓"后让与担保"的构造中,我们发现,其实现方式有两种:"一是变价担保标的物取偿……二是估价取得担保标的物。"[1]亦有学者认为"后让与担保其实就是不动产抵押"[2],因为这种实现方式与不动产抵押无大的差异,从实现方式上否定了这一概念。从"后让与担保"所设计的实现方式看,否定的观点也并非无可取之处。这两种实现方式实际上还是遵循了清算的原理,并没有走出变价的范畴,与传统担保物权实现方式无异。另外,"后让与担保"以订立商品房买卖合同的方式设定担保,与让与担保之让与所有权亦存在一定的区别,因为债权人在担保设立后并未获得物之所有权,仅仅是一个请求履行买卖合同的请求权,因自始未获得所有权,故而债权人这一请求权很大程度上也只能算作债权的范畴,因此无论是让与内容还是实现方式,让与担保与"后让与担保"都是存在较大区别的。

事实上,以转移所有权为担保目的本身就存在手段超越目的的特征,债权人通过少量被担保的债权获取超额担保物所有权是让与担保背后的真正动力。[3]也就是说从事实层面上看,债权人之所以选择让与担保作为自己债的担保方式,看中的或许恰恰是所有权。基于常人思维考量,比之于抵押和质押,债权人直接拿到物之所有权这一选择,在对担保人心理压力方面,以及日后债务不清偿所致担保权的实现上,债权人要主动得多。在传统典型担保中,债权人要实现的是从他人之物上去受偿,将他人之物实现"变价";而在实践中,让与担保更多的则表现为他人企图要回债权人的物。[4]因此让与担保的完全所有权无疑对债权人更具有吸引力,这种吸引力还表现为让与担保天生就与"流质约定"具有亲和力。承认让与所有权的直接逻辑后果就是债务不清偿直接以所有权抵债,否则让与担保将和抵押、质押没什么质的区别。在让与担保中企图用清算的方式规避"流质约定"本身就是对让与担保的否定。

---

[1] 杨立新:《后让与担保:一个正在形成的习惯法担保物权》,载《中国法学》2013年第3期。
[2] 董学立:《也论"后让与担保"——与杨立新教授商榷》,载《中国法学》2014年第3期。
[3] 参见姚辉、李付雷:《"理性他者"的依归——让与担保实践争议探源与启示》,载《中国人民大学学报》2018年第6期。
[4] 有学者做出统计,在近年来的股权让与担保的案件中,在71个样本案例中,由担保人发起的就有39件,其中这39件中有29件是要求返还已让股权的。这一数据也大致印证了笔者的观点。参见蔡立东:《股权让与担保纠纷裁判逻辑的实证研究》,载《中国法学》2018年第6期。

三、让与担保对物权法体系的背离

(一) 对"所有权—定限物权"模式的背离

"物权的本质是对物的支配权。"[1]这种支配依据标的物的可支配范围可以划分为所有权和定限物权,前者是指所有权人对其物的全面支配;后者是指一定范围内对物所支配的权利,依据可支配的内容,定限物权可分为担保物权和用益物权。依据物之本身交换价值和使用价值的区别,担保物权和用益物权又分别指对物之交换价值的支配和对物之使用价值的支配。在漫长的人类社会发展进程中,尤其是进入近代资本主义时期以后,作为物权的客体的物的价值被区分为使用价值和交换价值,并且由此形成担保物权制度和用益物权制度,再加上所有权制度以及占有所形成的近代物权法体系一直维持至今,未曾发生任何动摇。[2]

定限物权的提法最初源于日本,为松冈正义所创,指仅能在特定限度内对标的物支配之物权,通常均成立于他人所有之物上。[3] 定限物权具有两大意义:一则为一定范围对物支配之物权;二则为对所有权加以限制,为所有权以外的他物权。[4] 一般而言,定限物权作为一种能够限制所有权的他物权,在其特定的支配范围内在效力上要优于所有权。事实上作为所有权人之外的主体所能获得的一种物权,其支配权面临最大的挑战便是所有权,故而,限定物权之核心恰恰在于限定所有权,否则其物权意义将成为空中楼阁。在传统典型担保中,在担保人之物上为债权人设立担保物权,担保人之所有权在效力上得受债权人之担保物权的限定,故而在权利的实现上便有了优先性。

但是在让与担保中,担保权的设立经过权利让与的外在方式,不动产经登记,动产经交付后,所让与的乃是所有权,这种让渡表现在具体的法律关系中便是债权人与担保权人的相统一。在传统担保方式中为债权人设定担保后,因不移转担保物之所有权,因此债权人就担保物之价值部分产生了比所有权人还优先的他物权,用以限制作为物之所有权人的担保人,使得债权人之债权极具保障性。在让与担保中,债权人的这种保障性达到了传统担保物权无法企及的地步,债权人直接获得了担保物完全的所有权,进而担保人在担保物上丧失了所有权,所有权和担保目的混合的结果是:担保的意思在让与担保交易中被所有权所涵盖,对担保权人而言,对外只有所有权。此时,在让与担保中,站在债权人的角度观察会发现,其担保和所有的

---

[1] 孙宪忠:《中国物权法总论》(第4版),法律出版社2018年,第41页。
[2] 参见梁慧星、陈华彬:《物权法》(第4版),法律出版社2007年,第27页。
[3] 参见谢在全:《民法物权论》(上册),中国政法大学出版社1991年版,第49页。
[4] 参见王泽鉴:《民法物权第1册通则·所有权》,中国政法大学出版社2001年版,第48页。

关系演变为:债权人自己以其所有的物为自己的债权设定担保,这种担保的脆弱性可见一斑,甚至是荒诞的。我们不难发现,在让与担保中,物上的权利始终是单一的,一直都是以完全的所有权来往,因此传统典型担保物权所体现的物上所有权与担保权分离、并定限所有权的机制对让与担保而言完全没有必要,无法使用到让与担保上,或者说,让与担保本身就无定限性可言。

(二)担保目的之公示困境

(1)动产物权。除了以"所有权—限定物权"的模式来体现担保物权作为他物权与所有权的关系之外,传统典型担保物权还有一套既定的公示方式用以表征担保物权的存在。就动产物权而言,担保方式分为动产质押和动产抵押。在质押的情况下,一般而言,以质物的交付作为动产质权的公示方式,动产之上设立质权之后,出质人须将质物交付于质权人,由此便形成了所有权人不占有动产、占有动产者非所有权人的格局。就质权人而言,其虽然占有动产,但并非所有权人。《民法典》第431条和第432条对质权人擅自使用、处分质物的行为都予以较为严格的规定,同时,就出质人而言,其所有权因缺乏占有使得其处分质物亦存在现实障碍。在动产抵押领域,因不移转占有,缺乏必要的外观,故而不登记不得对抗善意第三人。[1]

就动产让与担保而言,因动产交付形式的不同,在现实交付的情形下,担保人将占有与所有权一致让出,在一物一权原则下所有权只能成立一个,故而也只能由担保权人所有,担保意思无从彰显,担保人的利益难以被顾及。在占有改定情况下,出现了所有权和占有的分离,即担保人以不移转物之占有的方式将物之所有权让与担保权人,担保人对物之正常用益不受影响,担保权人虽享有所有权,但是一种无占有外观的所有权,看上去这种所有权和占有分离的架构似乎能缓解所有权让与中对担保人不利的情形。但我们经过分析会发现,这种没有外观的所有权让与担保在事实上与动产抵押相差无几,动产抵押事实上也是一种占有和抵押权分离的机制,抵押权的设立不影响抵押人对物的实际占有用益。但他们面临的共同问题就是,在占有之外,如何在纷繁多样的动产领域建立一个权利公示制度,即使在让与担保中,债权人的所有权缺乏占有,对担保人处分动产担保物的行为,现有物权法机制下缺乏一个足以让第三人知悉的展示方式,在现实可行性上,除了少数几类能称之为"准不动产"的物之外,在其他动产上很难建立登记制度。退一步讲,即使忽略动产登记的障碍,在动产抵押制度已存在的情况下,动产让与担保是否还有设立的必要,很值得

---

[1] 事实上,在笔者看来,除了少数能称之为"准不动产"的领域,其他动产如何建立一个有效的登记制度在现实中不无疑问存在。在学者的介绍中,在传统大陆法国家,由于动产自身缘故,如极易隐藏、移转、毁损或与他物发生混同,因此天然地不适合不移转占有的担保。参见费安玲主编:《比较担保法——以德国、法国、瑞士、意大利、英国和中国担保法为研究对象》,中国政法大学出版社2004年版,第156页。

商榷。

(2)不动产物权。就不动产而言,公示方式则通常表现为登记。不动产抵押物权的设立依据我国《民法典》第395条和第402条之规定,抵押权自登记时设立,也就是说不动产抵押权采取登记设立原则。不动产抵押权经登记设立后,债权人虽享有抵押物权,但无法直接支配物,事实上在担保物权实现前,担保权人也没有一种可以直接支配物的权利;债务人或第三人虽为所有权人,但经抵押登记后,其不动产上之抵押权赫然在目,潜在的交易相对人一查便知。因为我国不动产物权的变动和登记制度具有相关性,根据《民法典》第216条之规定,不动产登记簿是物权归属和内容的根据。[1] 不动产登记簿对不动产物权有着相当的公示力度,抵押权一经登记则产生公示效应,故势必会对抵押权人再度处分抵押物产生影响,通过登记制度将担保物权的权利状态公示在外,使得抵押权的定限效果实至名归。实际上,通过公示制度,使得物权从取得到变动的各个环节都有了必要的外在表征。所谓法律是社会交易的调节器,通过法律技术之架构,使得社会交易以一种有序的方式进行。通过公示的方式,使得担保物权中各方主体的地位与权利状态得以彰显,并使交易之外的第三人通过外部表征得以察知相关情况,进而作出理性的判断,避免其陷入"无尽的黑暗",从而大大降低了交易风险。担保物权之物权属性如若没有必要的公示方式,那么就会使得交易以外的第三人对其权利内容难以知晓,从而所谓支配并排他的物权也就无从体现,使得担保物权本身丧失实际意义,如此应对交易风险唯一的希望就只能寄托在人高尚的品格与人与人之间的坚定的信任了,果真如此,则整个市场将因秩序紊乱和效率低下陷入混乱。

以上分析的结论似乎是:不同于动产物权,不动产物权上建立登记制度具有可行性。那么,就不动产而言,借助登记制度能否为让与担保另辟一片天地呢? 如前文所述,就让与担保而言,公示无非就是要把隐藏在所有权让与中的担保意思显露出来,让第三人知晓,该不动产让与的背后有担保在里面。换言之,依据让与担保的含义,担保的意思表明,在债务人如期清偿之后,债权人得返还担保物,该不动产存在担保人拿回的可能,以限制担保人的处分等行为。但当我们回归让与担保制度本身,其疑问便接踵而至,当担保人让出自己的不动产之后,其对担保物之所谓期待债权人返还担保物的意思究竟该作何种法律定性? 在我国现行法下,这种限制处分的登记已经存在了,那就是不动产预告登记,故而亦无另设的必要。经预告登记后,未经登记权利人同意,处分不动产不发生物权效力。如此,则担保意思可以通过给担保人进行预告登记,限制担保权人的处分行为。但就预告登记而言,因为不动产尚未成就,还无所有权可言,其性质是一种债权。如此一来,所谓让与担保,就担保而

---

[1] 当然,不动产登记簿亦有登记错误的时候,故而说"根据"有失恰当。

言也就成了一种债权了。可见,在不动产领域,公示上的成就其后果是让与担保之担保人权利的债权化,那在物权领域讨论这个问题就失去意义了。从物权法基本原理出发,依据一物一权原则,就作为自物权的所有权而言,一特定物上只能有一个所有权,这个所有权一旦让出则只能归债权人所有;从他物权角度讲,让与担保中,所有权人和担保权人混合,即使存在担保,以通常的设定担保物权的样态看,一般而言,也是担保物之所有权人为其他债权人设立的,当最初的担保人让出所有权之后,就很难寻得一个物权性质的权利了。所有权让与后无从分离出一个他物权,随即便陷入所有权人为自己设定担保的荒唐境地,所以这种担保目的在物权法上实难找到权利依托。

(三)让与担保中的"流质"

通说认为,"流质条款"存在损害债务人利益的可能,在急于融资的情况下,在缔结合同时债务人往往预期自己能够按期清偿,故而在担保物价值远远大于债务数额时,债务人也会设立担保,一旦债务到期不能清偿,债务人便会蒙受损失,这样有违公平。[1] 再者,担保物权本身是一种变价权,其所支配者乃物之交换价值,以担保物直接受偿有违担保物权之制度价值。在传统典型担保里,无论抵押还是质押,通常都禁止"流质约定",在担保物权的三种实现方式中,即使是与"流质约定"最为相似的折价方式,其亦有严格的限制,诸如在时间上须发生在债权已届清偿期后,在价格上应当参考市场价格等。[2] 这亦与设"流质约定"有着质的区别。一直以来,虽然学者们对"流质约定"的存在质疑不断[3],但从当前立法而言,似乎未见有松动的趋势。[4]

前文述及让与担保天生与"流质"具有亲和力,以所有权为让与的担保,本身体现的就是物之归属的移转。所谓"清算型"让与担保,在避免"流质"的同时,实则也就偏离了让与担保概念本身,可以说清算本身就意味着对让与担保的否定。如果物权法吸纳让与担保,那么禁止"流质"的规定就会面临松动,建立在物之价值支配上

---

[1] 参见费安玲主编:《比较担保法——以德国、法国、瑞士、意大利、英国和中国担保法为研究对象》,中国政法大学出版社 2004 年版,第 211 页。

[2] 参见马俊驹、余延满:《民法原论》(第 4 版),法律出版社 2016 年版,第 429 页。

[3] 参见孙鹏、王勤劳:《流质条款效力论》,载《法学》2008 年第 1 期。孟强:《〈民法典物权编〉应允许流质流抵》,载《当代法学》2018 年第 4 期。

[4] 值得一提的是,2021 年 1 月 1 日实施的《中华人民共和国民法典》第 401 条规定:"抵押权人在债务履行期限届满前,与抵押人约定债务人不履行到期债务时抵押财产归债权人所有的,只能依法就抵押财产优先受偿。"虽然比之于先前《物权法》第 186 条的规定,《民法典》第 401 条的不同在于摒弃了之前对流质约款禁止的立法态度,即法律不再绝对地禁止当事人之间订立流质约款,而是一种默许的态度。这一点无疑是立法的进步。但是,从法律效果上看,《民法典》第 401 条在流质的道路上却丝毫没有迈出实质性的一步,对于当事人的流质约款,《民法典》在法律效力上并没有依当事人意思,仅以抵押之优先受偿效力,实际上还是否认了流质的物权效力。

的担保物权体系将受到冲击,与作为他物权的抵押质押相比,所有权让与的特征则明显与其呈现"两张皮"的情形,依照"潘德克顿"法典体系,在技术上,将很难在担保物权里抽象出一个担保法的一般规则。

(四)《九民纪要》中的公示产生优先受偿性

《九民纪要》规定,当事人根据合同约定,已经完成财产权利变动的公示方式将担保财产转移至债权人名下的,债权人请求参照法律关于担保物权的规定对财产拍卖、变卖、折价优先偿还其债权的,人民法院依法予以支持。依照该规定,就物而言,动产经交付、不动产经登记所设立的让与担保具有优先受偿性。《九民纪要》在否认让与担保的物权性的同时,又规定了经公示的让与担保在清偿顺序上具有优先性,那么随即而来的问题是,该如何理解这里所谓的公示产生优先受偿性?

从现行立法规定的公示方式来看,就不动产和动产而言,前者以登记为权利公示方式,后者一般以交付占有为权利公示方式,那么让与担保欲通过公示产生优先受偿性,势必要以现行法规定的公示方式而为之。首先,如果让与担保采取以一般的所有权的公示方式,那么就会造成对所有权公示之公信力的弱化,以不动产为例,让与担保经登记产生优先受偿性的规定会产生这种风险:不动产登记不但承担了所有权的公示职能,其还有可能是让与担保。就交易第三人而言,所有权的登记外观不再具有唯一的权利推定效力,这无疑会加大交易的不确定性。其次,如果另行建立让与担保公示方式,那么,问题就又会回到抵押物权上,就不动产让与担保而言,担保财产经登记之后,债权人所获得的是经登记的让与担保,这种权利经登记产生优先受偿性,同时又不改变担保人的所有权地位,这种担保方式与不动产抵押无异,而动产则面临建立登记的困境。

四、结论:让与担保——在一般交易规则中寻求出路

就传统担保物权法体系而言,因所有权的直接让与,公示上的障碍以及流质等缘故,让与担保物权法典化面临着体系上的诸多不协调,企图以一种担保物权的姿态实现让与担保的转型可谓困难重重。但对现实中频频出现的让与担保交易而言,必要的司法应对刻不容缓。一方面,让与担保的问题在于所有权让与的过于彻底,以至于从外观上掩盖了担保的意思,在担保人利益的保护方面明显不足;另一方面,当我们提及让与担保的时候总是无法回避所有权让与"流质"问题。实际上,我们似乎发现:所谓让与担保者,交易本身就包含了上述两大问题,这两大问题与其说是问题,还不如说这就是让与担保本来的样子。正如动产质押以交付质物为特色,不动产抵押不移转实际的占有用益,与登记作为权利外观一样,让与担保作为一种交易模式,当事人选择它,就意味着选择了其本身的交易模式,其实作为让与担

保之所有权移转和"流质"是无法分离的。现实中试图否认所有权让与的真实性或者试图回避"流质"问题,其结果要么是意思表示的强行解释[1],要么就是企图使让与担保回归典型担保,最后都会使得让与担保本身失真。

作为实践与判例的产物,让与担保似乎却无必要成文化,支撑让与担保交易运行的,恰恰是民法的一般规则,让与担保,与其说是一种非典型担保,不如说是当事人依据现有民法交易规则为自己的行为作出的一种安排,让与担保并没有在物权法之外"创制"出一套体系,整个让与担保交易运行所依托的依旧是民法一般规则体系。[2] 所以,从这个角度而言,确无必要将让与担保纳入以典型担保为体系的物权法当中。但是,让与担保于物权法上的困境绝非意味着让与担保在法律上的空白。

依据私法自治原则,在让与担保中,担保意思在物权领域的公示难题并不意味着其在债法领域也难以得到救济。私法自治原则在合同领域则表现为契约自由,当事人依据各自意愿订立合同之行为不应受限,即当事人关于让与担保的协议若符合合同成立生效要件即为有效合同,对当事人产生拘束力。移转所有权与债之担保作为双方合同的内容均不能被忽视,应尊重当事人意思,当事人对交易的安排应受法律保护。

第一,关于让与担保的债权效力。依据物债二分原理,在债权法的范畴,债权合同仅产生权利之负担,即使一方产生履行之义务,债之效力并不必然引发物权的变动。那么合同关于双方债权届期不清偿以担保物受让的约定在债法上的效力又该如何?通常认为,具有相应的行为能力的当事人只要意思表示真实自由,不违反法律、行政法规的强制性规定,则于要约承诺一致时成立有效合同。然而,就让与担保合同而言,通常意思表示的真实、自由方面应该无多大问题,而在是否违法方面因让与担保的"流质"亲和力,"流质条款"的存在,使得让与担保在债法上是否有效,有学者持怀疑态度,其认为"不论是物权法上的流质、流押结果还是纯债法上的流质、流押条款都应无效,只有这样才能贯彻保护债务人免于暴利的思想"[3]。依据《民法典》第401条及第428条的规定,在"流质条款"问题上,《民法典》改变了以往"不得"约定"流质条款"的规定,原则上肯定了合同的效力,但同时,对于"流质条款"在法律效果上只肯定了其优先受偿效力,而未认可归属效果。

---

[1] 现在学者的主流观点基本都对所谓"虚伪表示说"持反对意见。参见王闯:《关于让与担保的司法态度及实务问题之解决》,载《人民司法》2014年第16期;参见庄加园:《"买卖型担保"与流押条款的效力——〈民间借贷规定〉第24条的解读》,载《清华法学》2016年第3期;参见高圣平、曹明哲:《股权让与担保效力的解释论——基于裁判的分析与展开》,载《人民司法》2018年第28期。

[2] 参见张翔:《物权法典规定让与担保的可行性质疑——从让与担保的交易机制出发》,《法商研究》2006年第2期。

[3] 庄加园:《"买卖型担保"与流押条款的效力——〈民间借贷规定〉第24条的解读》,载《清华法学》2016年第3期。

《民法典》对于"流质条款"的规定固然有其进步之处,为司法裁判提供了较为明确的思路。但在学理上,仍然存在可商讨的余地。依据私法自治的基本原则,当事人之间基于平等自愿进行的交易,只要不违反法律、行政法规的强制性规定,不违反公序良俗,应当发生当事人所预期的法律效果。我国《民法典》第153条规定了民事法律行为违反效力性强制性规定及公序良俗者无效,那么,该如何依据此条判断让与担保合同的效力？在这个问题上,依据韩世远教授的观点,在法律适用层面,如果能够依据《民法典》第153条第1款所引致的规范认定合同内容无效,则无需介入公序良俗的考察。[1] 但就让与担保合同而言,有学者指出"遇有违反流押禁止原则时,根据事实情况,依据是否有悖公序良俗,是否构成暴利行为而决定其法律后果似乎更为妥当"[2]。从公序良俗的角度观察,很难将"流质条款"规定认为是效力性强制性规定,"流质规定"至多损害的是债担保人及担保人的其他债权人的私人利益,与社会公共利益无必然关联。[3] 故而对于当事人约定的"流质条款"不能认为违反者应为无效,在规范性质上不属于效力性强制性规定。因此在债法的范畴,违反所谓"流质约定"并不必然会导致合同无效。那么,有效合同自然受法律保护,故而当事人依据让与担保协议就担保内容产生债法上的约束力应受法律的保护。如果在担保协议签订之时当事人双方就不动产所有权的移转进行了过户登记,就动产进行了交付,担保物在订立担保协议时已经完成了所有权的移转,债权届期未被清偿,这时担保人主张担保协议因"流质"无效的,不会因为物权法上的"流质"禁止规定而否认让与担保协议的效力。

第二,担保人之债法上的救济。从债的角度观察,在让与担保中,所有权的让与使得担保意思对外无从彰显,但债权是相对权,通常只在债权债务人之间发生效力,区别于具有对世、排他效力的物权,自无公示之必要。当事人之间以其意思安排各自权利义务,对双方产生拘束力,这就避免了在让与担保中因担保意思在公示上的障碍,担保人在物权法上寻求保护的困境。担保意思完全可以通过合同的方式进行约定。

情形一：当债务人届期清偿债务,但债权人不返还担保物时,担保人依据担保协议享有担保物返还请求权,担保权人拒绝履行的,在救济途径上,担保人可依据《民法典》第577条之规定,要求担保权人承担继续履行、补救或赔偿损失等违约责任。

情形二：当担保权人在主债权期限届满之前出让、处分担保物的,此种行为属于预期违约,此时担保人可直接根据《民法典》第578条之规定在主债权期限届满前直接主张担保权人的违约责任。

---

[1] 参见韩世远：《合同法总论》(第4版),法律出版社2018年,第240页。
[2] 辛正郁：《法律的出与入：妥当适度的法律解释方法》,载《法律适用》2015年第5期。
[3] 参见黄忠：《违法合同的效力判定路径之辨识》,载《法学家》2010年第5期。

情形三:在让与担保协议订立时,就不动产而言,在移转所有权的同时,又为担保人办理了不动产预告登记(假定现实中存在办理的可能)。那么,在主债权存续期间,债权人处分不动产担保物的,依据《民法典》第221条第1款之规定不发生物权效力,以限制债权人的处分权来保障主债权届期清偿后担保人回赎担保物的情形。这就为担保人在债务清偿之后能获得不动产所有权提供了可能。

此时我们发现,在物债二分的原理下,整个让与担保完全可置于民法的基本交易规则之下运行,符合物权变动规定的发生物权变动效力,适于债法救济的寻求债法上保护,"上帝的归上帝,凯撒的归凯撒",担保目的公示上的困境所产生的对担保人的保护问题之破解宜回归到协议本身,通过让与担保协议中设定合同义务的方式来保障担保人的权益,那么当债权人出现上述情形时,担保人可因债权人合同义务的违反寻求债法上的救济,或许这就是让与担保本身的样子。

【责任编辑:郁雯倩】

互联网+人工智能

论个人信息的权利边界

——以微博热搜中的个人信息问题为着眼点

肖　飒*　崔　咪**

摘要："数据"被纳入市场化配置改革的基础生产要素之一。个人信息的权利边界界定及相应法律关系的规范与明确是数据要素释放生产能力的基础前提。以微博热搜为着眼点，个人信息权益的界定关乎信息主体个人、利用信息的企业以及将个人信息作为言论表达对象的他人权利。通过对个人信息的权利空间布局细分可知，信息主体享有个人信息权利，而该项权利内容可具化实施，但必然不可类比所有权；企业经过智力加工，对其所合法拥有的数据享有竞争性权益；以个人信息作为言论对象的任何第三人在不侵犯信息主体名誉权、隐私权等权利内容的基础上，得以享有言论自由。只有不同信息利用主体间的利益平衡，才可建构更加科学的个人信息保护及使用规则。

关键字：个人信息　数据权利　权利边界　微博热搜

中共中央国务院《关于构建更加完善的要素市场化配置体制机制的意见》再次强调加快培育数据要素市场。"数据"被纳入市场化配置改革的五大基础生产要素之一，与土地、劳动力、资本、技术等传统要素并列，将在"新基建"中发挥巨大能量。因数据利用的基础是个人信息的收集与加工利用，个人信息的权利边界界定及相应法律关系的规范与明确便具有重要意义。而个人信息规范需要平衡的社会利益，不

收稿日期：2020-04-20
*　肖飒，北京大成律师事务所合伙人，厦门大学法学院博士研究生。
**　崔咪，北京大成律师事务所律师。

仅仅包括个人权利,还包括信息时代背景下,利用个人信息促进社会效率与经济效益最大化的企业以及其他相关主体的权益内容。

以微博等用户原创平台为例,就个人信息的收集、加工与利用行为,包含的行为主体有:①平台企业;②特定信息主体;③与特定信息主体相关联的信息发布人。具体到相应情景中来,因用户原创的便宜性以及内容发布的公开性,微博热搜榜根据读者对特定内容的浏览、评论、转发与点赞量,对用户原创内容进行降序排列,评级越高者展示位置越靠前,评级最高者将置顶榜首,从而形成微博热搜。微博热搜中,他人形成的关于特定主体的信息内容,是否属于个人信息?个人对该类信息是否享有个人信息权利?该类权利当如何行使?企业将用户浏览记录统计分析,其对热搜的归集整理又具有怎样的权利呢?

于是,我们看到,个人信息的权利边界并非仅仅指个人对自己个人信息所享有的权利内容,更包含个人信息收集、加工、利用企业所享有的权利内容,以及创造关联信息的其他行为主体所享有的权利。以上权利内容的管理范围亟待明确,只有如此,数据利用才能在效益最大化以及个人信息安全之间取得平衡。

一、热搜中个人信息的范围

《网络安全法》第76条规定,"个人信息,是指以电子或者其他方式记录的能够单独或者与其他信息结合识别自然人个人身份的各种信息,包括但不限于自然人的姓名、出生日期、身份证件号码、个人生物识别信息、住址、电话号码等"。最高人民法院、最高人民检察院《关于办理侵犯公民个人信息刑事案件适用法律若干问题的解释》第1条指出:"刑法第二百五十三条之一规定的'公民个人信息',是指以电子或者其他方式记录的能够单独或者与其他信息结合识别特定自然人身份或者反映特定自然人活动情况的各种信息,包括姓名、身份证件号码、通信通讯联系方式、住址、账号密码、财产状况、行踪轨迹等。"《信息安全技术个人信息安全规范》(以下简称《个人信息安全规范》)第3.1条明确个人信息是指"以电子或者其他方式记录的能够单独或者与其他信息结合识别特定自然人身份或者反映特定自然人活动情况的各种信息"。该规范的附录A更是进一步指出,"判定某项信息是否属于个人信息,应考虑以下两条路径:一是识别,即从信息到个人,由信息本身的特殊性识别出特定自然人,个人信息应有助于识别出特定个人。二是关联,即从个人到信息,如已知特定自然人,由该特定自然人在其活动中产生的信息(如个人位置信息、个人通话记录、个人浏览记录等)即为个人信息。符合上述两种情形之一的信息,均应判定为个人信息"。

以上规范的表述各有不同,但可"识别性"却均被认为是个人信息的核心要领。

特定个人信息主体对自身信息享有管理权利。也即,特定信息主体在个人主页对外发布的关于生活状态、行程记录等的信息当属于个人信息。

他人在微博中发布的关于特定个体的信息是否属于个人信息呢?该疑问的实质是将个人信息视为言论表达的对象。他人对于个人信息的获取与使用受到言论自由与信息流通的保护。而目前关于个人信息保护的中文研究中,个人信息作为他人言论对象的属性较少被关注与提及。[1]

结合"识别性"标准,被动进入热搜排行榜的个人的形体特征、出行信息、对外言论以及个人生活等内容都可以直接关联到其本人,以上信息不排除他人对其的识别能力。甚至一些日常热搜,还会直接披露出主要人物的姓名、职业以及其他较为隐蔽的生活记录等。这些具有识别性与关联性的信息,也应属于个人信息。

二、个人对热搜信息可行使的信息权利

毋庸置疑,自己发布在微博中的个人信息可以自行删除与更改。既然他人形成的可以识别特定个人的微博热搜信息,属于个人信息,那么,特定信息主体能否基于个人信息权利内容,要求微博主撤下相关内容呢?

当我们将个人信息权利类比"所有权"概念时,个人信息主体所享有的权利内容则相当"霸道"。如此,个人信息主体享有对信息本身占有、使用、收益等"绝对权"。关于"我"的信息属于"我"的个人信息,那"我"自然有权要求微博及时"删除"关于"我"的个人信息。可事实当真如此吗?

根据《个人信息安全规范》,个人信息权利的内容可以概括如下:

(1)个人信息查询权。[2] 个人信息主体可以向个人信息控制者查询个人信息控制者所持有的关于该主体的个人信息或个人信息的类型;个人信息的来源、所用于的目的;已经获得上述个人信息的第三方身份或类型。当个人信息主体提出查询非其主动提供的个人信息时,个人信息控制者可在综合考虑不响应请求可能对个人信息主体合法权益带来的风险和损害,以及技术可行性、实现请求的成本等因素后,作出是否响应的决定,并给出解释说明。

我们注意到,该条关于个人信息查询权的内容中,提到非个人信息主体"主动提供的个人信息"。也即,存在他人提供的属于信息主体的个人信息,被上热搜的信息具有识别性时,当属于该项。该条侧面印证上文关于被热搜个人的信息权利内容的正确性。而信息控制者是否提供查询权利,则应当根据该类信息带来的风险和损害

---

[1] 参见丁晓东:《个人信息的双重属性与行为主义规制》,载《法学家》2020年01期。
[2] 参见《个人信息安全规范》第8.1条。

进行确定。

（2）个人信息更正权。[1] 个人信息主体发现个人信息控制者所持有的该主体的个人信息有错误或不完整的，可以要求个人信息控制者提供更正或补充信息的方法。

（3）个人信息主体撤回授权的权利。[2] 个人信息控制者应向个人信息主体提供撤回收集、使用其个人信息的授权同意的方法。撤回授权同意后，个人信息控制者不再处理相应的个人信息。

（4）个人信息主体注销账户的权利。[3] 通过注册账户提供产品或服务的个人信息控制者，应向个人信息主体提供注销账户的方法，且注销账户的方法需简便易操作。

（5）获取个人信息副本的权利。[4] 根据个人信息主体的请求，个人信息控制者为个人信息主体提供获取特定类型个人信息副本的方法，或在技术可行的前提下，直接将特定类型的个人信息副本传输给个人信息主体指定的第三方。

（6）个人信息主体请求获得响应的权利。[5] 对个人信息主体权利内容的在法律法规规定的期限内及时作出答复与合理解释。仅在与国家安全、国防安全直接相关等特殊情况下，个人信息控制可以不响应个人信息主体的请求。

（7）个人信息删除权。[6] 在符合特定情形下，个人信息主体要求个人信息控制者删除关于其的个人信息的，个人信息控制者应及时删除。具体情形包括：

①个人信息控制者违反法律法规规定，收集、使用个人信息的；

②个人信息控制者违反与个人信息主体的约定，收集、使用个人信息的；

③个人信息控制者违反法律法规规定或违反与个人信息主体的约定向第三方共享、转让个人信息，且个人信息主体要求删除的，个人信息控制者应立即停止共享、转让的行为，并通知第三方及时删除；

④个人信息控制者违反法律法规规定或违反与个人信息主体的约定，公开披露个人信息，且个人信息主体要求删除的，个人信息控制者应立即停止公开披露的行为，并发布通知要求相关接收方删除相应的信息。

撤下热搜实际上行使的是个人信息删除权。从以上内容可以看出，删除相关个人信息需符合一定前提条件。而前提条件可概括为"违反法律法规规定，收集、使用个人信息"或"违反与个人信息主体的约定，收集、使用个人信息"。

---

［1］ 参见《个人信息安全规范》第8.2条。
［2］ 参见《个人信息安全规范》第8.4条。
［3］ 参见《个人信息安全规范》第8.5条。
［4］ 参见《个人信息安全规范》第8.6条。
［5］ 参见《个人信息安全规范》第8.7条。
［6］ 参见《个人信息安全规范》第8.3条。

基于此,对照热搜榜内容的生成机制可知:

①微博用户在注册使用微博之前,点击同意《用户注册协议》以及《个人信息保护政策》,即表示其同意自身的关键字查询信息等被自动化处理。

《个人信息保护政策》特别提出,"在你使用微博提供的搜索服务时,我们会收集你的查询关键字信息、搜索历史记录、设备信息……你的关键词信息无法单独识别你的个人身份,其不属于你的个人信息……""微博运营方对微博内容(微博内容即指用户在微博上已发布的信息,例如文字、图片、视频、音频等)享有使用权"。也即,微博的热搜排行行为不违反"与个人信息主体的约定"。

②我国法律法规未禁止对信息数据的自动化处理。微博利用用户搜索、点击、浏览、评论数量等进行的自动化排序行为并非法律法规禁止性规定,且《互联网个人信息安全保护指南》提出,完全依靠自动化处理的用户画像技术应用于精准营销、搜索结果排序、个性化推送新闻、定向投放广告等增值应用,可事先不经用户明确授权,但应确保用户有反对或者拒绝的权利。同时,该条特别强调如自动化处理的用户画像技术应用于"征信服务、行政司法决策等可能对用户带来法律后果的增值应用,或跨网络运营者使用,应经用户明确授权方可使用其数据"。这里的"用户"通过全文体系性解释来看应为"个人信息主体"。因以上运用行为不属于本文所讨论的范围,故不再赘述。

概言之,在我国现有法律语境下,被热搜的个人信息主体基于个人信息权利,要求撤下微博、热搜的行为并没有充足依据。再结合个人信息主体请求获得响应的权利内容中,"个人信息控制者有充分证据表明个人信息主体存在主观恶意或滥用权利的"[1],个人信息控制者可以不响应一项,可知个人信息控制者的及时删除行为并不包括对个人信息主体存在主观恶意或滥用权利行为的纵许。个人信息权利内容并不意味着删除任何与个人有关的信息。随意要求微博撤热搜,则涉嫌个人信息主体的权利滥用。当然,信息内容已侵犯个人名誉、隐私、肖像权利等内容的除外。

而之所以会问被热搜的个人信息主体是否有权基于个人信息权利,要求撤下微博、热搜,其背后正是源于受德国的个人信息自决权理论的巨大影响。曾有德国的个人信息自决权理论认为,个人信息主体对一切具有识别性的个人信息均有绝对的决定权和控制权。可是,"当各人信息主体的信息自决权把自由或者意志建立在外界无法识别的、众多的、捉摸不定的个人信息之上,必然和他人的自由产生冲突。这种一般化的自决权无法充当私法领域的禁令,从而不可能是法学意义上真正的权利"[2]。

---

[1] 《个人信息安全规范》第 8.7 条。
[2] 杨芳:《个人信息自决权理论及其检讨——兼论个人信息保护法之保护客体》,载《比较法研究》2015 年第 6 期。

三、企业对热搜信息可行使的信息权利

热搜信息之所以会"热",是因为后台系统所使用的"排序机制",是互联网等科技企业分析利用用户所发布数据的结果。以微博为代表的互联网经济形态正处在形成与发展过程中,调整网络运营者与网络用户间权利义务关系的专门性法律规范尚处在探索创立阶段。对合法收集到的用户数据分析加工后,企业对数据成果具有怎样的权利呢?

安徽美景信息科技有限公司(以下简称"美景公司")与淘宝(中国)软件有限公司(以下简称"淘宝公司")商业贿赂不正当竞争纠纷一案[1]中,淘宝公司通过获取并使用用户浏览、搜索、收藏、加购、交易等行为而形成的行为痕迹信息,形成"行业大盘""商品店铺榜""搜索词分析""买家人群画像""卖家人群画像""搜索人群画像"等内容,以"生意参谋"零售电商数据产品对外进行售卖。

法院认为,淘宝公司未收集与其提供的服务无关的个人信息,其收集的原始数据系依约履行告知义务后所保留的痕迹信息,未违反法律法规关于个人信息保护的规定。淘宝公司对于"生意参谋"数据产品是否享有合法权益,应逐步分析:

首先,网络运营者与网络用户之间系服务合同关系。网络用户向网络运营者提供用户信息的真实目的是为了获取相关网络服务。网络用户信息作为单一信息加以使用,通常情况下并不当然具有直接的经济价值,在无法律规定或合同特别约定的情况下,网络用户对于其提供给网络运营者的单个用户信息尚无独立的财产权或财产性权益可言。

其次,鉴于原始网络数据,只是对网络用户信息进行了数字化记录的转换,网络运营者虽然在此转换过程中付出了一定劳动,但是原始网络数据的内容仍未脱离原网络用户信息范围,故网络运营者对于原始网络数据仍应受制于网络用户对于其所提供的用户信息的控制,而不能享有独立的权利,网络运营者只能依其与网络用户的约定享有对原始网络数据的使用权。

再次,网络大数据产品不同于原始网络数据,其提供的数据内容虽然同样源于网络用户信息,但是经过网络运营者大量的智力劳动成果投入,经过深度开发与系统整合,最终呈现给消费者的数据内容,已独立于网络用户信息、原始网络数据,是与网络用户信息、原始网络数据无直接对应关系的衍生数据。网络运营者对于其开发的大数据产品,应当享有自己独立的财产性权益。随着互联网科技的迅猛发

---

[1] 杭州铁路运输法院(2017)浙8601民初4034号;浙江省杭州市中级人民法院(2018)浙01民终7312号;浙江省高级人民法院(2019)浙民申1209号。

展,网络大数据产品虽然表现为无形资源,但是可以为运营者所实际控制和使用,网络大数据产品应用于市场能为网络运营者带来相应的经济利益。

随着网络大数据产品市场价值的日益凸显,网络大数据产品自身已成为市场交易的对象,实质已具备了商品的交换价值。对于网络运营者而言,网络大数据产品已成为其拥有的一项重要的财产权益。另一方面,网络数据产品的开发与市场应用已成为当前互联网行业的主要商业模式,是网络运营者市场竞争优势的重要来源与核心竞争力所在。

最后,"生意参谋"数据产品中的数据内容系淘宝公司付出了人力、物力、财力,经过长期经营积累而形成,具有显著的即时性、实用性,能够为商户店铺运营提供系统的大数据分析服务,帮助商户提高经营水平,进而给广大消费者带来福祉,同时也为淘宝公司带来可观的商业利益与市场竞争优势。"生意参谋"数据产品系淘宝公司的劳动成果,其所带来的权益,应当归淘宝公司所享有。

淘宝公司对涉案"生意参谋"数据产品享有竞争性财产权益。而对于淘宝公司诉称其对涉案原始数据享有财产权、美景公司辩称淘宝用户对涉案网络用户信息享有财产权的诉讼主张,人民法院不予支持。

对于淘宝公司诉称其对涉案"生意参谋"数据产品享有财产所有权的诉讼主张,法院认为,财产所有权作为一项绝对权利,如果赋予网络运营者享有网络大数据产品财产所有权,则意味着不特定多数人将因此承担相应的义务。是否赋予网络运营者享有网络大数据产品财产所有权,事关民事法律制度的确定,限于我国法律目前对于数据产品的权利保护尚未作出具体规定,基于"物权法定"原则,故对淘宝公司该项诉讼主张,人民法院不予确认。

从以上经典案例我们可以看到,企业对其收集加工的个人信息也享有一定的权利,但不是财产权、所有权。我国现有法律规定将信息主体的"授权同意"作为企业处理使用个人信息的合法性基础。虽"授权同意"原则确实在协调和平衡个人利益保护以及企业信息利用等方面发挥了重要作用,但该原则也受到诸多诟病,包括但不限于增加企业负担、阻碍数据流转以及导致数据利用社会效益低下等问题。

当我们深入反思"授权同意"原则背后的逻辑所在时,却发现该原则本质上是在尝试将个人信息的"所有权"(或者"控制权利")在一定条件下转移至企业,以方便企业的数据利用。"同意规则的一般化的法律效果是,个人信息的使用由个人决定,个人信息成为由个人支配的客体,形成所谓的个人信息支配权。"[1]如此,也才会出现上述案例中淘宝公司主张其对涉案"生意参谋"数据产品享有财产所有权的情况;美景公司认为的"个人信息权力属于个人信息主体"等诉求内容。

---

[1] 高富平:《个人信息使用的合法性基础——数据上利益分析视角》,载《比较法研究》2019年02期。

我国长期存在将个人信息保护权利化的倾向，认为个人对个人信息的使用具有决定权。如此做法，实际上就是将德国宪法上的个人信息自决权直接转化为民法上的个人信息权。而将个人信息自决权等同于私法上个人信息支配权是一种误读。[1] 对此，笔者认为，法院裁判能发现企业对数据所享有的权益内容，并在此基础上作出最终裁判，是数据理论发展的重要进步。现阶段，尝试为数据确权，并不具有实际意义或者实操性。而通过明确界定信息主体、利用数据的企业基于个人信息所享有的个人权利内容，不仅可以避免类似纠纷，还可以更好地促进企业与个人信息权利内容管理范围的协调发展。

四、他人将个人信息作为言论表达对象的权利

首先，微博中他人形成或记录的关于特定个人的评价信息、活动轨迹是否属于个人信息呢？结合上述"识别性"理论，笔者认为，如该信息能与特定个人相关联，该信息当属于"个人信息"。

在他人将个人信息作为言论表达对象时，信息主体并不能"肆意"要求删除相关信息。他人将个人信息作为言论表达对象，他人行使的权利内容本质为"言论自由"，发表言论自然包含知悉特定信息主体的信息并予以披露等内容。如认为发表任何关于特定主体的评论均侵犯他人的信息权利，未免会让民众三缄其口，不利于社会发展；而信息主体基于个人信息权利能力，行使的是个人信息删除权、个人信息的被遗忘权。也即，他人将个人信息作为言论表达对象时，需要作出平衡以及划清界限的是，个人信息权利内容以及社会民众的言论自由权利。

美国司法实践[2]中，曾有案例如下：

《加州人日报》曾刊登一篇关于普尔茨的儿子在旧金山某脱衣舞俱乐部醉酒后与员工发生冲突的文章。普尔茨的儿子在报道发布后不久去世。4年后，普尔茨再次看到相关信息，遂要求《加州人日报》总编辑斯里尼瓦桑从档案库中删除相关报道。但该编辑以未达到公司撤销标准为由，拒绝删除。普尔茨向法院起诉。法官在对普尔茨丧子之痛表示同情的同时，并未支持其主张。

法官认为，一旦言论或信息从私人领域进入公共领域，就不能再回到私密状态。在美国，言论自由的价值位阶要高于隐私权等权利。如此价值排序也与美国以自由为最高价值追求等人文理念紧密相关。

---

[1] 参见杨芳：《个人信息自决权理论及其检讨——兼论个人信息保护法之保护客体》，载《比较法研究》2015年第6期。

[2] 参见魏思婧、毛宁：《欧美国家用户个人信息被遗忘权的法理逻辑差异》，载《情报资料工作》2020年第41卷第2期。

与此对应,再看欧盟《一般数据保护法》(GDPR)在删除权(被遗忘权)部分[1]的规定,《一般数据保护法》明确数据主体有权在以下情形中,要求数据控制者删除数据:

a) 就收集或以其他方式处理个人数据的目的而言,该个人数据已经是不必要的;

b) 数据主体撤回同意,并且在没有其他(数据)处理相关法律依据的;

c) 数据主体反对处理,并且没有相关(数据)处理的首要合法依据的;

d) 个人数据被非法处理的;

e) 个人资料须予删除,以符合控制者所遵守的欧盟或成员国法律所规定的法律义务;

f) 收集的个人资料属于本规则第8条第1款所述的社会服务信息。

以上六种情形从正面肯定了被遗忘权的权利范围。继而,本规则第3款明确了行使删除权的五种例外情况,以此从公共利益的角度对公民个人信息删除权进行限制,避免个人信息删除权的无限扩张导致其他权益受到侵害,用以缓和"删除权"与其他权利之间的冲突:

a) 为了行使言论和信息自由的权利;

b) 为了遵守需要由控制者所受制的欧盟或成员国法律处理的法定义务,或为了公共利益或在行使被授予控制者的官方权限时执行的任务;

---

[1] 1. 有下列原因之一的,数据主体有权要求控制者无不当延误删除关于其的个人数据,并且控制者负有无不当延误删除相关个人数据的义务:

(1)对于收集相关个人数据或对相关个人数据做其他处理的目的,相关个人数据不再是必要的;

(2)数据主体依据第6条第1款(1)项或第9条第2款(1)项撤回对相关处理的同意,并且相关处理已无其他法律依据;

(3)数据主体依据第21条第1款对相关处理提出异议,且相关处理不具有推翻异议的合法理由,或者数据主体依据第21条第2款对相关处理提出异议;

(4)相关个人数据被非法处理;

(5)为了遵守控制者承担的欧盟或其成员国法律规定的法律义务,相关个人数据必须被删除;

(6)相关个人数据的收集与第8条第1款规定的提供信息社会服务有关。

2. 控制者已将相关个人数据公开,并且依据本条第1款规定负有删除个人数据义务的,应考虑现有技术和实施成本,采取包括技术措施在内的合理步骤,告知正在处理相关个人数据的控制者:数据主体已经请求他们删除相关个人数据的任何链接、副本或复印件。

3. 当相关处理具有以下必要性时,本条第1款和第2款不适用:

(1)为了行使言论和信息自由权;

(2)为了遵守控制者承担的欧盟或其成员国法律规定的要求进行相关处理的法律义务,或者因公共利益执行任务或行使赋予控制者的公共职权;

(3)依据第9条第2款(8)项、(9)项以及第9条第3款,由于公共卫生领域的公共利益原因;

(4)依据第89条第1款,为了实现公共利益目的、科学或历史研究目的或统计目的,但本条第1款规定的权利可能会使相关处理目的不可能实现或严重影响其实现;

(5)为了确立、行使或抗辩法律诉求。

c）为了公共卫生领域的公共利益；

d）为了公共利益、科学或历史研究或统计目的，删除权的行使可能使该处理的目标无法实现或严重损害其实现；

e）为了设立、行使或捍卫合法权利。

以上个人信息删除权利积极与消极的全面权衡，让我们看到，言论自由与个人信息权利的平衡，以及在他人将个人信息作为言论表达对象时精妙而又模糊的平衡。我国学者层基于"大数据"之下个人信息保护与利用多赢的新思维，提出"两头强化"理念，即在个人敏感隐私信息与个人一般信息区分的基础之上，通过强化对个人敏感隐私信息的保护和强化对个人一般信息的利用，调和个人信息保护与利用的需求冲突，实现利益平衡。[1] 虽然目前我国立法已有"敏感隐私信息"与"一般信息"的区别，但在大数据过滤之下，如何做到完全区分却十分艰难。

对此，笔者认为，从前文个人信息主体对热搜信息可行使的信息权利内容的分析可以看到，个人信息主体所享有的信息权利绝非"所有权"性质，个人信息主体对个人信息不具有"所有权"属性。试图将个人信息权利或者个人信息权归属于特定主体的做法不甚现实。以微博为例，个人信息的利用主体，对个人信息享有不同权益。当他人将个人信息作为言论表达对象时，在不侵犯信息主体隐私权、名誉权等合法权利，不侵害社会公共利益、社会公序良俗等条件下，他人当享有言论表达自由；而个人信息主体不得以"个人信息删除权"对抗他人依法合规的表达自由。

结　语

数据确权是数据市场化交易和个人信息保护平衡的基础。目前，我国法律规范关于个人信息的权利边界的规定并不明朗。而关于个人信息的权属问题存在隐私权说、人格权说、基本权利说和新型权利说等观点。[2] 对此，笔者认为，个人信息上实际附着多方主体的权利诉求，且每一项诉求均为社会良性运作的重要内容。

以微博等用户原创平台为例，通过上文分析我们可以看到，个人享有个人信息权利；企业对经授权的个人信息、他人形成的关于特定信息主体的个人信息享有加工利用的权利；而任何以个人信息为表达对象的他人言论，也与信息主体的个人信息删除权等紧密相关。信息主体对其个人信息的权利的管理范围并非任意；企业目前关于数据的竞争性权益已得到司法认可；公民言论自由更是一种宪法性权利。

如此，"在当前数据经济的环境下，面向个人信息和数据利益关系的法律建

---

[1] 参见张新宝：《从隐私到个人信息：利益再衡量的理论与制度安排》，载《中国法学》2015年03期。

[2] 参见程关松：《个人信息保护的中国权利话语》，载《法学家》2019年05期。

构,应与数据经济的结构本质、特别是其双向动态特点紧密结合,采取一种更加复杂的权利配置方式"[1]如能明确个人信息上的利益,再根据各项利益间的平衡建构个人信息的使用规则,可有效防止因权利内容之间的龃龉等发生不必要的冲突。

【责任编辑:吴晓婧】

---

[1] 龙卫球:《数据新型财产权构建及其体系研究》,载《政法论坛》2017年第4期。

突破四大瓶颈：
AI 智慧法院建设的完善路径

陈芸莹*

摘要： 当前，各级各地法院都在积极探索 AI 智慧法院建设，智慧法院由初步形成向全面建设迈进，AI 智慧法院在缓解"案多人少"、提高司法效率、类案智推促进实体公正、推进司法公开、提升司法公信力方面均有所突破，但在建设层面、开发层面、应用层面、维护层面还存在四大瓶颈。本文在借鉴各地 AI 智慧法院建设经验的基础上，提出了破解之道：开展技术攻关，打破瓶颈。建设层面，全国统筹地方发力，发挥人才优势；开发层面，建立"司法大数据中心"，实现数据融合利用；应用层面，构建法律知识图谱，满足法律认知需求；维护层面，应用"区块链"技术保护核心数据，建设网络安全四级防护体系。

关键词： 智慧法院　人工智能　法律知识图谱　区块链技术

习近平总书记在全国网络安全和信息化工作会议上指出，"核心技术是国之重器，要下定决心、保持恒心、找准重心，加速推动信息领域核心技术突破"。周强院长在全国法院第五次网络安全和信息化工作会上也强调，"要坚定不移走科技创新之路"。[1] 2019 年 2 月 27 日，最高人民法院发布《关于深化人民法院司法体制综合配套改革的意见——人民法院第五个五年改革纲要（2019—2023）》要求，"充分运用大数据、云计算、人工智能等现代科技手段破解改革难题、提升司法效能""全面推进智慧法院建设""构建中国特色社会主义现代化智慧法院应用体系"。科技是智慧

收稿日期：2020-04-01

* 陈芸莹，四川省广安市中级人民法院，中国社会科学院研究生院民商法学硕士研究生。

[1] 陈浩：《智慧法院建设在于融合创新》，载《人民法院报》2018 年 5 月 10 日。

法院[1]建设安身立命之本,而 AI(Artificial Intelligence)技术是智慧法院融合创新的重要突破口,是提高防控能力、着力防范、化解科技安全风险、保持经济持续健康发展的客观需求。

一、现实图景:全国 AI 智慧法院建设如火如荼

司法改革与信息化建设是推动人民法院工作发展的"车之两轮、鸟之双翼"。智慧法院建设是人民法院信息化建设的一场深刻变革。自 2013 年以来,最高人民法院已经召开四次全国信息化工作会议。2014 年提出信息化 2.0 版工作要求。2015 年提出开展信息化 3.0 版建设,并首次提出"智慧法院"这一概念。2016 年 2 月,颁布《信息化建设 3.0 版本规划》。2018 年 2 月 7 日,《法治蓝皮书·中国法院信息化发展报告 No.2(2018)》发布,智慧法院建设基本格局业已形成。[2] 2018 年 4 月最高人民法院发布《智慧法院建设评价报告(2017)》显示,全国智慧法院已初步形成。[3] 2019 年 3 月 1 日,《法治蓝皮书·中国法院信息化发展报告 No.3(2019)》发布,智慧法院由初步形成向全面建设迈进。[4]

(一)缓解案多人少提高司法效率

立案登记制改革后,人民法院受理案件数量大幅上升,案多人少的矛盾已经成为影响和制约人民法院发展的瓶颈问题之一。[5] 引入 AI 等新技术、开发智能阅卷、智能整理诉辩主张、自动生成裁判文书等功能,相当于为法官配备了一名 AI 助理,可以将法官从大量事务性、辅助性工作中解放出来。AI 可以辅助促进办事规范化和提高工作效率,借助 AI 的存储与搜索功能,弥补缺陷,帮助法官进行法律检索。借助 AI 对类似案件的判决进行检索、比对和推演,强化法官的推理;借助 NLP(Natural Language Processing)和 OCR(Optical Character Recognition)技术,快速实现庭审笔录智能生成和智能阅读,缓解案多人少的矛盾,提高司法效率。[6] 如 2017 年 10 月,江西省高级人民法院指导全省法院建成诉讼材料收转发 e 中心平台,立案时间

---

[1] 智慧法院是充分运用互联网+、云计算、大数据、AI 等先进技术,通过推进法院信息化建设的转型升级,实现审判体系和审判能力的现代化。

[2] 参见李林、田禾主编:《法治蓝皮书·中国法院信息化发展报告 No.2(2018)》,社会科学文献出版社 2018 年版,第 13 页。

[3] 2017 年度全国法院智慧法院建设平均指数为 72,标志着全国智慧法院已初步形成。

[4] 参见陈甦、田禾主编:《法治蓝皮书·中国法院信息化发展报告 No.3(2019)》,社会科学文献出版社 2019 年版,第 15 页。

[5] 参见罗沙:《最高法:立案登记制实行两年来全国法院登记立案数量同比超三成》,载新华网(http://www.xinhuanet.com//legal/2017-05/18/c_1120996870.htm),访问日期:2021 年 4 月 18 日。

[6] 参见胡仕浩、何帆:《司改 2018:逐梦前行续新篇》,载中国法院网(https://www.chinacourt.org/article/detail/2019/01/id/3707902.shtml),访问日期:2021 年 4 月 17 日。

节省35%,法官事务性工作减少40%,书记员工作效率提高50%;纸质材料平均流转时长仅28个小时,平均送达成功率为86%,其中,选择电子送达平均成功时间0.94天,比邮寄送达快10.45倍。

(二) 类案智推促进实体公正

司法公正"是司法机关的灵魂和生命线"[1]。法律语言具有不准确性,不同法官对法律精神和法律规定的不一致理解,加之个人因素的影响,使得司法自由裁量权缺乏统一性。法官裁判的差异性大,使得案件可能出现不公正情况,"成为当代中国司法实践亟待解决的重要问题"[2]。为了统一司法裁判尺度,中共中央办公厅印发《关于加强法官检察官正规化专业化职业化建设全面落实司法责任制的意见》[3],2018年1月5日,最高人民法院正式运行"类案智能推送系统",通过"类案推送""量刑辅助""偏离预警"三个功能来实现。[4] AI可以利用互联网技术和大数据技术处理类似案件,促进司法公正,不仅满足了人们对某类案件可以获得相对稳定的判断的期望,还监督法官裁判,提高司法水平,实现实体公正。并将可视化运用于审判流程管理中,倒逼法官严格规范司法行为,维护公平正义。[5] 如上海法院的206系统、上海二中院C2J(Court to judge)系统,均实现了智能辅助办案,促进了司法公正。

(三) 推进司法公开,提升司法公信力

"司法公开是法治国家司法机构活动本质属性和内在规律的要求。"[6]基于AI技术的智慧法院建设能够扩展司法公开的深度与广度,进一步提高司法公信力。"实现了对依法公开内容的全覆盖""实现了个案公开与审判事务公开的有机结合"[7]。司法公信力得到提升。目前,科技法庭(全国建成1.8万个)实现了全程录音录像"三同步"[8],并可以通过中国审判流程信息公开网查询到案件进展;截至2019年7月7日,中国裁判文书网公开文书7245多万篇,访问总量达287亿次;中国庭审公开网直播庭审386万次,访问量达178亿次。

---

[1] 陈光中主编:《刑事诉讼法》,北京大学出版社2016年版,第12页。
[2] 四川省高级人民法院、四川大学联合课题组、陈明国、左卫民:《中国特色案例指导制度的发展与完善》,载《中国法学》2018年第3期。
[3] 完善智能辅助办案系统的类案推送、结果比对、数据分析、办案瑕疵提示等功能。
[4] 参见储槐植、何群:《论我国数量刑法学的构建》,载《中国法学》2019年第3期。
[5] 参见邹碧华:《法院的可视化管理》,法律出版社2017年版,第23页。
[6] 王晨光:《借助司法公开深化司法改革》,载《法律适用》2014年第3期。
[7] 高鲁嘉:《人工智能时代我国司法智慧化的机遇、挑战及发展路径》,载《山东大学学报》2019年第3期。
[8] 庭审同步录音录像、同步记录、同步显示。

表 1　AI 智慧法院应用情况

名　　称	应用功能	开发单位
智审	智能审判辅助	河北省高级人民法院
C2J 系统	法官办案智能辅助、刑案量刑辅助分析、审判偏离风险预警	上海市第二中级人民法院
206 系统	刑事案件智能辅助办案系统	上海市高级人民法院
庭审语音智能转写系统	庭审语音同步采集、识别、笔录修改编辑	上海市第一中级人民法院
庭审智能语音系统	庭审语音同步采集、识别、笔录修改编辑	江苏省高级人民法院
"12368"AI 语音导航	智能语音导航	江苏省高级人民法院
当事人信用画像	多维度展现当事人信息要素	浙江省高级人民法院
智能小法官	智能导诉	四川省崇州市人民法院
智能化电子法院"6E"	诉讼、送达、调解、庭审、公开、执行等服务	重庆市高级人民法院
AI 虚拟法官	实时在线、智能导诉	搜狗与北京互联网法院
法信	辅助立案、庭审、合议、裁判、执行、诉讼服务等	最高人民法院

二、问题呈现:技术层面存在四大瓶颈亟待突破

(一)建设层面:发展不均衡影响实质化运行

各地法院的智慧法院建设水平差异大,还不能形成全国统一的"智慧型法院"。一是全国各地基层法院智慧法院建设水平差异较大,南方发达地区法院优于其他法院,在思维理念创新、硬件设施设备、软件系统应用以及与相关单位数据资源共享上,南方法院走在前列。在智慧法院建设比较先进的地区,如浙江、福建、上海、北京等已经普遍实现了法院信息化 2.0 版的各项要求,并已经开始准备实施人民法院信息化建设 3.0 版。而有些基层法院信息化建设 2.0 版的一些内容仍没实现。如网上案件文书审签全程留痕、数字化审委会等,这就需要这些基层法院在继续完善法院信息化 2.0 版相关业务要求的情况下,迎头追赶缩小 3.0 版的相关要求,达到与信息化先进地区的现实差距。二是信息系统技术标准不统一、缺乏顶层设计、各自为政的局面严重。对于智慧法院建设,最高人民法院没有制定统一的技术标准,技术研发存在重复建设、研发的技术平台无法统一等情况,出现智慧法院建设成本与

收益不对称现象。智慧法院建设中,技术研发人才大多不是法官和当事人,出现研发者与使用者不同一,司法人员习惯的司法流程与研发者理解的司法流程可能存在偏差,法官在使用过程中遇到各种技术问题时无法快速解决,需要通过联系软件开发公司才能解决,导致先进技术非但未能提高办案效率反而增加了负担。三是受制于当地经济水平,各地投入不同。一些基层法院缺乏强有力的建设资金作为智慧法院建设的后盾,资金短缺、购买周期长、维护成本高等问题成为其推进智慧法院建设的"瓶颈",导致智慧法院建设远远不能达到预期效果,部分法院在平台购买引进后,没有跟进后期管理和维护,没有及时更新相关数据信息。

以 G 市为例,该市两级法院建成科技法庭 91 个,诉讼服务中心 7 个,无纸化会议室 1 个,执行指挥中心 7 个。其中 W 县法院与 L 县法院在诉讼服务中心设置了导诉机器人,但实际上两院的导诉机器人只能在人工操作控制下运行,而诉讼服务引导平台、执行指挥中心等也未实质化运行,科技法庭使用率不足 40%。[1]

表2 G 市智慧法院建设情况(单位:个)

法　院	科技法庭	诉讼服务中心	无纸化会议室	执行指挥中心
G 市中级人民法院	5	1	1	1
G 区人民法院	17	1	1	1
Q 区人民法院	9	1	0	1
H 市人民法院	11	1	0	1
Y 县人民法院	18	1	0	1
W 县人民法院	15	1	0	1
L 县人民法院	16	1	0	1

(二)开发层面:存在信息孤岛影响数据融合利用

虽然我国智慧法院建设已取得初步成效,各类系统搭建基本完成。目前 16 个高级人民法院建立电子卷宗注册信息全覆盖机制;实现 9600 万余项案件数据汇聚,4800 万余项文书汇聚,259 项司法研究信息汇聚,24 余万项司法人事数据汇聚,1517 余万项司法行政数据汇聚;实现全国 3520 家法院全部案件数据的集中管理和部分法院人事数据融合;99.6%的法院实现了案件数据的实时报送,99.6%法院的立案、分案、开庭、流程转换、结案等信息已实现实时更新,近 80%法院的裁判文书信息已实现每日更新。[2] 但是这些数据信息各系统相互隔离,还没有形成有效联动

---

[1] 该数据于 2019 年 7 月 31 日,由广安市中级人民法院采集。
[2] 胡仕浩:《以人工智能和司法改革深度融合促进"未来法治"》,载《人民法院报》,2018 年 1 月 12 日第 06 版。

管理机制。同时,因技术和工程外包的原因,各地法院甚至同一法院的系统委托不同公司开发,出现系统相互不兼容、无法提供数据接口等问题,形成信息孤岛、数据难融合、利用不够的局面。各行业、部门积累的不同类型的海量数据,存储在不同的生产系统中,以不同的数据类型被存储,各自存储、各自维护,形成一个个信息孤岛。这种数据物理上的孤立不仅使资源浪费,还会导致数据无法被深度关联融合。AI 智慧法院建设的重点是审判辅助,由于系统的相互隔离,数据融合利用不够,审判辅助的精确性也存在问题。

(三) 应用层面:认识需求与检索技术不相匹配

法律检索限制,认识需求与检索技术的不相匹配。AI 技术需要一个不断学习、认知并提升的过程,然而,在互联网时代的信息,不当或不及时操作可能导致数据信息错误。不准确的信息会误导外界,影响法院自身对工作的预测,影响 AI 的认知功能。如裁判文书网更新不及时、不及时录入失信被执行人等。

1. 数据限制

有学者认为当前我国司法信息存在"表象性",而非"实质信息"[1]。并且判决书并未全部公开,对法律大数据而言,仅有判决书远远不够。

2. 检索受限

仅针对判决书,目前普遍使用的关键词检索精确性不足,无法支持复杂的组合检索。

3. 分析困难

即便检索到了想要的判决书,裁判文书网不能自动进行文书分析,需要人工逐篇筛选。

目前 AI 的核心是让机器能够自动完成智能任务。有专家将 AI 技术分为弱 AI、强 AI 和超 AI 等阶段。[2] 从 2017 年 7 月国务院发布的《新一代人工智能发展规划》确定的 AI "三步走":2020 年——2025 年——2030 年目标来看,较长一段时期,我们都将处于弱 AI 阶段。在技术应用层面上,认识需求与检索技术的不相匹配,导致法律检索障碍。而对案件的法律检索是对案件的分类和匹配过程,实际上是机器对案件的法律认知过程。这个过程经历了以下阶段:

第一,属性相似阶段。案件属性相似包括罪名、审判级别、审理程序、判决时间、审理法院、当事人属性等维度。这个阶段能实现一些简单的检索,但仅是上述维度的相似,远不能满足法律检索的需求。

第二,文本相似阶段。文本相似是常见的模式,它经历了从词语匹配到语句匹配,最终到篇章的匹配。但自然语言(NLP)博大精深,对机器来说,犯罪"数额较大"

---

[1] 左卫民:《关于法律人工智能在中国运用前景的若干思考》,载《清华法学》2018 年第 2 期。
[2] 参见〔美〕瑞恩·卡洛、〔美〕迈克尔·弗兰金、〔加拿大〕伊恩·克尔:《人工智能与法律人的对话》,陈吉栋、董惠敏、杭颖颖译,上海人民出版社 2018 年版,第 56 页。

和"数额巨大",属于文本相似,但对法律检索而言,一字之差,天壤之别。

第三,要素相似阶段。法律要素是指影响法官裁量的最小颗粒度的法律事实,是文本相似之外的另一种检索模式。如故意伤害罪中,持械是影响定罪量刑的要素,但案件中的表述可能有拿砍刀、抢起棍棒、掏出匕首、携带枪支等。需要检索的往往不是具体工具,而是是否有持械这个要素。可见从法律要素的角度出发,才是相当一部分的真实的法律检索需求。

(四)维护层面:网络安全保护不足数据容易篡改

随着智慧法院建设、AI的应用,涉密信息的网络传送、移动信息储存媒介的交叉使用,计算机管理制度在一些地方还没有得到有效落实,给计算机网络安全带来隐患,审判系统生成的核心数据信息一旦丢失则不可再生且极难恢复。根据《CNCERT互联网安全威胁报告(2019年5月)》显示,政府网站感染病毒占比达到了18%;而人民法院作为司法机关,把握司法权的行使,核心数据信息更易遭到黑客攻击、篡改等情况;并且,当前我们的智慧法院建设多与技术公司合作进行,其运作和监管均依托技术公司的后台。这样一来,法院审判数据的安全性将难以保障,技术公司作为法院各类审判平台的技术提供者,对平台上当事人的信息、数据以及案件审判中的其他信息存在后台操作的可能性。

三、破解之道:开展技术攻关,打破瓶颈,实现 AI 智慧法院

(一)建设层面:全国统筹地方发力,发挥人才优势

1. 发挥人才优势,形成乘积效应

智慧法院建设是一项全新的高难度的创新工程,不能简单地通过外包或者"买技术"来解决。智慧法院建设以司法规则为基础,将"互联网+"与 AI 等先进理念应用于法院工作中,促进和实现审判体系和审判能力现代化。通过司法实践,可以看出从事大数据、AI 研究的工程人员在编程设计时,希望法院工作人员能够将业务需求说清楚,由于法律术语专业性较强,开发人员往往不能准确理解审判人员的表述。智慧法院建设不是简单的"互联网+审判"的叠加,而是一项需要所有专业人员致力于此的合作研究,因此,智慧法院建设必须充分发挥人的作用,充分调动审判管理人员和计算机专业人员的聪明才智,形成智慧的乘积效应。

2. 顶层设计分区布局因地制宜

优化智慧法院建设区域平衡,加大对经济欠发达地区法院信息化建设的投入。同时,经济欠发达地区要正视不同地区的经济水平,由于资金和人才资源的限制,不能盲目地引进平台系统,要因地制宜。可以选择经济发达地区研究构建智慧法院成果,并在试点成熟的基础上,选择引进,选择的基本原则是价值原则;有经济基础地

区的法院,要充分利用优势,着力解决智慧法院建设中的问题、难题,建设中注重创新,在研发中应确定较高的起点或跟踪战略,针对开放式结构概念的推理,采用假设和混合推理进行推理跟踪,吸收国外知识库系统和基于案例的法律推理系统的先进设计思想,将功能子系统的开发与关联控制系统相结合。[1] 拓展 AI 法律系统的研究与开发主体,建立"法学家—逻辑学家—计算机专家"相结合的研究与开发团队。制定总体战略,分阶段实施。在系统研发的初始阶段,可以组建一个由法学家、逻辑学家和认知专家、计算机软件专家组成的研究小组;中期,可以通过试点运行,吸收试点单位及用户的意见,形成研发理论研究与实际应用的反馈,推动系统的快速升级。

(二)开发层面:建立"司法大数据中心",实现数据融合利用

要解决信息隔离,实现数据深度关联融合,就要打破数据孤岛的困境,将各地域、各类型、各行业的数据有机融合,进而让数据协作得更好,从而挖掘出更大更多的数据价值。强化不同地区信息模块和信息系统之间的兼容性,打破系统屏障。加快开放安全的数据共享机制建设,促进数据管理、数据交换、数据接口、数据备用制度体系完善。法院内部之间,要重视解决各服务平台的接口开放和数据融合问题,通过促开放、建制度、保安全、讲协作等具体措施来破解这个难题。省级法院负责全省法院之间数据的交换通道和共享平台的建设,统筹管理全省法院的数据汇聚、数据整理、数据开放以及向最高人民法院上报数据工作。最高人民法院负责全国法院各省之间数据的交换通道和共享平台的建设,解决智慧法院服务系统平台与其他应用系统的对接问题,办案系统优化工作,与政府部门的数据共享工作,加强与阿里、百度、腾讯等大型互联网企业和通信运营商在大数据方面的合作,开展社会数据与审判执行数据的深度融合。构建"司法大数据中心",即充分运用大数据思维和技术,构建"数据生态"。总体构架为三大平台:共享交换平台、大数据管理平台和大数据分析平台。

1. 建立共享交换平台

共享交换平台是提供统一的数据交换、数据整合、数据服务的平台体系,在这个统一的共享交换机制下,可以实现各类业务系统间的数据整合互通、业务协同。共享交换平台主要由司法行政系统专网的共享交换主平台和其外部专网、互联网、移动专网及涉密网各个网系的共享交换子平台构成,在整个共享交换体系下,实现监察委、法院、检察院、公安、司法等系统资源的统一融合、互联互通。

2. 建立大数据管理平台

大数据管理平台所包含的司法信息资源库、数据采集系统、数据资源目录管

---

[1] 参见崔亚东:《人工智能与司法现代化——"以审判为中心"的诉讼制度改革:上海刑事案件智能辅助办案系统"的实践与思考》,上海人民出版社 2019 年版,第 92 页。

理系统、数据生命周期管理系统、数据安全管理系统等,可与现有业务应用系统兼容,实现对不同来源、不同种类、不同格式数据资源的全面采集、分析、融合。大数据采集平台可采集结构化、半结构化、非结构化数据;可通过"分布式云计算爬虫技术"(采用开源分布式架构"Map/Reduce+BigTable+GFS 以及负载平衡的 ConsistentsHash"算法)、API 接口、消息队列等实现采集功能,满足数据采集的实时性、准确性。其他数据管理系统可对采集的数据资源进行高效管理,并从多个维度进行实时监控,以保障数据资源的合理利用和处理。同时提供的平台管理模块贯穿整个构架设计,从高可用、任务调度、安全及监控几个方面保障平台的整体运行。

3. 建立大数据分析平台

采用分布式数据存储(Hadoop)、大规模并行(MPP)数据仓库的混合构架,同时通过各种推荐引擎、识别引擎、图表引擎、混合计算引擎、语音识别引擎、视屏识别引擎、搜索引擎、法律认知引擎、可视化建模引擎、可视化展示引擎等分析处理方式实现对数据资源的全面分析及融合,用于支持对数据的识别和运算,同时提供自定义报表系统,可通过该系统自定义制作指标并设计报表,从多个维度进行分析。

(三)应用层面:构建法律知识图谱,满足法律认知需求

构建法律知识图谱,解决法律检索不足的问题。法律知识图谱是基于众多法律要素组成的知识库。法律知识图谱是机器进行法律知识推理的基础,它将法律规定、法律文书、证据材料及其他法律资料中的法律知识点以一定的法律逻辑连接在一起形成概念框架,它的概念框架上的每一个知识实体或概念又分别与法律法规、司法经验、案例、证据材料等相应挂接,从而建立起法律概念、法律法规、事实、证据之间的动态关联关系。

构建法律知识图谱的技术主要包括三部分:一是法律知识获取,主要是如何从非结构化、半结构化以及结构化数据中获取知识;二是数据融合,主要是如何将不同

图 1 法律知识图谱的技术组成

数据获取的知识进行融合构建数据之间的关联;三是知识计算及应用,主要是基于知识图谱计算功能以及基于知识图谱的应用。

首先,通过构建专家系统构建法律知识图谱,通过人工构建的方式预先构建法律知识图谱模式图,并进一步构建数据图。以故意杀人罪法律知识图谱的构建为例(详见图2),专家系统构建路径需要法律专家先确认,是按照犯罪三阶层还是犯罪四阶层抑或是犯罪构成四要件去构建知识图谱。然后在确定的大框架下,根据故意杀人罪的法律特征,精细化拆分犯罪构成要素,定义基本的法律模式图。定义好数据模式之后,从大量真实的法律数据中抽取相关知识点及知识点之间的逻辑关系,将这些实体信息相应挂接在要件要素上,从而形成具有高度逻辑的知识组织形式。

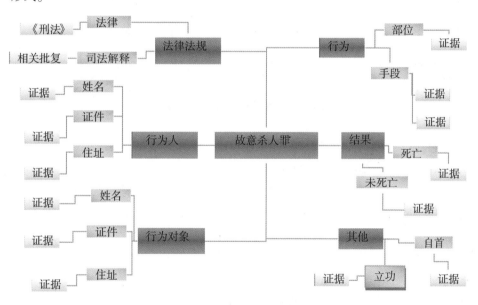

图2 故意杀人罪法律知识图谱示例

其次,通过机器借助"瓦尔格伦"法律推理(详见图3),学习构建法律知识图谱。机器能够以大数据为基础自动构建法律知识图谱。通过先对数据的法律含义进行识别,再从海量数据中抽取其中相关的法律知识点以及这些知识点之间的关系,然后将各种知识点合并到知识图谱中。与专家系统预先构建的法律知识图谱进行"综合——修正——完善——形成"可供运用的法律知识图谱。

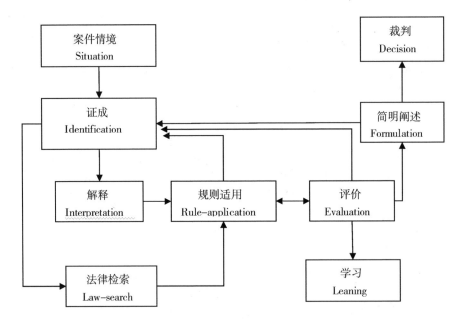

图 3 "瓦尔格伦"法律推理过程

(四)维护层面:应用"区块链"技术保护核心数据,建设网络安全四级防护体系

信息社会是典型的风险社会,信息技术包括 AI 本身都是"双刃剑"。[1] 网络安全、数据安全、技术安全是一个国家安全战略问题。数据安全是智慧法院建设的生命线。在加强网络安全防护体系建设上,可以建立四级一体网络安全防护体系:最高人民法院要建立统一的网络安全中心;省级人民法院进一步加强网络安全规划、建设、管理和应急处理工作;中级人民法院完成边界防护、身份识别和准入、数据安全管控、核心数据保护等重点安全系统的建设;基层人民法院完成病毒防护查杀和用户行为管理等网络安全建设,提高安全管理和防护能力。

而在核心数据保护上,笔者认为,应用区块链技术[2]维护智慧法院网络安全,具有一定的可行性。区块链(Blockchain)是长期用以存储数据的一种底层技术,其最具颠覆性之处在于它绕过了中间环节,具有"去中心化(Decentralized)、去信任化(Trustless)、集体维护(Collectively maintained)"的特征。区块链中的节点产生新信息后,在第一时间将该信息发布给其他节点,获得信息的每个节点均会分别将

---

[1] 参见[德]乌尔里希·贝克:《风险社会》,何博闻译,南京译林出版社 2004 年版,第 39 页。

[2] 2018 年 7 月,杭州互联网法院在一起侵害作品信息网络传播权纠纷案中,首次对采用区块链技术存证的电子数据的法律效力予以确认,"区块链作为一种去中心化的数据库,具有开放性、分布式、不可逆性等特点,其作为一种电子数据存储平台具有低成本、高效率、稳固性的优势,在实践审判中应以技术中立、技术说明、个案审查为原则,对该种电子证据存储方式的法律效力予以综合认定"。

信息打包为"区块",同时加盖时间戳,通过后块引用前块哈希值的方式将区块串联起来,即构成了区块链。[1] 正因为区块链上的每条记录都是从后向前有序链接起来并且分别记录于每个独立区块的,这种去中心化的记录系统因此具备公开透明、无法篡改、方便追溯等特点。区块链技术具有去中心化、安全性、透明性、高效性、不具名性等特点。区块链本质上是一种新的数字信息归档系统,它将数据以加密的分布式总账格式存储。由于区块链具备不可逆、不可篡改、加密算法与分布式等特征,所以,借助区块链电子存证对已发生的事实进行记录并加密保存到区块链上,保证数据的完整和不可篡改,从而实现数据的自我证明。故可以将区块链技术应用于核心数据的保护,防止技术篡改,维护智慧法院建设中的网络安全。

引入区块链技术,预防黑客攻击,防止数据篡改,部署网络防火墙和网关审计等设备,安装入侵检测系统、网络隐患扫描等硬件设备及软件系统,完善网络行为管理软件应用,及时升级病毒库,定期进行系统维护及杀毒处理,定期进行网络安全检测,建立信息网络安全系统,对各类信息系统进行测评、备案、管理,防止计算机病毒入侵或非法攻击。在网络安全设计上,可以建设如下四级防护安全体系:

一是机房核心防护体系。机房安全涉及方方面面,确保机房核心安全是计算机信息网络整个系统得以安全的重要前提,否则整个信息系统的安全将无从谈起。二是数据安全体系。数据安全是智慧法院建设的"生命线"。运用区块链技术,建设大型的数据备份存储系统、存储中心,采用云存储、云计算等计算手段,实现法院系统信息化数据的容灾备份存储。三是网络传输防护体系。采取技术措施,对介入实施控制、保证数据在传输过程中的安全。可以采取设置访问控制权或者对网络实施隔离防护等。四是电脑终端防护体系。对电脑终端实施更好的安全防护,建立终端安全风险评估机制,对终端面临的风险进行安全管理,以避免或者降低终端发生安全风险事件。

结　语

加快智慧法院建设,是落实党和国家科技发展战略的生动实践,是促进司法事业科学发展的内在需求。随着大数据、AI、区块链等新技术的发展,司法活动也面临着数字化转型,将 AI 融入智慧法院建设工作,更好地服务于经济建设,既是对法院工作的要求,也是加强法院业务智慧化的需要,是法院科技强院的必由之路。当然

---

[1] 参见〔美〕约翰·弗兰克·韦弗:《机器人是人吗?》,刘海安、徐铁英、向秦译,上海人民出版社2018年版,第 78 页。

智慧法院建设不是一蹴而就的,需要适应新形势、新任务的要求,积极调整与优化。在 AI 的融入下,智慧法院建设需在建设层面、开发层面、应用层面、维护层面上不断强化和完善,满足法院工作、法官办案、群众需求。积极探索运用 AI 技术,不断加强和完善法律智能化开发和应用,加快智慧法院建设,为实现审判体系和审判能力现代化、司法为民、公正司法提供有力支持。

【责任编辑:董倩】

焦点法谈

疫情防控与法律信息检索

曹 明[*]

摘要：对疫情"依法"防控，离不开法律信息检索。法律信息检索实际包含了信息收集、信息判别、信息使用三个重要阶段。法律信息收集包含了对规范性法律文献、案例、学理文献以及疫情防控的动态信息、网络信息的检索和收集，而不同的资源类型都有各自不同的特点。在信息收集的同时，必须对所收集的信息进行价值判断，判断其权威性、准确性、可靠性、严谨性，最终转化为可用的信息。通过对可用信息的消化、吸收，最终满足获取"答案"、更新知识体系、创新知识的检索要求，达成真正意义上的信息检索目标。

关键词：疫情防控　法律信息　信息收集　信息判别　信息使用

习近平总书记主持召开中央全面依法治国委员会第三次会议时强调，"当前，疫情防控正处于关键时期，依法科学有序防控至关重要"，"疫情防控越是到最吃劲的时候，越要坚持依法防控"[1]。而"依法"就会与法律信息检索密不可分。

法律信息检索绝不仅仅是单纯的搜索相关法律信息的过程，而是包含了从提出问题到检索信息、应用信息的信息处理的完整过程。"问题"可能来自于需要答案，也可能来自于需要补充知识体系，还可能来自于需要知识创新。对于不同的"问题"，从法律信息检索的角度来看，针对不同的检索提问，应该采取不同的检索策略。但无论怎样的检索策略，都离不开信息资源收集、信息判别、信息使用的

收稿日期：2020-04-15

[*] 曹明，南京大学法学院图书馆副研究馆员。

[1] 参见《全面提高依法防控依法治理能力，为疫情防控提供有力法治保障》，载《人民日报》2020年2月6日，第1版。

信息处理过程。

一、疫情防控与法律信息的收集

法律信息有其特殊性,信息来源通常包含了两个层面:一是规范性法律信息,西方法律信息分类称之为 Primary Sources,包括法律、行政法规、司法解释、地方性法律法规等具有法律约束力的法律信息。英美法系国家中,案例也属于这一类法律信息。二是非规范性法律文献,西方法律信息分类称之为 Secondary Sources[1],通常包括学术著作、学术论文等研究、探讨、评论法律的、不具有法律效力和约束力的法律信息。

对于中国大陆法律信息来源来说,法律法规等规范性法律信息是具有约束力的,是最为重要的法律信息来源;案例是司法实践的重要信息来源也是重要的法律信息来源,指导性案例更是具有指导意义;此外,学术、学理、研究对法律研究、法律实践具有重要意义,因而也是重要的法律信息来源。法律法规、案例、学理信息构成了法律信息最重要也是最基本的信息来源。

对于疫情防控相关法律信息来说,除了法律法规、案例和学理相关的信息外,动态信息无疑在适时的环境下也是一种重要的法律信息来源。

1. 动态信息检索

对于新冠肺炎疫情,网络信息无疑在信息的传递方面具有很大的优势。许多网站推出了疫情专题。新闻类网站如网易、新浪、腾讯、凤凰网等推出了"全国新型肺炎疫情实时动态";中国政府法制信息网推出了"防控疫情法治同行"专题,通过"法律问答""疫情普法""以案说法""图说普法"等栏目突出疫情中的法律信息;北大法宝也及时推出了"疫情防控"专栏,等等。

但网络信息存在很大的不确定性。因而,在选择网络信息时,需要选择权威的官方信息来源。比如,国家及各省市卫健委公布的实时信息、国务院联防联控新闻发布会、各地政府 App 等,都是重要的权威信息来源。此外,官方的、正规的信息平台也是获得法律事实的重要法律信息来源。

对于严肃而又严谨的科学来说,纯粹的网络平台发布的信息,其可靠性、权威性会受到质疑。而通过预印本平台快速发布的科学论文、科技报告等文章,就成为获取疫情相关专业知识、相关情况、发展态势的重要信息来源。预印本具有交流速度快、利用学术争鸣和可靠性高的特点。[2] 钟南山院士团队2020年2月6日在预印

---

[1] 参见[美]科恩、[美]奥尔森:《法律检索(第8版)》,法律出版社2003年版,第7—8页。
[2] 参见邱东江主编:《图书馆学情报学大辞典》,海洋出版社2013年版。

本网站上发表了 Clinical characteristics of 2019 novel coronavirus infection in China 一文[1]，及时发布了新冠肺炎的临床特征。

2. 规范性法律文件检索

我们在检索法律法规等规范性法律文件时，通常会首先想到通过数据库或者搜索引擎直接进行检索。但法律法规等规范性法律文件有法定的公布渠道，有法定标准文本。

根据我国《立法法》第58、71、79、86条的规定，法律、行政法规、地方性法规、部门规章的法定公布渠道是各级人大公报、国务院或各部门公报、官方指定网站、全国或地方性报纸，公报上刊载的法律法规、地方性法规、部门规章是法定的标准文本。发布法律信息与其他信息不同的地方，就是法律信息的发布有法定公布渠道，也有法定的规范性法律信息的标准文本。中国人大网以及各级人大官方网站、中国政府法制信息网以及国务院各部委官方网站、重要的全国性报纸以及地方性报纸，都是最重要的法律法规信息来源。各级人大公报、国务院及各部委公报公布的规范性法律文件是法定的标准文本。除此之外，其他渠道获得的规范性法律文件，都应该与法定渠道公布的法律文件、法定标准文本进行校核。

除法定渠道外，数据库也是重要的法律法规信息来源。北大法宝、威科、万律、律商等数据库，都各具特色，是法律法规检索的重要信息来源。商业法律数据库的优势在于，其通常是一个包含法律法规、案例、学理文献的法律信息集成平台，由于各法律数据平台对法律信息集成、编辑、加工的程度不同，因而呈现出不同的法律信息联想、聚类功能，体现出各自不同的特色。

以北大法宝为例，在"法律法规"栏目中，适时推出"疫情防控"专题，将与疫情相关的法律、行政法规、司法解释、部门规章、党内规章、团体规定、行业规定等规范性法律信息集成在一起，而每一部规范性法律文献通过"法宝联想"功能关联了立法背景、法律变迁、相关法律法规、案例与裁判文书、期刊论文、专题参考等重要的相关信息，成为非常重要的有关疫情防控的法律信息体系，大大方便了对疫情防控相关规范性文件以及其他类型相关文献的收集和综合。

此外，通过百度、必应等搜索引擎也可以对疫情防控相关的法律法规进行检索，但搜索引擎通常只能提供相应的规范性法律文献的文本，不会集成相关的法律信息。同时，通过搜索引擎获取的规范性法律文献的网络信息文本，必须注意与法定标准文本的核实、确认。

3. 司法案例检索

最高人民法院《〈关于案例指导工作的规定〉实施细则》第8条规定，指导性案

---

[1] Nan-Shan Zhong, *Clinical characteristic of 2019 novel coronavirus infection in China*, https://www.medrxiv.org/content/10.1101/2020.02.06.20020974v1, 访问日期: 2020 年 3 月 11 日。

例在《最高人民法院公报》《人民法院报》和最高人民法院网站公布。2016年修订的最高人民法院《关于人民法院在互联网公布裁判文书的规定》第1条、第2条规定,全国法院公布裁判文书的统一平台是中国裁判文书网;人民法院在互联网公布裁判文书应当依法、全面、及时、规范。由此规定了人民法院公布指导性案例和裁判文书的法定渠道。

最高人民检察院《关于案例指导工作的规定》第14条规定,最高人民检察院发布的指导性案例,应当在《最高人民检察院公报》和最高人民检察院官方网站公布。由此规定了人民检察院公布指导性案例的法定渠道。

最高人民法院网站于2020年3月10日、4月2日分别公布了两批共18个"依法惩处妨害疫情防控犯罪典型案例",并于3月24日、3月31日分别公布了两批18个"全国法院服务保障疫情防控期间复工复产民商事典型案例"[1];最高人民检察院网站及时公布了九批50例"全国检察机关依法办理妨害新冠肺炎疫情防控犯罪典型案例"[2],指导疫情防控期间检察工作。同时,各地法院、检察院也发布了一批与疫情防控、复工复产相关的典型案例。这些典型案例的发布,在疫情防控、复工复产的司法裁判中发挥着重要的指导和参考作用。

除案例公布的法定渠道外,北大法宝、法意、无讼、把手案例、OpenLaw等商业数据库提供的案例检索,也是案例检索的重要途径。对于案例来说,各数据库在案例的结构分析、案例内容细化甚至碎片化以及案例信息的编辑、加工、分析等方面,呈现出不同的特色。以法意案例大数据分析平台为例,在对普通案例进行大数据分析时,该平台通过案例碎片化信息提供多种字段的检索,用户可以自行选择多种统计分析指标,通过可视化报告呈现案例分析结果。很多专业数据库也推出了案例的大数据分析、可视化分析等新功能,也提供类案比较等专业化分类功能,大大方便了案例的检索、分析和信息提取。专业数据库的案例检索成为案例检索的重要渠道。

此外,通过搜索引擎也可以实现案例检索的目标,但检索结果庞杂、真伪难辨,需要花费大量的时间、精力对检索结果进行甄别、分析,才能获得较有价值的案例信息。

4. 学理文献检索

对于检索疫情防控方面的学术观点,主要的文献类型包括图书、期刊论文、报纸文章、会议论文等。这些类型的文献传统上全部都是纸质文献,而在现在交流系统

---

[1] 参见:最高人民法院发布第一批10个依法惩处妨害疫情防控犯罪典型案例、人民法院依法惩处妨害疫情防控犯罪典型案例(第二批)、全国法院服务保障疫情防控期间复工复产民商事典型案例(第一批)、全国法院服务保障疫情防控期间复工复产民商事典型案例(第二批),载最高人民法院网(http://www.court.gov.cn/zixun-gengduo-104.html),访问日期:2020年4月11日。

[2] 参见:全国检察机关依法办理妨害新冠肺炎疫情防控犯罪典型案例(第一批至第九批),载最高人民检察院网(http://www.spp.gov.cn/spp/wsfbt/index.shtml),访问日期:2020年4月11日。

中,这些类型文献的载体形式是多样化的,可以是纸质文献,也可以是电子文献。不论怎样的载体形式,从文献类型的本质上看,仍然是图书、期刊、报纸、会议论文等文献类型。

图书的主要特点是信息的体系化、系统化,其内容比较成熟,论述较为全面,是重要的信息来源。在疫情防控中,出版界的反应也非常迅速。2020年2月5日全国第一本关于疫情在线防控疫情的图书——《新型冠状病毒疫情在线防控的华西模式》由四川科学技术出版社出版[1]。湖北科学技术出版社、人民卫生出版社、中国协和医科大学出版社、浙江教育出版社以及各地的科学技术出版社等图书编辑出版部门,出版了一批新冠病毒防控方面的专业图书,与疫情防控相关的法律图书也得到及时出版。同年2月法律出版社出版了《中华人民共和国传染病防治法·突发公共卫生事件应急条例》单行本,中国法制出版社2月14日推出了《新型冠状病毒肺炎疫情防控有关法律法规政策汇编》电子版本,可供免费下载[2];同济大学出版社2020年2月出版了《新型冠状病毒肺炎防控法律行动手册》,并在京东网站开始销售[3]。

期刊的特点是出版周期短,内容新颖,能够及时反映动态和最新研究成果,是最为重要的信息来源。医学期刊中刊登并发布了大量与疫情相关的专业研究论文、研究动态。对于有医学背景需要从医学方面了解疫情相关的病毒机理、基因序列、传播机理等相关情况的,世界顶级医学期刊《新英格兰医学杂志》(The New England Journal of Medicine)、《柳叶刀》(The Lancet)、美国医学会杂志(The Journal of the American Medical Association)、英国医学杂志(British Medical Journal)等无疑是最重要的信息来源。Web of Knowledge 平台无疑也可以作为重要的检索平台,获取世界范围内最新的疫情防控相关的高质量医学研究报告、医学研究动态。

法学期刊也及时发表了与疫情防控相关的研究成果。《政治与法律》2020年第1期发表了《论紧急状态下限权原则的建构思路与价值基础——以我国〈突发事件应对法〉为分析对象》,2002年第4期推出了"疫情防控的法治思维和法律制度的完善"主题研讨;《法学》2020年第3期推出了"突发公共卫生事件的法律应对"专题研究;《比较法研究》2020年第2期也推出了疫情防控相关的专题研究。

除此之外,非法律类期刊也发表了大量疫情防控法律应对的文章。《上海人大月刊》发表了《应及时修订传染病防治法》;《中国卫生法制》发表了《〈基本医疗卫生

---

[1] 参见《全国第一本关于医院在线防控疫情的图书正式出版》,载四川新闻网(http://scnews.newssc.org/system/20200205/001030168.html),访问日期::2020年3月10日。

[2] 参见《新型冠状病毒肺炎疫情防控法规政策汇编(免费下载)》,载法律出版社(http://www.lawpress.com.cn/resourceShowAction.do? resourceId=1960),访问日期:2020年3月10日。

[3] 参见《新型冠状病毒肺炎防控法律行动手册》,载京东(https://item.jd.com/12810866.html? dist=jd),访问日期:2020年3月10日。

与健康促进法〉的功能与主要内容》;《中国动物检疫》发表了《国外动物防疫法律体系特点分析与启示》;《交通运输研究》发表了《新冠肺炎疫情对交通运输法规制度体系建设的影响及对策》;《上海对外经贸大学学报》发表了《国际商事合同不可抗力条款对"新冠肺炎"疫情适用法律分析》,等等。这些研究成果的发表和推出,及时反映了应对疫情的最新研究成果,为发现疫情防控中的法律问题和对相应法律问题的分析、解决提供了一系列的新思路、新方法。

报纸的时效性更强,传递信息更及时,在信息传统中显露出独特的优势,尤其是新媒体的加入,更强化了报纸在信息传递过程中的优势。在疫情防控过程中,报纸既是发布规范性法律文件的正式渠道,也是获取相关法律信息尤其是相关法律事实的重要渠道,是不可忽视的重要的法律信息来源。

此外,会议论文也是重要的信息来源。2020年2月19日,华东政法大学举行了"疫情防控背景下的刑事司法问题网络研讨会"[1];同年3月25日,山东省法学会民商法学研究会和山东大学法学院以线上方式联合主办"疫情防控与民商法应对"专题会议[2];3月25日,北京市法学会电子商务法治研究会以网络会议的形式举办了"抗疫视野下的电子商务法律问题"论坛[3],等等。疫情防控相关的会议文献,也是重要的法律信息来源。

对于学理类的法律信息检索来说,检索渠道都是比较常用和熟悉的。比如,图书的检索主要通过各图书馆提供的OPAC书目检索系统或者若干图书馆组成的联合目录检索系统进行检索;对于最新出版的图书,需要通过出版商(社)提供的出版目录以及当当网、京东网、亚马逊等图书网络销售平台提供的图书目录进行检索。

对于期刊、报纸、会议论文等文献类型的检索主要依靠商业数据库进行检索。数据库中具有集成多种文献类型的综合平台,例如大家非常熟悉的中国知网、万方;也有只包含期刊一种文献类型的检索平台,例如维普。这些数据库可以提供一种或者多种文献类型的检索、下载等功能,是获取疫情防控动态信息、研究成果的非常重要的信息资源平台。

5. 网络信息检索

网络信息是对传统文献信息的极大补充。网络信息基本属于独立于传统的正式交流与非正式交流模式之外的第三种交流模式。网络信息的内容几乎可以覆盖所有领域,具有信息发布不受时间、空间限制的特点,信息发布者也几乎不受限

---

[1] 参见《华东政法大学举行疫情防控背景下的刑事司法问题网络研讨会》,载中国法学创新网(http://www.fxcxw.org.cn/dyna/content.php? id=13194),访问日期:2020年3月11日。

[2] 参见《山东大学法学院联合主办"疫情防控与民商法应对"专题会议》,载中国法学创新网(http://www.fxcxw.org.cn/dyna/content.php? id=13360),访问日期:2020年4月6日。

[3] 参见《"抗疫视野下的电子商务法律问题"第六届电子商务法治论坛成功举办》,载中国法学创新网(http://www.fxcxw.org.cn/dyna/content.php? id=13313),访问日期:2020年4月6日。

制,有着良好的互动性。但网络所提供的信息高度分散,同时信息的存在状态也不稳定。各种论坛、微博、QQ、朋友圈、微信等,都属于网络信息的范畴。对于疫情防控相关法律信息检索而言,网络信息是一种重要的补充性的信息来源,相较于传统的文献类型,网络信息的最大特点是传播速度快,并具有良好的互动性,对同一事物可能提供了多个观察视角,这些特点对于了解法律事件中的基本事实有所助益。但网络信息缺少必要的审查机制,信息的真伪、信息的价值、信息的存在状态等都有很大的不确定性,因此,对网络信息必须进行必要的判别。

二、疫情防控相关法律信息的判别

从理论上来说,对获取的所有信息都需要进行判别。判别的标准包括信息的权威性、准确性、可靠性、有用性、严谨性等。判别的依据最主要是常识、逻辑和专业知识。

信息权威性的判断可以通过信息来源的外在形式进行判断,比如信息发布平台的权威性、信息发布者的权威性。信息的准确性、可靠性、有用性判断,更多的是从信息内容上进行判断,需要依靠常识、逻辑和专业知识进行判别。严谨性实际上也是一种形式上的要求,获取有效信息后,在合理使用信息时,需要将信息来源、出处准确记录下来,并且记录的格式要符合一定的标准。

判断信息时必须客观,不能因为个人情感而造成偏见。因此需要客观、冷静面对所需要判断的信息。

对于纸本法律信息和网络法律信息,由于两者自有的审查机制不同,在信息的具体判别上侧重点应有所不同。

1. 纸本法律信息判别

纸本法律文献信息的权威性、准确性、可靠性、有用性都是由专门的编辑、出版机构的专业人员审定,通过初审、复审、终审、校对、发行等环节,保证了纸本文献的研究方向、研究方法、研究维度、研究水准能够满足一定的标准、达到一定的水平,专业编审人员还就纸本文献的观点、结构、论证过程、论据、数据、表述以及格式、标点符号、文字等,都进行严格审阅。越是权威的出版社、期刊编辑部,在这些方面把控越严格。比如,目前很多学术期刊实行的精审、盲审制度,就是通过同行评议来保证所发表论文符合期刊的办刊宗旨和相应的学术规范、学术水平要求。

因此,对于纸质文献信息来说,编辑、出版机构的专业人员已经对所出版或发表的纸质文献内容进行了审查,纸质文献的权威性完全可以通过纸质文献的编辑、出版机构的权威性来判断。判断的依据可以是一些外在的、形式上的标准,比如,对图书信息的判断,可以通过对出版(商)社的权威性并结合作者的权威性进行判断;对期刊权威性的判断,可以通过期刊被权威机构、权威平台收录的情况来判断,如 CSSCI 来源期刊、核心期刊,再结合作者的权威性进行判断。

通过外在形式判断内容的权威性有一个非常大的缺陷,就是会造成漏检,非常容易漏检非上述范围内的重要的图书、期刊。以期刊为例,对于非 CSSCI 来源期刊、非核心期刊中的重要研究论文,往往会因为只通过期刊权威性检索而造成漏检。因此,除所谓"核心期刊"范围内的纸质文献外,还需要对非"核心期刊"范围的纸质文献进行检索,以保证检索的全面性,但需要对检索结果在内容上进行更加严格的判别,以保证所获得的信息是重要的、准确的、可用的。

有一点必须注意,纸质文献的权威性、准确性、可靠性、有用性得到确认后,并不一定表明其内容或观点的"正确",而只是表明其研究结论是有论据支持的,论证过程是严密的、符合逻辑的,因而研究是可靠的。至于其"正确"的研究是否能够被吸收、采纳,也取决于研究者的立场、观点。而这正是学术自由的体现,也是学术自由的魅力。

对于法律信息来说,因为法律法规等规范性法律信息以及案例信息有法定的公布渠道,因而获取规范性法律信息以及案例信息应当通过法定的公布渠道,才能保证这类信息的权威性、准确性。尤其是法律法规等规范性法律信息有法定的标准文本,这些纸质标准文本保证了法律信息发布的权威性以及所发布信息的准确性、可靠性。

通过非法定渠道获取的规范性法律信息以及案例信息,需要通过对编者、审定者结合出版、编辑机构的权威性进行信息权威性、准确性、可靠性的判定。对于获取的法律法规等规范性法律信息,理论上需要与上述法定渠道获取的相应信息进行校核,以保证获取信息的准确性,因为规范性法律文件是权威、严肃、严谨的信息。

2. 网络法律信息判别

网络信息的发布在信息内容、信息质量上几乎没有严格的学术审查制度,需要检索者自己对信息的权威性、准确性、可靠性、可用性、严谨性进行判断。要从海量信息中获取有用的、有价值的信息,信息判别的难度要比纸本信息大得多。但网络信息传递速度快、几乎不受传统意义上的发布渠道的限制、人人都可以成为信息的发布者等特点,正是对传统信息发布渠道的补充。因此,网络信息也是获取信息的重要补充来源。但从信息接收者的角度来看,就需要有更强的信息判断能力来甄别信息的真伪、判断信息的价值。

网络信息的判别原则大体上与纸本信息一致,也就是通过信息发布平台、信息发布者的权威性,从形式上判断信息的权威性;通过常识、专业知识对网络信息内容的准确性、可靠性进行判断。但由于网络信息缺失必要的审核程序,即使是通过权威平台由权威人士发布的信息,仍然可能是不准确的。

以 2020 年 1 月 26 日湖北省人民政府新闻办公室召开的新闻发布会上湖北省省长发布的有关口罩年生产能力的信息为例,来说明网络信息价值的判断。发布会上湖北省省长以仙桃市的口罩年生产量为例,说明湖北的"口罩生产有一定优势"。湖北省省长提供的仙桃市的口罩年生产量是 108 亿只,其中民用口罩 8.8 亿只,医用口罩 9.7 亿只;后更正为 18 亿只,后又更正为 108 万只,其中民用口罩 8.8 万只,医用口罩 9.7 万只。[1] 但这一信息与"防控物资"急缺的基本印象不符。

单就本次新闻发布会来看,新闻发布会是由湖北省人民政府新闻办公室主办,口罩年生产量信息的发布者是湖北省省长,从信息发布平台、信息发布者的权威性来看,两者的权威性都是毋庸置疑的。

从信息的准确性来看,信息发布者就仙桃市的口罩年生产量给出了 3 组数据,从 108 亿只更正为 18 亿只,再更正为 108 万只。从信息发布的角度来看,更正错误信息是一种负责任的表现,但连续更正而且前后数据相差万倍,数据的准确性就大打折扣,进而会影响到信息发布的权威性。

再从数据的可靠性来看,如果假定经过两次更正最终给定的 108 万只的数据是准确的,通过常识和基本逻辑来判断,这个数据仍然是有疑问的。简单换算一下,如果年生产能力是 108 万只,那么平均到日生产能力来看就是差不多 0.3 万只。对于有"一定优势"的现代化专业工厂来说,口罩每天的生产量只有 3000 只左右,这个数据的准确性值得高度怀疑。结合工业和信息化部给出的"我国口罩最大产能是每天 2000 多万只"[2] 的数据来看,换算成年最大产能全国将达到 73 亿只左右,因此,可以判断湖北省人民政府新闻办公室召开的新闻发布会发布的年生产能力 108 亿只的信息是错误的,经过更正后的 108 万只的数据也是不准确的。而且,从逻辑上看,新闻发布会给定的 108 万只口罩中,8.8 万只是民用口罩、9.7 万只是医用口罩,民用加医用口罩共计 18.5 万只,那么还有 89.5 万只是什么口罩? 新闻发布会并没有说明。

从信息的可用性来看,这次新闻发布会发布的口罩年生产量的数据是不准确的,是不可用的信息。

对于专业领域的信息判别,只靠常识、基本逻辑显然是不够的,更多的是需要通过专业知识进行判断。张文宏医生认为普通公众不需要了解新冠解剖细节,因为普

---

[1] 参见《回放:湖北新型肺炎疫情发布会:湖北省长、武汉市长通报防控工作》,载中新网(http://www.chinanews.com/shipin/spfts/20200126/2493.shtml),访问日期:2020 年 3 月 7 日。

[2] 参见《口罩告急、一罩难求? 刚刚,工信部回应了!》,载工业和信息化部网站(https://www.miit.gov.cn/ztzl/rdzt/xxgzbdgrdfyyqfkgz/mtbd/art/2020/art_feba4c52dddb4f5494655d3d018e8c57.html),访问日期:2020 年 3 月 11 日。

通公众看不懂。[1] 这一点是对的,因为普通公众没有医学专业知识,常识和逻辑也不能支撑看懂信息,判别信息的准确性、可靠性、可用性就无从谈起了。

对于法律信息领域来说,普通公众对于法律常识、专业知识的掌握要比对医学领域知识的掌握多得多,这首先取决于法律的公开性,也得益于千百年来"杀人偿命、欠债还钱"最朴素的法律常识,更得益于"一五"到"七五"的普法教育。因此,即使是普通公众,对法律信息也具有一定的"常识"和一定的"专业知识",对法律信息的权威性、准确性、可靠性、可用性有一定的判别能力。但即使是法律专业人士,仍然感到会有专业知识不足的时候,这时候就需要选择更加系统、更加成熟的纸质法律文献信息,补足、补强专业知识。

三、疫情防控法律信息的使用

检索信息从来就不应该是目的,检索信息的最终目的就是为了使用信息,不能为了检索而检索。信息的使用至少可以包含三个目标,即获取答案、知识体系的构建与更新、创新知识及知识。

1. 获取答案

对普通公众来说,通过检索与疫情防控相关的法律信息,可以获得相关法律法规的规定"是什么",从而获得一个明确的"答案",因此也消除了信息的不确定性,达到了相关法律信息检索的目的。比如,什么是公共卫生突发事件？编造、故意传播虚假信息的人,要承担什么法律责任？因隔离被非法解除劳动关系怎么办？等等诸如此类的法律问题,可以通过直接检索《突发公共卫生事件应急条例》《突发事件应对法》《劳动合同法》等规范性法律文件获得具体、明确的法律规定,获得明确的"答案"。

对于绝大部分检索者来说,通过检索获取"答案"可以满足绝大部分的检索需求,况且我们长期的教育、训练实际上也都是为了学习、掌握一个或者一套"标准答案",通过一个个"标准答案"来构建或者弥补自己的知识体系。基于这样的检索要求,实际上大部分检索者习惯于通过百度来获取"答案",当然百度也能给出绝大部分的"答案",但检索者缺少了对"答案"是否"标准"的辨别和讨论。

同样的逻辑,绝大部分的大学生包括研究生,只是习惯于用知网,通过知网获取的"答案",支撑自己的"研究",而对知网以外的信息来源很少或者从不涉猎,也很少或者从不考虑"答案"是否权威、是否主流、是否值得"批判"。

---

[1] 参见:《张文宏教授:不要太追求解剖细节,你看不懂的》,载新浪网(http://video.sina.com.cn/p/news/2020-02-29/detail-iimxyqvz6740770.d.html),访问日期:2020年3月7日。

当然,不可否认,通过检索确实可以获取"标准答案"。

2. 知识体系的构建与更新

对于构建知识体系或者更新知识体系,仅仅通过百度是完全不够的。

疫情防控期间会产生大量的法律问题,对于不是非常熟悉法律领域,但又有一定的基础知识体系的人,一般来说,通过法律法规、司法解释、部委规章、地方性法律法规等规范性法律文献的检索,可以了解我国现行法律法规的相应规定;通过案例检索,可以了解我国司法实践中相关法律问题的具体处理办法;通过对图书、期刊包括学位论文、会议论文等文献的检索,可以了解学术界对相关问题的研究、讨论及其进展和动态。通过对系统知识的学习、对最新研究成果的补充以及对现行法律法规的立法精神、立法原则、法律体系、法律规定的掌握,再加上对法律、学理在司法实践中的了解,基本可以实现对原有知识体系的补充和更新。

如果完全不熟悉某一领域的法律知识,可以从检索图书开始,先从成熟的、权威的教科书学起,通过学习掌握比较成熟的、得到公认的法律相关领域的理论框架、知识体系、知识要点;再学习相关领域的专著,通过学习掌握不同的理论架构、不同的知识体系以及对一个完整知识体系内某个或者某些具体问题的成体系的理论、框架的研究和探讨。当我们掌握了某一法律领域的基本理论、基本框架、基本知识,就可以通过对期刊论文、学位论文、会议论文等文献进行检索,从而对该领域及相应领域研究中一个个具体问题进行深入研究、探讨,把握该领域相关问题的研究水平和研究进展。最终掌握该领域内所有相关法律问题的学术研究、学术讨论、学术进展。

在掌握学术理论的基础上,通过对规范性法律文件的检索,可以了解现行法律法规的具体规定;通过对立法背景的检索,可以了解立法背后的政治、经济、社会背景,深入理解立法的初衷、意图;通过对法律法规沿革的检索,可以了解法律是如何"活"着的;通过对相关联的法律法规的检索,可以了解相关法律法规之间的关系,更好地理解整个法律体系的现实状况。

在掌握了学理研究和法律规范之后,可以通过案例检索,了解我国司法实践情况;通过对典型案例的检索,可以重点研究法律运用在司法实践中的重点、难点;通过对普通案例的检索,以及大数据分析,可以找到司法实践中的共性和差异性,以获得对解决法律问题的更深入的理解。

在这一阶段,学习现有的学说、理论是检索的重点,对立法状况、司法实践的检索同样是不可或缺的。

3. 创新知识

一般来说,法律问题都可以得到解决,如果没有具体的法律规定,就可以通过基本的法律原则、法律精神、立法宗旨来解决。如果现有的法律规则、法律原则、法律精神仍然不能解决,纯粹是一个全新的法律问题,那也需要在现有的法律法规、司法实践、学术讨论的基础上进行研究。

对于研究来说,检索的类型基本还是在规范性法律文件、案例、学术研究范围内,但检索的重点在于法律争议点引起的不同。比如,规范性法律文件的空白、漏洞以及现行法律规定之间的矛盾与冲突,司法实践中遇到的新问题以及司法实践与法律规定之间的矛盾与冲突,学术理论讨论中不同理论、不同观点之间的碰撞,等等。在这一阶段,可以在对现行法律法规的研究中,也可以从司法实践中,还可以在学理研究中,发现新的法律问题。而所有这一切,都需要检索大量的规范性法律文件及立法背景、沿革过程等信息,也需要通过对大量案例的检索了解司法实践中的不同处理方法,更多的是需要通过检索图书、期刊等学理性文献把握研究的现状,从而真正把握需要研究的问题。

在研究阶段,需要更宽广的视野,学习其他学科的相关理论、方法,通过交叉学科的研究方法发现和解决法律问题。这就需要对其他学科的权威理论、主流观点、研究方法等进行大量检索,从中获得有益的参考。研究在于创新,是立足于现有的法律制度、司法实践、学术研究基础上的创新,是建构新理论、新观点或者使用新方法、新材料的创新。在研究阶段,从立法资料、司法实践中发现问题、提炼问题是重点,通过对国内外的立法资料、司法实践以及学理文献的检索,才能更好地夯实解决问题的现实基础。

以张守文教授发表在《政治与法律》2020年第4期的文章《疫情防控:经济法的解析与应对》为例,通过该文的脚注文献,也就是最有效的参考文献,来说明信息检索对该文的支撑作用。该文"编者按"部分"从理论分析与制度构建的双层维度分别探讨疫情防控中经济法、社会法、行政法与私法等领域所面临的问题""并着重对防疫法治体系的建设和完善提出相关建议"[1]。该文共有脚注37个,涉及的文献量有38篇共引用43次,这也是这篇论文需要的最有效参考文献量。其中引用图书4本6次、期刊论文18篇、规范性法律文件16部19次。从文献类型来看,所有的引文类型包括规范性法律文件、图书和期刊论文三种。在引用的规范性法律文件中,包括基本法律8部、通知4个、公告3个、指导意见1个。从中可以看出,研究法律问题不可能不关注规范性法律文件,而规范性法律文件也决不局限于基本法律或者基本法律的核心条款,必须关注不同规范性文件之间的内在联系。

再从所引用的期刊论文来看,该文引用了18篇期刊论文,其中包括人文社会科学综合性期刊论文6篇、经济学和政治学论文各2篇,另外还涉及哲学、历史学、行政管理以及地理学、灾害学论文各1篇,真正的法学期刊论文只有3篇,充分说明研究法学问题的视野应该是更开阔的。在人文社会科学综合性期刊中,包括《中国社

---

[1] 参见张守文:《疫情防控的法治思维和法律制度的完善》编者按,载《政治与法律》,2020年第4期。

会科学》《清华大学学报》《中国人民大学学报》等,哲学类的期刊是《自然辩证法通讯》,政治学期刊包括《政治学研究》《国际政治研究》,历史学期刊是《历史研究》,经济学期刊包括《经济研究》《经济学季刊》,地理学期刊是《地理学报》,灾害性期刊是《灾害学》,等等,都属于所在领域中最具权威性或最重要的期刊。进而也说明,在发现法律问题、解决法律问题的过程中,不但需要广阔的视野,而且需要更权威、更重要的文献来支撑。

另外,从所引用的图书来看,共引用了 4 本图书,而且全部都是译著,其中 3 本原作者来自美国,有 1 本原作者来自德国。4 本译著中只有 1 本著作属于法律类[1],这也更加印证了面对新型法学问题研究需要更开阔的视野的基本判断。尽管该文没有直接引用外文资料,但所引用图书全部都是译著,说明外文文献对解决中国疫情防控法律问题同样具有参考价值。

从上述例证可以看出,在有关疫情防控的法学研究过程中,创新离不开法律信息检索。法律信息检索的基本类型首先是规范性法律文件,因为法律是"准绳",无论在研究中是否引用,都需要无一遗漏地检索相关的规范性文献,这些规范性文件构成了法律问题讨论的"实然"基础。学说理论同样是重要的信息支持,其中最为重要的类型就是学术专著和期刊论文,学术专著就某一法律问题可以提供更加体系化、系统化的全面论述,期刊论文则可以更快地反映研究的进展、动态、动向。此外,该文没有参考案例,属于纯粹的学术研究,但案例代表了司法实践,在通常的法学研究过程中,案例同样是不可缺少的文献类型。最后,该文完全没有引用任何网络信息,某种程度上也体现出严谨的法学研究对待网络信息的一个基本态度,也是法学学科严谨性的一种体现。

与疫情防控相关的信息是海量的,其中的法律信息也是海量的,无论从什么渠道获得的信息,都需要对其进行判别。依法战"疫"与法律信息检索密不可分,而通过检索获取的信息也需要判别其权威性、准确性、可靠性、严谨性,最终才能确定其可用性。通过对可用信息的消化、吸收,最终才能满足获取"答案"、更新知识体系、知识创新的检索要求,才能完成真正意义上的检索目标。

【责任编辑:杨岩】

---

[1] 4 本译著分别为:〔德〕哈贝马斯:《合法化危机》,刘北成、曹卫东译,上海人民出版社 2000 年版;〔美〕詹姆斯·M·布坎南:《自由市场与国家:20 世纪 80 年代的政治经济学》,吴良健等译,北京经济学院出版社 1988 年版;〔美〕内森·沃尔夫:《病毒来袭》,沈捷译,浙江人民出版社 2014 年版;〔美〕贾雷德·戴蒙德:《枪炮、病菌与钢铁:人类社会的命运》(修订版),谢延光译,上海译文出版社 2016 年版。——编者注

试论没收财产刑中的"物"

——历史视野下初步勾勒

蒋志如[*]

摘要：没收财产刑作为一种刑罚方法自古就有。通过考察发现，西方社会语境下没收财产主要指涉对合法财产的没收，通过此种方法以达致打击政敌、增加财政收入的双重目的，因而其主要在国家确定的重大犯罪中适用。当工业社会到来之时，其功能消失，进而立法机关取消了一般没收，而特别没收被凸显。中国的没收财产刑从范围上看非常广泛，包括对"人"的没收和对"物"的没收，被统称为"籍没"，但其功能一直以来非常单一，即打击政敌，因而历代统治者均倚重一般没收，特别没收一直被忽略；进而当历史推进到现代社会，我们在这方面的进步也不大。两相对照，中国没收财产刑之法律规范显得非常落后于现代社会。

关键词：没收财产　籍没　特别没收　合法财产　违法所得

1. 导论：提出问题

传统中国奉行"诸法合体、民刑不分"的立法体例已为共识[1]，以《唐律》为例，有关田土、钱债、户籍等民事规范，亦有斗讼、捕亡等刑事诉讼法之规范，但名例、卫禁等刑法规范，以刑法规范大宗，兼有民事规范、诉讼法规范等其他法律规

收稿日期：2020-05-28

[*] 蒋志如：兰州大学法学院副教授。

本文系国家社科项目《法治视野下的刑事合议庭研究》（项目编号：15XFX011）阶段性成果。

[1] 虽然也有争议（比如说还有在今天可以称为行政规范的官制法典），但是这一争议并不否认《唐律》《宋刑统》等基本法典是诸法合体、民、刑、诉讼法等合体的事实。参见黄源盛：《法律继受与近代中国法》，元照出版社2007年版，第9—13页。

范[1],进而言之,中国自古以来的法律制度均重实体法规则、轻程序法规则。没收财产作为一种刑罚及其被处置的对象财产(即"物")也遵循了同样原则,有丰富的实体法规范,而很少涉及程序法规范,现行《刑事诉讼法》所规范的犯罪嫌疑人、被告人逃匿、死亡违法所得财产没收程序在中国古代社会更不可能产生。

以当下视角观察,犯罪嫌疑人、被告人逃匿、死亡违法所得财产没收程序涉及之"物"与没收财产涉及之"财产"有很大重合[2],因而研究历史视野下的没收财产刑中的"物"在当下不仅仅对实体刑法有助益,对厘清特别程序中的犯罪嫌疑人、被告人逃匿、死亡违法所得财产没收程序所规范对象的范围也有相当的意义。

不过,在展开分析之前,还需要说明一点:虽然古代社会并没有存在没收财产之程序的可能,或者说犯罪嫌疑人、被告人逃匿、死亡案件违法所得的没收程序自古皆无,亦或仅仅存在对该类财产的惯常做法,并不需要对其通过诉讼程序审理。但是我们并不能作出判断认为中国古代社会没有程序。或许,我们可以这样说,这一程序不具有制度刚性特征,它容易被忽视,更确切地说,它是这样一种现象:中国古代社会有程序不是因为古代社会法典中有,并在具体司法实践中很好地实施,而是因为后来学者根据一些材料、资料(如史料、考古文献、文学书籍等)构建起古代的诉讼程序,如有的学者对大秦王朝李斯一案的审理过程的梳理[3],或许亦包括没收财产之程序。

2. 没收财产刑在西方社会的流变进程

从地理上看,处于远东的中国也可以将中国以西之地称为西方,其所在社会称为西方社会,具体而言,不仅仅中亚、西亚、以埃及为代表的非洲的伊斯兰文明在西方社会的范畴之内,其还包括欧洲与北美等地。但是,从中国在近代、现代社会融入的世界体系看[4],我们很少将前者放入西方的范畴,也没有将后者之全部纳入思考[5],而仅仅将西欧社会、北美(包括美国、加拿大等国)纳入学习和借鉴的范围之内。如果仅仅从历史角度看,所谓的西方社会,主要指涉以下范围:古希腊文明、古

---

[1] 参见岳纯之点校:《唐律疏议》,上海古籍出版社2013年版。

[2] 参见蒋志如:《刑事特别程序研究》,法律出版社2016年版,第二章。

[3] 参见参见〔日〕籾山明:《中国古代诉讼制度研究》,李力译,上海古籍出版社2009年版,第28—46页。

[4] 所谓的现代世界体系其实就是在英、法等西欧国家萌芽,进而蓬勃发展,并扩张到北美的美、加等国的政治、经济、贸易体系和世界秩序,到二十世纪后扩展到全球。请参见〔美〕伊曼纽尔·沃勒斯坦:《否思社会科学——19世纪范式的局限》,生活·读书·新知三联书店2008年版;R·R·帕尔默、乔·科尔顿、劳埃德·克莱默:《现代世界史》(插图第10版),孙福生等译,世界图书出版公司2013年版。

[5] 其实每一个人、社会、国家均是功利的,也是理性之主体,其主要关注对其有利或者有重要影响的因素,就相当于美国法学界可以不研究和学习中国,而中国则不能不关心美国一样,中国也就不关注伊斯兰社会,虽然这几年也有一些相关的法律研究。参见蒋志如:《美国大学、法学院与中国大学法学院——读〈耶鲁精神——感受耶鲁大学及其法学院〉》,载《中山大学法律评论》(总第8辑)2010年第1期。

罗马文明、中世纪文明、近代英美法德等国家,笔者在这里的分析也遵循这一传统:

首先,从起源看。制度起源对我们的重要性,正如学者强世功所言,"一个家族需要遥远显赫的祖先,一个国家需要天神一般的立国者,一个民族需要自己的史诗和神话,一种法律传统也同样需要高贵的起源"[1]。但是,任何制度,历史越久远,其确切起源则越难探求;而且,即使有一些探求,也主要是后人根据自己的需要展开的构建,该制度对后世影响越大,其构建的事件对后世影响越深远。因此,我们在探求一项制度之起源时,不在于追求其确切起源,而在于从意义角度探求以为当下问题之解决提供一些助益。没收财产刑作为刑事法律制度之一,我们在追溯其起源时,难度也非常高、甚至可以说有些不可思议。因而,我们能够探求的就是其作为一种法律制度或者事件是何时正式出现的,并梳理其发展历程。

基于刚才提及的前提,没收财产作为一种刑罚在古希腊、古罗马已有,如早期的亚推雷法律,没收财产刑伴随放逐刑、第一褫夺权利刑一起使用[2];该项刑罚主要适用于与宗教和伦理相关的犯罪(如巫术罪、通奸罪等)、叛国罪和破坏民主等重大刑事案件。而法庭适用该刑罚主要之目的在于一方面惩罚犯罪,另一方面则是打击政敌。以著名政治家亚西拜阿德(Alcibiades)[3]为例:

作为雅典著名的政治家,亚西拜阿德不免四处树敌。在远征西西里事件前后,他的政敌在"渎神"案件中利用各种手段展开对其的调查和审理;在亚西拜阿德逃亡斯巴达后,法庭对其缺席审判,并判处其死刑和没收全部家产(没收财产,没收亚西拜阿德之合法财产)。[4] 在该案中,判处死刑并无意义,因为亚西拜阿德不在场,无法执行,没收财产则有相当之意义,因为该项刑罚在一定程度上剥夺了其继续从政的可能。[5]

在该案中,主要涉及对合法财产的没收,属于一般没收,并没有涉及特别没收问题——或许,在当时,区分一般没收和特别没收并没有实质意义,后者自然而然地被

---

[1] 强世功:《司法审查的迷雾——马伯里诉麦迪逊案的政治哲学意涵》,载《环球法律评论》2004年冬季号。英国学者宾汉姆进一步指出了制度起源的重要性,即使这一起源是神话,正如其所说,"有时候,神话比真实更重要"。〔英〕汤姆·宾汉姆:《法治》,毛国权译,中国政法大学出版社2012年版,第15—19页。

[2] 参见万志鹏:《没收财产刑研究》,法律出版社2013年版,第132—134页。

[3] 有的学者将其翻译为"亚西比德(Alcibiades)"。参见〔美〕约翰·R.黑尔:《海上霸主:雅典海军的壮丽史诗及民主的诞生》,史晓洁译,广西师范大学出版社2012年版。有的学者将其译为"阿尔基比阿德斯"(Alcibiades),参见邸明春:《阿尔基比阿德斯和雅典民主政治》,东北师范大学2009年硕士学位论文,我国台湾地区学者席代岳将其译为"亚西拜阿德"(Alcibiades)。

[4] 参见〔古罗马〕普鲁塔克:《希腊罗马名人传(一)》,席代岳译,吉林出版集团有限责任公司2011年版,第357—399页,第373—380页。

[5] 当然,从后来发生的一系列事件看,该项没收财产并没有达到审判者、其政敌的预期目的。参见邸明春:《阿尔基比阿德斯和雅典民主政治》,东北师范大学2009年硕士学位论文。

掩盖在前者的阴影里。

其次,中世纪时期没收财产刑的发展情况。在这里,笔者主要以英、法两国为例[1]:英国的没收财产刑起源于"神圣时代",其适用范围不仅包括严重的世俗之罪(如谋杀、夜盗等罪),还包括宗教之罪。在功能上也与古希腊、古罗马类似,但是其与后者不同的地方在于,国王将没收财产所得作为国家收入之一,甚至是重要的财政收入。[2]

中世纪的法国,作为欧洲大陆最重要的国家,早在日耳曼时期,法国即有对被宣布处于法律保护之外之人没收其财产的判决,随后扩展到其他犯罪,对叛国、侵犯皇室尊严等严重犯罪行为,法官在判处死刑的同时判处没收被告人之财产;与英国类似,没收财产在惩罚犯罪的同时,其延伸功能得到发展,随着时间的推移,没收财产刑之标的物,作为国王、领主的收入来源之一,进而导致其作为一种刑罚被国王、国家滥用。

据此,在这里,没收财产也主要指涉一般没收而非特别没收。

再次,近代社会以来的财产没收刑,经过格老秀斯、霍布斯、洛克、卢梭等人的努力,一种全新的理念和思维方式得以确立,即天赋人权、人人平等、自由、私有财产神圣不可侵犯等理念得到确立,再经过英国光荣革命、法国大革命、美国独立战争等政治事件,这些理念进入法律、司法层面(即在宪法层面得到确立)。在刑法领域,经过贝卡里亚等人的努力,没收被告人合法财产这一刑罚也遭到诟病,在新型政权建立之后,没收财产必将遭遇合宪性的追问;当时机成熟、在立法机关制定《刑法》《刑事诉讼法》等法律时,立法者或者取消之,或者即使保留该方面的法律规范也限制其适用范围,抑或令其成为死去的法律条文。[3] 简言之,近代以来,特别是现代法治国家,没收被告人之合法财产(即一般没收)基本上被取消了。

最后特别没收刑却不断增强:在古代社会,政府并不重视涉案财产所属的特别没收。在笔者看来,一个静止社会、古代社会,财产的确处于不重要的地位,宗教、战争、政治才是当时贵族关注之基本事项,因而即使贵族之财产他们也没有放在心上,因为只要在政治上可以打倒敌人,财产上如何处置并不重要,因而也不需要区分被告人之合法财产、涉案财产等细节,因而特别没收的确可以忽略不计,仅仅模糊地称之为没收财产而已。

因此,特别没收淹没在一般没收之中,仅以没收财产模糊称之。

---

[1] 参见万志鹏:《没收财产刑研究》,法律出版社 2013 年版,第 135—140 页。

[2] 参见 Douglas Kim. Asset Forfeiture: *Giving Up Your Constitutional Rights*. The Campbell Law Review. 1997,转引自万志鹏:《没收财产刑研究》,法律出版社 2013 年版,第 135 页。当然,不可否认,古希腊、古罗马,没收之财产最终成为国家财政收入之一,但后者更将之视为惩罚、打击犯罪和政治敌人的手段而已,而不具有经济性考量,而中世纪的英、法等国则已然将之作为重要的财政收入。

[3] 参见姚贝:《没收财产刑研究》,中国政法大学出版社 2011 年版,第 46—49 页。

当时间推移到近、现代社会,刑事犯罪的数量、涉及的金额均急剧增加,虽然与古代一般没收涉及的财产不可同日而语,但是也相当可观。[1] 作为一种刑罚方法,在一般没收被废除的情况下,特别没收自然而然受到重视,而且还很少受到像一般没收那样的各种质疑。

或许因为这样,世界各国均有特别没收的相关规定,并随着司法实践的丰富,其也越加完善。[2] 虽然各国对其的规定有些差异,但是其基本种类雷同,根据学者的梳理,其涉及的"物",大致可以分为如下三方面内容:其一,供犯罪所用之本人财物;其二,违禁物;其三,犯罪所得之物[3]。

根据上述,我们可以作出以下判断:

其一,虽然我们不能确定没收财产作为一种刑罚的确切起源,但是可以确定的一个事实是,即古希腊、古罗马时期已产生相关案例。如果仔细审视相关文献、案例,没收财产之基本功能有两个:惩罚犯罪和剥夺犯罪分子之再次犯罪能力。但是,其很少提及没收财产的范围,确切地说,西方之没收财产主要是指对财产的没收,很少涉及将人作为"物"、财产的没收,也没有对没收财产作进一步细分,是否与犯罪有关、是否为被追诉人的合法财产等。

其二,到了中世纪,作为代表性国家的英国、法国,还将该刑罚之标的(财产)作为政府(国王)的重要财政收入之一,进而为反思和质疑该刑罚提供了助益。

其三,到了近现代,随着保障人权、自由、平等理念的普及,一方面没收财产刑也受到审视,其被细分为一般没收(主要指涉没收被告人之合法财产)和特别没收(主要包括供犯罪所用之本人财物、违禁物和犯罪所得之物),并逐渐缩小(范围)、甚至取消一般没收[4];另一方面则不断增强和规范特别没收(并作为财政收入的一部分)。

简而言之,没收财产作为一种刑罚方法,西方国家在其发展历程中显示了国家对定罪的犯罪分子财产的强制(通过没收或者罚金方式)越来越谨慎的态度,通过细分其财产之性质分别处理,以达致在惩罚犯罪的同时不侵犯犯罪分子的合法财产,或者说即使法官要将犯罪分子之合法财产强制为国家所有(即作为国家财政收

---

[1] 参见王飞跃:《犯罪工具没收研究》,载《中外法学》2010年第4期。

[2] 在中国共产党第十八次三中全会上也受到关注,在该次全会形成的文件,中共中央《关于全面深化改革若干重大问题的决定》,其中规定了这样的内容:"进一步规范查封、扣押、冻结、处理涉案财产的司法程序"。

[3] 参见袁益波:《刑法中没收物之分类研究》,载《华东政法学院学报》2004年第1期;刘德法:《论刑法中的没收犯罪物品》,载《郑州大学学报(哲学社会科学版)》2009年第2期。

[4] 在笔者看来,一般没收的衰落并不意味着国家放弃了对犯罪分子合法财产的剥夺,只是对其本身的合法性有争议,因而以其他方式取代,即以罚金的方式剥夺被告人合法财产以间接地削弱犯罪分子再次犯罪的能力。

人之一)也应当坚持必要性与比例性的平衡。

3. 没收财产刑在中国的演变过程

首先,从起源看。中国的没收财产刑(即对确定为犯罪分子的个人财产予以没收的刑罚,亦即以财产为对象的刑罚),我们无法确定其确切起源,或者说学者们对其起源会一直争议下去。[1] 不过,从词源看,根据学者们的考察,"籍"在战国时代魏国的《法经》中首次出现,相当于今天的没收财产刑[2]:

"籍"又称"收",或者"籍没""没官""没入""入官"等。从词性角度看,作为名词的"籍"是为一户登记在册之意,而作为动词,"籍"则为籍其家,作为一种刑罚制度,显而易见,取其动词之义。根据《法经》相关规范,"籍"所规范的内容包括三类具体犯罪,即"杀人则诛,籍家及其妻氏""盗符则诛,籍其家""议国令则诛,籍其家氏及其妻氏"。进而言之,"籍"作为一种刑罚,在内容上从一开始就根据不同犯罪类型作出不同的没收,从最小范围的"籍其家"(仅仅是没收财产,当然也就包括作为财产一部分的"奴隶"),到"籍其家及其妻氏"(不仅"物"作为没收的对象,还有"人"也作为没收的对象),再到最大范围的"议国令则诛,籍其家氏及其妻氏"(即"人"作为没收对象在范围上扩大了,即不仅仅包括妻氏,还包括家氏)。

简而言之,在起源阶段,没收财产之范围非常广泛,不仅包括对"人"之没收,亦包括对"物"的没收,而且范围也很广,对"人"来说,不仅包括罪犯,还包括其家属,对"物"来说,不仅仅包括合法财产(包括作为财产的奴隶),还包括违法所得之财产。

其次,从其发展历程看。中国古代之没收财产刑,"籍"或者"籍没"在其创制之后,从历史发展角度看,虽然在历代《刑法志》中有所损益[3],但是其基本内容没有实质性变化,一直包括对"物"的没收和对"人"的没收两方面内容,仅仅是针对不同犯罪其范围有所扩大或者缩小。这一状态一直持续到清末修律。晚清修律之际,在沈家本、伍廷芳等人的努力下,清政府在《大清新刑律》中废弃了对"人"的没收,仅仅在刑法中规定了对财产的没收,分为一般没收(针对被告人之合法财产)和特别没收(针对与犯罪有关的财产)。[4] 这些修订与传统的没收财产刑法开始有了实质

---

[1] 有的学者认为,其产生于战国时期,因为在奴隶社会并没有财产,没有适用没收财产刑的空间;但也有的学者认为,没收财产刑产生于西周,学者们认为,即使在奴隶社会,虽然奴隶本身没有财产,但是也有针对平民、贵族的没收制度,而西周作为奴隶社会发展的高级阶段,当然也就有没收财产的刑罚;也有学者认为,没收财产刑在夏商时期就已经出现。参见姚贝:《没收财产刑研究》,中国政法大学出版社2011年版,第20—23页;万志鹏:《论中国古代刑法中的"籍没"刑》,载《求索》2010年第6期。

[2] 参见万志鹏:《没收财产刑研究》,法律出版社2013年版,第75—84页。

[3] 参见李业旺:《没收财产刑研究》,郑州大学2006年硕士学位论文。从其具体叙述看,没收财产刑的名称也有微小的差异,如唐朝的"没官",在五代时被称为"剥货财",在金时称为"没",明清多称"入官";但这并不表明该制度在核心内容上有多少变迁。

[4] 参见万志鹏:《没收财产刑研究》,法律出版社2013年版,第102—105页。

性差异,开启了中国现代没收财产刑的新篇章。

最后,从现代社会的发展情况看。自1840年鸦片战争爆发到1979年改革开放之际的一百余年间,特别是1912年以来,中国社会的主题不是国际、国内战争,就是各种政治运动,即中国社会一直处于社会动荡、急剧转型之中,无论是中央,还是地方均期望发挥刑法、刑罚(包括没收财产刑)巩固统治的政治功能而常常忽略其他功能。因此,在没收财产这一具体制度中,治理者更重视一般没收,因为其可以在更大范围内防止潜在"敌人"对其治理效果的破坏以实现巩固其统治的目的,而对于特别没收而言,因为其主要与犯罪有关,很难受到治理者的重视。

不过,在民国时期,从制度建设角度看,民国政府与革命根据地的法制对此有区别:根据1928年颁布的《中华民国刑法》,民国政府废除了一般没收(即在法律规范中取消了一般没收的法律条文),仅仅对特别没收作出规范;而根据《土地法》《湖北省惩治土豪劣绅暂行条例》《中华苏维埃共和国惩治反革命条例》等系列法律文件,革命根据地之财产没收并无减弱的迹象,恰好相反,在一定程度上还强化了该制度,即不仅仅重视特别没收,更强调一般没收[1],以更好地巩固根据地的社会秩序。

新中国成立之后,中国一直处于和平时代,没收财产制度之功能也有一些变化,具体而言,虽然有不少刑法草案,但是直到1979年,新中国第一部《刑法》颁布。[2] 根据该部刑法,一般没收(即没收被告人合法的财产)得到规范[3],但是特别没收制度仍付之阙如,亦即这一阶段的中国政府在对待犯罪、包括政治犯罪、严重社会犯罪,与传统法律规定没有多少变化。当时间推移到1997年,全国人大制定的新《刑法》,其不仅仅规范了一般没收,还在第64条中增加了特别没收制度(即涉案财产的没收)。[4]

但这并不是结局。当历史推进到21世纪的第一个10年,当西方国家的相关制度大量涌入中国后,学者们已对一般没收制度到底是废除还是保留问题、特别没收制度的强化等涉及财产没收制度的问题展开激烈讨论:其一,主张废除者与主张坚

---

[1] 参见万志鹏:《没收财产刑研究》,法律出版社2013年版,第105—120页。

[2] 参见柯葛壮主编:《新中国刑事法60年》,上海社会科学院出版社有限公司2009年版,第6—11页,第二章、第三章、第四章。

[3] 1979年《刑法》第55、56条对一般没收作出规范,第55条规定:"没收财产是没收犯罪分子个人所有财产的一部或者全部。在判处没收财产的时候,不得没收属于犯罪分子家属所有或者应有的财产。"第56条规定:"查封财产以前犯罪分子所负的正当债务,需要以没收的财产偿还的,经债权人请求,由人民法院裁定。"第56条在1997年《刑法》中得到微调,即1997年《刑法》第60条规定:"没收财产以前犯罪分子所负的正当债务,需要以没收的财产偿还的,经债权人请求,应当予以偿还。如是规定,在一定程度上削弱了法官的裁量权,要求符合法定条件则必须先偿还,而非由法院裁定。"

[4] 在1997年《刑法》中,第64条规定了特别没收:"犯罪分子违法所得的一切财物,应当予以追缴或者责令退赔;对被害人的合法财产,应当及时返还;违禁品和供犯罪所用的本人财物,应当予以没收。没收的财物和罚金,一律上缴国库,不得挪用和自行处理。"

持者两派针锋相对,均以若干理由以支持自己的主张[1];其二,有的学者以俄罗斯对该制度的反思作为讨论的参照物以思考、推进中国的没收财产刑制度的改革。[2]

因此,当历史发展到21世纪,国内对一般没收制度存在的问题已达成共识,虽然对如何解决该问题还有若干分歧,但是基本赞成未来新《刑法》应当对此有所回应,以更好地保障公民的财产权,真正达致罪行相适应的境地。

4. 中西方关于没收财产刑的对照比较

根据笔者对中、外刑罚中关于没收财产刑之历史的简单梳理,在这里,我们作出如下比较式的判断:

首先,没收财产刑涉及的"物"。从范围看,在古代社会,不仅仅包括今天意义上的物品,还包括不能成为公民的奴隶,而且这一奴隶财产包括两方面的内容:其一,既有的奴隶作为财产的没收;其二,被告人之家属(不论男女老少)降为奴隶,而这些被告人之家属在定罪之前可能是贵族,也可能是平民,如果从法律上说他们均具备公民身份。

两者也有些不同,具体而言,古希腊、罗马重视法律,并将之与权利、自然理性(即自然法)相联系[3],亦即古希腊、罗马居民的权利意识比较强,政府也常常尊重公民相关权利,进而在没收财产时尽量从"物"的角度界定之(以追求正义),因而以刑罚将被告人家属降为奴隶的情形较少(除非是战争)。

而中国的法律因为其起源于兵(即战争),往往与刑、禁止、命令、义务联系在一起,治理者也主要将其作为一种治理工具(即各种统治"术"之一种)。[4] 因此,中国意义上的法律更多的是以惩罚、命令、禁止方式达到治理社会、巩固权力的目的,因而没收财产这一刑罚方法涉及的"物"的范围往往是在政治功能支配下溢出,不仅包括对犯罪分子财产的没收,更是将对"人"的没收蕴含其中,而"抄家灭族"则是其最大的溢出,而且该种刑罚在中国社会较为常见。

其次,从涉及的罪名看。无论是中国,还是西方社会,没收财产涉及的罪名在当时均为重罪罪名,诸如谋杀、夜盗等,特别是带政治色彩的犯罪,诸如侵犯皇室尊严、谋反等,更是与没收财产紧密相连,而且带政治色彩的犯罪在没收财产的数量和范围上也往往超过前者。所不同的是,西方社会的宗教在现实生活中影响甚巨,其涉

---

[1] 参见姚贝:《没收财产刑研究》,中国政法大学出版社2011年版,第98—131页;万志鹏:《没收财产刑研究》,法律出版社2013年版,第217—225页。

[2] 参见龙长海:《一般没收财产刑:俄罗斯经验与中国现实》,载《社会科学》2013年第2期。

[3] 参见〔法〕菲利普·内莫:《罗马法与帝国的遗产——古罗马政治思想讲稿》,张立译,华东师范大学出版社2011年版,第1—4页;参见〔美〕E. 博登海默:《法理学——法律哲学与法律方法》,邓正来译,中国政法大学出版社2010年版,第3—26页。

[4] 参见杨鸿烈:《中国法律思想史》,中国政法大学出版社2004年版,第146—149页;张国华编著:《中国法律思想史新编》,北京大学出版社1998年版,第113—127页。

及宗教的犯罪常常被视为重罪,也会涉及没收财产的情形。

因此,在古代社会、中世纪,治理者非常重视发挥没收财产刑的打击政敌之作用,他们对其的关注往往超越了刑事案件本身,亦即没收财产作为一种刑罚打击政敌的政治功能(剥夺功能)远远大于现代没收财产应该具有的惩罚犯罪功能。[1]因而,没收财产作为一种刑罚体现了古代刑罚的严苛性。

最后,西方社会,譬如说英国在传统没收财产刑中发展出该制度的另一种功能,即没收财产所得成为国家财政收入之一。当然,这不是说,中国古代没收财产刑涉及的财产最后均没有没入国库[2],而是说,治理者并没有重视,更不要说统治者们要以此作为增加财政收入的重要措施,甚至为了达到这一目的而出台配套措施——其可能会推动制度的演进和变迁。不仅如是,作为增加财政收入的功能可能超越其他功能,如英国的约翰王为了筹集战争经费,其通过没收教会、政敌的财产不仅仅是为了打击政敌,其筹集战争费用的功能更显著。[3]

因此,当近、现代社会到来时,私有财产神圣不可侵犯的理念和法律规则被确立之时,在国家之财政收入不再依赖于没收财产等刑罚方法而是通过生产力发展推动国家财政收入增加之时,废除(一般)没收财产刑则是水到渠成、顺理成章。

5. 结语

上述总结可以简单描绘为具有内在逻辑关系的四个方面:

其一,从历史上看,没收财产的对象,即其涉及的"物"的范围不断缩小,从包括被告人家属、甚至更大范围的人和合法财产,到只有被告人的合法财产,再到只涉及其中的合法财产的一部分,而且该类财产涉嫌具体刑事犯罪。

其二,从功能上看,对没收财产刑的政治功能(即剥夺功能)比较重视的治理者更倾向于使用和强化一般没收财产(而漠视特别财产没收),而不是废除之,只有当重视惩罚的治理成为常态时,亦即在现代社会,立法者废除了一般没收,而另一方面则逐渐强化特别没收,涉及具体刑事案件的财产之没收。

其三,特别没收包括犯罪分子合法财产之一部分,在现代社会(特别是中国刑事法领域)主要指供犯罪所用之本人财物,当其被确认时,会被判处没收;除此之外,还包括违禁物、犯罪所得之物两种。[4]

---

[1] 没收财产具有惩罚和剥夺两大功能。参见向燕:《刑事经济性处分研究:以被追诉人财产权保障为视角》,经济管理出版社2012年版,第68页。其实,现代社会的没收财产也有剥夺功能,但其意义主要局限于具体案件,而不再有原来意义上的打击政敌的效果。

[2] 古代中国没收财产后的可能去向:执行该刑罚官员将其一部分中饱私囊,其中一部分用于行贿(以保障其中饱私囊之物的安全),剩下的才是进入国库。

[3] 参见〔美〕迈克尔·V. C. 亚历山大:《英国早期历史中的三次危机》,林达丰译,北京大学出版社2008年版,第68—80页。

[4] 参见现行《刑法》(2020年修正)第64条。

其四,中国的财产没收刑制度有待改善,一般没收(即没收犯罪分子的合法财产)并没有废除,特别没收还没有得到进一步明确,更没有形成一种体系性的规范,虽然我们对没收财产之态度也可以说越来越谨慎——如果从制度转型的宏观角度观察的确可以作出如是判断。

【责任编辑:吴晓婧】

论新时代公共法律服务体系建设的理论基础[*]

杨 凯[**] 张怡净[***]

摘要：基于公共法律服务体系具有公益性、法律性和服务性的本质特征，现代公共法律服务体系建构亟待进行法理学基础理论分析研究，亟待建构公共法律服务体系的价值论、认识论、功能论、方法论及本体论的理论框架基础，亟待辩证思考公共法律服务体系建设与以人民为中心、依法治国、国家治理体系现代化、司法改革、社会治理等我国全面依法治国背景下治国理政政策法律制度之间的相互关系，系统梳理现代公共法律服务体系构建的基础法理内涵和基本理论体系构架。

关键词：公共法律服务体系；法理基础构架；社会治理

引言：问题的提出

十八届四中全会以来，全国各地司法行政机关积极开展公共法律服务体系构建实践，随着中央顶层设计的逐步完善及各地区实践探索取得积极进展，公共法律服务体系建设已初具规模，但当前公共法律服务的理论基础和理论框架体系研究仍处于初步阶段。缺失经过科学论证的理论基础，公共法律服务体系建构与发展实践犹如无根之木，乱象丛生。与此同时，公共法律服务体系被赋予基层社会治理重大意

收稿日期：2020-05-13

[*] 本文为司法部国家治理与法学理论重点项目"公共法律服务体系及其评价标准研究"（2017SFB1006）阶段性研究成果。

[**] 杨凯，华东政法大学中国法治战略研究中心研究员。

[***] 张怡净，华中师范大学法学院硕士研究生。

义,成为国家治理体系中应对基层社会法律服务需求,破解基层社会治理难题的"良方",如何为公共法律服务体系解决基层社会治理困境"正名",以及探究公共法律服务体系在基层社会治理中的潜在效能,构建公共法律服务体系建构的法理基础十分必要。

一、公共法律服务体系建构的本体论基础

关于公共法律服务及公共法律服务体系制度的概念目前还没有形成统一的认知,也没有形成概念通说,仍然是一个动态发展过程中的正在通过社会实践不断增加内涵和扩大外延的成长概念。公共法律服务概念在学术领域被普遍认为是公共服务概念体系下的一个具体服务类型概念,关于公共法律服务的参与主体、产品内容、职责功能、社会价值、公益特性、服务群体、法律依据、管理体制、资源流向、财政保障等都是在公共服务体系这一大框架下设计和建构的。

(一)公共法律服务及其体系的阶段性基本概念与特征

公共法律服务,是指为了确立中国特色社会主义公共法治信仰和实现法律服务的公益性、公共性、公正性等法律精神价值,满足各类多元主体在社会公共生产和生活中日益增长的法律服务现实需求,由政府及司法行政机关主导、管理、统筹和协调,由政府及各行政机关、政法机关、社会多元主体共同参与提供的不以盈利为目的的各类公益性、公共性的法律服务活动及法律服务产品内容,包括服务产品、服务内容、服务设施、服务活动、服务质量标准、服务评价标准、服务事业、服务保障等方面;公共法律服务既包括政府负责采购的无偿的公益性的基本公共法律服务,也包括有偿的收取服务成本或基本服务费用的公共性的法律服务。

公共法律服务体系,是指由政府及司法行政机关主导管理、统筹协调和以公共法律服务产品内容为核心,由公共法律服务政策和立法、服务平台、服务人才机构、服务供给、服务质量评价、服务保障等各项内容体系所共同构成的相互联系的系统性的统一的公共法律服务系列制度设计安排的体制机制集成,是公共法律服务总体性相关制度与树立中国特色社会主义公共法治信仰,以及法律服务公益性、公共性、公正性等法律精神价值紧密联系的一体化构成的整体制度总和。公共法律服务体系基本概念的实质内涵可以界定为现代公共法律服务"供给侧"改革性质的总体性体系化制度设计安排,如同"法律体系应该被看作是相互联系的法律之间错综复杂的网络"[1]一样,公共法律服务体系制度内部各项内容相互联系、相互影响,并能够独立对外发挥体系制度的有效功能。

---

[1] 约瑟夫·拉兹:《法律体系的概念》,吴璋译,中国法制出版社2006年版。

公共法律服务体系是由公共法律服务各项内容共同组成、相互联系的统一体系，如同"法律体系应该被看作是相互联系的法律之间错综复杂的网络"[1]一样，公共法律服务体系内部各项服务内容相互联系、相互影响，与此同时各项内容对外能够独立发挥有效功能。据此，公共法律服务体系具有以下特征：

一是公共性。马克思主义政治学揭示国家的职能与义务在于通过行使公共权力，维护社会公共利益，因而国家以人民为中心、以人民需求为导向提供的公共法律服务具有公共性，符合社会主义国家的本质特征，是国家公共服务体系的重要组成部分。同时，基于我国与资本主义国家属性与法律制度的区别，公共法律服务体系包含的内容并非是资本主义国家为特定阶级及少数人提供的法律服务，而是全民享有均等普惠型法律服务，特别是公共法律服务体系加快推进过程中特别针对特殊及弱势群体、农村地区及欠发达地区进行重点维护，通过提供体系化的公益性法律服务弥补农村公共法律服务短板，提升基层社会治理以及推进乡村振兴战略，彰显了中国特色社会主义制度的优越性。

二是法律性。法律是调整主体行为、确定权利与义务关系、由国家强制力保障实施的规范，对政治、经济、文化及社会生产生活具有重要意义，而公共法律服务体系建构的目的在于满足经济生活与社会生活中人民群众及其他社会主体日益增长的法律需求；同时在全面依法治国的时代背景下，具有整合国家法律资源、吸收社会法律服务力量功能的大公共法律服务体系能够拓展法治实施领域、深化法律治理职能，因而以法律服务为内容以及拓展与深化法治功能的公共法律服务体系必然具有法律性。

三是服务性。在经济转型与社会转型时期，社会主体行为种类与范围的增加及扩展导致生产生活关系及纠纷日益复杂，市场经济主体及社会群众对具有定分止争功能的法律产生更多的需求。公共法律服务体系是我们党与国家遵循社会发展规律，以人民为中心、积极回应人民需求作出的重大制度创新。公共法律服务的提供不以盈利为目的，具备促进社会公平正义的社会职责与服务属性。[2] 同时随着国家治理体系与治理能力现代化的大力推进，政府在处理公共事务中实现从"管理"向"服务"转变，以人民需求为导向的公共法律服务彰显了我国建设与完善"服务型政府"的理念。

(二) 公共法律服务体系建构内容

有关公共法律服务体系建构内容尚无统一定论，但对实践中公共法律服务体系的概括大多包含组织、平台、人才、产品及保障等内容，笔者认为这些观点对公共法

---

[1] 约瑟夫·拉兹：《法律体系的概念》，吴璋译，中国法制出版社2006年版。
[2] 参见熊选国：《大力推进公共法律服务体系建设》，载《时事报告》2018年第5期。

律服务体系建构有较强的启示性，但却忽略了评价这一重要内容。评价制度是检验公共法律服务质量、推动公共法律服务体系建构发展必不可少的重要内容。任何体系的构建一定是从同一事物的不同维度出发，共同构建科学、统一、有序及相互联系的整体。基本公共服务作为大力推行的基本社会制度，拥有科学、系统的体系构成，公共法律服务作为基本公共服务的组成部分，可以在借鉴其体系的基础上进行符合其本质属性的体系建构。根据国务院印发的"十二五"规划中对"基本公共服务体系"进行的定义[1]，笔者认为公共法律服务体系是以公共法律服务产品为核心，由政策体系、产品体系、平台体系、机构体系、供给体系、评价体系构成的系统、统一的基本服务制度。

1. 政策体系

自十八届四中全会首次提出"公共法律服务体系"以来，当前党和政府出台的关于公共法律服务体系构建的政策主要有以下内容：中共中央《关于全面推进依法治国若干重大问题的决定》《关于深化司法体制和社会体制改革的意见及贯彻实施分工方案》《关于司法体制改革试点若干问题的框架意见》《关于加快推进公共法律服务体系建设的意见》《习近平总书记在中央政法工作会议上的重要讲话精神》等。随着公共法律服务体系建构的不断深入，应当加强顶层设计，完善相关制度与法律法规，指导与保障公共法律服务体系加快推进。

2. 产品体系

产品体系是公共法律服务体系建构的核心内容，在消极层面上，公共法律服务产品应当满足城乡居民的基本法律服务需求，实现国家保障人民基本权利的目的；在积极层面上，经过科学设计且与时俱进的产品体系能够引导与促进人民群众积极主动选择地选择法律服务，使得法治观念的普及与法治国家的建设纵深化发展。根据经济学原理，任何商品与产品自身应当包含明确的产品内容、产品生产质量标准、产品生产流程与产品使用评价，将其应用至该处则公共法律服务体系中产品体系的构建应当在司法部提出的公共法律服务清单[2]的基础上，确立包含服务内容、服务流程、服务质量标准和服务评价标准等在内的统一体系，并且应当根据人民需求及实践不断发展完善。

3. 平台体系

平台是展现内容的载体，公共法律服务体系平台是法律服务供给者与接受者沟通交流的桥梁。公共法律服务平台体系包括公共法律服务实体平台、热线平台、网

[1] 国务院《国家基本公共服务体系"十二五"规划》，载北大法宝：法律法规库（http://www.pku-law.cn/fbm/），【法宝引证码】CLI.2.179549，最后访问日期：2019年12月27日。

[2] 司法部《关于推进公共法律服务平台建设的意见》，载北大法宝：法律法规库（http://www.pku-law.cn/fbm/），【法宝引证码】CLI.4.301554，最后访问日期：2019年9月28日。

络平台三大平台。2018年9月,司法部出台指导意见,要求2019年年底前实现三大平台一体化,2020年年底前实现三大平台全面融合。[1] 笔者认为公共法律服务平台体系建设应当以实现公共法律服务体系构建的整体目的为导向,不仅关注平台形式上的建设即融合实体平台、热线平台、网络平台及全国、省、市、区四级平台,还应当注重在平台功能的指引下整合法律服务资源、衔接政法机关等公共法律服务供给主体,通过加强平台依托的公共法律服务内容建设,确保公共法律服务平台体系实现多部门联动、协同高效运行。

4. 机构体系

公共法律服务的机构体系应当分为国家机构和社会法律服务机构两部分。国家机构包括司法行政部门、法院、检察院、监狱等政法机关及承担公共法律服务职能的调解机构等,其中司法行政部门及政法机关是公共法律服务体系建构的主要力量。除此之外,社会法律服务机构也是推动公共法律服务体系建构与发展的重要力量。通过政府购买法律服务等方式引进的社会力量能够弥补司法行政机关及政法机关的局限性,及时反应人民群众的法律需求、扩大公共法律服务体系在基层社会的影响范围,例如基层法律服务机构既可以将政法公共法律服务理念、政策、服务内容等重要事项传递给基层人民群众,也可将人民群众最需要的法律服务需求提交给政府机构。以基层法律服务机构、社会工作机构为代表的社会法律服务机构与人民群众紧密相关,在基层公共法律服务体系建构与完善中有至关重要的桥梁作用。

5. 供给体系

(1) 公共法律服务体系供给的主体。公共法律服务体系是被定位为政府主导、社会参与、全面共建共享的公共服务体系,也是我国转变治理方式,吸收社会主体进行多元治理的重要体现。市场经济的发展导致个人、社会组织的独立性与力量不断提升,公共管理的原理与社会运转机制也表明国家与政府的力量无法兼顾社会运转的全部环节,国家管理的弊端日益凸显,这些共同推动国家与政府转变治理理念与治理方式:从管理到服务、治理主体从唯一到多元。因此体现国家现代化治理方式的公共法律服务体系供给主体范围广泛,除司法行政部门、政法机关等国家力量外,公民与社会力量的参与对于公共法律服务体系的建构与发展至关重要。社会组织与个人也通过政府购买服务、法律援助等方式参与其中,进而在政府主导下,统筹社会法律资源及力量共同推进公共法律服务体系建构与完善。

(2) 公共法律服务体系供给的客体。十八届四中全会高度概括并指明了公共法律服务体系的供给客体,即以城乡二元经济结构为基点,建立覆盖城乡居民并满足

---

[1] 司法部《关于深入推进公共法律服务平台建设的指导意见》,载北大法宝:法律法规库(http://www.pkulaw.cn/fbm/),【法宝引证码】CLI.4.321801,最后访问日期:2019年9月28日。

城乡居民法律需求的公共法律服务体系。公共法律服务体系建构的初衷在于以人民利益为出发点,回应新时代人民群众日益增长的法律需求,因此在我国经济结构呈现城乡二元化、城乡经济差距的现实条件下,公共法律服务体系在建构与完善中应当依据城乡法律需求的不同侧重点,建立同时满足城市居民与农村居民法律需求的公共法律服务体系。

6. 评价体系

评价是监督与检验公共法律服务质量的重要方法。评价机制的引入有助于提高公共法律服务体系建构的完整性与有效性。公共法律服务评价体系应当以评估公共法律服务产品为核心,建立包括评价主体、评价标准、评价程序等要素在内的规范制度体系。在评价主体方面,应当包含专业评价部门及第三方机构在内,同时鉴于人民群众是公共法律服务的接受者,因此应当采用合适的机制将人民群众纳入评价主体。在评价标准与程序方面,应当坚持高标准、严要求,制定符合各项法律服务实践现状的评价要求与流程。同时,需要围绕公共法律服务体系的建构目的,兼顾效率与公平,适时创新评价标准与程序,以期提高公共法律服务的产品质量与服务质量。

(三) 公共法律服务体系的制度渊源

"一部好的历史,其故事就必须能给出一个一致的、合乎逻辑的解释,并且还应能坚守已有的证据和理论"[1]。这表明在理论基础构建中,逻辑的说明与阐述至关重要。有学者认为,逻辑提供的是一套合法性的证明,关注的是"前提、主体、运作及动力机制"等根本性问题。[2] 逻辑思维指引我们在制度分析与理论构建中,从最原始的"点"出发,按照特定的思维厘清制度脉络。公共法律服务体系符合制度特征,因而依照政治逻辑与历史逻辑顺次分析公共法律服务制度产生的政治要求与现阶段历史因素,并以之为制度[3]渊源,是构建公共法律服务制度理论基础的前提。

1. 国家治理

从现代国家发展史可以得知,统治—管理—治理是大多数发达国家政治发展历程。统治行为的强制性与利益分配不均等性导致其从根本上严重侵犯了非统治阶级的政治权利、经济权利及其他重要权利与利益。管理是相较于统治而言更为理性与科学的治国理政方式,我国《宪法》第2条第3款规定人民管理国家与社会。不可否认的是,我国的综合实力提升与高速发展得益于国家与政府管理带来的优势,但

---

[1] [美]道格拉斯·C.诺思:《制度、制度变迁与经济绩效》,格致出版社2008年版,第181页。
[2] 参见徐尚昆:《推进公共法律服务体系建设的理论探讨》,载《中国特色社会主义研究》2014年第5期。
[3] 根据制度的相关理论,笔者认为公共法律服务体系符合制度特征。

现阶段国家管理模式在一定程度上限制了经济发展与社会发展的活力,同时,经济转型与社会转型导致问题与矛盾频发,管理的弊端日益凸显,国家与政府已经无法解决所有问题。自1989年世界银行提出"治理危机"一词,治理在全世界范围内引起广泛关注。西方学者格里·斯托克(Gerry Stoke)对当时的治理概念进行梳理后归纳出主要观点,其中包含"治理来自政府以及社会公共机构和行为者,办好事情的能力不限于政府的权力以及政府的发号施令或运用权威"[1]。十八届三中全会提出"推进国家治理体系和治理能力现代化",此后治理成为我国治国理政的新方略。治理与统治及管理具有本质差别,追求区别于传统治理模式的法治及良法善治,强调治理主体多元、治理方式多样,注重借助市场力量与社会力量共同治理。

2. 国家治理与法治

十八届四中全会《中共中央关于全面推进依法治国若干重大问题的决定》(以下简称《决定》)将建设社会主义法治国家及促进国家治理体系与治理能力现代化相结合,十九届四中全会更加深刻地指出,全面依法治国,建设社会主义法治国家,切实保障社会公平正义和人民权利是我国国家制度和国家治理体系的显著优势之一。从学理上看,有学者认为治理是建立在市场原则、公共利益和社会认同之上的合作,其权力向度是多元的、相互的,而并非单一及自上而下的,这体现了治理理念中包含的现代化要素。[2] 公平、自由的法治精神是现代化国家追求的目标,且法治蕴含其他规范不具备的严谨、强制等特征,能够提高国家的稳定性、避免传统治理模式的非理性,从根本上保障国家治理现代化的有序建设。因而,法治是现代国家治理的应有之义,法治是国家的法律之治、现代之治、有效之治、稳定之治、长久之治。[3] 应当注意的是,不能仅依靠法治提升国家治理水平,具有中国特色的德治也是传承千年、蕴含中国智慧的重要治理方式,在国家治理体系制度与理论建设中,我们应当充分发扬德治理念、创新德治方式、构建德治理论,不断发展现代国家治理方式及中国特色社会主义制度。

3. 我国法治现状

经济发展水平及国家现代化发展要求促进了我国从"发展速度快"进入"发展质量高"的转型时期,这必然对国内的市场经济与社会发展产生影响。在我国,与纠纷类型及纠纷数量持续增长相反,以法官为典型代表的法律职业共同体数量增长缓慢,"纠纷产生数量与纠纷解决数量"二者十分明显的对比无疑是影响我国法治建设

---

[1] 参加[英]格里·斯托克,华夏风译:《作为理论的治理:五个论点》,载《国际社会科学杂志(中文版)》1999年第1期。

[2] 参见薛澜、张帆、武沐瑶:《国家治理体系与治理能力研究:回顾与前瞻》,载《公共管理学报》2015年第3期。

[3] 参见卓泽渊:《国家治理现代化的法治解读》,载《现代法学》2020年第1期。

水平的重要因素。

增加纠纷解决资源无法满足纠纷产生数量问题,除增加法律职业共同体数量这一重要方式外,还应当分析我国现有法治方式是否有可以改善及完善的地方。起初,公民与其他主体间大量纠纷属于生产生活或交易琐事,可以通过协商私了等方式解决,无需第三方介入,这种纠纷被法社会学学者称为"初级纠纷"。若纠纷双方当事人的主张无法实现以致纠纷无法解决,此时需要中立第三方介入,第三方在我国及其他国家表现为政府、司法机关或其他中立机构,这种纠纷被称为"次级纠纷"。现代法治尤其是现代审判方式基本只关注进入其视野的"此时此地"发生的次级纠纷,但法治面对的"次级纠纷"仅仅只是全部事实关系中的一部分,因而这样一种"外科手术式"的处理方法仅使得局部纠纷暂时解决,有可能埋下新的"次级纠纷"乃至更大冲突发生的隐患。[1]

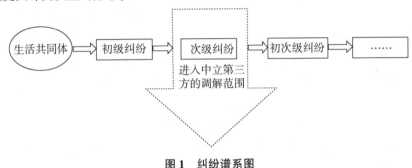

图1　纠纷谱系图

从案件审理效果看,案件法律真实与客观真实的差距始终存在,法律具有定分止争的作用,但审判始终如"外科手术式"一般,仅是"疾病"发生后解决问题的方式,应对社会纠纷与社会问题始终治标不治本。纠纷与解决方式的讨论具有一定的理论及模型性质,虽然近年来伴随着理论研究与实践的发展,以仲裁为主的替代性纠纷解决方式发挥的作用日益凸显,对这一问题的解决起到了一定的缓解作用,但是始终无法彻底改善。因此,需要一种新的制度去根本解决审判效能与纠纷数量的冲突、审判介入时间与纠纷发展程度的冲突及审判效果与社会需求的冲突。

综合上文所述,经济的发展释放社会活力,同时产生的一系列问题也凸显了我国以往管理方式的弊端,这迫切要求国家转变治国理念与方式,寻求与社会发展要求协调同步的方法。法律特有的属性、追求的精神、产生的效果得到国家、市场与社会的共同认可,因而法治也是实现共同目标的理想方式。基层治理是国家与社会治理现代化的基石,基层是受经济与社会转型影响最早及影响最深的地方,因而我国

---

[1] 参见郭星华:《全息:传统纠纷解决机制的现代启示》,载《江苏社会科学》2014年第4期。

法治现状的问题也在基层尤为凸显。制度供给是国家治理现代化的重要方式,此时亟需一种新的制度破解我国法治与基层治理的难题,公共法律服务体系正是在此背景下应运而生。

二、公共法律服务体系建构的价值论基础

在法学研究中,法的价值主要有以下几种不同的语义:一是指法律在发挥社会作用的过程中能够保护和助长哪些值得期冀、希求的或者美好的东西,如公正、秩序等,可称为法的"目的价值"或"外在价值",这是法律或法律制度追求的根本价值;二是指法律自身所应当具有的值得追求的品质和属性,称之为法的"形式价值"或"内在价值"。公共法律服务体系符合制度特征,其必然包含公平、正义、自由、人权等法律制度普适性的目的价值,因而本文对其价值的讨论更多集中在公共法律服务体系的内在价值范畴。内在价值是界定内容、区分公共法律服务体系与其他法律制度的要素之一,也是制定者希冀公共法律服务体系能够满足及实现的价值。本文对公共法律服务体系内在价值的分析是基于我国当前处于市场经济升级转型、社会转型的特殊语境。

(一)公共法律服务体系保障市场经济平稳转型

市场化带来高效与便捷,同时市场经济的复杂性也对社会经济发展带来风险。发展虽然是市场经济的历史趋势与内生规律,但是依据事物曲折发展规律,市场经济在前进发展中不可避免地遇到多种风险。近年来随着生产力与科技的不断发展,生产方式与社会分工日益变化,社会中逐步出现未纳入政策与法律调整范围的新型生产活动,由于利润动机等因素,部分新型生产活动可能对现有经济环境产生负面影响。根据马克思主义政治经济学原理,经济是以法律为代表的上层建筑的产生基础,但此后经济与法律相互影响,共同推动国家进步,其中法律对经济的巨大推动作用在市场经济发展程度高的发达国家发展史中得以证明。有学者认为,自18世纪以来生产活动的爆炸性增长与法律密切相关,这种爆发性的内在动力即是财产的可抵押性。[1] 抵押性可视为将财产与法律相连,财产进而成为财产权利,此后自由流转等行为均受到法律与国家的政治保障,这极大地增加了财产拥有者的安全感、促进资本的高速流动,生产的扩大加深了对法律的信任,形成良性循环,推动生产活动快速增长。这种观点对分析法律对经济的保障作用具有较强的启示性。

公共法律服务体系作为连接点之一,将新型经济行为及传统生产活动与法律及

---

[1] 参见〔英〕杰弗里·霍奇森,张林译:《资本主义的本质:制度、演化和未来》,格致出版社2019年版,第171页。

行政行为相连接,这些市场行为产生的风险信息通过公共法律服务体系及其他行政体系运转得以收集,之后公共法律服务体系等机制联动发挥功能,对市场中的风险信息进行整合及分析,再通过公共法律服务体系及其他机制信息系统传输给有关部门、社会公众及相关企业。2018年江苏省苏州市高新区司法局在"金融小镇"成立金融风险防控法律服务工作站,该金融风险防控法律服务工作站有关金融风险防控运行情况如下:

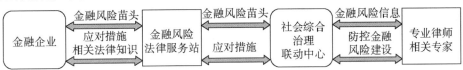

图2　金融风险防控法律服务工作站"金融风险防范"运行图

以苏州市高新区金融风险防控法律服务工作站为典型代表,公共法律服务体系在防范市场经济风险中发挥重要作用。金融法律服务站的工作内容通过主动排查、收集数据、上通下达、法治宣传及量身定制金融法律服务,整合法律服务资源、形成法律服务联动,达到区域风险防控及消除矛盾隐患的目的,维护区域金融安全及保障区域市场经济升级转型。

(二)公共法律服务体系促进政府转型与社会转型

工业化、城市化、市场化等现代化因素带来巨额财富、社会变迁及个体意识的觉醒,这些因素导致社会生活秩序急剧变迁,超过社会自我调适的范围,使国家治理陷入一定的混乱局面。在经过多次尝试及改革后,建构现代国家治理体系符合国家发展规律,必然成为中国政治和行政体制改革的总体目标。[1] 公共法律服务体系是市场经济背景下,政府主导及社会力量呼吁的符合我国社会发展规律的法律制度,对政府及社会转型具有一定意义的促进作用。

1. 公共法律服务体系促进"管理型"政府向"服务型"政府转型

改革开放以来,高速增长的经济对社会秩序产生剧烈影响,引发社会变革,原有治理方式已无法应对经济与社会生活日益复杂的新问题,经济发展与社会秩序变迁对国家与政府应对公共事务提出了新的要求。市场经济催生的市场主体与社会群体力量不断壮大,全能型政府已经无法通过管制与管理的方式处理公共事务。现实因素与历史因素要求国家与政府需要客观认识市场、社会迸发与蕴藏的力量,并改变政府行政方式,在维护国家安全与社会稳定的基础上最大化地扶持市场并促进社会力量发展。这就要求政府避免违反市场运行规律进行过多干预,科学且理性地

---

[1]　参加何显明:《政府转型与现代国家治理体系的建构——60年来政府体制演变的内在逻辑》,载《浙江社会科学》2013年第6期。

"收回"阻碍市场发展的"手",还应当增强公共服务的供给能力,满足社会需求,在与社会力量合作中完善社会治理,提高政府效率,为解放和发展生产力提供助力。

公共法律服务体系是服务型政府在法律领域提供公共服务的基础性制度,彰显了国家机关与社会力量合作以共同维护经济发展与社会生活稳定的现代治理方式。以律师、律协、法律援助机构等法律专业人员及社会组织积极参与专业领域社会治理,具有整合法律服务资源、扩大法律供给主体的作用,同时随着法律工作者与法律领域社会组织参与公共法律服务体系发展的常态化、制度化、规范化,法律领域的社会力量逐渐兴起,与国家力量互补互助,从不同视角共同维护社会公平、正义。

2. 公共法律服务体系促进"效率型"社会向"公平型"社会转型

社会转型作为社会进程的特定历史时期,包含制度转型、经济转型、文化转型、秩序转型等诸多层面的内容。美国经济学家库兹涅茨根据欧美国家近百年发展数据提出表明经济发展与收入差距关系的"库兹涅茨曲线"。"库兹涅茨曲线"表明在前工业文明向工业文明过渡中,居民收入差距在起初迅速扩大,其后稳定,最终逐渐缩小。这是由于财富积累集中在少数人手中,而财富又转换为资本变为经济增长的动力,必然是穷者越穷、富者越富。

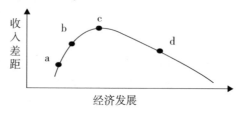

图3 库兹涅茨曲线示意图

有学者借助库兹涅茨曲线分析社会收入差距与社会矛盾的关系,认为在现代化与工业化前期,市场部分主体财富的快速增长与劳动力的低收入引发贫富差距过大,造成社会矛盾凸显;在行业利润相对平均化及政府再分配能力提高的后现代化时期,收入差距缩小使得社会秩序趋于稳定。[1] 通过借助经济学理论与方法[2]以及参照国际社会发展经验可以大致判断我国当前已经进入社会矛盾产生频率最高的拐点时期。在迈向后工业与后现代化的经济转型时期,如何通过国家行为帮助我国在实现经济转型的同时实现社会的稳步转型? 一是从根本上通过再分配等一系

---

[1] 参见蒋立山:《迈向"和谐社会"的秩序路线图——从库兹涅茨曲线看中国转型时期社会秩序的可能演变》,载《法学家》2006年第2期。

[2] 经济学界认为国家的现代化进程大致分为劳动力无限供给阶段及劳动力短缺阶段,这两个阶段的交叉点被称为"刘易斯拐点"。现代化前期由于劳动力资源充足,供过于求,劳动力工资取决于维持生活所需的生活资料价值,现代化后期则情况相反。

列宏观改革减少收入差距,二是使防范性治理力度大于社会矛盾产生力度。世界范围内多数国家曾面临与我国现阶段相同的境遇,但由于国家代表资产阶级利益、崇拜市场自发调节机制等原因未成功实现经济转型与社会转型,被称为"中等收入国家陷阱"。我国历来重视制度建设与理论建设,改革开放以来,在党的领导下我国各项改革与建设均建立在对社会发展规律深刻认知与把握的基础上。公共法律服务体系正是我国为应对及解决当前社会秩序及问题现状而提出的具有中国特色的方案。通过覆盖全社会的一系列公共法律服务,预防纠纷与矛盾产生,及时解决社会各领域冲突与矛盾,从而使防范性治理力度大于社会矛盾产生力度,从根本上缓解社会矛盾的产生及对社会秩序的负面影响,保障我国社会与经济同步实现平稳转型。

(三)公共法律服务体系提升公民法治观念

公共法律服务体系是我国基于国家经济生产方式转变及社会转型的时代背景提出的国家治理制度,是法律领域与政治领域的一次革新与突破,除却科学性与历史必然性外,其中必然蕴藏诸多的治国艺术与政治智慧。有学者提出中国的各项改革除了顺应历史潮流外,在政治智慧中也包含法律经济学原理。[1] 传统经济学家认为市场是一只万能的"手",可以自发生成包括法律在内的社会规则。由于我国缺少民主法治的历史传统及市场机制尚未发展及成熟,导致公民对法律十分陌生。因而自1985年国家开始向全民普法,此后普法工作逐步常态化、制度化,非常明显的举措是国家通过普法向公民与社会传递法律知识,极大地提升了公民与社会的法律认知。借用法律经济学理论可以推导出国家普法中包含的经济逻辑:法律可被视为意识形态产品,通过对其投资,不仅能改变公众选择,还能影响公众偏好。通过进一步分析可知,普法包含较低的政治与经济成本,而对法律这一意识形态产品的投资便于国家维持和形成稳定的主流意识形态和政治秩序。"法律意识投资"往往能够获得良好的收益,这些收益又促使国家持续"投资"。这是因为法律在得到信任的背后有更关键且更隐蔽的基础——人性论:法律之所以可行是因为其满足了人类的遵从性本能,在特定制度与环境中人类倾向于接受和服从权威。[2] 同时,人性趋利避害的本能也预示社会人与企业会在衡量守法收益与违法成本后会选择最符合自己利益及收益最大化的行为。而人基于"服从权威"与"趋利避害"本能进而守法的前提是知晓与了解法律。公共法律服务体系可视为国家对公民"法律意识形态"的投资,通过多种法治宣传教育形式提升公民对法律的知晓度,引导公民主动选择用法律解决纠纷,提高公民法治观念与法律素养,进而在全社会形成守法用法的良好

---

[1] 参见张建伟:《"变法"模式与政治稳定性——中国经验及其法律经济学含义》,载《中国社会科学》2003年第1期。

[2] 参见杨虎涛:《法律制度主义:一种新的资本主义本质观?》,载《政治经济学评论》2019年第4期。

氛围,促进社会与国家的稳定,为全面依法治国提供稳定的主流价值支持。

三、公共法律服务体系建构的认识论基础

在法学理论体系中,认识论是法哲学的核心内容,通过对结构、本质、来源、判断及影响进行分析与研究,揭示法律及法律制度的本质。笔者以国家治理为视角,分析公共法律体系建构的正当性、必要性与可行性。

(一)国家制度供给的义务

国家在转型过程中,原有的制度难以应对社会中出现的新问题,如何创造社会现阶段所急需的社会制度,这被称为"制度生产模式"。制度供给能力被认为是国家治理能力的重要体现与核心内容。公共法律服务体系充分彰显了国家作为治理主体的制度供给义务。

通过上文分析,当前我国社会的主要矛盾在法治领域体现为人民群众对法律资源的需求和法律资源分布不均衡、不充分的矛盾,而国家有义务在现实困境下采取多种方式提高法律资源供给能力。通过顶层设计、制度构建、财政保障、社会参与等一系列方式,覆盖城乡、精准普惠、满足各地区不同主体多元化法律服务需求的公共法律服务体系能够打破财富与地域这两个制约法律服务向基层社会广大群众提供的桎梏,法律服务资源缺失导致矛盾无法解决,继而影响社会稳定的枷锁得以破解,同时纠纷与矛盾被提前预防或及时得到化解、广泛的基层社会生活被纳入法治轨道,从而有利于社会秩序稳定、经济向好发展。此外,公共法律服务体系也是破解基层社会治理难题的创新型法律制度。当前我国处于转型时期,社会利益纠纷和风险不断增加,原有的"纠纷后才处理"模式与传统乡规民约治理的方式无法应对日益增多的社会矛盾与社会风险。公共法律服务体系既能满足基层社会主体解决纠纷的需求,又"触手可得",逐步使法律成为基层人民群众预防纠纷和解决矛盾的首要选择,最终用令人满意的法律服务提高法律在基层社会的影响力,进而提升我国基层治理水平及法治社会建设水平。

(二)法治社会的建设要求

社会包含广义的生活、生产等领域,是广大人民群众与社会力量存在的范畴,生产与生活领域的矛盾与纠纷是诱发社会不稳定的重要因素。"法治兴则国家兴,法治衰则国家乱",[1]法治是推进基层社会治理与社会建设的根本保障。

有学者认为,法治是除革命、改革外的第三种解决社会矛盾的方式,法治的核心要义在于限制权力及维护秩序。而用法治方式化解社会主要矛盾需要把社会主

---

[1] 第十九届五中全会报告。

矛盾主体化。[1] 因而建设法治社会目的在于通过法律预防与解决社会主体间的具体纠纷,用法律预防风险、定分止争的微观功能实现法治维护社会秩序的宏观价值。公共法律服务体系提供的法律咨询、律师服务、公证服务等多项内容能够解决社会中大多数个体与组织的矛盾与纠纷,化解可能出现的纠纷,保障市场经济与社会生活平稳有序。

此外,使法治观念深入人心,让法治变为社会文化的重要内容也是法治社会的特征之一。中央全面依法治国委员会第三次会议明确提出"弘扬社会主义法治精神,增强全民法治观念,完善公共法律服务体系,夯实依法治国社会基础"。[2] 公共法律服务体系包含的法治宣传服务是增强全民法治观念的有效方式之一,通过"看得见的"法律解决问题的实际效果来提升公民与社会组织对法治的信任度,也是增强社会法治观念的重要方式。

(三) 公共法律服务体系建构的现实基础

经济基础决定上层建筑,制度的产生依托于使其产生的社会环境。市场经济高速发展产生的影响首先反映在社会层面。市场经济改变了以往的利益结构,社会群体出现分层现象,各群体利益与诉求逐渐多元化,导致纠纷与矛盾频发,而现有的法治方式与法律资源供给机制无法满足市场主体与人民群众日益增长的法律需求。除经济因素外,城乡二元结构导致的经济与法治资源长期不均衡,使农村地区居民在面对现代化冲击时各项权利与利益无法得到保障,这也限制了我国现代化进程的发展速度。整体来看,城乡地区居民对法律服务的需求、对公平与正义的期盼是公共法律服务体系得以产生的社会基础。

我国社会主义制度为公共法律服务体系提供了制度基础,也是其产生与发展的核心因素。第一,中国特色社会主义制度中的政治制度是公共法律服务体系具备科学性与合理性的基础:始终代表人民利益的党和政府为满足人民群众日益增长的法律服务需求,在准确把握社会发展规律的基础上设计公共法律服务体系;集中力量建构和发展公共法律服务体系的能力也体现出我国政治制度的优越性;隶属于政治制度范畴的法律制度是公共法律服务体系建构的重要内容,一方面公共法律服务项目以法律法规为核心内容,另一方面公共法律服务体系是法治现代化建设路径的拓展。第二,文化制度中包含蕴藏中国智慧、展现中国特色的道德体系,这些传统文化丰富了法治宣传、人民调解等公共法律服务体系的内容与方式。第三,财政制度为公共法律服务体系提供稳定的经费支持,是我国能够建设和加快推进覆盖城乡、全

---

[1] 参见陈金钊:《"用法治化解社会主要矛盾"的话语系统贯通》,载《吉林大学社会科学学报》2019年第5期。
[2] 第十九届五中全会报告。

时空、全领域的公共法律服务体系的"底气"与资金保障。

四、公共法律服务体系建构的功能论基础

功能一般是指某一客观存在产生的实际效果。公共法律服务体系的功能是指通过建构与发展公共法律服务体系能够在国家与社会中达成的实际效用和结果。

(一)公共法律服务体系建构的基础功能

1. 解决社会纠纷

公共法律服务的多种服务项目能够帮助社会群众与其他主体实现定分止争的目的,对解决社会矛盾、稳定社会生活及市场经济秩序具有重要意义。近年来随着科技的创新与发展,"互联网+"助力公共法律服务体系快速发展。借助科技的力量,各地在构建与完善公共法律服务体系过程中积极创新方式,基于此,法律服务变得"触手可得",极大地拓展了法律解决社会纠纷的方式和渠道,扩大了法治实现解决社会纠纷效能的覆盖面。

2. 防范纠纷风险

社会矛盾纠纷解决机制的重点在于预防机制的建立。公共法律服务体系内容丰富,以法治宣传、律师服务为典型的法律服务,能够通过多种方式提升公民和经济主体的法律风险防范观念,帮助指导公民与经济主体提前规避风险与纠纷。法律的良好社会效果与公共法律服务体系高效便捷的平台系统共同使法律成为防范纠纷、规避矛盾的首要选择,润物无声,法律自此全方位深入生产生活。例如,武汉市江汉区作为国家级现代服务业示范区,2018年针对区域内发生的典型金融案件,江汉区司法局为防范金融风险、维护企业安全与利益,特对辖区内相关金融企业开展以此典型金融案件为主题的法治宣传,预防潜在的金融风险,保障了辖区市场秩序稳定。在此次疫情期间,司法行政部门以涉小微企业和农民工的矛盾纠纷作为重点,做到早排查、早预防、早化解,推进涉疫矛盾纠纷源头预防、排解预警、多元化解工作,通过防范纠纷风险的方式稳定社会秩序。[1]

(二)公共法律服务体系建构的政治功能

1. 拓宽全面依法治国路径

在法治思想方面,公共法律服务体系是我国在准确把握社会发展规律及总结国情的基础上,自主创新、科学设计的法律制度,表明我国全面推进依法治国不同于以往借鉴吸收国外法律制度的模式,而是开始注重在把握我国现阶段社会发展规律的

---

[1] 参见白阳:《为统筹推进疫情防控和经济社会发展提供有力法治保障——访全国人大代表、司法部部长唐一军》,载中国法院网(https://www.chinacourt.org/index.php/article/detail/2020/05/id/5240302.shtml),最后访问日期:2020年5月28日。

基础上自主创新法律制度。在法治体制方面,法律不再主要依靠国家机关工作人员向社会供给与输出,具备专业知识和资质的社会组织及个人也成为法律服务的供给主体。在充分整合国家与社会的法律资源、扩大法律服务供给侧效能的基础上,公共法律服务体系也推进法治现代化各项内容向基层下沉,真正落实到人民群众和市场主体。

2. 创新中国特色社会主义制度

十九届四中全会明确指出,国家治理体系和治理能力是中国特色社会主义制度及其执行能力的集中体现。公共法律服务体系作为法治的具体内容,在全面依法治国、推进国家治理体系与治理能力现代化背景下得以产生与发展,同时其设计与构建完全以我国基本政治、文化、经济等制度为基础,是我国自主创新的法律制度。公共法律服务体系的建构有利于中国特色社会主义制度的丰富与发展,同时"完备的中国特色社会主义公共法律服务体系,能够产生制度优势,有力推动治理水平的提升"[1]。

(三) 公共法律服务体系建构的法治职能

在基层社会中,传统的乡规民约、道德规范无法有效应对社会发展带来的利益冲击,而由于我国数千年来缺少法治传统也使法治观念无法深入基层社会,这种德治与法治的鸿沟使基层社会始终无法找到行之有效的社会治理方式。

公共法律服务体系在内容方面创新性地将德治融入法治中,使现代化法治的稳定秩序功能与沉淀着中华智慧的德治相结合;同时通过多种方式整合法律服务资源,扩大法律服务供给主体,建设公共法律服务供给平台,在此基础上通过财政保障、吸收社会力量参与等多种方式保障各地区形成稳定的普惠型法律服务产品供给,确保公共法律服务体系能够高效、精准地满足基层社会各类群众多样化的法律服务需求。公共法律服务体系帮助基层社会在转型时期防范风险、化解纠纷,为基层社会经济发展及社会发展保驾护航,同时用法律服务的"触手可得"实现法治观念的"深入人心",最终使法治成为基层社会主体解决纠纷的首要选择与基层社会治理的主要方式,进而促进基层社会的各项发展,发挥出破解基层社会治理难题的"良方"的效能。

五、公共法律服务体系建构的方法论基础

方法论主要分析为实现公共法律服务体系应当践行的理念与实践路径。公共法律服务体系与国家治理体系中诸多制度相互联系并相互影响,因而除公共法律服

---

[1] 杨凯:《让公共法律服务成为核心竞争力重要标志》,载《人民法院报》2019年第3期。

务体系内部建构与完善外,也应当从政治、司法等相关领域分析公共法律服务体系建构与完善的方法。

(一)加强公共法律服务体系建构的顶层设计和立法推进

一方面,党和政府应当加强建构公共法律服务体系的顶层设计,明确公共法律服务体系建构的主要事项,为全国各地区建构与完善公共法律服务体系提供清晰、明确的理念指引;另一方面,国家与各地区应当积极推进各项立法工作,通过将制度内容上升为法律,明确规定公共法律服务体系建构主体的事权与职责、确定公共法律服务体系建设主体间沟通与合作的程序,保障公共法律服务体系稳定、高效发展。

(二)完善公共法律服务体系建构的保障机制

完善公共法律服务体系保障机制应当从财政、编制及机制等方面展开。财政保障要求强化公共法律服务各项经费支持,应当通过将公共法律服务体系建设经费纳入财政计划以及通过加强立法规范经费支持等方式将财政保障规范化,确保划定各级财政部门保障职责、厘清各级政府事权。编制保障主要包括人员编制、薪金待遇、发展及晋升机制等内容。加强编制保障有利于推进公共法律服务队伍正规化、规范化、稳定化及专业化,同时有利于促进公共法律服务人员协同一体化及促进公共法律服务人员积极参与社会治理。机制保障要求完善公共法律服务体系各项体制机制内容,加强组织机制、制度机制等各项机制建设及体系内各项机制协同、配合,根据实践情况予以调整和完善,确保各项机制与实践发展相适应,从而保障与促进实践发展。

(三)创新公共法律服务体系建构的内容与产品

随着公共法律服务向民生领域的不断推进及法律服务需求市场的不断发展,公共法律服务体系应当以社会生产生活需求为导向不断创新法律服务内容与法律服务产品。公共法律服务供给主体应当在公共法律服务内容指导下,在提供普适化公共法律服务产品的基础上,特别针对特殊群体及企业提供应对高法律风险的特定产品。与此同时,各供给主体应当发挥职能或专业优势,结合地区实践情况,打造在社会有广泛影响力的"公共法律服务产品品牌",以期提升公共法律服务效果及影响力。

(四)注重公共法律服务体系建构的科技应用

科技是推动各项制度变革与发展的动力之一。各地区司法行政机关及其他公共法律服务供给主体、企业组织应当加强与科技公司合作,借助科技公司在大数据、智慧平台等的优势,探索多领域合作模式,提高"法律+科技"合作能力,增强公共法律服务体系的精准性与智慧性,从而提升公共法律服务体系平台的服务效率。

结　语

现代公共法律服务体系具备制度特征,是我国在遵循社会发展规律的基础上为回应社会法律需求及破解基层社会治理难题而科学设计的法律制度,提升国家治理、基层社会治理及法治社会建设水平是公共法律体系建构的制度渊源与现实基础。为实现公共法律服务体系促进经济转型与政府转型及提升公民法治观念的独特价值,以及充分发挥其社会功能、政治功能、法治职能,我国亟待完善公共法律服务体系建设的顶层设计、加强地方立法推进、创新公共法律服务内容与产品、完善保障机制。在顶层设计与地方公共法律服务体系建设不断深化的背景下,现代公共法律服务体系在推进国家治理能力以及提升基层社会治理水平中持续保持效能激活与释放,其体系建构的理论框架和法理基础建构研究也将与现代公共法律服务改革创新的社会实践逻辑同步趋于完善。

【责任编辑:杨岩】

论公司存续前提下股东出资加速到期制度的构建

郭梦瑶*

摘要: 自2013年《公司法》对股东出资制度进行重大修改后,认缴制的优越性得到了实务界与学界的普遍认可,但我们不得不看到其在发挥优越性的同时不可避免地造成公司制度之间的不协调,出资期限作为与认缴制相配合而生的公司自治事项,极易形成股东依据公司章程尚未到达实缴出资期限拒绝出资,而公司以其法人财产无力清偿债务的尴尬境地,使得债权人利益的保障处于极其脆弱的地位。问题的出路在往返于股东的期限利益与债权人的利益保障此两种对立的法益之间进行利益衡量,构建公司存续前提下股东出资加速到期制度,同时重视加速到期制度在执行阶段的适用。

关键词: 认缴制 出资期限 加速到期制度

一、问题的提出

2013年《公司法》对公司设立制度进行了重大变革,公司设立的条件实现了由实缴制向认缴制的重大转变。认缴制的实施对于鼓励公司创设、激发市场活力的重要作用已经得到了实务的证实与学界的一致认可,但与此同时我们不得不看到,注册资本认缴制的实施给股东的出资责任问题及债权人权益的保障带来了新的挑战:股东在认缴股本后往往并不同时向公司投入与认缴资本等额的财产,而是在出资协

收稿日期:2020-05-12

* 郭梦瑶,西北农林科技大学2019级法律硕士。

议与公司章程约定的期限内分期缴纳,此种做法成为股东出资设立公司时的普遍选择,避免了资本锁死在公司,保障了资本的流动性,实现了资本效益的最大化,这也正是认缴资本制变革的理论基础之一。但股东资本的分期缴纳却极易形成股东依据出资协议与公司章程尚未到达实缴出资期限拒绝出资,而公司以其现有法人财产无力清偿债务的尴尬境地,危及交易相对人债权的实现,甚至危及公司的存续。我国《破产法》注意到了公司无力清偿债务时股东未实缴出资的情形,明确规定在此情形下管理人应当向股东主张出资的实际缴付,而不论该股东是否已届出资期限。《企业破产法》中的规定成为当前法律制度下的"股东出资加速到期制度",即申请公司破产是我国当前法定的唯一突破出资期限约定的事由。然而,破产的申请和最终的破产宣告与破产财产的分配和执行之间仍夹杂着复杂的程序,且会同时产生破产费用、共益债务与其他应当优先清偿的债务,债权人的债权并不处于有利地位,且公司还可能需要支付较高的程序费用,增加了债务人的支出,进一步降低了债务人的偿债能力,且即使此时可以要求股东缴付未到期的出资,也可能出现股东无力缴纳的情形。可见,在破产法律制度下,虽然可以突破公司与股东的出资期限约定以实现债权人的利益,但是此种做法的收效很可能只停留在理论上,实践中债权人利益的实现情况可能并不必然优于采取非破产手段时的实现程度。基于此种分析,学界逐渐提出了"股东出资加速到期"的制度构想。此种构想不再将股东出资加速到期制度的适用情形局限于破产程序之中,而是确定,只要公司不能清偿债权人债权,债权人即可申请未实缴出资的股东缴纳其应缴出资,而不论该股东是否到达出资期限。

二、肯定论视角下股东出资加速到期制度构建的理论争议评析

对于股东出资是否应当设计加速到期制度,理论界长期以来存在很大争议,形成了肯定论、否定论、折中论"三足鼎立"的局面,本文支持肯定说,并以肯定论为视角对股东出资加速到期的三种理论争议进行评述,并进一步提出本文观点。

(一) 肯定论

此种制度构建了股东出资加速到期制度的肯定论。肯定论认为,在非破产程序中股东出资亦可加速到期,本文从三个角度阐释此种制度设计的合理基础。

1. 基于责任财产的要求

如何解释与认定公司的责任财产是研究股东出资加速到期制度的前提与基础。《公司法》第 3 条以概括的方式规定公司以其全部财产承担责任,公司作为独立法人,其注册资本即全体股东认缴的资本为公司法人财产,是公司对外承担责任的基础。该条规定并未将公司财产区分为股东已到缴纳期限的财产与未到实缴期限的

财产,意味着股东认缴的全部财产即是用于对外承担责任的基础,而无论股东认缴的出资是否到期,实缴期限的约定仅是公司内部约定,效力仅及于公司与股东,不能对抗外部债权人。另外,公司法允许股东自由约定出资期限的前提是,公司成立后股东不实缴出资并不影响公司的运营和存续,股东的自由止于公司的存续与交易相对人的安全,当公司陷入无法清偿对外债务的窘境并丧失偿付能力时,公司法会强制将股东之间约定的出资期限加速到期以向债权人履行补充赔偿责任。[1] 因此公司责任财产理论构成了要求股东出资加速到期的理论基础。

2. 制度成本的效益优势

如前所述,肯定论认为构建股东出资加速到期制度后,由于节约了债权人因债务不能清偿而申请债务人破产所必然造成的对债务人自身财产数量的损耗而当然地具有制度成本效益优势,然而肯定论的此种理论基础却成为否定派反击的重点之一。否定论认为肯定论所主张的制度成本效益优势无具体事实予以证明,一方面债权人有申请公司破产等相关多种替代性救济措施,且各项替代措施的成本并不必然高于其向股东主张出资加速到期的成本;另一方面,否定论认为现有的破产制度可以达到倒逼股东自愿提前实缴出资的效果。

笔者认为股东出资加速到期制度的成本效益优势是客观存在的,否定论提出的否定理由并不必然成立。一方面,如前所述,申请破产需要经过漫长的破产程序,且根据《企业破产法》的规定,破产程序中所有债权停止计算利息,而资本最大的价值就体现在其流动的过程中,此时债权人依法应按时得到清偿的债权及资本长期锁定在破产程序中,影响债权人对其资本的使用与收益;另一方面,进入破产程序意味着公司财产要优先支付破产相关费用与优先债权,进一步降低了公司清偿普通债权人债权的能力,多数情况下进入破产程序的公司不能完全清偿每一位债权人的债权,综合各种因素看来,对于债权人来说,破产并不一定是实现债权的最佳方式,且不一定是债权人债权实现的最优解。更进一步,对债务人企业来说,股东出资加速到期制度的构建对于企业整体而言也具有成本效益优势。从《企业破产法》的规定来看,具备破产原因的情形包括企业具有巨额固定资产,但因无法及时变现而无法清偿债权人债权的情形,故具备破产原因并不代表公司的存续并无任何经济价值,此时若给予公司一定的缓和机会,其可能会逐渐恢复盈利局面。此时允许债权人不申请破产而直接要求股东出资加速到期以充实公司资产,则可以在及时实现债权人权益的同时给予债务人即公司以生存的机会。最高人民法院最新颁布实施的《全国法院民商事审判工作会议纪要》(以下简称《九民纪要》)中亦将公司具备破产原因但债权人不申请破产作为可以加速到期的事由之一,承认了特定情形下的股东

---

[1] 参见张磊:《认缴制下公司存续中股东出资加速到期责任研究》,载《政治与法律》2018年第5期。

出资加速到期,故从整体上可以窥见司法裁判的态度还是尽可能从制度的成本效益角度出发设计更有利于企业与市场发展的制度与裁判规则。《企业破产法》将企业具有巨额固定资产,但无法变现作为破产事由是为了给债权人债权的及时实现提供救济途径,这并不等于当然地否定拟破产企业的商业与市场潜力,也不等于当然地堵塞债权人其他债权实现的路径,对此前述《九民纪要》态度已经足够明确,将非破产股东出资加速到期制度作为债权人债权实现方式,给予了具有市场潜力的企业因市场原因具有巨额固定资产,但无法变现而进入破产边界扭亏为盈的机会,若对此类企业一概采取破产的方式予以清退,不仅债权人的利益不能得到最优的保障,之后该企业再重新进入市场还要再行付出巨大的成本或丧失重大的交易机会,从长远的视角来看均不符合成本效益观。故综上所述,无论是从债权人角度分析,还是从债务人角度分析,股东出资加速到期制度的构建均具有制度成本的效益优势。

从破产制度与加速到期制度是否具有制度替代性角度看,否定论所主张的破产制度具有倒逼股东自愿提前实缴出资的效果,因而无须另行设置加速到期制度并无事实依据。破产对公司效益与股东利益的影响是一种远期的影响,而可以看到的是,在公司注册资本认缴制实施以后,股东通过认购巨大的股权比例以取得公司控制权实施"空手套白狼"的短期行为屡见不鲜,破产这一远期制度规制股东短期行为的约束作用不足,通过申请破产倒逼股东自愿提前缴付出资的效果并不一定能够实现,与其将提前缴付出资的判断权交给具有道德风险的股东,不如将此项请求权赋予债权人。

3. 约定无效说

约定无效说主要针对实务中屡现的履行期畸长的出资协议。《公司法》在允许认缴出资分期缴纳的同时并未限制分期缴纳期间的上限,若股东约定的实缴期限畸长以至于导致实质上没有确定其履行期限的可能,则可认为此种约定属于滥用订约权的行为,可以推测股东存在道德风险,根据《合同法》第52条关于"以合法形式掩盖非法目的"的规定认定该约定无效。[1]

支持肯定论的学者主张通过对《公司法司法解释三》第13条第2款"未履行或者未全面履行出资义务"的表述采取扩张解释来解决公司存续前提下股东出资加速到期制度建设的路径问题,但此种解释方法受到了法律解释学家的批评,认为此种解释会产生同一用语在同一条款中得出不同解释的矛盾状态。本文无意对是否应当采取扩张解释作出回应,采取扩张解释这种模糊处理的方式作为制度构建的路径

---

[1] 原《合同法》关于"以合法形式掩盖非法目的"的表述并未得到《民法典》的沿袭,其具有的通谋虚伪表示和避法功能在司法实践中可被《民法典》第一四十六条、第一百五十三条、第一百五十四条替代。在约定无效说的观点下运用《民法典》处理滥用订约权问题时,可以以股东在约定出资期限时恶意串通损害他人合法权益为由认定该出资期限约定无效。

并不是最优解,除了此种方式,证成此项制度构建的必要性还存在其他理论基础作为支撑。

(二)否定论

除上述对肯定论关于制度成本的效益优势的反驳观点外,否定论否定股东出资加速到期的理论依据还在于"风险自担"原则。否定论从公司章程必备条款与章程的公示性角度出发,认为股东的出资方式、出资额与出资时间是公司章程应当载明的事项,且2014年10月1日起施行的《企业信息公示暂行条例》针对公司认缴与实缴情况的公示作出了严格的要求[1],作为注册资本制下对交易相对人交易安全的保障措施。相对人作为善意且谨慎的相对方在交易之前应当对公司此类信息进行分析以作为是否与其交易的判断标准,若相对人在获知公司的相关交易信息后仍选择与其交易,则证明其已明知此项交易所可能带来的风险。商事交易的风险性是其本质特征,对于商事交易中可能产生的风险,在信息对称的前提下,每个交易当事人都应当自担可能发生的风险,包括相对人因股东分期缴纳股款等原因造成的偿债能力不足的风险,故基于"风险自担"原则,不应当构建股东出资加速到期制度给予交易相对人过度的保障。

否定论的此种观点看似合理,但从实践与2013年《公司法》修改的重点与立法目的观之,风险自担原则不足以否定股东出资加速到期制度构建的合理性与必要性。

实施认缴制的目的是为了激发市场活力,鼓励公司设立。在市场中实有资本尚不充分的现状下,认而不缴已经成为大量公司股东的出资方式,此类公司大量存在,如果将"风险自担"作为否定加强债权人利益保护机制构建的理论基础,则相当于告诉相对人:要想更好地保障自身权益的实现,必须选择已经完全实缴的公司进行交易,变相限制了那些追求稳定与交易安全的公司选择交易相对人的空间,而完全实现资本实缴的公司在实践中的数量可能是极为有限的,如此反而不利于交易的扩展与进行,实质上已经偏离了认缴制扩大交易与繁荣市场的目的。2013年《公司法》进行的重大变革主要目的在于通过公司资本缴纳方式的变革实现繁荣市场经济的目的,并不意味着通过法律的修改变相降低了债权人利益保障的重要性。随着注册资本认缴制改革的实施,债权人利益保障的必要性反而应当提高到新的高度上。《公司法》第1条明确公司法的立法目的就是在于保护公司、股东、债权人的合法权

---

[1] 根据《企业信息公示暂行条例》第8—10条的规定,企业应当于每年1月1日至6月30日通过企业信用信息公示系统向工商行政管理部门报送上一年度年度报告,并向社会公示。企业年度报告内容包括有限责任公司和股份有限公司股东或者发起人认缴和实缴的出资额、出资时间、出资方式等信息,企业应当自有限责任公司或者股份有限公司发起人认缴和实缴的出资额、出资时间、出资方式等信息形成之日起20个工作日内通过企业信用信息公示系统向社会公示。

益,公司、股东与债权人处于同一保护顺位,即使认为之后出台的《企业信息公示暂行条例》是与 2013 年《公司法》认缴制改革相配套的保护债权人利益的制度设计,但与之前的实缴制相对比,此种制度实际上加重了交易相对人对公司的审查义务,对债权人分析公司财产水平的能力提出了更高的要求,债权人实际上成为认缴制改革的牺牲品,因此必须对债权人的利益提供其他的保障措施。

(三) 折中论

鉴于肯定论与否定论观点的激烈争议,学界逐渐形成了折中观点,此种观点主张即使构建加速到期制度也应当分情况适用:其一,不能清偿状态下的加速到期。其认为如果公司发生不能对债权人完成清偿的情形,股东出资应当加速到期。其二,侵权债务偿还应加速到期。

笔者认为,基于公司独立法人地位,要求股东承担出资加速到期的法律后果的必然前提当然是公司不能清偿,因此折中理论中的第一种情形并不是问题的关键。折中论的主要创造性表现在其将公司债权人进行进一步的细分,分为自愿债权人与非自愿债权人。自愿债权人即在普通的商事合同与交易中基于契约成为的债权人,非自愿债权人则为因公司的侵权行为等事实行为对公司享有债权的人。基于此种分类,持该观点的学者认为,自愿债权人主动与公司进行交易,本身有义务对其公司章程进行了解,公司章程所约定的事项对其具有抗辩力,其应当尊重股东出资的期限权利,因此加速到期不应适用于自愿债权人;非自愿债权人没有义务也不可能去主动了解潜在的未知债务人信息,当公司侵权行为发生而又不能清偿时,股东出资必须加速到期,从而更好地保护侵权债权人的利益。[1]

折中论的创造性在于超脱了肯定说与否定说默认的债权人的范围,以广义的债权人视角分析股东出资加速到期制度构建与适用的必要性,引入了对非自愿债权人保护的必要性的考量,在侵权债权人的利益保护与股东财产利益之间进行法益衡量,得出仅有侵权债权人的损害救济法益可以对抗股东与公司的出资协议约定的结论,但其仍未肯定对自愿债权人利益保障的必要性。

(四) 本文观点

综合比较学界目前已经形成的三种观点,笔者坚持肯定说的观点,认为当前市场与经济环境下应当构建股东出资加速到期制度以加强对广义债权人权益的充分保障。

首先,在大力赞同认缴制的优越性的同时不应忽视认缴制的实施所带来的与当前商事环境与商事制度的冲突。法定资本的改革必须是一种系统化的改革,而且任何公司资本制度都有其合约、经济与文化基础。大量的实证数据表明,我国取消最

---

[1] 参见岳卫峰:《公司非自愿债权人的法律保护》,载《法律适用》2012 年第 6 期。

低注册资本、改实缴制为合约缴纳制等改革措施欠缺合约逻辑和经济逻辑,也不符合我国的文化偏好。[1] 因为公司资本制度是一个由设立阶段资本形成制度、经营阶段资本流转制度以及破产阶段资本退出制度构成的完整系统,设立阶段资本规制的放松,需要经营阶段、破产阶段资本规制强化改革的替代性支撑,只有这样才能在提升资本运行效率的同时,给予公司债权人更好的保护,特别是在当前我国商业信用严重缺失的时代,这种协同化改革尤其重要。而反观2013年《公司法》改革,仅仅局限于放松行政管制方面,并未有公司资本规制制度的相应建立,客观上使资本充实更难以实现,债权人的利益被相对弱化,当公司不能清偿到期债务,特别是当公司股东利用认缴资本制的法律漏洞去从事机会主义行为损害债权人利益时,《公司法》对债权人的救济效果并不明显。正因如此,股东出资加速到期制度的构建必要性日趋明显。[2]

其次,构建股东出资责任加速到期制度不仅与公司法的立法目的吻合,还与《公司法司法解释三》第13条的立法目标别无二致。若无第13条的规定,债权人主张股东缴付出资以使公司有能力偿付全部或部分债权,只能通过申请破产的方式,由破产管理人要求股东履行出资义务,但出于有效保护债权人利益,减少债权人负累的目的,法律允许债权人直接向对公司负有出资义务的股东主张权利。《公司法司法解释三》与股东出资责任加速到期制度不同之处仅在于,该司法解释允许债权人直接向对公司负有出资义务的股东主张权利的前提在于股东已届出资期限。故两种制度设计的出发点都是在维持公司存续的前提下减少债权人的负累。对该制度构建持否定论的学者认为允许债权人向股东直索出资可能影响其他债权人债权的公平清偿,故不应当在法律上确认此种制度。但与《公司法司法解释三》第13条对照可知,按照该条规定处理也存在影响其他债权人债权的公平清偿的问题,但并未影响《公司法司法解释三》对此种制度的确立,故此种问题不应成为股东出资加速到期制度构建的阻碍。

最后,《民法典》出台以后已经以法律的方式确定了我国民商合一的立法体例,故民法上的公平原则与诚信原则同样适用于商法领域。2013年《公司法》将注册资本最低限额、法定验资程序和注册资本出资期限等内容予以删除,赋予股东边投资、边补资的自由。然而,股东享有出资自由的权利边界应是至少保证公司不沦为股东转嫁经营风险的工具,[3] 一旦公司无法清偿对外债务,股东就不能继续享有这种自由,《公司法》强制股东出资"加速到期",要求股东承担补充赔偿责任体现了

---

[1] 参见蒋大兴:《质疑法定资本制之改革》,载《中国法学》2015年第6期。

[2] 参见赵树文、郏心怡、赵勇政:《股东出资加速到期法律适用研究》,载《保定学院学报》2017年第5期。

[3] 参见李建伟:《认缴制下股东出资责任加速到期研究》,载《人民司法·应用》2015年第9期。

权利义务对等原则的内在要求。[1]《九民纪要》后杨春波与高明等执行异议之诉案二审民事判决书中法院也认为股东出资义务的履行期限并非完全自治的事项,在法律制度框架内存在股东出资加速到期的制度,其目的就是公平处理公司对外债务,避免债权人的利益遭受损害。在公司作为被执行人的案件中,人民法院一方面穷尽执行措施无财产可供执行,公司已具备破产原因,但不申请破产的,未届出资期限的股东在未出资范围内应当对公司不能清偿的债务承担责任。[2] 另一方面,要求股东在公司不能清偿债务面临破产的边缘时承担出资加速到期的后果,对于预防股东道德风险具有明显的意义。对于公司股东而言,其在公司成立时认缴资产的比例与其对公司经营的控制权成正比,如果股东通过滥用认缴制度获得了公司控制权却在公司出现经营困难时无所作为,那么公司的发展必然会来到破产边缘。为此,要求没有实缴出资的股东在公司困难之时以提前缴纳认缴资产的方式拯救公司是公平原则在商法中的体现,也是避免股东道德风险的重要举措,而且,此种对股东"挺身而出"的要求不仅应当是一种倡导性规定,更应当以法律与制度的形式确立下来。

三、股东出资加速到期制度设计与具体适用

(一) 制度设计

基于上述股东出资加速到期制度构建的必要性分析,在认定制度构建的合理性的前提下,必须考虑如何将制度的设计转化为法律条文的明确确认。在制度设计层面上,可以进一步细分为基础诉讼阶段的加速到期和执行程序中的加速到期。

对于基础诉讼阶段的加速到期,根据《九民纪要》的精神,可以参照《公司法司法解释三》第13条的条文表述进行法条构建,规定如下:

> 公司资产不能清偿债权人全部债务的,债权人可向人民法院请求未达出资期限的认缴股东在其未履行或者未全面履行出资义务的范围内就公司未能清偿的债务承担清偿责任。认缴股东因承担上述责任实质上已完成全部出资的,其他债权人提出相同请求的,人民法院不予支持。
>
> 存在多名未实缴认缴资本的股东的,债权人可以请求某一股东承担清偿责任,也可请求此类股东共同承担清偿责任,股东之间可就清偿比例进行协商,协商不成的,应当按认缴出资的比例确定对债权人清偿的份额。

执行程序中的加速到期概念实质上是在之前的诉讼过程中并未出现或者提出

---

[1] 参见张磊:《认缴制下公司存续中股东出资加速到期责任研究》,载《政治与法律》2018年第5期。
[2] 杨春波与高明等执行异议之诉案,北京市第三中级人民法院(2019)京03民终9641号民事判决书。

债务人公司股东出资加速到期的事由,而是在执行过程中由于被执行人无财产可供执行而债权人又不希望通过破产程序解决时,仍可以通过制度设计使股东出资加速到期。由于《九民纪要》承认了未达出资期限的认缴股东出资加速到期的特殊情形,故在此种裁判思路确定后执行程序中对应适用股东出资加速到期制度的理论障碍进行了一定程度的排除。这项制度虽然是一项新的设计,但是其理论基础与现实意义与普通诉讼程序中的加速到期制度是相同的,故而不必赘述,加之债务人是否破产实质上也与股东是否能够完成其对认缴出资的实缴有关,若其能够实缴出资,则公司自然不必破产。此项制度的构建与普通诉讼程序中加速到期制度的构建具有同等甚至更为重要的意义,在《九民纪要》颁布后的实践操作中,各级法院已经基本能够按照《九民纪要》的精神处理加速到期的案件,但是在适用《九民纪要》精神时仍然较为僵化,例如,在钮喜林、弘大宗源(天津)企业管理有限公司民间借贷纠纷案执行审查类执行裁定书[1]中法院即认为,最高人民法院《关于民事执行中变更、追加当事人若干问题的规定》第17条规定应追加承担责任的股东为已届出资期限而未履行或者未完全履行出资义务的股东,而因认缴出资期限未届满导致尚未出资的股东,是否应按上述司法解释被追加为被执行人,应从《公司法》规定的公司注册资本制度予以考虑。法院认为股东出资认缴制系现行《公司法》的明文赋予股东分期缴纳出资的期限利益且股东认缴的金额、实缴期限等信息属于债权人可以获取的公示信息,债务不能清偿属于正常的交易风险,以突破股东的期限利益作为债权人的保护方式不符合认缴制的设立初衷。本案中,钢材公司工商登记信息显示,夏津津出资义务履行期限尚未届满,不符合最高人民法院《关于民事执行中变更、追加当事人若干问题的规定》所规定的应被追加为被执行人的条件。因此,法院认为在相关规范性法律文件未对股东出资加速到期进行明确规定的情况下,夏津津的出资义务不应加速到期。温岭市亿源燃气设备有限公司、广东金铁匠机电设备制造有限公司买卖合同纠纷案执行审查类执行裁定书[2]同样以执行程序中没有股东加速到期的相关规定驳回申请执行人申请追加被执行人的申请。在此种判决意见与制度设计下,被执行人无财产可供执行,则只能进入破产程序而无其他效益更佳的路径可选择,实质上与《九民纪要》尽可能扩充债权人的权利救济途径、简化债权实现方式、实现债权人与债务人双方共同的效益的目标并不相符,故在执行程序中,应当引入股东的加速到期制度,具体的制度可以设计为:

  作为被执行人的企业法人,财产不足以清偿生效法律文书确定的债务,已

---

  [1] 钮喜林、弘大宗源(天津)企业管理有限公司民间借贷纠纷案,天津市河东区人民法院(2019)津0102执异279号执行审查类执行裁定书。
  [2] 温岭市亿源燃气设备有限公司、广东金铁匠机电设备制造有限公司买卖合同纠纷案,浙江省温岭市人民法院(2019)浙1081执异145号执行审查类执行裁定书。

经具备破产原因而申请执行人不申请破产的,申请执行人可以申请变更、追加未缴纳或未足额缴纳出资的股东、出资人或依公司法规定对该出资承担连带责任的发起人为被执行人,在尚未缴纳出资的范围内依法承担责任,无论该股东、出资人或发起人是否已届出资期限。

(二)制度适用中举证责任的分配

股东出资加速到期制需要诉讼程序予以落实,而由于《公司法》的修改,验资程序不再作为设立公司的必备前提,则债权人确认公司股东的出资情况、股东对出资履行情况的证明均存在一定的困难,需要通过举证责任分配的设计予以解决。

《企业信息公示暂行条例》虽然要求企业对股东的出资情况变动进行及时公示,规定了20日的期限,但是诉讼的提起与公示的变动之间可能存在时间差,很可能股东已经实际缴付了全部或部分出资,但企业在20日的时限内尚未完成公示,而此时债权人基于其债权未能得到清偿的事实已对股东提起诉讼。在此种情形下,作为原告的债权人所依据的证据即是企业信息公示信息系统上的记载,而股东若想证明其已实际出资,则需要提交相应的证明,若股东以财产出资,此种证明可以是银行转账凭证;如股东以实物出资,则应证明其已将动产交付,不动产办理了产权变更登记手续。故在股东出资加速到期诉讼中,采取的应当是一种特殊的举证责任制度:债权人提交股东未完成实缴的初步证据,此时债权人的证明标准仅需达到使法官对股东出资情况产生怀疑即可,之后由被诉股东提交充分的证据以证明其已实际交付,债权人提交的证据是公示程序尚未完成变更的结果,此时被诉股东所需达到的证明标准即是排除法官的合理怀疑。

四、结语

公司制度的改革是对发达国家经验借鉴的结果,但先进经验的借鉴与制度的变革也应当与中国的商业环境、商业文化相结合,综合各方利益的平衡,保持各制度之间的协调,以使公司法律制度发挥应有的效果。只学其一而不注重与制度之间的协调,反而会顾此失彼。公司存续前提下股东出资加速到期制度构建的目的是消弭完全资本认缴制所带来的负面影响,实践中应当充分领会《九民纪要》规定加速到期的目的与逻辑,防止僵化适用这一裁判标准,在充分实践的基础上推动立法的修改,真正使股东出资加速到期制度正式成为《公司法》上的一项制度设计而不仅是《九民纪要》所提出的一种裁判标准,并真正实现公司制度中三方主体的权益均衡。

【责任编辑:杨岩】

实务探讨

虚开增值税专用发票犯罪之目的研究

李 睿*

摘要：刑法对于虚开增值税专用发票罪没有明确该罪属于特定目的犯，由此引发裁判结果的重大分歧。从其属性看，虚开增值税专用发票罪属于非法定目的犯、短缩的二行为犯，其目的属于超过的主观要素，即使法条没有明确规定，其仍然应当具备骗取税款的主观目的，不能仅以客观上的"三流不一致"推定其为虚开并认定犯罪。从立法目的、法益侵害、罪刑一致的角度考量，骗取国家税款应当为其目的内容；同时，从文义解释、法条对比、追诉标准、个案批复和目的性限缩解释角度考察，虚开增值税专用发票犯罪的目的应当限定于骗取国家增值税税款。

关键词：虚开　增值税专用发票　逃税　目的犯

一、判例的纷争

近年来，国内的石化行业内全面爆发了"变名销售"案件，这类案件有一个共同特点系石化生产企业由于各种原因在对外销售燃料油时，通过增设交易环节的方式由贸易企业开具品名与货物不一致的发票，即变名销售。但是，在案情高度类似的变名销售案件中，由于《刑法》第 205 条对于虚开增值税专用发票罪的规定较为笼统，没有确定虚开犯罪属于特定目的犯，导致司法机关对于该罪的界定模糊，法院的判决存在重大分歧。根据查询的案例，全国不同地区法院对同类案件作出了迥然不同的裁决。截取其中两个有代表性的案例：

收稿日期：2020-03-31

* 李睿，上海财经大学法学院副教授，法学博士。

案例一:辽宁葫芦岛海油石化有限公司变名销售石脑油案。[1] 辽宁省葫芦岛市法院认为:公诉机关指控邵某的行为构成虚开增值税专用发票罪罪名有误,认为其主观上没有虚开增值税专用发票的故意,客观上也没有实施虚开增值税专用发票的行为。由于邵某等人通过虚设交易环节的方式实际骗取了国家对于石脑油消费税的税收优惠政策,构成逃税罪,最终判决邵某犯逃税罪并追究其刑事责任。

案例二:安徽六安变名销售汽柴油案。[2] 安徽省六安市法院认为:被告人刘某作为鑫鑫公司、铂锦公司工作人员,在贸易过程中,购进甲基叔丁基醚、混合芳烃等化工产品,收到发票再加价后,为江浦公司开具货物名称为汽油及柴油的增值税专用发票。被告人刘某采取将甲基叔丁基醚等化工产品转换成汽、柴油的方式为他人虚开增值税专用发票,隐瞒了生产环节,致使国家消费税损失 3.24 亿元,判决其行为构成虚开增值税专用发票罪。

如何理解虚开增值税专用发票罪的"目的",是准确定罪的关键。当前,无论是法学理论界还是司法实务界,对该罪虚开行为是否要求有特定目的,存在肯定说与否定说之争。这既造成了理论上的混乱,也给司法机关在处理这类案件时带来了错判的风险,前述两个案例也已经出现类似案件处理结果迥异的情况。《刑法》第 205 条规定:"虚开增值税专用发票或者虚开用于骗取出口退税、抵扣税款的其他发票的,处……"。显然,《刑法》对虚开增值税专用发票罪没有规定以骗取税款为目

---

[1] 案例一[辽宁省葫芦岛市中级人民法院(2013)葫刑二初字第 00010 号刑事判决]:葫芦岛海油石化有限公司(以下简称"海油石化"),成立于 2008 年 12 月,主要经营燃料油、溶剂油、塔残油以及液化气等产品。公司法人邵某。邵某为谋取一定的利益,促成以下交易:2010 年,山东省博兴县宏发能源有限公司(以下简称"博兴宏发")与中海石油葫芦岛精细化工有限公司(以下简称"精细化工")签订石脑油购销合同,购进石脑油 1000 吨,精细化工向博兴宏发开具品名为石脑油的增值税专用发票。随后博兴宏发将购得的石脑油销售至盘山县富兴隆化工有限公司(以下简称"富兴隆"),向其开具品名为石脑油的加工产品芳烃和乙烯的增值税专用发票。博兴宏发从上游企业取得石脑油的增值税专用发票,然后将收购来的石脑油销售给下游企业,开具品名为石脑油加工后的产品芳烃或乙烯的增值税专用发票共 51 份,石脑油 999.32 吨,税额 863942.13 元,价税合计 5945954.00 元。货款先由富兴隆汇至博兴宏发的银行账户,再由博兴宏发转至精细化工银行账户。

[2] 案例二(安徽省六安市人民法院 2015 年 1 月判决):被告人刘某于 2012 年初通过李某某介绍认识江苏江浦经济贸易有限公司(以下简称"江浦公司")的副总经理陆某某,并与陆某某商谈由刘琦成立一家公司以采购原材料的名义为江浦公司开具增值税专用发票。2012 年 2 月 21 日被告人刘某在六安市经济技术开发区注册成立六安鑫鑫石油化工产品销售有限公司(以下简称"鑫鑫公司",于 2013 年 3 月注销),后又于 2013 年 1 月 24 日在六安市经济技术开发区注册成立六安铂锦石油化工产品销售有限公司(以下简称"铂锦公司"),鑫鑫公司、铂锦公司与江浦公司"合作",由江浦公司联系安徽海德石油化工有限公司、安徽泰合森能源科技有限责任公司、上海海盛石油化工有限公司等供货企业购进甲基叔丁基醚、混合芳烃、二甲苯、碳九等化工产品,并提供鑫鑫公司、铂锦公司的资料给供货企业,安排供货企业与鑫鑫公司、铂锦公司签订购货合同,而后江浦公司提供购货资金给鑫鑫公司、铂锦公司,通过鑫鑫公司、铂锦公司将购货资金支付给供货企业,供货企业收到货款后由江浦公司安排运输工具到供货企业提货或由供货企业直接将货物运输到江浦公司指定的地点。交易完成后,上游供货企业为鑫鑫公司、铂锦公司开具票货款一致的增值税专用发票。被告人刘某的鑫鑫公司、铂锦公司收到发票后再按每吨 50 元至 70 元不等的标准加价后,为江浦公司开具销售货物名称为汽油及柴油的增值税专用发票。

的,更没有进一步明确骗取的税种是否限定于增值税。如果没有骗取税款目的是否构成虚开增值税专用发票罪?进而言之,如果没有骗取增值税税款目的但有其他犯罪目的并实施了其他犯罪行为的,是构成虚开增值税专用发票罪还是其他犯罪?此即本文所要讨论的问题。

二、虚开增值税专用发票犯罪目的的研究进路

(一)行为犯还是目的犯

在我国刑法理论中,关于构成虚开增值税专用发票罪是否须具备以骗取税款为目的的必备要件,问题的焦点首先在于行为犯和目的犯的界定。

第一种是目的犯说,认为对于虚开增值税专用发票罪,尽管《刑法》没有明文规定以骗取税款为目的,但是可以通过限制解释将该罪确认为目的犯,即非法定的目的犯。[1] 对《刑法》第205条中"用于抵扣税款"的理解不能过于宽泛,"用于"应指主观上想用于和客观上实际用于,而不包括虽然可以用于但是行为人主观上不想用于,客观上也没有用于,也不能将行为人使用发票意图不明的视为准备用于。由此,确认虚开增值税专用发票罪为目的犯。[2]

第二种是行为犯说,认为一般来说行为人主观上都是以营利为目的的,但法律上并未规定以营利为目的是构成虚开增值税专用发票罪在主观方面的必备要件。《刑法》第205条的规定并未将行为人具有偷、逃税目的作为虚开增值税专用发票罪构成的必要要件,因此,只要行为人着手实施犯罪并达到法律要求的程度就是完成了犯罪行为。至于行为人有无偷逃税的目的,以及行为人有无实际骗取、抵扣税款,并不影响犯罪的认定。由此可见,虚开增值税专用发票罪属于行为犯。[3]

第三种观点是抽象危险犯说。例如张明楷教授指出,虚开增值税专用发票罪属于抽象的危险犯,司法机关应以一般的经济运行方式为根据,判断是否具有骗取国家税款的可能性。如果虚开、代开增值税等专用发票的行为根本不具有骗取国家税款的可能性,则不宜认定为虚开增值税专用发票罪。例如,甲、乙双方以相同的数额相互为对方虚开增值税专用发票,并且已按规定缴纳税款,不具有骗取国家税款的主观目的与现实可能的,不宜认定为虚开增值税专用发票罪。再如,代开的发票有实际经营活动相对应,没有而且不可能骗取国家税款的,也不宜认定为虚开增值税

---

[1] 参见陈兴良:《目的犯的法理探究》,载《法学研究》2004年第3期。
[2] 参见最高人民法院刑事审判第一庭、第二庭编:《刑事审判案例》,法律出版社2002年版,第258页。
[3] 参见周道鸾、张军主编:《刑法罪名精释》(第3版),人民法院出版社2007版,第346页。

专用发票罪。[1]

在上述三种观点中,笔者赞同目的犯说,主张虚开增值税专用发票罪是目的犯。这一观点在辽宁葫芦岛海油石化有限公司变名销售石脑油案中得到确认。尽管《刑法》第 205 条并未将其规定为目的犯,但《刑法》将其规定为危害税收征管罪,具有偷骗税款的目的应当是该罪的应有之意。正如有的金融诈骗犯罪,《刑法》并未明确规定行为人必须具有非法占有的目的,但并不妨碍对其进行目的犯的认定一样。质言之,虚开增值税专用发票犯罪的客体问题与性质认定问题属于一个问题的两个方面,侵犯国家税收征管制度的客体要求客观上决定了该罪的目的犯性质。

(二)断绝的结果犯还是短缩的二行为犯

在德日刑法以及我国刑法之中,对于目的犯的诸多探讨都基于一个最为基本的分类,那就是以目的和行为的关系为标准,坚持将目的犯分为短缩的二行为犯(verkuemmertzweiaktigeDelikte)与断绝的结果犯(kutierteErfolgsdeliket)两种类型的二分法。短缩的二行为犯(也称"间接目的犯")的基本特点是,"完整"的犯罪行为原本由两个行为组成,但刑法规定,行为人以实施第二个行为为目的实施了第一个行为(短缩的二行为犯的实行行为)时,行为就告既遂的犯罪形态。[2] 例如走私淫秽物品罪,实施了符合构成要件的走私行为即犯罪既遂,但要达到牟利或者传播的目的,只有在走私行为完成之后实施相关目的行为,才能实现。该目的行为显然是出现于构成要件行为之后的行为。而断绝的结果犯(也称"直接目的犯"),则是只要实施符合构成要件的行为,就可以(但非必然)实现其目的的犯罪形态。如高利转贷罪,只要实施高利转贷行为,就可以实现牟利目的。

短缩的二行为犯与断绝的结果犯最为本质的区别在于,短缩的二行为犯是以构成要件行为之后的后行为作为目的的犯罪形态,在构成要件行为与其目的行为之间,前者只是后者的手段,两者呈现为"手段与目的"关系;与之不同的是,由于断绝的结果犯属于将结果作为最终目的的犯罪,故而在构成要件行为与目的之间,前者是后者的结果,两者呈现为"原因与结果"关系。[3]

短缩的二行为犯中的目的属于主观违法要素。如上所述,在短缩的二行为犯之中,存在两个行为即构成要件行为与后行为,前者是手段行为,后者是目的行为,构成要件行为与后行为之间是"手段与目的"关系。只要实施作为犯罪构成要件行为的手段行为,犯罪就告既遂。如此一来,短缩的二行为犯中的目的与犯罪构成客观方面就并不存在"主客观相对应"关系。我们应当例外地承认其属于主观违法要素。

---

[1] 参见张明楷:《刑法学》(第 5 版),法律出版社 2016 年版,第 613 页。
[2] 参见张明楷:《论短缩的二行为犯》,载《中国法学》2004 年第 3 期。
[3] 参见付立庆:《主观违法要素理论——以目的犯为中心的展开》,中国人民大学出版社 2008 版,第 106—111 页。

就短缩的二行为犯而言,只有在具备目的而实施行为之时,我们才能得出其行为具备侵害法益危险的结论。也就是说,在判断违法之际,无法舍弃主观目的而单凭客观事实确定其行为是否违法,目的属于判断违法时所不可或缺的要素。鉴于此,我们应当承认短缩的二行为犯中的目的属于主观违法要素。就这一点,如上所述,我国学者陈兴良教授在论述目的与客观事实之间的关系时已经指出:"直接目的犯与间接目的犯在超越客观要素的程度上存在差异。直接目的犯超越较少,其目的可以通过构成要件的行为加以实现;而间接目的犯超越较多,其目的须通过进一步的行为才能实现。"[1]这显然暗含了短缩的二行为犯中的目的系主观违法要素的意思,只不过并未明示而已。我国学者付立庆博士进一步发展此观点,对目的犯作了全面的分析,并明确指出,在断绝的结果犯中,判断违法的标准是客观行为以及结果,但在短缩的二行为犯之中,判断违法之际,必须考虑有无一定的目的,如此一来,就应当例外地承认短缩的二行为犯的目的属于主观的违法要素。[2] 这些观点应当得到提倡。[3]

(三)抵扣税款属于犯罪故意还是超越的主观要素

法院在虚开发票犯罪裁判中,常见的错误是把犯罪故意与犯罪目的混同。一个犯罪只有一个犯罪故意,而不可能有两个犯罪故意,这是刑法理论之常识。虚开增值税专用发票罪当然具有虚开的故意。所谓虚开的故意,是指明知是虚开增值税专用发票、用于骗取出口退税、抵扣税款发票的行为而有意实施的主观心理状态。[4] 进言之,构成虚开增值税专用发票罪,行为人还须具有抵扣税款的故意。这种抵扣税款的故意是以抵扣税款行为为前提的,没有实施抵扣税款的行为,行为人主观上也就不具有抵扣税款的故意。当然,这里的抵扣税款的故意应当表述为抵扣税款的目的或者意图。这种抵扣税款的目的或者意图是超越的主观要素。

这里所谓超越的主观要素,是指主观要素超越客观要素。在通常情况下,在犯罪构成范围内,主观要素与客观要素是相对应的,也就是我们通常所理解的主观与客观相统一。而在目的犯的情况下,主观与客观不相一致,即主观要素超越客观要素。

对此,日本学者大塚仁教授指出,目的犯的目的通常超出构成要件客观要素的范围,称其为超过的内心倾向。在这一点上,要把目的与故意区别开来,故意需要以符合构成要件的客观事实作为行为人表象的对象。只是,目的犯的目的中也并非没有处在构成要件客观要素的范围之内的。例如,通说、判例认为作为横领罪要件的不法领得的意思,就是以与横领行为共同的范围为对象,只不过是对其进行规整并

---

[1] 欧阳本祺:《目的犯研究》,中国人民公安大学出版社2009年版,第65页。
[2] 参见陈兴良:《规范刑法学》,中国人民大学出版社2008年版,第123—163页。
[3] 参见周啸天:《目的犯共犯教义学原理的再建构》,载《清华法学》2014年第3期。
[4] 参见陈兴良:《规范刑法学》,中国人民大学出版社2008年版,第627页。

且赋予其意义。这种目的,被称为赋予意义的目的。[1]

这种主观超过客观的情形,在刑法上并不鲜见,而是一种经常采用的立法例。我国在分析目的犯(即所谓意图犯)时,将构成要件的主、客观要件的关系分为以下两种基本的形态:

第一种是主、客观完全相符的构成要件。一般而言,刑法的构成要件通常是主、客观完全相符,亦即主观要件所要求的内容与客观要件所规定者相当,即所谓一致的构成要件。此种构成要件,主观要件的要求乃以故意为已足。而该构成要件该当的先决条件必须是主观要件涵盖所有的客观事实情状。而此种完全相符的情状,即主观要件的要求＝客观要件的规定。第二种是主、客观不相符的构成要件。立法者在设定若干犯罪类型的构成要件时,时常使用所谓不一致的构成要件,即在此种构成要件中,主观要件的内容较客观要件所规定者为多。而对于此种犯罪类型,一般对于涵盖客观要件的主观要件,亦以故意要求之,但对于超出客观要件规定范围的主观要件则称之为意图或超出的内在倾向。

在一般情况下,主、客观要件相一致,两者之间存在对应关系:客观要件是主观要件的实现。在目的犯的情况下,主、客观要件则不一致。这种主、客观不一致之所以并不妨碍刑事责任的追究,是以主、客观相一致为前提的,即基本的行为与故意是相符合的。只不过在此基础之上,主观方面还额外地要求具有一定的目的,而与这一目的相对应的客观要件则并非构成犯罪所必需。因此,这一目的是超越基本的行为的主观要素。理解了这一点,我们再来分析虚开增值税专用发票罪,就可以发现,对于虚开增值税专用发票罪来说,虚开行为与虚开故意都是必须具备的构成要件,并且两者是主、客观相一致的。关键问题在于:虚开增值税专用发票罪的成立是否还需要抵扣税款的目的。

由于虚开增值税专用发票罪是非法定的目的犯,从法条的字面上来看,是对法律规定作了某种限制解释。那么,这种限制解释的正当根据何在？这是一个值得进一步探讨的问题,它涉及该罪的立法意图。检察机关认为,虚开增值税专用发票罪侵犯的客体是国家对增值税专用发票和可用于骗取出口退税、抵扣税款的其他发票的监督管理制度。[2] 按照这种观点,行为人只要有虚开行为,即违反了国家对增值税专用发票和可用于骗取出口退税、抵扣税款的其他发票的监督管理制度,因而也就构成了虚开增值税专用发票罪。但也有学者认为,虚开增值税专用发票罪的客体

---

[1] 参见[日]大塚仁:《刑法概说(总论)》,冯军译,中国人民大学出版社2003年版,第124页。文中的横领罪,是直译,相当于我国刑法中的侵占罪。

[2] 参见邹志刚:《从两案例看虚开用于抵扣税款发票罪之犯罪构成》,载《浙江检察》2003年第11期。

是复杂客体,即国家的发票管理制度和税收征管制度。[1] 还有的学者更是认为,虚开增值税专用发票罪的客体是我国的税收征收管理制度,具体主要是发票管理制度尤其是增值税专用发票管理制度。从广义上说,发票管理制度实际上是税收征收管理制度的重要内容。虚开增值税专用发票、用于骗取出口退税、抵扣税款发票行为正是通过对发票管理制度的违反,进而破坏我国增值税和其他有关税款的征收管理制度。[2] 显然,对虚开增值税专用发票罪的客体的不同理解,可能会导致对该罪是否为目的犯的不同解释。本人赞同对虚开增值税专用发票罪作实质性的解释,立法者之所以将虚开行为规定为犯罪,主要是因为这种行为侵犯了税收征收制度,《刑法》第205条第2款将骗取税款的行为包含在本罪中也说明了这一点。因此,如果行为人主观上没有抵扣税款的目的,只是一般的虚开,它不会侵犯税收征收制度,是一般的违反发票管理的行为,不能构成该罪。

三、"真实货物贸易"的识别与犯罪目的破解

实践中,判断是否"虚开"的重要标尺是是否有"真实货物贸易",是否有"真实货物贸易",也影响着对虚开增值税专用发票犯罪目的的认定。

(一)对"货物交易的真实性"的理解争议

一种观点认为"货物交易的真实性"仅指交易事实本身的客观存在性,只有发票项下所列的货物交易价格和金额具有虚假性才属于票与货不符,并进而导致骗取税款的后果,而开票人的主体身份与骗税的后果并无必然联系。

另一种观点认为"货物交易的真实性"仅指受票人与开票人之间而言,不考虑第三方的存在,即不考虑货物交易事实的客观真实性,而只注重受票方和开票方之间的货物交易的对应性。只要无此对应性的存在即视为无真实货物交易,进而视为"虚开"。

实践中,之所以将形式上的虚开行为排除在虚开增值税专用发票罪的打击范围之外,是因为这种行为并不会给国家税收造成危害。2000年12月28日上海市高级人民法院组织的司法审判会议并印发的《关于审理经济犯罪案件具体应用法律若干问题的意见》(以下简称《意见》)[3],以及最高人民法院于2004年11月24日至27

---

[1] 参见高铭暄、马克昌主编:《刑法学》,北京大学出版社、高等教育出版社2000年版,第444页。

[2] 参见高铭暄主编:《新型经济犯罪研究》,北京:中国方正出版社,2000年版,第153页。

[3]《意见》指出:指出,认定虚开增值税专用发票罪,"还必须查明或证实虚开行为在实质上具有偷逃国家税款的实际危害性或者造成该种危害的现实可能性……如果缺少这一实质特征(即虚开以后如实申报缴税),则意味着行为人在主观上并没有通过虚开增值税专用发票的手段达到偷逃国家税款的非法目的,客观上也没有实际侵害国家税收管理制度。因为主观和客观要件均有欠缺,故单纯具有形式上的虚开行为,不能认定虚开增值税专用发票罪"。

日在苏州召开的全国部分法院经济犯罪案件审判工作座谈会形成的《全国部分法院"经济犯罪案件审判工作座谈会"综述》(以下简称《综述》)[1]均对此予以明确。

(二)行政识别依据与批判

税务机关在认定虚开增值税专用发票时,通常考量发票流、货物流、资金流是否一致,即由发票开具方倒推货物、资金流向,判断是否存在真实交易。司法机关往往以行政机关的对于真实货物交易的判别标准为依据,直接作为认定是否虚开。

1. "三流一致"的具体内容

"三流一致"是指资金的流动、发票的流动,货物、劳务及服务的流动须直接保持一致。"三流"直接一致,从具体表现形式上,要求资金由销售方向购买方流动,发票由销售方向购买方开具,货物、劳务及服务等亦必须由购买方向销售方提供;从行为主体的关联性上,要求收款方、开票方和销售方必须是同一个经济主体,付款方、收票方和购买方必须是同一个经济主体。若开票要件不符合上述标准,则被认定为虚开行为。上述认定标准源于国家税务总局《关于加强增值税征收管理若干问题的通知》(国税发〔1995〕192号)。[2] 由此,票、货、款"三流一致"逐步成为征税机关及司法机关判定是否构成虚开增值税专用发票的标准。

2. "三流一致"的要求与民法相冲突

"三流一致"的认定标准显然已与我国经济发展现状不相适应。国税发〔1995〕192号文件的制定相对较早,经过20多年的发展,我国商业模式及交易方法均有很大创新。交易各方为节约成本,货物不实际交付、委托关联方付款等现象大量存在。而当前合法存在的商业模式及交易方法,不再完全符合票、货、款"三流一致"的理想化模型。虚开增值税专用发票的现行认定标准否定了基础交易的合法性,值得商榷。

《合同法》(已失效)于1999年生效后,很多特殊交易类型被认可并受到保护。实际操作中,这些特殊交易并不完全符合"三流一致"标准。常见的交易行为有行纪行为、委托行为、合同主体变更行为。以上三种行为皆属于《合同法》中的合法行为,但其表现的交易行为却不符合"三流一致"标准。之所以出现上述情况,一是由于国税发〔1995〕192号文件于1995年发布,时间相对较早,而《合同法》于1999年生

---

[1] 《综述》明确三种行为不是《刑法》中的虚开行为,不以犯罪来处理:(1)为虚增营业额、扩大销售收入或者制造虚假繁荣,相互对开或环开增值税专用发票的行为;(2)在货物销售过程中,一般纳税人为夸大销售业绩,虚增货物的销售环节,虚开进项增值税专用发票和销项增值税专用发票,但依法缴纳增值税并未造成国家税款损失的行为;(3)为夸大企业经济实力,通过虚开进项增值税专用发票虚增企业的固定资产,但并未利用增值税专用发票抵扣税款,国家税款亦未受到损失的行为。

[2] 该文件规定:增值税一般纳税人进项税额的抵扣必须遵循的原则是,纳税人购进货物及应税劳务,或支付运输费用,支付款项的单位必须与开具抵扣凭证的销货单位、提供劳务的单位一致,否则不予抵扣。

效,二者出台时间存在错位;二是国税发〔1995〕192号文件发布之时,市场经济正处于发展初期,各类交易尚且比较简单;三是税务及司法机关在长时期对虚开行为的认定中,并未主动将税收政策与《合同法》的规定进行有效衔接。

3. "三流不一致"与骗税目的并无必然联系

"三流不一致"的真实交易客观存在,大宗贸易的特点决定了"三流不一致"交易的客观性与合法性。

关于货物流:在大宗贸易领域中,货物的流转通常是直接从生产商运输到最终端的购货商,两点一线的货物运输过程中,大宗货物可能在出厂后便经历了多轮交易和转让,其所有权也会一并发生多次变更。为解决在途货物的所有权转移问题,我国《民法典》物权编专门规定了动产的观念交付方式,这种观念交付转移货物所有权的方式能够极大程度上解放商贸企业的运输成本和仓储成本,符合经济理性人的客观规律。

关于资金流:一般交易过程中资金都是先付后收,而商贸企业在从事大宗商品贸易业务时,一般为先收后付。因为如果要做到先付后收,意味着该企业要垫付大量的流动资金,承担巨大的资金占用成本,从经济理性人角度出发,企业天然地希望能够节省这一资金成本。贸易企业通常会先找下游买家谈妥商品的销路,再找卖家谈妥商品的购进。因此,先收后付是大宗商品贸易的普遍现象。

因此,笔者认为,不应仅以交易环节不合理推论出交易不真实,更不能基于行为人对交易"三流不一致"的认知,就推定行为人主观上具有骗取税款的犯罪目的。

四、虚开增值税专用发票犯罪目的之展开

(一) 虚开增值税专用发票需要具备"骗取国家税款"的目的

行为人构成虚开增值税专用发票罪应当以行为人在主观上具有骗抵国家增值税税款的目的为必要条件,即虚开增值税专用发票罪属于目的犯,原因有三:

1. 从立法目的角度考察

《刑法》第205条之规定源于1995年的全国人民代表大会常务委员会《关于惩治虚开、伪造和非法出售增值税专用发票犯罪的决定》。该决定明确指出,"为了惩治虚开、伪造和非法出售增值税专用发票和其他发票进行偷税、骗税等犯罪活动,保障国家税收,特作如下决定……"据此可以看出,国家设立虚开增值税专用发票罪的立法目的是为了保障国家税收,为了打击侵害国家税收收入的犯罪行为。因此行为人不以骗抵国家增值税税款为目的的"虚开"行为不是《刑法》第205条的评价对象。

2. 从法益侵害及犯罪的本质角度考察

《刑法》第 205 条规定的罪名是"危害税收征管秩序罪"之一，所侵害的法益是国家的税收征管秩序，突出表现为对国家税收收入的侵害。如果行为人所实施的"虚开"行为仅仅扰乱了国家的发票管理秩序，但对国家税收收入没有造成侵害的，则无法充分反映虚开增值税专用发票罪的客体要件，不具有严重的社会危害性，不应受到刑罚处罚的刑法评价，而犯罪必须是具有严重社会危害性而应受刑罚处罚的行为。

3. 从罪责刑相适应角度考察

在我国刑法中，法定刑的轻重一般与行为人所犯罪行即社会危害性大小和其所承担的责任大小相适应，这也是罪责刑相适应原则的应有之义。据此，从刑法分则关于某罪的法定刑配置中也可以逆向推导出该罪的社会危害性大小。虚开增值税专用发票罪属重罪，在《刑法修正案（八）》之前，最高可判处死刑，即便是在《刑法修正案（八）》对该罪法定刑修改后，其法定最高刑依然可达无期徒刑。如果不是立法者的疏忽，那就一定是该罪的社会危害性严重才导致为其配置如此重的法定刑。行为人如果在主观上不具有骗抵国家增值税税款的目的，而是为了其他一些目的而实施的"虚开"行为，由于其主观恶性不大，以虚开增值税专用发票罪追究其刑事责任，不符合宽严相济刑事政策和罪责刑相适应原则，也悖离了人民群众的朴素正义观念。[1]

2018 年 12 月 4 日，最高人民法院颁布了《保护产权和企业家合法权益典型案例（第二批）》，其中张某强虚开增值税专用发票罪一案中，最高人民法院经复核认为，"被告人张某强以其他单位名义对外签订销售合同，由该单位收取货款、开具增值税专用发票，不具有骗取国家税款的目的，未造成国家税款损失，其行为不构成虚开增值税专用发票罪，某州市人民法院认定张某强构成虚开增值税专用发票罪属适用法律错误……该案经某州市人民法院重审后，依法宣告张某强无罪"[2]。最高人民法院的裁判理由，也进一步明确了虚开增值税专用发票罪需具备骗取税款的犯罪目的。

（二）虚开增值税专用发票罪仅仅只能限于"骗取抵扣增值税"特定目的

我国刑法规定的虚开增值税专用发票罪，是我国税制改革、实行增值税专用发票抵扣税款制度之后出现的新型经济犯罪。与普通发票相比，增值税专用发票不仅具有记载经营活动的功能，更具有凭票依法抵扣税款的功能。虚开增值税专用发票罪，无论从其立法本意，抑或从法条解释的角度论证，其偷逃的对象只能是增值税。

1. 从法条本身文义解读

《刑法》第 205 条第 1 款规定了"虚开增值税专用发票"和"虚开用于骗取出口

---

[1] 参见姚龙兵：《如何解读虚开增值税专用发票罪的"虚开"》，载《人民法院报》2016 年 11 月 16 日。
[2] 中华人民共和国最高人民法院（2016）最高法刑核 51732773 号刑事裁定书，载最高人民法院（http://www.court.gov.cn/zixun-xiangqing-133721.html），访问时间：2020 年 12 月 21 日。

退税、抵扣税款的其他发票"两种犯罪行为,之所以能把这两种行为合并在一个法条中,主要考虑有三：一是二者均属于危害税收征管的犯罪,危害性相当。二是虚开增值税专用发票罪与虚开用于骗取出口退税、抵扣税款的其他发票罪属于选择性罪名,因此虚开增值税专用发票相当于骗取出口退税的手段行为,行为方式密切关联。三是刑法对两个罪名的规定大体一致,例如均以数额和情节作为定罪量刑的标准,构成要件相似。两个罪名不仅仅在侵害的法益、犯罪的对象、行为的实质方面相似,更重要的是该两种发票除了具有普通发票记载经营活动的功能,都具有流转税凭票依法抵扣税款的性质及功能,而这一属性是其他发票所不具备的。同时,因为这两类发票具备流转抵扣的特点,容易造成国家税款损失,因而法律设置了涉税犯罪中较重的法定刑,情节特别严重的,可以判处无期徒刑,在《刑法修正案（八）》修订以前,甚至可以判处死刑。由此可见,《刑法》第205条第1款虚开增值税专用发票的立法本意,应当是针对增值税在流转环节可以抵扣的特点,专门规制偷逃增值税的行为。

2. 与虚开发票罪比较解读

从《刑法修正案（八）》对增值税发票的区别性保护制度分析,虚开增值税专用发票罪的行为必须是以可以抵扣税款的增值税专用发票为犯罪对象。增值税发票包括增值税专用发票和增值税普通发票,在《刑法修正案（八）》之前,虚开普通发票,包括增值税普通发票的行为,不作为犯罪处理。之所以如此,最根本的原因是这些发票本身不具有抵扣税款的功能,行为人虚开这些发票无法凭票直接骗取国家税款。虽然如此,虚开增值税普通发票行为与虚开增值税专用发票一样,也会扰乱增值税发票的管理秩序。但如果不是偷逃增值税的虚开,只能认定虚开发票罪,而不能认定虚开增值税专用发票罪。如果认为虚开增值税专用发票罪可以包含偷逃其他税种的话,会导致虚开发票罪的罪名虚置,《刑法修正案（八）》的修订则没有任何必要,缺乏合理性。由此,从罪名增设的立法目的、法条的对比解读和体系解释看,虚开增值税专用发票罪偷逃的税收,只能是增值税。

同时虚开增值税普通发票,在《刑法修正案（八）》入刑后,也仅设置了最高可判处7年有期徒刑的法定刑,与虚开增值税专用发票罪可能判处的无期徒刑量刑有显著差异,说明虚开增值税专用发票偷逃增值税在社会危害性上与虚开其他发票偷逃其他税种的税款有显著的差别,应当区别对待。由此,罪名的设立目的和量刑的区别从另一侧面印证,虚开增值税专用发票罪偷逃的税款只能是增值税。

3. 从定罪量刑的标准解读

2018年8月22日,最高人民法院印发《关于虚开增值税专用发票定罪量刑标准有关问题的通知》(法〔2018〕226号,以下简称《通知》),《通知》第2条规定："在新的司法解释颁行前,对虚开增值税专用发票刑事案件定罪量刑的数额标准,可以参照《最高人民法院关于审理骗取出口退税刑事案件具体应用法律若干问题的解释》(法释〔2002〕30号)第三条的规定执行,即虚开的税款数额在五万元以上的,以虚开增值税专用发票罪处三年以下有期徒刑或者拘役,并处二万元以上二十万元以下罚金;虚开的税款数额在五十万元以上的,认定为刑法第二百零五条规定的'数额较大';虚开的税款数额在二百五十万元以上的,认定为刑法第二百零五条规定的'数额巨大'。"

《通知》第2条规定可以参照最高人民法院《关于审理骗取出口退税刑事案件具体应用法律若干问题的解释》第3条规定的定罪量刑数额标准,是对1996年最高人民法院印发《关于适用〈全国人民代表大会常务委员会关于惩治虚开、伪造和非法出售增值税专用发票犯罪的决定〉的若干问题的解释》(法发〔1996〕30号,以下简称《1996年解释》)的修改,如果继续参照执行《1996年解释》将导致对虚开增值税专用发票罪的量刑明显偏重,与骗取出口退税罪等类似犯罪之间的量刑严重失衡。最高人民法院此次对虚开增值税专用发票罪立案标准的修改,仅限于对该罪定罪量刑标准的修改,拉平了与骗取出口退税罪之间的落差,但并未将虚开增值税普通发票等其他发票犯罪纳入调整的范围,提高定罪量刑的标准。由此可见,最高人民法院的司法解释同样是仅仅针对增值税这一特殊税种的偷逃具有较重的法定刑设定,是为平衡罪刑关系而作出的修改。至于利用虚开行为偷逃其他税款的,仍然依照原发票犯罪、税收犯罪的追诉标准执行。从这一司法解释的解读同样可以得出虚开增值税专用发票罪的犯罪目的应当仅仅限于偷逃"增值税"。

4. 从个案批复的指导意见解读

2015年,最高人民法院研究室曾作出《关于如何认定以"挂靠"有关公司名义实施经营活动并让有关公司为自己虚开增值税专用发票行为的性质征求意见的复函》(法研〔2015〕58号,以下简称《复函》),明确提出:"行为人利用他人的名义从事经营活动,并以他人名义开具增值税专用发票的,即便行为人与该他人之间不存在挂靠关系,但如行为人进行了实际的经营活动,主观上并无骗取抵扣税款的故意,客观上也未造成国家增值税款损失的,不宜认定为刑法第二百零五条规定的'虚开增值税专用发票';符合逃税罪等其他犯罪构成条件的,可以其他犯罪论处。"可见,《复函》实际主张认定"虚开"增值税专用发票要求行为人具有骗取抵扣税款的目的,且只有造成增值税税款损失的,才能以虚开增值税专用发票罪认定。

5. 从目的性限缩的解释方法解读

目的犯作为法律漏洞属于隐含的漏洞,隐藏法律漏洞的适用方法是目的性限缩。[1]作为真正非法定目的犯,对于不具有严重社会危害性的虚开增值税专用发

---

[1] 参见刘艳红:《论非法定目的犯的构成要件构造及其适用》,载《法律科学(西北政法学院学报)》2002年第5期。

票行为,可适用目的性限缩的解释方法,不以虚开增值税专用发票罪论处。所谓目的性限缩的解释方法,是基于规范意旨的考虑,依法律规范调整的目的或其意义脉络,将依法律文义已被涵盖的案型排除在原系争适用的规范外。[1] 可见,目的性限缩解释方法的适用,并不是从是否为目的犯而是从立法目的的角度考虑问题,它是司法实践中法律适用的重要方法。刑法将虚开增值税专用发票规定为犯罪,主要是为了惩治那些为自己或为他人偷逃、骗取国家增值税税款而虚开增值税专用发票的行为。因此,对于确有证据证实行为人主观上不具有偷、骗增值税目的,客观上也不会造成国家增值税税款流失的虚开增值税专用发票行为,不以虚开增值税专用发票罪论处,构成其他犯罪的,以其他犯罪定罪处罚。

《刑事审判参考》曾刊登"芦才兴虚开抵扣税款发票案"[2]。该案例提出,虚开可以用于抵扣税款的发票冲减营业额偷逃税款的行为,主观上明知所虚开的运输发票均不用于抵扣税款,客观上使用虚开发票冲减营业额的方法偷逃应纳税款,其行为不符合虚开用于抵扣税款发票罪的构成要件,属于偷税行为。可见,主张认定"虚开"增值税专用发票要求行为人具有骗取增值税抵扣税款的目的,符合最高人民法院的一贯立场。

五、余论

税收犯罪目的中有"逃税"与"骗税"目的的分野,逃税的目的不同于骗税的目的。"逃税"是以行为人具有纳税义务为前提的,应当缴纳税款而故意采用伪造、变造、隐匿、擅自销毁账簿、记账凭证,在账簿上多列支出或者不列、少列收入等方法偷逃税款,这是一种逃税行为。而"骗税"的目的,是不以具有纳税义务为前提的,行为人通过虚开增值税专用发票等方法抵扣已缴纳的税款,即为一种骗税行为。事实上,虚开是骗税的预备行为,虚开的目的是为了骗税。立法者考虑到骗税行为的危害性,将处罚对象提前到虚开,只要为骗税而虚开就构成犯罪。因此,在只有虚开行为而没有骗税目的,但有逃税目的的情况下,不能认定为虚开增值税专用发票罪而只能认定为逃税罪。

【责任编辑:吴晓婧】

---

[1] 参见欧阳本祺:《论真正非法定目的犯的解释适用——兼论刑法漏洞的补充》,载《法学论坛》2008年第1期。

[2] 参见干金耀:《芦才兴虚开抵扣税款发票案——虚开可以用于抵扣税款的发票冲减营业额偷逃税款的行为如何定性》,载最高人民法院刑事审判第一庭、第二庭编:《刑事审判参考》[2001年第6辑(总第17辑)],法律出版社2001年片,第6—12页。

国际投资仲裁法律适用中的共同法原则探析[*]

张　建[**]　丁忆柔[***]

摘要： 投资者与东道国投资争端是国际投资中最常见且最复杂的争端。妥善处理投资者与东道国投资争端，是保障外国投资和促进海外投资的根本。但因投资仲裁具有处理"条约请求"与"合同请求"双重诉因之特点，其法律适用问题体现为一定的多重性与复杂性。近年来，投资者依据国际投资条约对东道国提起仲裁的案件逐渐增多，国际投资条约仲裁中的法律适用问题也开始引起学者的关注。国际投资条约中一般规定投资争端适用国际投资条约、有关的国际法或东道国国内法等。中国对外签署的双边投资保护协定中，大多有关于投资争端的法律适用问题规定，但在具体条款例如东道国国内法和国际法的适用问题上仍需完善。本文主要围绕"共同法原则"讨论国际投资仲裁中适用于程序事项和实体争议的各类法律涉及的具体问题，重点论述"共同法原则"适用的必要性及对其的解释，并对该原则在我国的可行方案作出评价。

关键词： 国际投资仲裁　共同法原则　法律适用　意思自治原则

一、仲裁法律适用的灵活性为共同法原则奠定基础

在采用仲裁方式解决国际经贸争议的过程中，由于案件所涉法律关系的主体、

收稿日期：2020-03-28

[*] 本文为国家社科基金项目"自贸区纠纷解决机制创新与临时仲裁的制度构建研究"（项目编号：18CFX083）的阶段性成果。

[**] 张建，首都经济贸易大学法学院讲师，最高人民法院研修学者，法学博士。

[***] 丁忆柔，首都经济贸易大学法学院硕士研究生。

客体、内容往往与不同国家存在各种程度的联系,如果与案件有关系的不同国家的法律在特定问题上包含矛盾的法律规则,法律适用便成了仲裁庭解决当事人具体纠纷所无法回避的问题。具体而言,所谓法律适用,亦即法律选择,是指仲裁庭确定究竟适用哪一国法律作为裁判依据的问题。总体上看,国际仲裁中涉及的法律选择问题可概括为三个方面:仲裁协议的法律适用、仲裁程序的法律适用、仲裁实体的法律适用。其中,国际仲裁适用的实体法,是确定争议双方当事人权利义务、判定争议是非曲直的主要法律依据,对争议的最终裁决结果具有决定性意义,在实践中深为当事人和仲裁庭所关注。[1] 从理论上分析,仲裁中的法律适用问题具有诸多的独特性,相比于法院诉讼要更为复杂。

首先,在面临实体法选择时,国内法院通常毫不犹豫地适用本国的冲突规范,但仲裁则未必如此。[2] 简言之,各国有关冲突规范的立法多采用"诉讼中心主义",即法律适用规范默认为是供法官在涉外案件中确定准据法时所援引的。尽管学理上存在冲突规范任意性适用的主张,但总体来看冲突规范对法院地的法官而言具有强制约束力。[3] 这意味着,原则上一国法院必须根据法院地冲突规范的指引而确定实体问题的准据法。但国际商事仲裁中并没有专门针对仲裁庭的冲突规范,仲裁庭也没有强制义务必须适用仲裁地国家的冲突规范。恰恰相反,仲裁庭可以基于当事人的授权,无须借助任何冲突规范而直接确定实体问题应适用的法律。[4]

其次,在国内法院审理的民事诉讼案件中,当事人能否合意选择准据法受制于法院地法的授权,如果法院地的冲突规范中没有授权当事人选择准据法,则当事人即使约定了法律选择条款亦不能支配法庭的法律适用决定。[5] 相比之下,当事人意思自治原则在国际商事仲裁中适用得更为充分,受到的限制更少,意思自治原则既适用于契约性国际商事仲裁案件,也适用于非契约性国际商事仲裁案件,这与国际民事诉讼殊为不同。当然,这一区分并非绝对,尽管法院在审理涉外商事争议时需要依据法院地的冲突规范确定准据法,但由于冲突规范普遍承认了当事人的意思自治,这就相当于以法定确认约定的形式实现了诉讼与仲裁在此方面的实质接近。[6] 不过,必须承认的是,国际商事仲裁中实体规则的适用比诉讼更为自由和灵

---

[1] 参见赵秀文:《国际商事仲裁及其适用法律研究》,北京大学出版社2002年版,第102页。
[2] 参见朱克鹏:《国际商事仲裁的法律适用》,法律出版社1999年版,第122页。
[3] 参见徐鹏:《论冲突规则的任意性适用——以民事诉讼程序为视角》,载《现代法学》2008年第4期。
[4] 参见刘晓红:《国际商事仲裁专题研究》,法律出版社2009年版,第116页。
[5] 参见高晓力:《最高人民法院〈关于适用〈中华人民共和国涉外民事关系法律适用法〉若干问题的解释(一)〉解读》,载《法律适用》2013年第3期。
[6] 参见汪祖兴、郑夏:《自治与干预:国际商事仲裁当事人合意问题研究》,法律出版社2016年版,第85页。

活,特别是在友好仲裁的情况下,当事人甚至可以授权仲裁员按照公允及善良原则裁断,而无须依凭实体法律规则裁判。

再次,一国法院在审理国际民事诉讼案件时,有义务适用法院地所缔结或参加的国际条约,而仲裁庭则没有义务适用仲裁地国家缔结或参加的国际统一实体法条约。在国际民事诉讼中,管辖法院根据冲突规范适用的准据法通常为某一特定国家的国内法,而在国际商事仲裁中则常常适用国际法规则,或者根据案件需要而适用"并存法",即将国际法或一般法律原则同特定国家的国内法结合适用。

最后,内国法院在审理国际民事诉讼案件时所适用的法律通常是严格意义上的实体法律规范,而国际商事仲裁庭除适用国际法或国内法中的严格法律规范外,还可能适用商人法、非内国法、国际惯例以及根据当事人的选择而并入协议的合同条件、价格术语等,仲裁庭适用的法律要更为宽泛,仲裁庭的法律适用权限也更为灵活。[1] 总之,国际商事仲裁中实体法律适用比国际民事诉讼中的实体法律适用要更为灵活、特殊和复杂。

简言之,在仲裁中,当事人选择准据法的自由获得了更广泛程度的承认,而选择仲裁程序法和仲裁规则的自治权也得到某些国际法律文件和多数国家的仲裁法或仲裁规则的肯定。各国立法与实践普遍允许国际商事仲裁当事人合意选择仲裁程序法,国际上有关国际商事仲裁的重要的国际公约也都确认或反映了当事人选择仲裁程序法的意思自主权。[2] 第一,一些不允许或者限制诉讼当事人选择法律的国家却允许当事人在仲裁中选择准据法,例如巴西、伊朗、沙特阿拉伯等国都有类似的授权性规定。第二,如前文所言,在诉讼当中,准据法一般限于某一个国家的国内法体系,但在仲裁中,商人法、一般法律原则等软法规范亦得作为当事人选择的准据法。2021年1月1日生效的《国际商会仲裁规则》第21条第1款即规定,当事人有权自由约定仲裁庭处理案件实体问题所应适用的法律规则。当事人对此没有约定的,仲裁庭将决定适用其认为适当的法律规则。此处所规定的"法律规则"应作宽泛解释,其不仅涵盖某一特定国家的法律作为准据法,还包括了当事人可选择商人法、一般法律原则或者《国际商事合同通则》等软法(soft law)为解决纠纷实体的准据法。

正由于仲裁在法律适用方面具有充分的灵活性,这为共同法原则在国际仲裁中的适用奠定了基础。具言之,所谓共同法原则,是国际仲裁中法律适用的一种特殊情况,即双方当事人没有仅仅选择某一个特定国家的国内法作为准据法,在彼此竭力选择各自本国的国内法作为案件裁判依据的博弈过程中,双方达成了折中方

---

[1] 参见曾远:《国际商事仲裁制度的理论基础探讨》,载《资治文摘(管理版)》2009年第6期。

[2] 参见丁伟:《论国际商事仲裁与国际民事诉讼法律适用的主要区别——兼论〈合同法〉第126条第2款在国际商事仲裁中的适用》,载《仲裁研究》2004年第2期。

案,即选择双方国内法当中的共同内容来解决纠纷。当前,投资者与国家间争端频繁,国际投资仲裁成为广受关注的焦点,而国际投资仲裁当中的法律适用问题因兼及国际法与国内法、投资者母国与东道国国内法等法律冲突而备受重视。鉴于共同法原则在"求同存异"方面具有明显的优越性,这项法律适用原则对于国际投资仲裁庭解决法律适用问题具有重要启示,本文试图结合相关典型案例与规范,对这一选法原则进行探析。

二、国际投资仲裁中引入共同法原则的必要性

(一)客观因素

在国际投资条约仲裁中,国际投资条约是主要的法律渊源。国际投资条约赋予投资者提起仲裁的权利来保护投资者根据国际投资条约所享有的利益。因此,当缔约一方投资者与缔约另一方发生投资争端时,毫无疑问国际投资条约是主要的法律渊源。但是,国际投资条约中一般规定的都是东道国的义务,例如对投资提供最惠国待遇、公平与公正待遇、国有化或征收及其补偿标准等,国际投资条约并未穷尽国际投资的所有问题。因此,当缔约一方投资者与缔约另一方发生投资争端时,仍需要其他的法律规则进行补充。[1]

但在实践中,双方当事人选择仲裁的一个重要原因就是任何一方都不愿最终进入另一方的国家法院。所以同样的,当选择仲裁作为解决争端的"中立"方法后,当事方可能会寻求"中立"的法律规则,而不是服从对方的国内法。在国际商事仲裁中,当事人意思自治作为普遍适用的法律原则之一,即使所选择的法律体系之间存在某些冲突,可能也需要将所选法律与交易本身联系起来。一方面,当事人选择一国的国内法来作为裁判依据,通常这种法律制度不仅是一套一般原则或孤立的法律规则,而且是由国家或代表国家制定并由法院解释和适用的相互联系、相互依存的法律、法规和条例的集合。选择特定国家法律的原因可能是其与合同当事方的联系,或者仅仅是各方将其视为一种非常适合管理商事关系的法律体系。[2] 另一方面,当事人可能选择一般法律原则或商事惯例来解决纠纷。其中需要注意的是,并不是该法律体系的全部内容都适用,仅仅是相关的某些特定法律规则适用于特定纠纷。例如,一项受奥地利法律管辖的国际货物销售合同通常只会考虑奥地利法律中有关货物销售的规定。这就把整个法律分解为特定的、离散的部分。上述情况显然

---

[1] 参见周成新:《国际投资争议的解决方法》,中国政法大学出版社,第267页。

[2] 参见 Broches, A., Convention on the Settlement of Investment Disputes Between States and Nationals of Other States of 1965: Explanatory Notes and Survey of Its Application, p. 42.

都存在极大的局限性。[1]

(二)主观因素

在投资者与东道国并未协议选择解决投资争端所适用的准据法时,《华盛顿公约》第 42 条规定仲裁庭应适用东道国国内法以及可适用的国际法规则。[2] 这一规定避免了仲裁机构适用法律的不确定性,使双方对处理投资争端所适用的法律有一定的可预见性,有利于当事人通过(国际投资争端解决中心)解决投资争议,体现法律适用上的平衡原则。另外,各国为了本国利益或基于公共秩序的考虑,都在仲裁法中订入了某些限制性条款,例如 1998 年《德国民事诉讼法典》第 1042 条第 1 款第 2 项就强制规定:"各当事人应平等对待并应给予每一方充分陈述案件的机会;律师不得被排斥充当授权代理人。"如果仲裁庭适用当事人约定的德国以外的某一特定仲裁法而违反了《德国民事诉讼法》的该两项强制性规定中的某一项,当事人即可提起撤销裁决之诉。[3]

而共同法原则本身建立在一个前提上,即如果自由地允许当事人选择适用的法律,那么每一方当事人都会选择自己的国内法来解决纠纷。也就是说,共同法原则之所以出现就是为了避免各当事人自己选择自己的法律规则而无法达成一致意见,此原则是为双方当事人的矛盾提供了一个解决方案。[4] 在大多数情况下,当事人是决定不选择其他当事方法律中与本国法律不同的部分,但他们当然不反对适用各自法律体系中共有的部分。这同时也体现了共同法原则适用的意义。

在这里还需要引出另一个概念"商人法"来进行探讨。英国著名国际贸易法专家施米托夫认为商事习惯法是国际商业社会的自治法,是由调整商事交易关系的一系列原则与规则构成的国际贸易跨国法,其主要渊源为国际立法和国际习惯。且商人法在很大程度上独立于各国内法,并建立在两大基础之上———普遍承认的合同自由和商事仲裁裁决,属于一种"自治法"。但是,施米托夫的理论同时强调这种自治法的适用有一个强制的前提,就是主权国家的同意和许可,并且要在其管辖范围内进行适用,在适用过程中则需要受国内公共政策和国际公共政策的制约。[5]

---

[1] See Bertrand Ancel, The Tronc Commun Doctrine: Logics and Experience in International Arbitration, *Journal of International Arbitration*, p. 65.

[2] 《华盛顿公约》第 42 条规定:"一、仲裁庭应依照双方可能同意的法律规则对争端作出裁决。如无此种协议,仲裁庭应适用作为争端一方的缔约国的法律(包括其冲突法规则)以及可能适用的国际法规则。二、仲裁庭不得借口法律无明文规定或含义不清而暂不作出裁决。三、第一款和第二款的规定不得损害仲裁庭在双方同意时按公允及善良原则对争端作出裁决的权力。"

[3] 参见寇丽:《现代国际商事仲裁法律适用问题研究》,中国政法大学 2004 年博士学位论文,第 81 页。

[4] See Peter, M. F., et al., *The Oxford Handbook of International Investment Law*, Oxford University Press, 2008, p. 105.

[5] 参见李聆怡:《现代商人法在国际商事仲裁中的适用》,载《法学研究》2012 年第 3 期。

而著名意大利国际仲裁法专家鲁比诺·萨马塔诺(Rubino Sammartano)教授曾专门论及国际仲裁中的共同法原则与商人法之间的关系问题。商人法作为国际商事交易中普遍适用的国际立法和国内立法中的当事人意思自治、诚实信用原则和守法原则等基本原则的体现,是这些基本原则的各项有关行为规则的总称,通常可以由仲裁庭决定其适用。[1] 萨马塔诺教授则认为,共同法原则是优于商人法的,是基于当事人的默示意图,而商人法则是贸易惯例和规则的集合,其前提是不可能由当事人来确定选择。因此,商人法应该作为共同法原则的附属解决方案,仅在无法考虑后者时才适用。

三、国际投资仲裁中对共同法原则的解释与规制

在与利比亚石油国有化有关的三起仲裁案件中,特许协议中的法律选择条款均规定:"依据与国际法原则相共同的利比亚法律原则支配和解释本特许协议,在缺乏这类共同原则时,则依一般法律原则支配和解释,包括国际法庭适用过的那些原则。"[2] 就文义而言,该条款已足够清楚地表明:在利比亚法律与国际法原则相一致的范围内,特许协议的准据法应为利比亚法律;在利比亚法律与国际法原则不一致的范围内,则不再适用利比亚法律,而应适用一般法律原则裁断案件。不过,审理这三起案件的仲裁庭在决定法律适用问题时却采取了三种不同思路。在德士谷石油公司诉利比亚案中,独任仲裁员认定,特许协议中的法律选择条款表明当事人意图选择的准据法是国际公法。[3] 在英国石油公司诉利比亚案中,独任仲裁员认定,当事人所选择的支配其特许协议的准据法是一般法律原则。[4] 在利亚姆科石油公司诉利比亚案中,仲裁员认定,依据特许协议中的法律选择条款,合同的准据法应为利比亚法律,但应排除利比亚法律当中与国际法原则相抵触的内容。[5] 相较之下,利亚姆科石油公司诉利比亚案的仲裁员对特许协议中法律适用条款的理解与文义解释的结论最为相符,这也与《华盛顿公约》第 42 条第 1 款关于法律适用的规定最为吻合。

---

[1] See "Jacques Werner, *Book Review - International Arbitration Law*', in Journal of International Arbitration, Vol. 9, No. 1, 1992, p. 123.

[2] Robert B. von Mehren, P. Nicholas Kourides, The Libyan Nationalizations: TOPCO/CALASIATIC v. Libya Arbitration, in *Natural Resources Lawyer*, Vol. 12, No. 2, 1979, p. 419.

[3] See "Texaco Overseas Petroleum Co. v. Government of the Libyan Republic," in E. Lauterpacht ed., *International Law Reports*, vol. 53, Cambridge: Cambridge University Press, 1979, p. 389.

[4] See "BP Exploration Co. (Libya) Ltd v. Government of the Libyan Arab Republic," in E. Lauterpacht ed., *International Law Reports*, vol. 53, Cambridge: Cambridge University Press, 1979, p. 297.

[5] See "Libyan American Oil Co. (LIAMCO) v. Libya," in E. Lauterpacht ed., *International Law Reports*, vol. 62, Cambridge: Cambridge University Press, 1982, p. 140.

依据《华盛顿公约》第42条第1款的规定,国际投资争端解决中心应依照双方可能同意的法律规则对争端作出裁决,如无此种协议,仲裁庭应适用作为争端一方的缔约国的法律(包括其冲突法规则)以及可能适用的国际法规则。具言之,该条款认可了当事人可合意选择解决其投资争端的准据法,其中包含两层涵义:其一,当事人可以选择国内法,或者选择国际法;其二,当事人还可以既选择国内法又选择国际法,使二者并用于涉案争端的解决。[1] 作为候补规则,该条款亦规定,在当事人未协议选择准据法时,仲裁庭应适用争端一方缔约国的法律(即国内法)以及可适用的国际法规则,从而使国际法与国内法得以共同作为涉案投资争端的准据法。简言之,无论是在当事人存在法律选择的合意时,抑或在当事人不存在选法合意而由仲裁庭确定准据法时,国际投资争端解决中心仲裁中的法律适用均保留双轨制模式,即双重适用国内法体系与国际法体系,这种现象被学界称为并存法(concurrent laws)。[2] 笔者认为,并存法现象的存在,实为共同法原则在国际投资仲裁中的衍生品。尽管共同法原则最初指的是国际商事仲裁的当事人可以约定仅适用两国法中共同的部分(combined laws),但在国际投资仲裁的语境下,鉴于一方当事人为私人投资者,另一方当事人为东道国政府,这便不可避免地产生了国际法与国内法的碰撞,采取并存法方式确定法律适用事宜,能够更好地为各方当事人所共同接受,不失为一种妥当的方案。

不过,鉴于每个国家在国际商事法律适用方面存有差异,共同法原则未必能够被每个国家的法院所接受。例如,在英国和法国之间发生的与输油管线项目有关的"英法海底隧道案"中,仲裁庭适用了共同法原则裁判案件。但在该案之后,英国法院在另一起仲裁案件的司法审查中认为,《罗马公约》在解释上并不允许选择多个国家的法律,因此不允许这样选择准据法,由此压缩了共同法原则的适用空间。[3]

四、国际投资仲裁中适用共同法原则的评价

先前的讨论已经表明,如果双方当事人不能接受适用一方的国内法来处理纠纷,那么选择两个不同法律体系的共同部分并把这些共同部分适用于争议的解决,在一定程度上可以达到求同存异、高效解纷的目的。目前,在国际投资仲裁实践中,已有部分案件采用了共同法原则解决法律适用问题并寻求裁判依据。例如,在

---

[1] "International Commercial Arbitration," ed by Tibor Varady, John J. Bareelo, *American Casebook Series*, West Group, 1999, p. 330.

[2] 参见韩健:《现代国际商事仲裁法的理论与实践》,法律出版社2000年版,第308页。

[3] *Shamil Bank of Bahrain EC v. BeximcoPhamaceuticals* Ltd. (No. 1) [2004] EWCA (Civ) 19; 1 W. L. R. 1784.

"蓝宝石"仲裁案中,被诉人伊朗国家石油公司先前订立的类似特许权协议中有一些法律条款可供选择,其条款如下:"鉴于本协议各方的国籍不同,本协议应受伊朗及本协议其他各方并入的几个国家的共同法律原则的管辖,解释和适用。并根据文明国家普遍认可的法律原则确定这些共同原则,其中包括国际法庭可能适用的那些原则。"[1]这种法律选择条款似乎是共同法原则作为对法律选择问题解决方案的采纳。这将要求仲裁员找出伊朗法律中存在的原则,以及该协议其他当事方的国内法中也存在的这些原则,并将这些共同原则应用于他面前的争议事项。

一方面,共同法原则既不是武断的也不是不合逻辑的,而是在合同规定的框架内自然而然地制订的,合同各方可将其视为其未来活动的计划,而仲裁条款旨在加强该框架,即仲裁员应根据当事方的意图确定适用法律。该原则更加贴近仲裁的法律精神,它首先考虑了属于不同法律体系的两个当事方之间订立合同的情况,即对提交人而言,受当事方的国家法律管辖。[2] 例如,在当事方没有选择实体法的情况下,合同双方在共通原则下选择的法律均适用。还可以设想两个缔约方,它们是在不同国家或地区的办事处进行交易的商人或公司。这样,每个缔约方的法律就是管辖这些办事处所在国家/地区的法律,但这不会改变该原则的论据或结论。另一方面,这一原则强调了双方差异所代表的可预测性和安全性风险,并且这种风险需要采取预防措施。但是,未选择特定法律的缔约方并不一定要排除该法律。同样可以想象的是,在意识到难以就某项法律达成协议之后,他们宁愿将其搁置一旁,以免因分歧而阻碍谈判,并阻碍合同的形成。[3]

五、我国仲裁中适用共同法原则的规范依据与可行方案

截至 2020 年 11 月 11 日,我国对外已签署并生效的双边投资协定共 104 个,在这 100 个已生效的双边投资协定中,共有 67 个双边投资协定规定有法律适用条款。[4] 随着近年来国际投资争端案件的不断增加,"不履行"或"承认与执行争议"等问题开始显现,在"一带一路"倡议背景下,中国政府应当重视国际投资仲裁裁决承认与执行机制的建设。可以说,中国政府加入《华盛顿公约》后,国际投资仲裁裁决的承认与执行机制更加明确,但由于《纽约公约》对《华盛顿公约》关于裁决承认

---

[1] Mclachlan, Campbell, et al. *International Investment Arbitration: Substantive Principle*, Oxford University Press, 2017, p. 189.

[2] Jacques Werner, *BookReview-InternationalArbitration Law'*, *Journal of International Arbitration*, Journal of International Arbitration, p. 125.

[3] Hans Smit, A-National Arbitration, *Tulane Law Review*, Vol. 63, 1989, p. 631.

[4] 参见乔慧娟:《论国际投资条约仲裁中的法律适用问题》,载《武汉大学学报》2014 年第 2 期。

与执行机制的实施具有保障作用,所以,涉及中国的投资争端解决还需不断完善。[1] 另外,根据深圳国际仲裁院发布的 2016 年版《仲裁规则》第 2 条的规定,仲裁院受理一国政府与他国投资者之间的投资争议仲裁案件。第 3 条规定,仲裁院对投资仲裁按照《联合国国际贸易法委员会仲裁规则》及《深圳国际仲裁院关于适用〈联合国国际贸易法委员会仲裁规则〉的程序指引》管理案件。这是我国首次在国内仲裁机构的仲裁规则中明确将投资者与东道国的投资争端纳入受案范围,打破了我国仲裁机构仅处理商事争端的束缚,引发了业界的极大关注。然而受理投资争端仲裁案件的规定是否与现行仲裁法存在矛盾,值得思考。[2]

当事人未选择准据法的确定仲裁程序中,如当事人未对案件的实体问题选择准据法,将可能引发下列问题。第一,仲裁员或仲裁庭是否必须像法院一样经过本国冲突规则的指引方能确定解决纠纷实体的准据法?还是可以不经冲突规则的指引直接确定准据法?第二,如果必须经过冲突规则的指引方能确定纠纷实体的准据法,那么这个冲突规则是否必须是仲裁地的冲突规则?我国的《仲裁法》未对国际商事仲裁中纠纷实体准据法的决定问题作出任何规定,《涉外民事关系法律适用法》虽然在第 18 条对仲裁协议准据法的决定作出了明确的规定,但是对仲裁案件实体准据法如何确定问题依然保持了沉默。我国代表性的涉外仲裁机构——中国国际经济贸易仲裁委员会在其 2015 年《仲裁规则》中也没有明确对仲裁中纠纷实体准据法如何确定作出明确的指示,只有《金融争议仲裁规则》(2008 版)第 21 条中对此进行了明示,即"除非法律另有强制性规定,涉外案件的当事人可以约定适用于案件实体问题的法律。当事人未作约定的,仲裁庭可以适用其认为适当的法律。[3] 无论在何种情形下,仲裁庭均应考虑合同条款、相关行业惯例和行业标准实务,并遵循公平合理原则"。

《国际商会仲裁规则》规定,在当事人未对纠纷实体适用的准据法作出约定时,当事人对此没有约定的,仲裁庭决定适用其认为适当的法律规则(第 21 条第 1 款)。因此,适用菲迪克条款的国际建设工程合同中,如果当事人未对纠纷实体适用的准据法作出约定,同时约定适用《国际商会仲裁规则》的,仲裁员或仲裁庭可以自行适用自己认为适当的法律作为准据法。[4] 这种做法的好处是简化了实体问题准据法确定的方法,拓展了仲裁实体法的范围,坏处则体现在仲裁庭裁量权过大,难免有主观随意性,且因为没有客观、统一的标准,当事人对此缺乏可预见性等。

---

[1] 参见周佳楷、张斌:《国际投资仲裁裁决在中国承认与执行依据及其适用》,载《沈阳师范大学学报》2019 年第 1 期。

[2] 参见陶立峰:《我国国际投资争端解决机制新发展》,载《国际商报》,2017 年 1 月 2 日。

[3] 参见王贵国:《国际投资法》,法律出版社 2008 年版,第 454 页。

[4] 参见李双元主编:《国际私法》(第 3 版),北京大学出版社 2011 年版,第 479 页。

六、结语

国际投资仲裁法律适用中的共同法原则是一个既有理论价值又有实践意义的重要问题。它产生的基础是仲裁的自治性理念和法律适用基本理念的结合。它涉及众多领域和各种尖锐对立的理论,各个国家以及国际组织不断完善的相关国内以及国际立法,和国际投资仲裁不断丰富的法律适用实践,都值得我们一直关注、研究和深入思考。经济全球化、网络时代的到来,仲裁第三人理论的提出和发展,都将对国际投资仲裁的法律适用理论产生冲击,使国际商事仲裁的法律适用实践不断面临新的问题和挑战。然而,无论如何,在国际投资仲裁的国际化和现代化的发展趋势下,一个日渐清晰、明朗的法律适用原则呈现在人们面前,那就是:国际商事仲裁的法律适用规则将更加灵活、便捷,更能适应日益复杂的国际投资纠纷的解决。并且随着我国仲裁事业的发展,申请仲裁的案件数量与日俱增,显示出我国的仲裁制度也逐渐迈向成熟,并广为当事人所利用,可以说大部分案件的法律适用。已经和国际仲裁制度的原则接轨,但在上述探析中,仍有需要改进的地方,所以为了使我国的仲裁事业可以进一步健康、有序、良性发展,加强现代化和国际化,应该参考各国经验和仲裁原则,以期能使我国的仲裁制度更加完善。

【责任编辑:吴晓婧】

从一则案例看劳动合同解除和终止的异同

王从烈*

摘要：新近的司法判例表明,劳动合同解除和终止在司法实践运用中存在某些混乱和片面性。厘清劳动合同解除和终止的异同既有理论价值,也有现实意义。既要看到二者间的差异,也应把握二者间的联系与相同之处,防止究其一点,不计其余,以偏概全。建议劳动立法上及早厘清劳动合同解除和终止的逻辑关系,确立劳动合同解除和终止的一元化立法模式,统一劳动合同解除和终止术语表达。

关键词：劳动合同法 合同解除 合同终止

一、问题的由来

近日看到一则案例:康某与金龙公司签订书面劳动合同,合同期间为 2016 年 11 月 1 日至 2019 年 10 月 31 日。2017 年 3 月 23 日,康某向金龙公司请假至 2017 年 5 月 1 日。2017 年 10 月 13 日,金龙公司通知康某:"自 2017 年 5 月 2 日起,未到公司报到,也未办理请假手续,请接到通知后三日内办理相关手续。如不按期到公司报到,从 2017 年 5 月 2 日计算旷工时间,公司将按照《劳动合同法》相关条款进行处理。"2017 年 11 月 6 日,金龙公司向康某邮寄送达了《劳动合同终止通知书》,认为其自 2017 年 5 月 2 日至今未到公司报到,已经通知本人按照旷工处理;根据《劳动合同法》第 39 条的规定,现公司决定解除劳动合同,终止劳动关系;自收到本通知之

收稿日期:2020-04-09

* 王从烈,南京邮电大学社会与人口学院教授。

日起10日内到公司办理相关手续。

2017年12月5日康某向新乡市劳动人事争议仲裁委员会申请劳动仲裁。仲裁裁决一方面认定康某构成旷工,另一方面又认定金龙公司下达《劳动合同终止通知书》不符合法律规定,裁定撤销金龙公司于2017年11月6日作出的《劳动合同终止通知书》,双方劳动合同继续履行。

金龙公司不服劳动仲裁裁决,诉至一审法院。一审法院认为:第一,仲裁裁决书认定康某的行为属于旷工并无不妥。第二,金龙公司主张是以康某旷工为由解除劳动合同,但其向康某下达《劳动合同终止通知书》属于程序错误,应当予以纠正。判决金龙公司和康某的劳动合同继续履行。金龙公司在庭审中虽然解释了其本意是解除劳动合同,且该通知书的内容也是解除,不会造成康某误解。但法院认为,康某作为普通劳动者,非专业法律人士,无法从性质上辨别"终止"和"解除"的本质区别,且该两种形式分别由《劳动合同法》第44条和第39条规定,属于不同性质的不再履行劳动合同的方式。

金龙公司不服一审判决,向新乡市中级人民法院提起上诉。新乡市中级人民法院认为,金龙公司以康某旷工为由向其邮寄送达《劳动合同终止通知书》,且通知书内容也表述为终止劳动关系,但旷工并不属于《劳动合同法》第44条规定的终止劳动合同的情形,故康某要求撤销该通知书,继续上班,一审予以支持,判决双方的劳动合同继续履行,并无不当。金龙公司上诉认为其向康某送达的《劳动合同终止通知书》就是解除劳动合同的通知,依据不足。判决驳回上诉,维持原判。[1] 案件的判决结果令原告金龙公司始料不及。而这一结果的关键在于如何解读、把握和运用劳动合同解除和终止的异同。现就此略表管窥之见,以求教于方家,也期望后来者以此为借鉴,不再掉进同一条河里。

二、劳动合同解除和劳动合同终止的内涵界定梳理

(一)何谓劳动合同解除

从词义上:①《汉语大词典》——解除:免除。[2] ②《汉典—在线汉语字典》——解除:【1】消除。【2】祈神以消除灾祸。【3】法律上指除去所成立的关系,而恢复原来的状态[3]。③在线新华字典基本解释——解除:去掉;消除[4]。

---

[1] 参见2020年3月17日《劳动法行天下》公众号,https://mp.weixin.qq.com/s/4dUbdJtm2X6VRzzphrfuhQ,访问日期:2020年4月8日。

[2] 参见汉辞网(http://www.hydcd.com/zidian/hz/18525.htm),访问日期:2020年4月8日。

[3] 参见汉典网(https://www.zdic.net/hans/%E8%A7%A3%E9%99%A4),访问日期:2020年4月8日。

[4] 参见在线汉语字典(http://xh.5156edu.com/html5/z60m78j277239.html),访问日期:2020年4月8日。

从学理上,劳动合同解除的内涵有多种表达,主要有:①劳动合同解除,是指劳动合同当事人提前消灭劳动合同关系,或者说阻却劳动合同存续的法律行为,其法律后果是使已生效或成立的劳动合同在劳动合同期限届满之前或当事人丧失主体资格之前向后失去效力。[1] ②劳动合同解除是指在劳动合同订立后,劳动合同期限届满之前,因出现法定的情形或用人单位与劳动者约定的情形,一方单方通知或双方协商提前终止劳动关系的法律行为。作为一种法律行为,劳动合同解除一定会涉及用人单位或劳动者的意思表示,要么是单方意思表示的结果,要么是双方意思表示一致的结果,并可以因此将劳动合同解除分为法定解除和意定解除,法定解除又分为用人单位的单方解除和劳动者的单方解除。因此,劳动者与用人单位解除劳动合同时,必须作出相应的意思表示即通知对方,意思表示到达对方时,解除生效。[2] ③劳动合同解除,是指劳动合同依法签订后,在劳动合同履行的过程中,由于某些原因导致当事人双方提前中断劳动合同的法律效力,解除双方劳动权利和义务关系的法律行为。可分协商解除、法定解除和约定解除三种情况。[3] ④解除劳动合同是指在劳动合同没有到终止日期前,劳动者或用工单位单方或协商一致解除劳动合同的行为。[4]

从立法上:①《劳动法》《劳动合同法》和《劳动合同法实施条例》都没有对劳动合同解除的内涵作出界定。②只有原劳动部《关于贯彻执行〈中华人民共和国劳动法〉若干问题的意见》第 26 条对劳动合同解除的内涵作了界定:劳动合同的解除是指劳动合同订立后,尚未全部履行以前,由于某种原因导致劳动合同一方或双方当事人提前消灭劳动关系的法律行为。

(二)何谓劳动合同终止

从词义上:①《汉语大词典》——终止:完结;停止。[5] ②《汉典—在线汉语字典》——终止:结束、停止[6]。③在线新华字典基本解释——终止:结束;停止[7]。

从学理上,劳动合同终止的内涵也有多种表达,主要有:①劳动合同终止,是指劳动合同所确立的劳动关系因劳动合同解除以外的法律事实而消灭。[8] ②劳动合

---

[1] 参见刘俊主编:《劳动与社会保障法学》(第 2 版),高等教育出版社 2018 年版,第 100—101 页。
[2] 参见麻增伟:《厘清劳动合同解除与终止的四大区别》,载《劳动和社会保障法规政策专刊》2012 年第 11 期。
[3] 参见搜狐网(https://www.sohu.com/a/286500395_802606),访问日期:2020 年 4 月 8 日。
[4] 参见黑龙江省拜泉县法院网(http://qqherbq.hljcourt.gov.cn/public/detail.php?id=32107),访问日期:2020 年 4 月 8 日。
[5] 参见汉辞网(http://www.hydcd.com/zidian/hz/9304.htm),访问日期:2020 年 4 月 8 日。
[6] 参见汉典网(https://www.zdic.net/hans/%E7%BB%88%E6%AD%A2),访问日期:2020 年 4 月 8 日。
[7] 参见在线汉语字典(http://xh.5156edu.com/html5/z74m74j15102.html),访问日期:2020 年 4 月 8 日。
[8] 参见刘俊主编:《劳动与社会保障法学》(第 2 版),高等教育出版社 2018 年版,第 100—101 页。

同终止是指劳动合同订立后,因出现某种法定的事实,导致用人单位与劳动者之间形成的劳动关系自动归于消灭,或导致双方劳动关系的继续履行成为不可能而不得不消灭的情形。劳动合同终止主要是基于某种法定事实的出现,其一般不涉及用人单位与劳动者的意思表示,只要法定事实出现,一般情况下,都会导致双方劳动关系的消灭。[1] ③劳动合同的终止,是指劳动合同所确立的劳动关系由于一定法律事实的出现而终结,劳动者与用人单位之间原有的权利和义务消灭。[2] ④劳动合同的终止是指由于《劳动合同法》第44条中的法定事由出现,导致的劳动合同关系期满终止或依法终止,包括劳动合同期满;劳动者开始依法享受基本养老保险待遇;劳动者死亡,或者被人民法院宣告死亡或者宣告失踪;用人单位被依法宣告破产;用人单位被吊销营业执照、责令关闭、撤销或者用人单位决定提前解散等情形。注意,劳动合同终止仅限于法定情形。⑤终止劳动合同是指劳动合同期满、劳动者开始依法享受基本养老保险待遇、劳动者死亡,或者被人民法院宣告死亡或者宣告失踪、用人单位被依法宣告破产、用人单位被吊销营业执照、责令关闭、撤销或者用人单位决定提前解散等条件具备一条,劳动合同自动终止的行为。[3]

从立法角度可看出,《劳动法》《劳动合同法》和《劳动合同法实施条例》都没有对劳动合同终止的内涵作出界定。

三、劳动合同解除和劳动合同终止的异同比较

(一)劳动合同解除和劳动合同终止异同研究的基本状况

1. 网络搜索结果基本情况

通过百度搜索"劳动合同解除和劳动合同终止异同",截至2020年4月8日,显示"百度为您找到相关结果约100 000 000个",多为实务推介。

通过知网在"文献""期刊""博硕士""会议""报纸"五栏搜索,截至目前显示合计"找到15条结果"。

2. 劳动合同解除和劳动合同终止异同现有代表性研究成果简述

林挺喜在《劳动合同的终止和解除之异同》[4]一文中强调:劳动合同终止和解除的共同之处有一点,不同主要有两个方面。

---

[1] 参见麻增伟:《厘清劳动合同解除与终止的四大区别》,载《劳动和社会保障法规政策专刊》2012年第11期。

[2] 参见张平第:《劳动合同解除与劳动合同终止有什么区别?其法律意义如何?》,载百度网(https://baijiahao.baidu.com/s?id=1652158112355221906&wfr=spider&for=pc),访问日期:2020年4月8日。

[3] 参见黑龙江省拜泉县法院网(http://qqherbq.hljcourt.gov.cn/public/detail.php?id=32107),访问日期:2020年4月8日。

[4] 参见林挺喜:《劳动合同的终止和解除之异同》,载《福建劳动和社会保障》2003年第10期。

麻增伟在《厘清劳动合同解除与终止的四大区别》[1]一文中提出,劳动合同解除与终止有四大区别,而对二者之间的联系只有一句话,一笔带过。

刘俊主编的《劳动与社会保障法学》(第2版)[2]中指出,劳动合同解除和终止区别有两个方面,而对二者之间的联系也只有一句话:劳动合同解除和终止是劳动合同效力和劳动合同关系消灭的两种形式。

全亮、陶缙夕在《劳动合同终止与解除的二元划分反思——以合同法理论为视角》[3]一文中认为:劳动合同的终止与解除在本质上是劳动合同消灭的两种不同情形,但不论是现有的"并列说"还是"包容说",都未能准确把握劳动合同作为持续性合同的实质,因此都不可避免地导致实践中出现混淆及弊端。而《劳动合同法》对两者更具统一性的规定,有利于将现有的二元模式进行一元化改造。

王建军在《劳动合同终止与解除的法理辨析》[4]一文中论述道,对于劳动合同终止与解除的关系,学界一直存在并列说与包容说的法理分歧。劳动合同终止与解除固然存在相同之处,但更应看到它们之间的重大区别,这些区别体现在消灭劳动法律关系的原因、法律权利的行使、法律规则、举证责任的分配等诸多方面。因此,应坚持区分劳动合同的终止与解除,选择并列说理论。显然也是侧重研究劳动合同终止与解除的区别点。

3. 劳动合同解除和劳动合同终止异同研究现状的特点

第一,从检索结果来看,研究成果的数量屈指可数,内容与形式不够丰富多样,说明学界对该领域关注与研究薄弱或没有引起足够重视。

第二,比较研究、域外研究成果更是寥若晨星。

第三,仅有的研究成果中表现出重视劳动合同解除和劳动合同终止区别研究,忽视劳动合同解除和劳动合同终止联系及相同之处研究。

第四,公认的标志性成果没有得到确立,鲜见劳动法学名家、大家表达观点看法。

第五,仅有的研究成果几乎都不是在核心、权威性期刊上发表的。

第六,术语表达不统一,存在明显混乱。有的表述为"劳动合同解除和劳动合同终止",有的表述为"劳动合同解除与劳动合同终止",有的表述为"劳动合同的终止和解除",有的表述为"劳动合同终止与解除",不一而足(见前此"研究成果简述"列举)。

---

[1] 参见麻增伟:《厘清劳动合同解除与终止的四大区别》,载《劳动和社会保障法规政策专刊》2012年第11期。

[2] 参见刘俊主编:《劳动与社会保障法学》(第2版),高等教育出版社2018年版,第100—101页。

[3] 参见全亮、陶缙夕:《劳动合同终止与解除的二元划分反思——以合同法理论为视角》,载《特区经济》2012年第1期。

[4] 参见王建军:《劳动合同终止与解除的法理辨析》,载《中国劳动》2005年第3期。

(二)劳动合同解除和劳动合同终止的相异之处

1. 劳动合同解除和劳动合同终止是两个不同的法律概念

从劳动合同法的角度,劳动合同解除和劳动合同终止是两个完全不同的法律概念,各有各的适用条件与程序,不可混淆。

2. 劳动合同解除和劳动合同终止发生的时间点不同

劳动合同解除是劳动合同的提前消灭(或称提前终止),也就是发生在劳动合同成立后、履行完毕之前任何时间点。

劳动合同终止一般则是发生在劳动合同期满或履行完毕的时间节点。所谓劳动合同期满劳动合同即行终止,即劳动合同因期满而消灭(同时内生出或目的实现或当事人资格丧失而终止劳动合同)。[1]

3. 劳动合同解除和劳动合同终止的意思表示不同

意思表示是劳动合同解除的关键节点之一,无论是劳动者与用人单位协商一致解除合同,还是劳动者或用人单位单方解除劳动合同,都必须作出相应的合同解除的意思表示且通知到对方。解除的意思表示到达对方时,解除才可能生效。

劳动合同终止一般不涉及用人单位或劳动者的意思表示,主要是基于某种法定事实(情形)的出现。只要法定事实出现,双方劳动关系就消灭。[2]

具体而言,劳动合同解除须当事人依法作出提前消灭劳动合同关系的意思表示,即须经当事人双方协商一致或一方当事人依法行使解除权,否则即使具备劳动合同解除的条件而无合同当事人解除劳动合同意思表示的,劳动合同仍不会解除。终止则一般是在一定法律事实(情形)出现后,无须当事人双方合意或任何一方就此专门作出终止劳动合同的意思表示,只需当事人在具备终止的法定事由时无延续劳动关系的告知表示即可。[3]

4. 劳动合同解除和劳动合同终止的法定条件不同

满足劳动合同的法定解除条件是劳动合同解除的又一关键节点。就劳动立法的规定来看,劳动合同解除分为意定解除(《劳动合同法》第 36 条)、劳动者单方解除(第 37—38 条)、用人单位单方解除(第 39—41 条),并分别具体规定了不同的法定解除成就条件。

意定解除的条件是只要用人单位与劳动者有解除劳动合同的真实一致的意思表示,解除条件即成就。

劳动者单方解除(通常称为辞职)劳动合同的条件包括两类:一类是劳动者提前

---

[1] 参见刘俊主编:《劳动与社会保障法学》(第 2 版),高等教育出版社 2018 年版,第 100—101 页。

[2] 参见麻增伟:《厘清劳动合同解除与终止的四大区别》,载《劳动和社会保障法规政策专刊》2012 年第 11 期。

[3] 参见刘俊主编:《劳动与社会保障法学》(第 2 版),高等教育出版社 2018 年版,第 101—109 页。

30日书面通知用人单位;一类是用人单位存在严重违反劳动合同的行为或者劳动者的人身受到威胁、迫害,具体条件包括:①未按照劳动合同约定提供劳动保护或者劳动条件的;②未及时足额支付劳动报酬的;③未依法为劳动者缴纳社会保险费的;④用人单位的规章制度违反法律、法规的规定,损害劳动者权益的;⑤以欺诈、胁迫的手段或者乘人之危,使对方在违背真实意思的情况下订立或者变更劳动合同,致使劳动合同无效的;⑥法律、行政法规规定劳动者可以解除劳动合同的其他情形。用人单位以暴力、威胁或者非法限制人身自由的手段强迫劳动者劳动,或者用人单位违章指挥、强令冒险作业危及劳动者人身安全的,劳动者可以立即解除劳动合同,不需事先告知用人单位。

用人单位单方解除(通常称为辞退或解雇)劳动合同的条件包括三类:第一类是劳动者存在严重违反用人单位规章制度或存在其他严重损害用人单位利益,具体包括以下情形:①在试用期间被证明不符合录用条件的;②严重违反用人单位的规章制度的;③严重失职,营私舞弊,给用人单位造成重大损害的;④劳动者同时与其他用人单位建立劳动关系,对完成本单位的工作任务造成严重影响,或者经用人单位提出,拒不改正的;⑤以欺诈、胁迫的手段或者乘人之危,使对方在违背真实意思的情况下订立或者变更劳动合同,致使劳动合同无效的;⑥被依法追究刑事责任的。第二类是用人单位提前30日通知劳动者或支付劳动者1个月工资的代通知金解除劳动合同。具体条件有:①劳动者患病或者非因工负伤,在规定的医疗期满后不能从事原工作,也不能从事由用人单位另行安排的工作的;②劳动者不能胜任工作,经过培训或者调整工作岗位,仍不能胜任工作的;③劳动合同订立时所依据的客观情况发生重大变化,致使劳动合同无法履行,经用人单位与劳动者协商,未能就变更劳动合同内容达成协议的。第三类是用人单位在出现经营困难等情形,需要裁减人员,解除与劳动者的劳动关系时,用人单位提前30日通知全体劳动者或工会。

劳动合同终止的法定条件体现在《劳动法》第23条和《劳动合同法》第44条的规定之中。《劳动法》第23条规定:"劳动合同期满或者当事人约定的劳动合同终止条件出现,劳动合同即行终止。"《劳动合同法》第44条规定:"有下列情形之一的,劳动合同终止:(一)劳动合同期满的;(二)劳动者开始依法享受基本养老保险待遇的;(三)劳动者死亡,或者被人民法院宣告死亡或者宣告失踪的;(四)用人单位被依法宣告破产的;(五)用人单位被吊销营业执照、责令关闭、撤销或者用人单位决定提前解散的;(六)法律、行政法规规定的其他情形。"只要出现上述规定的事实之一,劳动合同即告终止,无须就此作出专门意思表示。

5. 劳动合同解除和劳动合同终止履行的法律程序不同

劳动合同解除根据不同情形,需要履行不同的法律程序,如果未履行必要的法定程序,可能会导致劳动合同解除违法,从而不能出现当事人预想达到的解除效果,甚至事与愿违地要承担相应的损害赔偿责任。

在劳动合同解除的诸多情形中,除了意定解除以及劳动者在人身受到威胁,被强迫劳动情形下解除劳动合同不需要履行相应的法定程序,其他均需履行相应的程序。

第一,对于劳动者而言,劳动者单方辞职的需要提前30日通知用人单位;劳动者被迫解除劳动合同的,要履行通知义务,该通知既可以口头,也可以书面,但劳动者在其人身受到威胁的情形下,无须通知。

第二,对于用人单位而言,用人单位因劳动者不能胜任工作等情形解除劳动合同的,应提前30日书面通知劳动者或支付1个月工资的代通知金作为补偿。用人单位因劳动者严重违反规章制度解除劳动合同时,需要通知劳动者,并出具解除劳动合同的书面文件;用人单位单方解除劳动合同,应当事先将理由通知工会。用人单位应当研究工会的意见,并将处理结果书面通知工会。

《劳动法》和《劳动合同法》对劳动合同终止均没有作出需要履行相应法定程序的明确规定,只是某些地方性规范对劳动合同终止的程序作出了要求,且对劳动合同终止时用人单位是否需要履行提前通知义务以及履行该义务所规定的时间期限也并不相同。如《北京市劳动合同规定》第40条规定:"劳动合同期限届满前,用人单位应当提前30日将终止或者续订劳动合同意向以书面形式通知劳动者,经协商办理终止或者续订劳动合同手续。"同时规定了不履行该程序的法律后果:"用人单位违反本规定第四十条规定,终止劳动合同未提前30日通知劳动者的,以劳动者上月日平均工资为标准,每延迟1日支付劳动者1日工资的赔偿金。"《天津市实施劳动合同制度规定》第28条规定:"劳动合同期满,经当事人双方协商同意延续劳动合同的,应当在合同期满前15日内办理续延手续。"应当强调指出的是:劳动合同期满时,如果用人单位未履行提前通知义务,而又未与劳动者在劳动期限届满后形成事实劳动关系,无论如何不能就此主张劳动合同尚未终止,就此只能追究用人单位的赔偿责任。

6. 劳动合同解除和劳动合同终止经济补偿的法定事由不同

按照《劳动合同法》第46条的规定,劳动合同解除的经济补偿事由包括:①用人单位有本法第38条规定的违反劳动合同和劳动与社会保障法律法规的情形,劳动者被迫辞职的;②用人单位依照《劳动合同法》第36条规定向劳动者提出解除劳动合同并与劳动者协议解除劳动合同的;③劳动者有《劳动合同法》第40条规定的基于健康、劳动能力的原因,或由于劳动合同订立时所依据的客观情况发生重大变化,不能履行劳动合同,用人单位经努力仍无效果而预告辞退的;④用人单位依照《劳动合同法》第41条第1款规定的企业破产重整、生产经营发生严重困难等劳动合同订立时所依据的客观经济情况发生重大变化,致使劳动合同无法履行,而依法进行规模裁员的。上述事由表明,在据以解除劳动合同的事由中劳动者本人没有过错的,应当给予经济补偿。

按照《劳动合同法》第46条和《劳动合同法实施条例》第6条、第22条的规定劳动合同终止的经济补偿事由包括:①除用人单位维持或者提高劳动合同约定条件续订劳动合同,劳动者不同意续订的情形外,劳动合同期满终止。②劳动合同因用人单位被依法宣告破产,被吊销营业执照、责令关闭或撤销,或者用人单位决定提前解散而终止。③以完成一定工作任务为期限的劳动合同因任务完成而终止。④劳动者自用工之日起超过1个月不满1年不与用人单位订立书面劳动合同的,用人单位有权书面通知劳动者终止劳动关系,但应当支付经济补偿。⑤法律、行政法规规定的其他经济补偿事由。

7. 劳动合同解除和劳动合同终止的价值取向不同

劳动合同解除的价值取向:在劳动者单方解除劳动合同中体现的是劳动自由、劳动自主;在用人单位单方解除劳动合同中体现的是解雇保护、解除限制;在劳动者和用人单位协议解除劳动合同中体现的是意思自治、民主协商。从本质来看,劳动合同解除体现了劳动法保护劳动者的合法权益的根本宗旨。

劳动合同终止的价值取向是尊重客观事实(如劳动合同期满、劳动者死亡、用人单位被宣告破产等),排除当事人意愿,避免国家干预。

8. 劳动合同解除和劳动合同终止的着眼点不同

劳动合同解除着眼点在于解除条件的限定性,强调劳动合同解除的审慎性和劳动者保护的倾向性。

劳动合同终止着眼点在于劳动合同关系的消灭与完结,从此两清。

(三)劳动合同解除和劳动合同终止的相同之处

(1)从字面上,劳动合同解除和劳动合同终止的意思相同。从汉语言文字的角度看,解除和终止都包含"去掉;消除;免除;完结;停止;结束;停止;消灭",意思一样。

(2)从法律概念内涵上,劳动合同解除和劳动合同终止同为消灭劳动合同关系或消灭劳动关系的法律行为。

(3)从形式上,劳动合同解除和劳动合同终止同为劳动合同效力和劳动合同关系消灭的两种形式。劳动合同解除和终止,是劳动合同效力和劳动合同关系消灭的两种形式。[1]

(4)从法律效果上,劳动合同解除和劳动合同终止都导致劳动合同效力和用人

---

[1] 参见刘俊主编:《劳动与社会保障法学》(第2版),高等教育出版社2018年版,第100页。

单位与劳动者之间的劳动法律关系归于消灭。[1] 劳动合同的解除和劳动合同的终止,都是劳动合同所确定的法律关系消灭,用人单位和劳动者的劳动合同关系随风而逝,双方之间的权利和义务烟消云散。[2]

(5)从经济补偿上,劳动合同解除和劳动合同终止都按照法定标准向劳动者一次性支付货币补偿。劳动合同解除和终止的经济补偿(以下简称"经济补偿"或"经济补偿金"),即劳动合同解除或终止时,用人单位在法定条件下应当按照法定标准向劳动者一次性支付的货币补偿,狭义上,仅指《劳动法》第28条和《劳动合同法》第46条、第47条规定的经济补偿,在境外立法例中被称为遣散费或离职费;广义上,还包括医疗补助费、工伤医疗补助金和伤残就业补助金等[3]。

(6)从违反强制性规定后果上,违法解除和终止劳动合同的后果相同。用人单位违反法律法规关于劳动合同解除和终止的强制性规定,或者违反了集体合同和劳动合同依法约定的解除和终止劳动合同的规则,这类似于境外立法例中的不正当解雇、不公平解雇或非法解雇,属于用人单位违法解除或终止。依据《劳动合同法》第48条的规定,其后果包括:一种是优先继续履行。劳动者要求继续履行劳动合同的,用人单位应当继续履行,其要件包括:①用人单位已实施违法解除或终止劳动合同的行为;②劳动者有继续履行劳动合同的要求;③用人单位有继续履行劳动合同的条件。另一种是支付赔偿金。用人单位违法解除或终止劳动合同,劳动者不要求继续履行劳动合同或者劳动合同已经不能继续履行的,用人单位应当依照《劳动合同法》第87条规定支付赔偿金,即应当依照《劳动合同法》第47条规定的劳动合同解除和终止经济补偿标准的两倍向劳动者支付赔偿金。

四、劳动合同解除和终止异同的联想

(一)对该案本身的看法

1. 就新乡市中级人民法院对本案作出的判决结果而言,应该得到尊重

一是因为法院以《劳动合同法》第44条规定为依据,认为旷工不属于终止劳动合同的情形,判决金龙公司以旷工终止劳动合同违法,可谓有理有据,依法依规。《劳动合同法》确有如此规定,法官对法条的熟悉确实非同一般。二是因为生效判决具有终审性、执行力和判例性,特别是其判例性意味着类似案件同样判决,相关当事

---

[1] 参见麻增伟:《厘清劳动合同解除与终止的四大区别》,载《劳动和社会保障法规政策专刊》2012年第11期。

[2] 参见刘秋苏:《劳动合同解除(终止)及赔偿一览表》,载360个人图书馆(http://www.360doc.com/content/19/0905/18/664407_859328270.shtml),访问日期:2020年4月8日。

[3] 参见王全兴:《劳动法》(第3版),法律出版社2008年版,第184页。

人如有类似情况不可心存其他侥幸,即使对判决结果有微词。

2. 判决结果直面问题有闪失

就上述案例而言,直观来看是金龙公司以康某旷工为由解除劳动合同,但却向其下达了《劳动合同终止通知书》,按照《劳动合同法》第 44 条的规定,旷工确实不属于终止劳动合同的情形,但可以是《劳动合同法》第 39 条规定的解除劳动关系的依据。本案原告的诉讼本意与终极诉讼目的就是要消灭、了结与被告之间的劳动合同关系,而劳动合同解除和终止都有导致劳动合同效力、劳动法律关系归于消灭的法律效力与法律后果。而法官对此却不置可否,是疏忽还是刻意?是选择性适法,还是对立法规定认识存在片面性?判决结果中不能直面这一问题,难免差强人意,不能不说是一大遗憾。尽管金龙公司在庭审中也解释了其本意是解除劳动合同,且该通知书的内容也是解除;尽管这一辩解也是有理有据、依法依规,却没有得到足够的重视。

3. 程序错误却以实体纠正当是判决中存在的一种错位

判决中,法官已经明确认识到:金龙公司以康某旷工为由解除劳动合同,但却向其下达了《劳动合同终止通知书》,属于程序错误,应当予以纠正。既然属于程序错误,就应该按程序纠正,为什么又判决金龙公司和康某的劳动合同继续履行呢?继续履行劳动合同绝不是一个程序问题,而是一个实实在在的实体问题。以实体纠正、救济程序,是不是判决结果的严重错位呢?

4. 劳动合同解除和终止误解与否的判断应该有法律依据

金龙公司以康某旷工为由解除劳动合同,却向其下达了《劳动合同终止通知书》。金龙公司在庭审中也解释了其本意是解除劳动合同,且该通知书的内容也是解除,不会造成康某误解。但法官认为,康某作为普通劳动者,非专业法律人士,无法从性质上辨别"终止"和"解除"的本质区别。显然,法官在此认为劳动合同解除和终止误解与否判断的依据就是普通劳动者。也就是说普通劳动者的身份是分不清劳动合同解除和终止的。试问如此依据有法律规定吗?在这个问题上法官可否自由裁量?确实发人深思。

(二)对劳动合同解除和终止异同的退思

1. 避免劳动合同解除和终止异同在认识上的以偏概全

全面理解和正确把握劳动合同解除和终止的异同,既要看到二者间的差异,也应把握二者间的联系与相同之处,防止究其一点,不计其余,避免法律适用的片面性。由前述案例可知,劳动合同解除和终止在司法实践运用中还是存在某些混乱和片面性,对劳动合同解除和终止异同的认识不够深刻全面,往往注意到了这一面,而忽略了另一面,使得判决的权威性受到一定质疑。毕竟司法是最后的救济途径,是维护社会公平正义的最后一道防线,不能深刻全面认知法律,判决的公平性、权威性是难以保障的,也难以保障"让人民群众在每一个司法案件中都感受到公平正义"。因此,司法实践中,法官一方面要谙熟纸上的法律条文、咬文嚼字,另一方面还要明白法律条文背后的宗旨、理念,把法律条文置于法律的系统性、综合性、全面性中推敲活用。就本案而言,法院以《劳动合同法》第44条规定为依据,当然没错,问题是没有把全案置于劳动法系统性、综合性、全面性中推敲劳动合同解除和终止的相同之处,难免白玉微瑕。

2. 劳动立法上应及早厘清劳动合同解除和终止的逻辑关系

众所周知,劳动合同源于民事合同,虽然劳动合同具有特殊性,但是民事合同对于劳动合同的指导性意义从来没有动摇过。而《民法典》合同编中合同终止与合同解除的逻辑结构与逻辑关系非常明显和突出,《民法典》合同编第七章"合同的权利义务终止"第557条:"有下列情形之一的,债权债务终止:(一)债务已经履行;(二)债务相互抵销;(三)债务人依法将标的物提存;(四)债权人免除债务;(五)债权债务同归于一人;(六)法律规定或者当事人约定终止的其他情形。合同解除的,该合同的权利义务关系终止。"该条合同终止与合同解除是种属关系,是包含与被包含关系,不是并列关系,不是选择关系。而《劳动合同法》第四章"劳动合同的解除和终止"以及《劳动合同法实施条例》第三章"劳动合同的解除和终止"显然把劳动合同的解除和终止逻辑结构与逻辑关系定位为并列关系了。而立法上并没有对为什么这样定位作出解释和说明,令人疑惑。窃以为,这可能是导致劳动法领域在劳动合同解除和终止问题上出现混乱的根本原因。

3. 确立劳动合同解除和终止的一元化立法模式

诚如有些学者指出的,劳动合同的终止与解除在本质上是劳动合同消灭的两种不同情形,但不论是现有的"并列说"还是"包容说",都未能准确把握劳动合同作为持续性合同的实质,因此都不可避免地导致实践中出现混淆。因此,基于合同编把合同解除作为合同终止的原因之一加以规定,而合同编对于《劳动合同法》具有指导价值,所以《劳动合同法》应该参照合同编中合同终止与合同解除的逻辑结构与逻辑关系,对《劳动合同法》中劳动合同解除和终止的二元模式进行一元化改造,明确劳动合同解除作为劳动合同终止的原因之一加以规定。劳动合同终止和劳动合同解除是种属关系,是包含与被包含关系,不是并列关系,不是选择关系,不是等同关系。

4. 统一劳动合同解除和终止术语表达

从目前学界对"劳动合同解除和终止"的术语表达来看,有表述为劳动合同解除与终止,有表述为劳动合同终止与解除,有表述为劳动合同解除或终止,《上海市劳动合同条例》第四章是"劳动合同的解除和终止"的表述,而该条例第41条出现的是"劳动合同解除或者终止"的表述。凡此种种,已足以表明该领域在术语表达与使用上所存在的混乱。这也一定程度上印证了"康某作为普通劳动者,非专业法律人士,无法从性质上辨别'终止'和'解除'的本质区别"的说法。同时也应该看到,一些所谓的专业人士也未必把二者之间的区别理得清清楚楚,没有丝毫混淆与误解。当然,《劳动合同法》第四章标题以及《劳动合同法实施条例》第三章标题表述的都是"劳动合同的解除和终止",在没有对《劳动合同法》中劳动合同的终止和解除的二元模式进行一元化改造之前,应严格统一遵照现行劳动法律条文规定进行术语表达,不宜想当然。

【责任编辑:富敬】

论烟叶种植收购合同的违约与合同解除

——以烟农违约改种为例

董 磊*

摘要：烟农违约改种烤烟品种，是瑕疵履行。在追完可能场合，经催告未能补正，烟草公司可行使法定解除权。烟农改种，违背主给付义务，虽不构成根本违约，但已经导致合同目的不能实现。烟叶种植收购合同有特别的解除规则，需优先适用。因为烟农的过错而不能实现合同目的为解除条件，烟草公司发出通知解除合同，解除合同与损害赔偿的违约责任可以同时适用。烟农改种违约之际，损害赔偿不发生，烟草公司并不追究烟农的赔偿责任；而烟农主张信赖利益赔偿也缺乏正当的依据。

关键词：瑕疵履行 追完可能 特别规则 解除权 信赖利益

一、烟叶种植收购合同的机理

2007年1月12日，国家烟草专卖局颁布《烟叶种植收购合同管理暂行办法》（以下简称《办法》），烟叶生产经营的秩序有了明确的法律规范加以保障。《办法》是在《烟草专卖法》（以下简称《专卖法》）、《烟草专卖法实施条例》（以下简称《条例》）、《合同法》（已失效）等法律法规的基础上，对烟叶种植收购加以具体规制。

烟叶种植收购合同以平等主体的烟草公司与烟农之间债权债务关系为内容；《办法》主要规定烟叶种植收购合同的成立生效、合同关系变动等。

收稿日期：2020-03-20

* 董磊，毕业于四川大学法学院，云南省保山市昌宁县烟草专卖局专卖监督管理科副科长。

(一)烟叶种植收购合同的性质

1. 烟叶种植收购合同是债权合同

订立烟叶种植收购合同的双方,是烟草公司和种植烤烟的农户(《办法》第2条)。烟草企业是政企合一的企业,需明确烟叶种植收购合同的性质。行政合同是行政主体与行政相对人之间设立、变更、终止行政法律关系的合意。[1] 行政法学界对"行政合同"的定义都肯定了行政合同是关于行政法律关系的合同。[2] 行政合同、行政内部协议与债权合同,在法律性质、法律主体、适用的法律规范和作用等方面体现不同(见表1)。

表1 行政内部协议、行政合同与债权合同的比较

	行政内部协议	行政合同	债权合同
性质	公法性质的合同	行政+民事	特定主体间的特定给付
法律主体	平等的行政主体	行政主体与行政相对人	平等主体的自然人、法人
法律规范	行政组织规范、合同法	行政管理规则	民事法律
作用	平衡行政主体内部行政权分配运作	实现行政管理目的、公益性等	促进交易、发展市场

按法律关系分析,烟叶种植收购法律关系中:①合同当事人一方以企业法人为主体,而非烟草专卖局。烟草专卖局是烟草行政机关,如国家烟草专卖局是烟草专卖行政主管部门。烟草企业是市场主体,与烟农都是平等的民事主体。②即使有地方政府的参与(如收购计划的下达),地方政府也不是合同的债权人、债务人或第三人。③合同的内容不体现行政主体与行政相对人的权利义务关系(行政管理关系),而以平等主体的债权关系为主。

烟叶种植收购合同签订的依据不影响其债权性质。《办法》第4条规定了烟叶种植收购合同的政策依据,是对《专卖法》第9条和《条例》第17条的具体化。烟草专卖是国家垄断(主要在生产、销售、进出口方面,《专卖法》第3条),烟叶生产带有很强的计划性。烟叶种植收购合同签订的政策依据是对合同基础管理的规范(《办法》第1条,为规范烟叶种植收购合同管理),不改变合同的基本权利义务关系。债权是特定主体之间为或不为特定给付义务的请求权,债务是特定主体间的特定给付义务,债权债务本质上是市场经济财产关系流转的民事权利义务表现。烟叶种植收购合同体现的债权债务关系,就是市场经济财产关系流转的民事权利义务关系。

---

[1] 参见江必新:《中国行政合同法律制度:体系、内容及其构建》,载《中外法学》2012年第6期。
[2] 我国民法中,合同、契约、协议,具有大致相同的含义;行政法中,行政合同与行政契约、行政内部协议有不同的含义,不能混用。

2. 烟叶种植收购合同的类型化

(1) 烟叶种植收购合同是有名合同

烟叶种植收购合同不属于 15 种典型合同,但《办法》特别规制,仍属根据已存的生活事实,斟酌当事人的利益状态及冲突发生的可能性,法律依类型而赋予一定名称的合同,亦即有名合同(模范合同)。肯定烟叶种植收购合同为有名合同,符合确定典型合同设立的机能[1]:①当事人约定不备之处,可适用任意性规范。《办法》的诸项规则,烟叶种植收购合同的内容臻于完备,尤以格式文本为表现。适用典型合同的规则,降低了交易成本,特别是对烟农,可以说减轻了当事人订立合同中的负担。[2] 烟农在合同内容约定、维权等方面因自身限制处于不利地位,采用格式合同、适用《办法》的规则,大大缩减了合同订立过程的时间和金钱成本。②《办法》以诸多强制性法律规范保护当事人利益,如按合同进行预检,严格按合同收购(《办法》第 15 条)等都利于保护烟草公司和烟农的利益。

(2) 烟叶种植收购合同是要式合同、格式合同

《办法》第 2 条规定,合同订立须有书面形式,烟叶种植收购合同是要式合同;作为格式合同(《办法》第三章),对格式条款的解释适用《民法典》第 498 条的规定。

(3) 烟叶种植收购合同是双务合同、有偿合同

烟农与烟草公司在客观上的债权债务未必是体现同一价值(对价价值)的对待给付义务。如种植与收购付款,收购价格是政府定价(国家局)不是市场价格,即使是市场价格也并不当然体现同一价值。民法学说认为,主观上作出的相互给付之间具有依存关系,不论(收购)定价的高低,只要准备买卖就具有真正对价意义。[3] 概言之,主观上的对价价值决定烟叶种植收购合同的双务性。解释论认为,单务合同适用一般法定解除没有意义,烟叶种植收购合同是双务合同,当然适用一般的法定解除的规则(下述)。

双务合同强调主观上的对价意义,有偿合同则要求在合同从缔结到履行全程,在客观上双方当事人均作出具有对价意义的付出。烟叶种植收购合同属于有偿合同中的实定合同。实定合同是相较于射幸合同(如保险、彩票等)而言,当事人所为之给付与给付范围,法律效果都是确定的。[4] 烟农要想取得种植烤烟的价款,须依约完成种植的义务,烟草公司要想获得约定的烤烟,须尽到付款及监督等义务。亦即,双方要取得合同约定的利益,必须向对方偿付相应的代价。

---

[1] 参见王泽鉴:《债法原理》(第 1 册),中国政法大学出版社 2001 年版,第 108—109 页。
[2] 参见〔德〕梅迪斯库:《德国民法总论》,邵建东译,法律出版社 2000 年版,第 327 页。
[3] 参见〔日〕松坂左一:《民法提要·债权各论》(第 5 版),有斐阁 1993 年版,第 7 页;〔日〕我妻荣:《债权各论(上卷)》,中国法制出版社 2001 年版,第 49 页。
[4] 参见郑玉波:《民法债编总论》(修订二版),中国政法大学出版社 2004 年版,第 29 页。

表 2　烟叶种植收购合同的双务性与有偿性

烟叶种植收购合同		
对价的体现	合同分类	价值判断
主观对价意义	双务合同	同一价值
客观对价意义	有偿合同	未必同一

(二)政府参与合同

烤烟是地方政府最重要的产业,体现在:①政府(主要是烤烟种植的乡、镇政府)组织烟农种植;②烟叶收购计划由县级以上地方人民政府计划部门根据国务院计划部门下达的计划下达,其他单位和个人不得变更(《专卖法》)第9条)。

《办法》中规定的合同双方、第三人都不包括地方政府。从合同文本内容上看,未涉及政府。政府不是合同关系当事人(主要是债权人、债务人)。政府参与烟叶种植(收购由烟草工作站完成),烟叶种植收购合同是否为涉他契约呢?

涉他契约,是内容涉第三人的契约,包括两种:①由第三人给付契约:第三人不因债权人与债务人的约定而承担给付义务。②向第三人给付契约:第三人对债务人有请求给付的权利。[1] 从我国《合同法》第64、65条可以看出,第三人没有任何法律地位,不同于涉他契约。尹田认为应该解释为"经由被指令人而为交付"。[2] 地方政府参与到烟叶种植中,不是合同的债权人,也不是第三人,不能要求烟农为给付义务。烟叶种植收购合同中政府参与不是《民法典》第五百二十二条、第五百二十三条规定的情形,也不属于涉他契约。

(三)烟叶种植收购合同的成立与履行

1. 要约—承诺的成立方式

《办法》第6条规定,烟叶种植收购合同的成立过程是:农户写申请→资格审核→签订合同→建立档案。烟叶种植收购合同的成立只能以要约—承诺的方式,不适用交错要约和意思实现等方式。

2. 要式合同的成立、生效条件

按照《民法典》第四百九十条、第五百零二条的规定,当事人采用合同书形式订立合同的,自双方当事人签字或者盖章时合同成立;依法成立的合同,自成立时生效。烟叶种植收购合同自双方签字或盖章时成立,成立之时合同生效(一般不附条件)。

---

[1] 参见郑玉波:《民法债编总论》(修订二版),中国政法大学出版社2004年版,第388页。
[2] 尹田:《论涉他契约——兼评合同法第64条、第65条之规定》,载《法学研究》2001年第1期。

3. 合同履行

合同履行适用民法一般原则自不待言。烟叶种植收购合同履行中,烟叶种植收购体现先后性(烟农种植在先、烟草公司收购付款在后),不能同时履行,但仍须全面履行,亲自履行。[1]

二、烟农违约行为的认定

(一)烟农违约行为的认定

1. 改种约定以外的品种违约

烟草公司与烟农订立的烟叶种植收购合同约定品种,常常"一乡一品",而实际的生产中烟农部分改种合同约定以外的其他烤烟品种。[2] 改种其他品种是因为约定的烤烟品种易生花叶病、黑死病等,加之烟农管理不善及自然环境等多方面因素造成一定量的烤烟死亡。

烟农贪图一时的利益,补种了合同约定以外的其他品种,希望烟站能收购非约定的品种。往年烟站会一般也会收购非约定的其他品种。由于近年来烟叶库存增加,烟叶品质要求增高,烟草市场已经由卖方市场转向买方市场,中国烟草总公司严禁无合同收购。因违约被解除合同的烟农,无法通过合法的渠道处理种植的烤烟。烟农被解除合同以后,无合同不能向烟站交售,烟站也不能进行无合同收购。[3]

2. 瑕疵履行的违约行为

烟农改种其他品种,是不完全给付。不完全给付,是指没有按照债权设立的本旨而为给付,包括瑕疵履行和加害给付两种。瑕疵给付是指债务人所为的给付存在瑕疵,包括数量不符、品质不合、方法不当、地点不妥、时间不宜等表现形式。[4] 烟农改种烟叶种植收购合同约定以外的其他品种,构成瑕疵给付,属于品质不合。

3. 主给付义务的违背

烟农改种约定以外的其他品种,外观上为瑕疵履行,本质上是对主给付义务的违背。主给付义务,是合同所固有、必备的,并可决定合同类型的基本义务。烟叶种植收购合同中,烟叶的种植对烟农而言是主给付义务,相应地改种约定以外的品种就是违背主给付义务。

---

[1] 参见韩世远:《合同法总论》(第3版),法律出版社2011年版,第235页。

[2] 本文写作的实际背景,以云南省保山地区为例。

[3] 无合同收购烟叶:①收购未签订合同烟农或烟贩的烟叶;②超合同约定的数量,超量部分属于无合同收购;③跨地区收购烟叶;④将其他渠道收购的烟叶假借烟农名义和收购合同进行收购。

[4] 参见郑玉波:《民法债编总论》(修订二版),中国政法大学出版社2004年版,第270页。

(二)违约与合同目的不能实现

1. 部分改种是轻微违约

我国合同法的根本违约,原则上以结果主义为判断标准,同时在具体的判断上可参照所违反义务的类型标准。[1] 换言之,一般违背主给付义务可以构成根本违约。按照合同严守原则(《民法典》第 465 条)的要求,解除合同主要考虑违约的程度。

烟农改种少量的约定以外的其他品种,从结果看不构成根本违约,仅是履行瑕疵。传统见解认为,只有在根本违约的情形下,守约方才能行使法定解除权。但可能出现的逻辑和结果悖论是:轻微违约时,守约方不能行使解除权,违约方要承担违约责任;严重违约乃至根本违约的情况下,由于守约方依法行使了解除权,反倒失去了追究违约责任的机会。[2] 实际违约中的不适当履行,属于瑕疵履行,并致使合同目的不能实现[3],按照《民法典》第 563 条的规定,当事人一方迟延履行债务或者有其他违约行为致使不能实现合同目的,守约方当然可以解除合同(行使法定解除权)。

表 3 违约与合同的解除

	严重违约	轻微违约
讨论情形	根本违约	瑕疵履行
义务的不履行	主给付义务	主给付义务或其他义务
守约方	解除合同	有条件(合同目的的落空)的解除

2. 追完可能场合的合同目的不能实现

合同目的不能实现,即合同目的落空,是指合同一方当事人不能控制的原因使合同履行的客观目的不复存在,该当事人的义务可能被解除。[4] 合同的目的落空,不是合同动机的落空,是双方而非单方目的的落空。[5]

烟农部分改种,构成瑕疵履行,违约后合同仍可以补正,属于追完可能的情况。当烟农违约种植其他品种的烤烟时,烟草公司及时告知拔除且不能向收购站点交售非约定的品种,若逾期烟农没有拔除,此时烟农的行为已经导致合同目的落空,烟草公司方解除合同。

---

[1] 参见韩世远:《根本违约论》,载《吉林大学社会科学学报》1999 年第 6 期。

[2] 参见王成:《合同解除与违约金》,载《政治与法律》2014 年第 7 期。

[3] 相关案例参见杨军、张炳南:《瑕疵履行致使合同目的无法实现可解除合同》,载《人民司法》2012 年第 14 期。

[4] 参见傅崐成:《美国合同法精义》,厦门大学出版社 2008 年版,第 467 页。

[5] 参见原蓉蓉:《论合同解除中的合同目的不能实现》,载《学术论坛》2012 年第 5 期。

追完可能的场合,烟农逾期不拔除其他品种,烟草公司行使解除权的条件已经满足,实质上此场合下合同目的已经不能实现。具体分析,烟叶种植收购双方的目的是种植收购约定的烤烟(包括烤烟的数量、种类、品质等),最终要实现烤烟种植收购双方利益的最大化。当烟农部分改种约定以外的品种,且经催告后不进行补正,即使只有部分改种,也使得烟叶种植收购计划整体的变易。除了烟叶生产的计划性考量,单纯从合同的目的看,应当说已经难以实现合同目的,双方利益失衡也就难言实现利益的最大化。

表4 追完可能与合同目的不能实现

瑕疵履行			
理论模型			实例分析
追完不能	追完可能	合同目的的实现	追完可能
不可补正	可以补正		违约部分改种
无须告知	告知(催告)	合同目的不能实现	告知拔除
	相当履行期		一定的期限
	未经补正		未拔除
径行解除	解除	解除	解除
解除权			

三、烟叶种植收购合同解除的规则

(一)合同解除的特别规则

合同解除包括约定解除与法定解除两种,烟叶种植收购合同的解除原则上适用《民法典》合同编关于合同解除的一般规则。《办法》第13条第(六)项规定,如确因不可抗力(如严重自然灾害等)造成烟叶绝收,甲乙双方可协商解除合同,收回种烟农户的合同文本,同时在烟叶信息管理基础软件中予以剔除。该条文与《民法典》合同编的规定,似乎产生了冲突(见表5)。"不可抗力造成烟叶绝收"就是"不可抗力致合同目的不能实现",具备合同法定解除的前提条件,是否可以行使解除权?法定解除的行使为什么要协商?能否适用其他合同解除的形式?

表5 烟叶种植收购合同解除的一般规则与特别规则

	《办法》第6条	《民法典》第562条	《民法典》第563条第(一)项
性质	特别规则	一般规则	

（续表）

	《办法》第6条	《民法典》第562条	《民法典》第563条第(一)项
适用范围	烟叶种植收购合同法律关系	一般的合同法律关系	
适用顺序	优先适用	补充适用	
基本内容	协商解除(约定解除)	约定解除	法定解除
前提条件	不可抗力致使烟叶绝收	当事人协商一致	不可抗力致合同目的不能实现
行使条件	当事人协商一致	当事人协商一致	单方(任意一方)行使(形成权)
适用结局	收回合同文本,剔除信息《民法典》第五百六十六条	《民法典》第五百六十六条	

1. 特别规制的内容

《办法》第6条实际上是在烟叶种植收购领域创设了合同解除的特别规则(以下简称《特别规则》)。即使具备了《民法典》第563条第(一)项的情形,但不适用法定解除的一般规则,而应通过约定解除的方式。作为特别规则,其主要内容是:①本质上是约定解除,双方协商一致才能解除合同,可以适用协商解除的一般规则;②适用的前提条件与法定解除的前提条件相同;③行使条件与约定解除相同;④双方都不享有解除权,不能通过单方意思表示解除合同;⑤适用结局方面,《办法》只规定烟草公司收回种烟农户的合同文本,同时在烟叶信息管理基础软件中予以剔除。除此特别之处以外,合同解除的法效依照《民法典》第五百六十六条的规定(下述展开)。

2. 特别规则的解释

以法理分析和法政策解释该特别规则,主要理由是:①特别规则优先于一般规则适用。《办法》关于合同解除的特别规则优先于《民法典》适用。②约定解除的情形中,是否具有解除权在所不论。[1] 即使一方有解除权不行使,无解除权的他方也可以协商解除合同。倘使承认合同当事人一方或双方具备解除权,也不影响双方以协商的方式解除合同。③因为《办法》特别规则的适用,双方当事人的解除权(因不可抗力使合同目的不能实现)不复存在,双方都不可以单方意思表示解除合同。易言之,《办法》第6条与《民法典》第五百六十三条在适用上是排他关系。④制定该特别规则的政策考量,大抵是平衡烟草公司与烟农的利益,保护处于相对弱势一方的烟农的利益(《办法》第1条)。⑤合同解除的法律效力,除特别规则之外的内容自然适用《民法典》合同编一般规则,也就是《民法典》第五百六十六条的规定。

---

[1] 参见郑玉波:《民法债编总论》(修订二版),中国政法大学出版社2004年版,第325页。

(二)瑕疵履行的合同解除的一般规则

1. 烟农的过错不能实现合同目的为解除条件

烟农违约改种其他品种,属于瑕疵履行。烟草公司告知烟农拔出其他品种,烟农在要求的期限内,没有拔出,烟草公司行使解除权,解除合同。法律依据是《民法典》第563条,"其他违约行为致使不能实现合同目的"。学理上将其解释为包含债务人的过错不能实现合同目的为解除条件。[1]

2. 追完可能的解除

不完全给付的合同解除有两种,①能补正:相当期间履行告知补正,没有在期限内完成,解除合同。②不能补正:径行解除合同。烟农违约改种,是部分改种约定以外的其他品种,属于可以补正的情形。烟农违约改种,属于追完可能的场合,须以催告为要件,经催告未能补正(烟农没有按期拔出非要求的品种),烟草公司才可解除合同。

3. 解除的具体规则

解除权行使一般适用法定解除权规定的方式,但约定解除权另有约定或特别法定解除权另有规定的除外[2],具体包括诉讼(送达起诉书、仲裁申请书、答辩状于相对人的方式,也包括口头辩论上攻击或防御的方式)中和诉讼外两种。

烟草公司解除违约与烟农的合同,采用的是诉讼外的方式:①按照《民法典》第565条的规定,烟草公司向逾期不补正的烟农发出解除合同的通知。烟草公司单方行使解除权(本质是形成权),向烟农发出的通知是解除权人(烟草公司)解除合同的意思表示。②烟草公司所作出的通知,是一种需要相对人受领的意思表示。当通知到达烟农时才会发生解除合同的效力(《民法典》第565条)。③法律并不限制解除意思表示的形式,烟草公司一般以书面的通知作出。④烟农对合同解除有异议,可以请求人民法院或者仲裁机构确认解除合同的效力(《民法典》第565条)。⑤依通说,解除合同的意思表示具有不可撤销性。[3] 形成权一般设立除斥期间加以规制,但《民法典》并未规定解除意思表示的除斥期间。学说认为,为避免法律关系流于复杂,保护相对人的合理信赖(下述),解除意思作出后不可撤销。

四、烟叶种植收购合同解除的法律效果与违约责任的承担

合同当人事一方违约(违约方),守约方救济自身利益,可以解除合同及追究债务人的违约责任(以期待利益的赔偿为主)。最高人民法院《关于审理买卖合同纠

---

[1] 参见崔建远主编:《合同法》(第5版),法律出版社2010年版,第252页。
[2] 参见孙瑞玺:《论合同解除权行使的方式》,载《苏州大学学报》2012年第2期。
[3] 参见韩世远:《合同法总论》(第3版),法律出版社2011年版,第521页。

纷案件适用法律问题的解释》(以下简称《买卖合同司法解释》)第26条规定,"买卖合同因违约而解除后,守约方主张继续适用违约金条款的,人民法院应予支持"。通说认为合同解除与违约责任的追究可以并行。有人指出,《买卖合同司法解释》第26条的原则可以推及适用于其他有偿合同而不唯独适用于买卖合同中。[1] 合同解除与损害赔偿是并用关系,解除使得合同关系相对消灭(排除双方当事人的原给付义务而非消灭整个的合同关系),而期待利益赔偿旨在使债权人处于对方如约履行的状态。[2]

烟叶种植收购合同中,由于烟草公司与烟农地位的悬殊,烟农违约之际,损害赔偿责任未必成立,烟草公司一般只采用解除合同方式,鲜有损害赔偿的问题。

(一)合同解除的法律效果

1. 学说之争

合同解除的法律效果有直接效果说、间接效果说、折中说和清算关系说。①我国台湾地区采直接效果说:未履行的债务因合同解除而消灭不存在;已经履行的债务,因为欠缺法律上的原因属于不当得利,要求返还。②间接效果说,为欧陆国家所采:未履行的债务产生拒绝履行的抗辩权;已经履行的债务有返还请求权。③折中说:未履行的债务因合同解除而消灭不存在;已经履行的债务有返还请求权。我国学术界,以崔建远和韩世远二人为代表,围绕《民法典》第566条,展开直接效果说与折中说之争(表2)。[3] ④清算关系说:在清算了结最终结束之前,合同继续存在;对于已经完成的给付,给付义务通过改变方向成为对置关系;对于未完成的给付,给付义务通过解除归于消灭;合同在这里起到清算了结框架的作用。[4]

表6 合同解除法律效果的学说

	直接效果说	间接效果说	折中说
未履行的债务	消灭	抗辩权	消灭/停止履行
已履行的债务	不当得利	返还请求权	返还请求权
《民法典》第566条	第一款	第一款	第一款

直接效果说与折中说的对立,产生于对《民法典》第566条(已经履行的债务)理解的分歧。按解释学的观点,"恢复原状、采取其他补救措施、并有权要求赔偿损失",似并不等同于返还请求权,亦非不当得利的返还债务。

---

[1] 参见师安宁:《合同解除与违约责任(上)》,载《人民法院报》2012年12月2日。
[2] 参见张金海:《论合同解除与违约损害赔偿的关系》,载《华东政法大学学报》2012年第4期。
[3] 参见崔建远:《解除效果折中说之评论》,载《法学研究》2012年第2期。
[4] 参见曾祥生:《合同解除效力的比较研究》,载《武汉大学学报(哲学社会科学版)》2009年第4期。

2. 折中说的主张

《民法通则》第 92 条中不当得利产生的法定之债是"应当将取得的不当利益返还受损失的人",与《民法典》第 566 条第一款的规定并不相符。不当得利请求权为一种辅助性的权利,没有独立的地位。对绝对权的侵害,以侵权诉讼解决,没有必要对《民法典》第 122 条做扩大解释。合同法定解除之后,没有继续履行的可能,"返还"应该做扩张解释,并不限于原物返还,对于不能返还的当然可以替代物返还;造成损害进行赔偿也是在法意之内。按文义解释和法意解释,笔者认为合同解除效果应采折中说。

(二) 返还请求权

《民法典》第 566 条第一款规定,已经履行的,根据履行情况和合同性质,当事人可以要求恢复原状、采取其他补救措施,并有权要求赔偿损失。烟农或者烟草公司为维护自身利益,当然可以主张个人的返还请求。

1. 恢复原状请求权

恢复原状,是要恢复到合同订立之前的状态。《民法典》第 566 条的"恢复原状"乃独立的请求权基础,旨在使已经履行的给付发生一种恢复原状的清算了结关系,在性质上属于具有债权效力的请求权。[1]

(1) 烟农生产种植所需的烟种(烟农培育为烟苗),生产过程中的各种烟用物资,多是由烟草公司无偿提供。一般的实物交付,原则上合同解除后应实物返还,但这些烟用物资在生产中已经消耗,属于事实上和法律上的不能。烟草公司为烟农无偿提供的烟种、烟用物资,宜认定为附义务的赠与(以受赠人对于赠与人或第三人负有为一定给付债务为附款之赠与[2])。当赠与人已为赠与,受赠人因可归责于己的事由而不履行时,赠与人才能行使《民法典》第六百六十三条所定撤销权撤销赠与合同。[3] 因此解除合同后,烟草公司也不要求折价返还。

(2) 烟草公司对烟农的生产补贴,属于附义务的赠与,不是金钱给付,也就不存在利息返还的问题。

(3) 当事人双方因解除产生的对待返还义务,可准用同时履行抗辩权的规定。返还义务人不履行、不完全履行和迟延履行返还义务,都准用债的履行或合同义务履行相关规则,尤其是违约责任相关规则予以救济(下述)。

(4) 烟农在生产中所为的劳务或其他给付行为,不是烟草公司提供的烟用物资或补贴的对价给付,不能实物返还,应该折价返还。折价返还有主观说(当事人合

---

[1] 参见陆青:《合同解除效果与违约责任:以请求权基础为视角之检讨》,载《北方法学》2012 年第 2 期。

[2] 参见史尚宽:《债法各论》,中国政法大学出版社 2000 年版,第 138 页。

[3] 参见宁红丽:《附义务赠与合同的法律构造》,载《江海学刊》2013 年第 5 期。

意)和客观说(市场价值或相当合理的价格)。适用主观说,双方合意确定折价返还的数额,对烟农更为有利。

(5)就返还物产生必要的费用,可以于他方接受返还时所得到的利益为限,请求返还。

(6)当事人可以就解除后的返还效果作出不同约定,包括排除或部分排除返还义务等,但不得违反诚信原则。同时,免除或部分免除返还义务的约定准用合同免责条款效力规则(《民法典》第 506 条)。

(7)烟农或烟草公司在主张返还请求权或为返还之时,都不能损害其他烟农或第三人的既有权力或利益。

2. 其他补救措施的适用

《民法典》第五百八十一条规定的补救措施,针对的质量不符合约定的违约行为。合同解除的补救措施与违约的补救措施,是竞合关系。但就烟农违约改种的场合,不适用补救措施。

3. 损害赔偿的主张

损害赔偿针对的合同利益,一般包括履行利益(积极利益)、信赖利益(消极利益)和固有利益(违反保护义务致人身财产)。作为烟农,烟叶种植已经开始,合同履行已经开始,对此产生的损害,可以求偿。如果固有利益受损,也可以追偿。

(三)违约责任适用

《民法典》第五百七十七条规定了三种违约责任:①继续履行;②采取补救措施;③赔偿损失。合同解除并不影响违约责任的追究。

1. 排斥适用强制履行

就制度目的而言,强制履行与合同解除相悖,二者只能择一适用。为期表达的完整性,本文略作分析。强制履行,包括继续履行和补救措施。适用强制履行须满足:①存在违约行为;②履行请求为单向,只能是守约方要求违约方继续履行合同(反过来就不行);③必须是违约方能够继续履行合同。

烟农被解除合同,是因为其违约,作为违约方当然不能要求烟草企业继续履行合同。烟叶收购有极强的计划性,必须凭合同收购(对烟农而言就是凭合同交烟),这就属于法律上的不能继续履行(《民法典》第五百八十条)。如前述,与合同解除补救措施一样,作为守约方的烟草公司不宜主张对方采取补救措施。

2. 损害赔偿的适用

损害赔偿是合同违约责任最重要的表现形式。通说认为,我国的违约责任原则上采用严格责任[1],同时在分则部分也规定了过错责任。损害赔偿由违约行为、损害、因果关系构成,且不具有免责事由。

对烟草公司而言,烟农违约之际,烟草公司解除合同的同时一般不产生损害赔偿问题。本文不拟就传统讨论损害赔偿的诸多概念性问题展开,下述主要就处于相对弱势一方的烟农的信赖利益保护的赔偿着重分析。

五、合同解除后的信赖利益赔偿

所谓信赖利益,是指法律行为中当事人受社会观念和权利外观的影响,形成善良的信赖(合理信赖)心理所具有的一种既有利益。崔建远认为,信赖利益是合同不成立、无效,被撤销或不予追认,相对人信赖其行为有效,所蒙受的不利益。[2] 这种利益可以体现为财产上的利益,也可以表现为法律行为上的机会性利益,通说还认为信赖利益的赔偿不超过履行利益。有学者指出,信赖利益损害赔偿的特殊性,需要创设独立的责任制度。[3]

烟草公司解除合同后,烟农面临无合同交售的问题。烟农已经履行了部分给付义务(种植),前述的履行利益不能进行赔偿;合同解除的行为本身不是侵权行为,不能认定烟草的固有利益(人身利益和财产利益)受到侵害,也就不能主张固有利益的求偿。那是否可以赔偿烟农的信赖利益呢?

(一)信赖利益赔偿的构成要件

通说认为,信赖利益的赔偿包括绝对要件和相对要件。①绝对要件包括:a.须法律行为成立;b.须法律行为无效;c.须有损害;d.行为无效与损害之间有因果关系;e.信赖人须善意无过失。②相对要件是指赔偿义务人须有过失。烟农如要求偿信赖利益,必须同时满足以上要素。

(二)合同解除不是合同无效

因为违约而被解除合同的烟农,其与烟草公司的合同关系已经相对终止。相对终止就是合同关系的终结,兼具有事实判断与法律判断。合同关系因为双方订立种植收购合同之时,已经有了事实判断(合同成立),也有了法律判断(合同效力)。判断合同效力的有无是法律判断,其是在合同成立以后。因此,无论从法律性质还是时间基准上看,烟农与烟草公司签订的合同,在成立以后一般是有效的。只有出现无效的情形才有可能涉及信赖利益赔偿的问题。合同被解除,不是适用信赖利益损

---

[1] 参见梁慧星:《从过错责任到严格责任》,载梁慧星主编《民商法论丛》(第8卷),法律出版社1997年版,第1—7页。
[2] 参见崔建远主编:《合同法》(第5版),法律出版社2010年版,第35页。
[3] 参见姜淑明、梁程良:《构建信赖利益损害赔偿责任的思考》,载《时代法学》2012年第6期。

害的前提。按照学者定义,如果信赖利益赔偿适用于合同不成立、被撤销等情形,合同解除后,似可以求偿。

(三)严格责任违约但不是无抽象过失的善良管理人

我国《民法典》合同编规定的违约责任是严格责任(不同于罗马法和教会法时期的严格责任),不考虑违约人的主观过错(过失)。如果烟农违约(如不按约定的品种种植),烟草企业追究其违约责任,烟农主观过错与否在所不论。反之,烟农要求烟草企业承担违约责任亦然。

如果烟农可以要求信赖利益赔偿,必须满足善意无过失。我国台湾地区"最高法"1953年台上字865号,确立的过失分类中,包括抽象过失、具体过失和重大过失。其中抽象过失,是指应尽善良管理人的注意而欠缺的过失。善良管理人,是依照一般人的观念(在交易中),有相当的知识经验及注意义务的人。自然的,烟农如果可以求偿,那么烟农必须是没有抽象过失的善良管理人。被解除合同的烟农,都是违反约定的义务,在烟草公司已经告知其纠正时,仍然没有按照"一乡一品"的要求,违背了注意义务,其主观上当然有过失。

(四)烟草企业没有过失

即使认为烟草公司可以作为赔偿义务人,但难以认定其具有过失。对主观过失的认定,需要从客观的事实出发。烟草公司已经尽到了告知烟农的义务,告知其限期内拔除非合同约定品种的义务,合同履行中不存在任何违背诚信或其他违约行为。因此烟草公司没有过失。

综合上述的分析,烟农主张信赖利益赔偿并不具有正当性。

【责任编辑:吴晓婧】

《北大法宝文粹:法学研究与应用》稿约

一、简介

北大法律信息网于1995年建站,经过七年积淀,2002年推出文章精选集《北大法律网苑》。2013年"法学在线"栏目创办十周年之际,为回馈忠实作者以及广大读者对"法学在线"栏目的厚爱和支持,北大法律信息网隆重推出精选文集——"北大法律信息网文粹"系列图书,这也是中国第一家将法学网络文章集结成册正式出版的刊物。

2021年,"北大法律信息网文粹"更名为《北大法宝文粹:法学研究与应用》。"粹"字,取精华之意,该书选取的文章理论与实务兼具、深邃与浅易并行,力求为您奉上简约清新却不乏深刻思想的法律盛宴。

主要读者对象:法律理论研究人员及法学教学工作者、立法和司法工作者、律师、国内外法律图书馆同仁、法学专业学生、法学理论爱好者以及各界关心法治建设的人士。

《北大法宝文粹:法学研究与应用》将持续出版,计划每年一本。

二、征稿栏目

设置"大数据分析""人工智能""互联网+法律""案例研究""焦点法谈""实务探讨"等栏目。欢迎广大作者针对栏目进行投稿。

其中"大数据分析"栏目可以围绕法律问题对相关的法律文件、司法案例或者法学期刊进行大数据分析等。

"人工智能"栏目围绕人工智能与法律相关的问题进行探讨。

"互联网+法律"栏目围绕互联网与法律相关的内容,例如互联网金融、互联网犯罪、互联网知识产权等。

"案例研究"栏目聚焦指导性案例、典型案例或热点案例,进行深入剖析。

"焦点法谈"栏目围绕法学学术前沿焦点法律问题进行研究。

"实务探讨"栏目针对法律实务中遇到的典型或疑难问题进行探讨。

北大法律信息网·法学在线栏目注册作者的优秀稿件可优先入选《北大法宝文粹:法学研究与应用》。未入选《北大法宝文粹:法学研究与应用》的来稿将择优发表在北大法律信息网·法学在线栏目。

三、投稿须知及相关约定

1. 稿件要求言之有物、有理、有据,来稿语种应为中文,原作、译作均可,译作须提供原文和授权书。

2. 提倡一稿专投,反对一文多用,未在任何公开媒介发表的作品优先,已在公开出版物正式发表的一律不予以采用。

3. 来稿由题目(中英文)、作者姓名及简介(包括姓名、性别、单位、职务或职称、学位、地址、联系电话、电子邮箱及主要研究方向)、内容摘要、关键词和正文构成。内容摘要为文章主要观点之提炼,字数一般控制在300字以内;关键词一般为3至6个(提供英文摘要及关键词更佳)。

4. 来稿文章内容涉及法律法规、司法案例及法学期刊等统计分析的,鼓励以北大法宝数据库作为统计源。

5. 征稿截止后一个月内,将发出《用稿情况通知》,获得用稿通知者,可按编辑部建议进一步修改后提交电子文稿。如在收到《用稿情况通知》前,文章已在其他公开出版物上发表,请作者务必告知。

6. 采取隐名审稿方式选用来稿。稿件先由编辑部进行匿名处理,交由责任编辑进行初审,编辑委员会进行匿名复审。

7. 来稿作者应保证对其作品具有著作权并不侵犯其他个人或组织的著作权,译者应保证该译本未侵犯原作者或出版者任何可能的权利,并在可能的损害产生时自行承担损害赔偿责任。编辑委员会或其任何成员不承担由此产生的任何责任。

8. 来稿视为作者同意由北大法律信息网将其收入相关网站及相关的电子出版物中。如作者不同意,请在邮件中注明。

9. 为扩大该刊及作者知识信息交流渠道,除非作者在来稿时声明保留,否则视为同意北大法律信息网拥有以非专有方式向第三人授予已刊作品电子出版权、信息网络传播权和数字化汇编、复制权。

10. 任何来稿视为作者、译者已经阅读或知悉并同意本须知约定。

四、注释体例

（一）引用正式出版物，出版时间应精确到年；根据被引资料性质，可在作者姓名后加"主编""编译""编著""编选"等字样。

（二）文中注释均采用脚注，编号连排，注码样式为：〔1〕〔2〕〔3〕等。

（三）非直接引用原文时，注释前加"参见"；非引用原始资料时，应注明"转引自"。

（四）引文出自于同一资料相邻数页时，注释体例为：……第23页以下。

（五）引用自己的作品时，请直接标明作者姓名，不要使用"拙文"等自谦词。

（六）具体注释体例：

1. 著作类

〔1〕于丽英：《法律文献检索》，北京大学出版社2010年版，第38页。

2. 论文类

〔1〕阴建峰：《故意杀人罪死刑司法控制论纲》，载《政治与法律》2008年第11期。

3. 文集类

〔1〕〔美〕萨利斯：《想象的真理》，载〔英〕安东尼·弗卢等：《西方哲学演讲录》，李超杰译，商务印书馆2000年版，第112页。

4. 译作类

〔1〕〔德〕马克斯·韦伯：《社会科学方法论》，杨富斌译，华夏出版社1999年版，第282页。

5. 报纸类

〔1〕刘均庸：《论反腐倡廉的二元机制》，载《法制日报》2004年1月3日。

6. 古籍类

〔1〕《史记·秦始皇本纪》。

7. 辞书类

①《新英汉法律词典》，法律出版社1998年版，第24页。

8. 网站类

〔1〕《最高法规划建全国统一裁判文书网》，载法制网(http://www.chinalawinfo.com/fzdt/NewsCoritent.aspx? id=32304)，访问日期：2012年2月2日。

9. 英文类

(1) 引用专著(编著、译著)

〔1〕G. E. Mingay, *A Social History of the English Countryside*, New York and London: Routledge Publish Press, 1990, pp. 92-93.

(2) 引用期刊析出文献

〔1〕Heath B. Chamberlain, On the Search for Civil Society in China, *Modern China*, vol. 19, no. 2(April 1993), pp. 199-215.

(3) 引用文集中析出文献

〔1〕R. S. Schfield, "The Impact of Scarcity and Plenty on Population Change in England, "in R. I. Rotberg and T. K. Rabb, eds. , *Hunger and History*: *The Impact of Changing Food Production and Consumption Pattern on Society*, Cambridge, Mass: Cambridge University Press, 1983, p. 79.

10. 英文以外的外文文种

依照该文种注释习惯。

五、投稿时间及方式

1. 本征稿启事常年有效。

2. 请提交电子稿或书面打印稿(电子稿更佳)。电子稿(存为 word 文件)投稿邮箱:wencui@chinalawinfo.com;书面打印稿邮寄地址:北京市海淀区中关村大街 27 号中关村大厦 9 层北大法律信息网编辑部,邮编:100080。来稿恕不退还,请自留底稿。

3. 投稿截止时间:每年 3 月 31 日。

六、联系方式

联系电话:010-82668266-191
          010-82668266-152

E-mail:wencui@chinalawinfo.com

传真:010-82668268

地址:北京市海淀区中关村大街 27 号中关村大厦 9 层。

北大法律信息网
2021 年 5 月

北大法宝引证码说明

"北大法宝引证码"缘起2004年、2005年在北京大学法学院召开的两次"中国法律文献引用注释标准论证会"。2004年6月和2005年5月,在北京大学法学院召开了两次"中国法律文献引用注释标准论证会",该会由北京大学法制信息中心主办。2007年,根据会议成果所著的《法律文献引证注释规范》(建议稿)一书由北京大学出版社正式出版,该书系法律引证注释领域内的开篇之作,在业界引起广泛影响。

针对国内法律文献引用领域对法律数据库引证码研究的空白及对法律数据库和网络资源引证不规范的现状,"北大法宝"萌发了建立一套法律数据库引证码规范的想法。通过对美国通行引注标准《蓝皮书:统一注释体系》的深入研究,借鉴其模式,同时根据法律数据库的内容体系、构架及发展趋势,"北大法宝"积极探索,自主研发出一套专业化程度高、实用性强的引证编码体系。希望以此能推动业内对法律信息引证码体系的重视,建立法律数据库引证码规范,引领该领域引证码的发展方向,开创法律信息检索领域引证趋势。

"北大法宝引证码"主要用于法律文献的引证注释和查询检索服务,目前,VIP和法宝6.0的文件均有法宝引证码的专门字段,现在法宝引证码的检索地址是http://www.pkulaw.cn/fbm,在检索框中输入北大法宝引证码可检索到具体文件。在地址栏中输入http://www.pkulaw.cn/后加具体法宝引证码,也可查询到具体文件。例如输入:http://www.pkulaw.cn/CLI.1.153700,可检索到《中华人民共和国个人所得税法(2011修正)》这篇文件。

凡购买《北大法宝法律人高级助手书系》的读者,在"北大法宝"数据库网站(www.pkulaw.cn)的地址栏或者引证码检索框中输入北大法宝引证码,即可免费参考使用书中所引用的资料。

"北大法宝引证码"的统一标识为CLI,即"Chinalawinfo"的简写,意即中国法律信息编码,同时涵盖"北大法宝"之意。中文部分编写体例为"CLI.文件类型代码.文件编码",英文部分编写体例为"CLI.文件类型代码.文件编码(EN)",其中文件编码具有唯一性。

下面分述各库的引证码编写规范。

(一)法律法规

1. 文件类型代码

法律:1

行政法规:2

司法解释:3

部门规章:4

团体规定:5

行业规定:6

军事法规:7

军事规章:8

军事规范性文件:9

地方性法规:10

地方政府规章:11

地方规范性文件:12

地方司法文件:13

2. 例如:《中华人民共和国保险法》(2009年2月28日修订)

北大法宝引证码为:CLI.1.113980

(二)司法案例

1. 文件类型代码:C(Cases)

2. 例如:郑筱萸受贿、玩忽职守案

北大法宝引证码为:CLI.C.99328

(三)法学期刊、律所实务、法学文献、法学年鉴

1. 文件类型代码:A(Articles)

2. 例如:陈兴良:《四要件:没有构成要件的犯罪构成》

北大法宝引证码为:CLI.A.1143788

(四)香港特别行政区法律法规

1. 文件类型代码:HK(Hong Kong)

2. 例如:第1085章教育奖学基金条例

北大法宝引证码为:CLI.HK.4211

(五)澳门特别行政区法律法规

1. 文件类型代码:MAC(Macau)

2. 例如:第 10/2008 号行政法规,修改《法定收藏制度》

北大法宝引证码为:CLI.MAC.7141

(六)我国台湾地区法律法规

1. 文件类型代码:TW(Taiwan)

2. 例如:粮食标示办法

北大法宝引证码为:CLI.TW.4544

(七)中外条约

1. 文件类型代码:T(Treaty)

2. 例如:中华人民共和国与美利坚合众国联合声明

北大法宝引证码为:CLI.T.6998

(八)外国法律法规

1. 文件类型代码:FL(Foreign Law)

2. 例如:日本农业机械化促进法

北大法宝引证码为:CLI.FL.772

(九)合同范本

1. 文件类型代码:CS(Contract Sample)

2. 例如:产品销售合同范本

北大法宝引证码为:CLI.CS.6292

(十)法律文书

1. 文件类型代码:LD(Legal Documents)

2. 例如:安全生产行政执法文书行政处罚告知书

北大法宝引证码为:CLI.LD.3678

(十一)案例报道

1. 文件类型代码:CR(Case Reports)

2. 例如:"售楼先生"骗女友冒领客户 2 万元法院判决诈骗罪徒刑九月

北大法宝引证码为:CLI.CR.132167

(十二)仲裁裁决与案例

1. 文件类型代码:AA(Arbitration Awards)

2. 例如:仲裁条款效力争议案裁决书

北大法宝引证码为:CLI.AA.419

(十三)立法背景资料

1. 全国人大常委会工作报告

文件类型代码:WR(Work Report of the NPC Standing Committee)

例如:中华人民共和国第十一届全国人民代表大会第四次会议全国人民代表大会常务委员会工作报告

北大法宝引证码为:CLI.WR.3563

2. 国务院政府工作报告

文件类型代码:WR(Work Report of the State Council)

例如:中华人民共和国第十一届全国人民代表大会第四次会议政府工作报告

北大法宝引证码为:CLI.WR.3553

3. 最高人民法院工作报告

文件类型代码:WR(Work Report of the Supreme People's court)

例如:中华人民共和国第十一届全国人民代表大会第四次会议最高人民法院工作报告

北大法宝引证码为:CLI.WR.3564

4. 最高人民检察院工作报告

文件类型代码:WR(The Supreme People's Procuratorate Working Report)

例如:中华人民共和国第十一届全国人民代表大会第四次会议最高人民检察院工作报告

北大法宝引证码为:CLI.WR.3565

5. 立法草案及其说明数据

文件类型代码:DL(The Draft of Legislation)

例如:进出口许可证证书管理规定(修订征求意见稿)

北大法宝引证码为:CLI.DL.3658

6. 全国人大常委会执法检查

文件类型代码:LEI(Law Enforcement Inspection)

例如:全国人民代表大会常务委员会执法检查组关于检查《中华人民共和国节约能源法》实施情况的报告(2010)

北大法宝引证码为:CLI.LEI.3550

7. 中国政府白皮书

文件类型代码:WP(White Papers)

例如:中国的反腐败和廉政建设

北大法宝引证码为:CLI.WP.3529

8. 有关法律问题答记者问

文件类型代码:AR(Answer Questions from Reporters)

例如:国家预防腐败局办公室负责同志就《国务院办公厅转发人民银行监察部

等部门关于规范商业预付卡管理意见的通知》有关问题答记者问

北大法宝引证码为:CLI.AR.3661

(十四)英文译本

1. 文件类型代码与中文部分相同,编码后加(EN)

2. 例如:Law of the Application of Law for Foreign-related Civil Relations of the People's Republic of China[《中华人民共和国涉外民事关系法律适用法》(2010.10.28)]

北大法宝引证码为:CLI.1.139684(EN)

编　者
2021年5月